Buch

Marion ist froh darüber, daß sie Peter geheiratet hat, den bedächtigen Zimmermann, und nicht ihre heimliche Liebe, den Schäfer Dick. Und sie ist dankbar, daß ihr das Schicksal zwei von ihren fünf Kindern gelassen hat – die ungewöhnlich phantasievolle kleine Alice und den achtjährigen Peterkin. Da hat sie es besser getroffen als Dame Margaret, die Lehnsherrin, die sich mit einer einzigen Tochter über neun Fehlgeburten hinwegtrösten muß. Leicht ist das Leben für keinen in der kleinen, eng verflochtenen Dorfgemeinschaft, in der es Arme gibt und etwas weniger Arme, Tüchtige und Faule, Fröhliche und Mürrische, Junge und Alte – sie alle sind eingebunden in eine strenge Hierarchie der Lehnsherrschaft, in die gemeinsame Mühsal der Arbeit und den Kampf ums tägliche Brot.
Mit profunder Sachkenntnis, viel Liebe zum Detail und großer erzählerischer Anschaulichkeit schildert Ann Baer ein Jahr aus dem Leben eines Dorfes im Mittelalter, den höchst lebendigen Kreislauf aus alltäglichen Verrichtungen, besonderen Ereignissen: das Fest der Schafschur, die Ernte, die gemeinsame Weihnachtsfeier im Herrenhaus – und nicht zuletzt unerwartete Abenteuer.

Autorin

Die Engländerin Ann Baer leitete viele Jahre lang den renommierten Kunstverlag Ganymed Press. Sie war schon immer fasziniert von der Epoche des Mittelalters und ließ sich durch diese Vorliebe zu ausgiebigen Recherchen – und zu diesem Buch – anregen. Ann Baer lebt in der Nähe von London.

Ann Baer

Die Farben des Jahres

Roman

Aus dem Englischen
von Walter Ahlers

btb

Titel der Originalausgabe: »Medieval Woman«
Originalverlag: Michael O'Mara Books Limited, London

btb Taschenbücher erscheinen im Goldmann Verlag,
einem Unternehmen der Verlagsgruppe Bertelsmann.

1. Auflage
Genehmigte Taschenbuchausgabe Juli 1999
Copyright © 1996 by Ann Baer
Copyright © der deutschsprachigen Ausgabe 1997
by Karl Blessing Verlag, München,
in der Verlagsgruppe Bertelsmann GmbH
Umschlaggestaltung: Design Team München
Umschlagfoto: AKG, Berlin
Satz: Uhl + Massopust, Aalen
KR · Herstellung: Augustin Wiesbeck
Made in Germany
ISBN 3-442-72496-1

INHALT

DIE PERSONEN

Marion, eine Frau im Mittelalter
Peter Carpenter, ihr Ehemann
Peterkin, ihr Sohn
Alice, ihre Tochter

Sir Hugh, der Lehnsherr
Dame Margaret, »M'Dame«, seine Frau
Magda, ihre Tochter
Rollo, Sir Hughs Bruder

Tom, Verwalter im Herrenhaus
Ed-mein-Junge, sein Sohn
Joan, uneheliche Halbschwester von Sir Hugh
Milly
Mavis, Joans Mutter
Loppy Lambert

Pater John, der Priester
Die alte Sarah, Haushälterin

Simon Miller, Marions älterer Bruder

Betsy, seine Frau
Lisa, Roger, Gib, Ellen, Kate, ihre Kinder

Matt, der Pflüger des Herrenhauses
Nell, seine Frau
Rob, ihr Sohn

Dick Shepherd, Schäfer
Hilda, seine Frau
Meg und Mary, ihre Töchter

Molly
Agnes, Mollys Mutter
Marge, Mollys Tante

Jack Plowright
Sarah, seine Frau
Eine ungewisse Anzahl von Kindern

Hodge, ein Landarbeiter
Cecily, seine Frau

Jo, Harry, Edwin, Hoddy,
ihre Söhne
Hodges Mutter, die Schwester
der alten Sarah

Hal, ein Witwer, Hildas Vater

Old Fletcher
Mam Fletcher, seine Frau,
die Hebamme des Dorfes
Andrew Fletcher, ihr Sohn,
ein Landarbeiter
Polly, seine zweite Frau
Ned, Andrews Sohn
Sal, Andy, Izzy, ihre anderen
Kinder

Simkin, ein Landarbeiter
Joyce, seine Frau

Nick, ein Landarbeiter
Martha, seine Frau
Steve, Kit, ihre Söhne

Paul Hunter, ein freier Mann
Margery, seine Frau
Steve, Midge, Paulo, ihre
Kinder

Witwe Annie
Wilfred, ihr Sohn
Dobbin, Annies jüngerer Sohn
Jill, Dobbins Frau
Der Einäugige Wat, Dobbins
Sohn

Der Lange Wat aus Rockwell
Nancy, seine Frau, Tochter
der alten Agnes
Martin, ihr Sohn, verheiratet
mit Lisa Miller
Joyce, ihre Tochter, verheiratet
mit Simkin
Stephen, unverbindlich verlobt
mit Ellen Miller
Mehrere andere halbwüchsige
Kinder
Edward Rockwell, der Bruder
des Langen Wat
Die Rote Mary, seine Frau,
Dick Shepherds Schwester
Tim, ihr Sohn
Mehrere andere kleine Kinder
Der alte Lambert, Onkel von
Wat und Edward, Vater von
Loppy

Chris Foxcap, ein Kesselflicker

Tiere:

Tibtab, Marions Katze
Jix, Sir Hughs Terrier
Trover, Magdas Hund
M'Dames Hündin
Janty und True, Hirtenhunde
Caesar, Chris Foxcaps Esel
Heart-of-Oak, Sir Hughs Pferd

DAS DORF

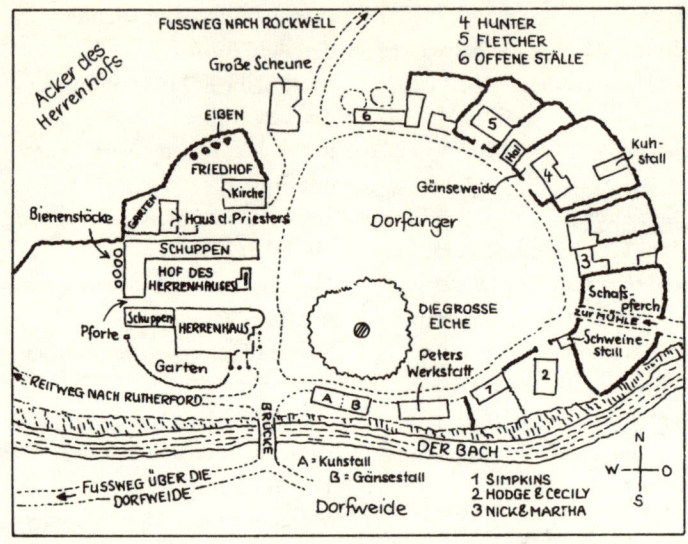

FUSSWEG NACH ROCKWELL

4 HUNTER
5 FLETCHER
6 OFFENE STÄLLE

Acker des Herrenhofs

Große Scheune

EIBEN

FRIEDHOF

Kirche

Bienenstöcke

Haus d. Priesters

GARTEN

SCHUPPEN

HOF DES HERRENHAUSES

Schuppen

Pforte

HERRENHAUS

Garten

REITWEG NACH RUTHERFORD

Kuhstall

Gänseweide

Dorfanger

DIE GROSSE EICHE

Peters Werkstatt

Schafspferch zur MÜHLE

Schweinestall

A B

7

2

Hof

3

DER BACH

A = Kuhstall
B = Gänsestall

FUSSWEG ÜBER DIE DORFWEIDE

Dorfweide

1 SIMPKINS
2 HODGE & CECILY
3 NICK & MARTHA

N
W · O
S

DER WEILER

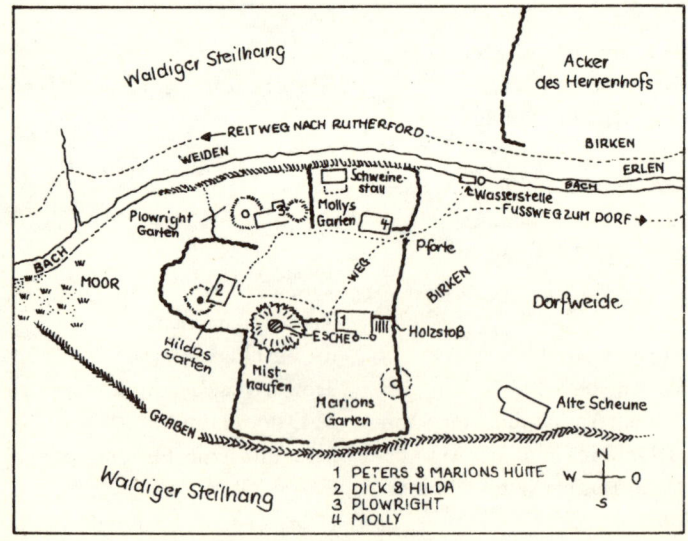

Waldiger Steilhang

Acker des Herrenhofs

REITWEG NACH RUTHERFORD

WEIDEN

BIRKEN

ERLEN

BACH

Schweinestall

Mollys Garten

Wasserstelle

FUSSWEG ZUM DORF →

Plowright Garten

3

4

Pforte

BACH

MOOR

2

WEG

BIRKEN

Dorfweide

Hildas Garten

Mist- haufen

ESCHE

1

Holzstoß

Marions Garten

Alte Scheune

GRABEN

Waldiger Steilhang

1 PETERS & MARIONS HÜTTE
2 DICK & HILDA
3 PLOWRIGHT
4 MOLLY

N
W · O
S

März

arion drehte sich auf den Rücken, um die schmerzende Hüfte zu entlasten. Sie bewegte sich vorsichtig, weil sie die anderen nicht wecken wollte, aber Peter, ihr Mann, regte sich nicht, und seine langen, stöhnenden Atemzüge blieben unverändert. Sie streckte die Beine aus und stieß mit den Zehen an den Rücken des achtjährigen Peterkin, der in tiefem Schlaf zusammengerollt am Fußende des Bettes lag. Mit der Rechten tastete sie nach der Wiege, ihre Finger berührten Alices winziges Händchen – so weich und so kalt wie ein kleiner Frosch. Sie schob es zurück unter die Schaffelldecke.

Es war stockdunkel, aber eine Mutter, die ihre Kinder in der Nähe weiß, hat einen leichten Schlaf. Die naßkalte Nachtluft, die in das Bettzeug kroch, und ein heftiges Unwohlsein im Magen sorgten dafür, daß Marion nicht fest einschlief. Ein plötzliches Wimmern von Alice ließ sie aufschrecken. Sie tastete mit einer Hand nach dem Rand der Wiege und strich über die Decke, um sich zu vergewissern, daß das Gesicht der Kleinen nicht bedeckt war. Sie hatte den entsetzlichen Moment noch nicht vergessen; ein paar Jahre war es her, da hatte sie gesehen, wie die Katze sich zum Rand der Wiege hochzog und die steif gewordenen Glieder streckte, bevor sie auf den Boden sprang, herunter von dem bereits erkalteten Körper des Kindes, der ihr Lager kurz zuvor noch so behaglich gewärmt hatte. Doch Alices Gesicht war frei, die Nase ein kleiner Knopf aus Eis. Sie schlief wieder ein.

Es war immer noch finster in der Hütte. Kein fahler Streifen Dämmerung oder Mondlicht zeigte sich über der Tür. Marion zog sich die Decke, die feucht von ihrem Atem war, bis an das Gesicht heran. Ihre Nase war genauso kalt wie die von Alice. Das Knacken eines Stücks Rinde, das von einem ausgebrannten Scheit fiel, tropfte in die Stille; das Feuer war also noch nicht ganz erloschen. Peterkin, der noch immer zusammengerollt zu ihren Füßen lag, schnaufte schwerer. Peter, ein in Decken eingerollter Klotz an ihrer Seite, bewegte sich, das Geräusch seines Atmens veränderte sich ein wenig, dann lag er wieder still. Hinter der Bretterwand war das leise Rascheln von Stroh zu hören, ein Stampfen der Ziege, dann wieder Stille. Vielleicht war Marion kurz eingeschlummert, bis ein erneutes Wimmern von Alice, beinahe ein Heulen, sie weckte. Die Berührung der mütterlichen Hand beruhigte Alice. Ein Traum, vielleicht ein Alptraum, hatte sie geängstigt, und Marion lag da und fragte sich, welche Formen Angst und Schrecken in der Seele eines zweijährigen Kindes annehmen mochten.

Die Übelkeit in ihrem Magen wollte nicht nachlassen; sie überlegte, ob sie den Versuch machen sollte, sich zu erleichtern. Der Gedanke, bei dieser Kälte aufzustehen und hinaus in die eisige Finsternis zu gehen, war alles andere als angenehm. Sie waren immer dagegen gewesen, daß die Erwachsenen ihre Notdurft in der Hütte verrichteten. Vielleicht sollte sie bis zum Morgengrauen aushalten, aber bisher hatte kein Vogel im Wald seine Stimme erprobt, und der Hahn auf der anderen Seite des Bretterverschlags hatte noch nicht einmal gekrächzt. Die Morgendämmerung würde noch auf sich warten lassen. Schläfrig und unschlüssig blieb sie liegen.

Plötzlich gab Alice einen jaulenden Schrei von sich, dann ein ersticktes Husten, gefolgt von einem lauten Schluchzen. Als Marion wieder die Hand ausstreckte, faßte sie in warmes, schleimiges Erbrochenes, das ganze Gesicht schien voll davon. Hastig setzte sie sich auf, zog das Federbett zurück, das sich völlig durchweicht anfühlte, und nahm das brüllende Kind aus der Wiege; wie leicht konnten kleine Kinder an ihrem Erbrochenen ersticken. Der säuerliche Geruch verstärkte ihre eigene Übelkeit. Sie hörte, wie Peter seufzte und sich umdrehte.

»Alice hat sich übergeben«, murmelte sie.

Er grunzte und blieb liegen. Alice schrie unvermindert weiter.

Kurze Zeit später saß Marion auf der Bettkante, Alice auf dem Schoß, und wischte ihr mit einer Handvoll Stroh, das sie vom Fußboden zusammengeklaubt hatte, das Gesicht ab. Wieder seufzte Peter.

»Leg sie zurück in die Wiege, sie schläft schon wieder ein«, sagte er.

»Die Decke und das Stroh sind wahrscheinlich ganz voll – die Decke ganz bestimmt. Sie würde frieren.«

Das Weinen des Kindes hinderte Peter am Einschlafen, also setzte er sich auf. Er legte Marion die Decke um die Schultern.

»Es ist gleich vorbei«, versicherte sie ihm, wohl mehr, um sich selber zu beruhigen.

»Dann nimm sie zu dir ins Bett«, sagte Peter. »Sonst erkältest du dich noch.« Marion blieb sitzen und wiegte das stinkende Bündel auf ihrem Schoß. »Komm jetzt«, drängte Peter, »wickle sie in die Decke und leg sie auf deine Seite vom Bett. Sie schläft schon wieder ein. Die Wiege kannst du morgen saubermachen.«

In den vierzehn Jahren ihrer Ehe hatten sie viele Kinder bekommen, und oft war einem von ihnen nachts schlecht geworden. Er kannte das.

Alices Gebrüll wurde durchdringender, als würden die Schreie aus dem sich krümmenden Körper herausgepreßt; dann würgte sie wieder, und Marion spürte, wie der nächste Schwall sich über ihre Brust ergoß.

Die Decke zog an ihren Schultern, als Peter sich aufrichtete und sich auf dem Bett an ihr vorbeizwängte. »Brauchst du Licht?« fragte er nur, und dann hörte sie schon seine Füße im Stroh rascheln, als er unter dem Wandbrett nach dem Blasebalg suchte. Das Wandbrett war Tibtabs angestammter Schlafplatz; er erwachte und ergriff leise maunzend die Flucht. Mit Luftstößen aus dem Blasebalg erprobte Peter, welche Stellen auf dem Scheit sich am ehesten zu glühendem Rot erwecken ließen.

Alles schien voll mit Erbrochenem. Marion wischte im Dunkeln mit kleinen Strohbüscheln herum und versuchte dabei, Alice zu beruhigen. Sie verstand nicht, daß in dem kleinen Körper auf ihrem

Schoß so viele Schreie stecken konnten. Der Blasebalg ächzte, Alice stöhnte, nur Peterkin lag still, fest entschlossen, nicht aufzuwachen.

Bald hatte Peter mit dem Blasebalg einen Teil des Scheits zum Glühen gebracht. Er tastete im Dunkeln nach einem Zweig mit trockenen Blättern, der über dem Brett in der Wand klemmte, um ihn als Zunder zu verwenden. Den Zweig steckte er so in die Asche, daß die trockenen Blätter auf der roten Glut zu liegen kamen, und entzündete sie mit ein paar Stößen aus dem Blasebalg. Sie loderten hell auf und erleuchteten für einen Augenblick die ganze Hütte. Peter langte nach der kleinen Binsenkerze, die er in einem ausgehöhlten Holzklotz auf dem Wandbrett aufbewahrte. Aber das Laub war bereits heruntergebrannt, er mußte noch einmal blasen und neue Blätter gegen das glühende Holzscheit drücken, bis er die Kerze anzünden konnte.

Sie tauchte nur einen kleinen Bereich in ein schwaches Licht, aber es reichte Marion, um Alices fahles, verschmutztes Gesicht sehen zu können. Ihr Gebrüll hatte nachgelassen, jetzt fesselte das Flämmchen ihre Aufmerksamkeit. Bebend sog sie jeden Atemzug in sich hinein, und dann sah Marion ihre Unterlippe zittern, ein Ausdruck des Schmerzes, der ihr so erwachsen erschien, so ganz anders als die trotzig vorgeschobene Unterlippe eines vor Zorn weinenden Kindes, daß Marion von Mitgefühl für ihre Tochter erfüllt wurde. Während Peter das Licht hielt, legte sie sich Alice über die Knie, zog ihr den Kapuzenkittel über den Kopf und warf ihn auf den Boden. Alices Körper war mit einem breiten Wolltuch umwickelt, das jetzt durchnäßt war und übel roch.

»Ich setze mich ein Weilchen mit ihr ans Feuer«, sagte Marion. »Sie schlottert. Leg mir die Decke um, und dann geh zurück ins Bett, damit du wieder warm wirst.«

Der Sitzplatz war ein alter, sichelförmiger Baumstamm, der in einem Halbrund die Feuerstelle umschloß; Marion rückte hinüber, setzte sich ganz dicht vor die Überreste des Feuers und lehnte sich mit dem Rücken gegen den Stamm. Dann öffnete sie ihr Kleid, das ebenfalls naß und glitschig war, und schob Alice darunter. Peter legte ihr die Decke um die Schultern und löschte dabei die Kerze.

Im Dunkeln hörte sie die Bohlen des Bettes knarren und das Stroh rascheln, als er sich hinlegte. Bis auf den rötlichen Schimmer des Feuers war es wieder stockfinster.

Marion kauerte sich zusammen, die fröstelnde Alice fest an die Brust gedrückt; sie zitterte selber so heftig, daß die Kleine in ihren Armen bei jedem Schauder gequetscht und geschüttelt wurde. Obwohl sie die bloßen Füße auf die Steine der Feuerstelle gesetzt hatte, spürte sie nichts von der Wärme der Asche. Alices Atemzüge wurden langsam ruhiger, und Marion wagte nicht, sich zu rühren, aus Angst, das Kind zu wecken, falls es eingeschlafen war. Sie saß zwar auf ein wenig Stroh, aber der Boden war so hart und kalt, daß ihr das Gesäß weh tat. Ihr Kopf war schwer, und das Brennen im Magen wurde stärker. Und immer noch kein heller Streifen über der Tür. Diese Winternächte wollten kein Ende nehmen. Sie hätte gerne den Kopf irgendwo angelehnt, aber der Stamm war zu niedrig, er reichte ihr gerade bis zu den Rippen. Peter lag ruhig; sie war sich nicht sicher, ob er schlief. Alice schien zu schlafen. Marions Gedanken wanderten von Alice, diesem armseligen kleinen Wesen an ihrer Brust, zu all ihren anderen Kindern – als Mutter gab und gab man immer nur, ein Kind nach dem anderen trug man aus und brachte es zur Welt und nährte und hegte und pflegte es, Tag und Nacht war man für die Kinder da, und immer nur nahmen und nahmen sie, und trotzdem reichte es nicht aus, was man ihnen gab, trotzdem waren so viele von ihnen gestorben. Zum Glück war Alice gesund auf die Welt gekommen und wuchs zu einem kräftigen Kind heran. »Mein armes kleines Mädchen«, flüsterte Marion und neigte den Kopf dorthin, wo sie Alice unter dem Kleid hielt, »mein armes kleines Mädchen.«

Sie mußte an das Kind denken, das sie als letztes verloren hatte, Margery, die vor zwei Monaten gestorben war. Zwölf Jahre alt war sie geworden, ein Alter, in dem die meisten Kinder die Gefahren des Heranwachsens überstanden hatten und man damit rechnen durfte, daß sie überlebten. Sie sah Margery in aller Deutlichkeit vor sich: die hageren, schmalen Wangen, umrahmt von glatt herabhängendem, dunklem Haar, die scheuen dunklen Augen, den halbgeöffneten Mund so voller Zähne, daß es sie Mühe kostete, die Lippen darüber zu schließen, die krustige, aufgesprungene Unterlippe, das flache Atmen. Sie war immer ein mageres, stilles Kind gewesen, unterentwickelt, schwach und ohne viel Lebensenergie. Marion hatte sie oft mit den beiden Mädchen ihres Bruders Simon vergleichen müssen, Ellen und Kate, die eine vier, die andere zwei Jahre älter als Margery. Sie waren so völlig anders, hatten sich zu robusten, tatkräftigen jungen Frauen entwickelt, während Margerys Körper der schmächtige Körper eines Kindes geblieben war.

Seit dem letzten Sommer hatte Marion ihre Tochter mit zunehmender Besorgnis beobachtet. Sie war immer stiller und schweigsamer geworden, schien gar nicht mehr wachsen zu wollen, auch wenn sie alle Arbeiten erledigte, die Marion ihr zuteilte. Stundenlang jätete sie im Garten das Unkraut, schleppte Getreide und Mehl heran, hütete Alice, mahlte Bohnen in der Handmühle, sortierte Wolle und spann sie zu Fäden. Marion war jedoch die zunehmende Langsamkeit ihrer Bewegungen aufgefallen, die sich ausdehnenden Perioden der Untätigkeit und – als es Herbst wurde – ein immer häufigeres Hüsteln, klagend und nutzlos. Trotz ihrer lustlosen Müßigkeit schien Margerys Gesichtsfarbe sich zu bessern, durch den Schmutz auf den hageren Wangen schimmerte es rosiger, doch als der Winter den Herbst ablöste, wurde der Blick ihrer Augen stumpfer, der Husten hartnäckiger, und kein Zureden der Mutter vermochte sie mehr aufzurütteln. Als es Weihnachten wurde, kauerte sie nur noch auf dem Stamm vor der Feuerstelle, wo sie auf Alice aufpaßte und hin und wieder ein paar Ellen Wolle spann, doch schon das Aufwickeln des Gesponnenen auf die Spule schien all ihre Kräfte zu verbrauchen. Sie hatte Marion gebeten, bei Alice in der Hütte bleiben zu dürfen und nicht mit zum Weihnachtsfest im Herrenhaus gehen zu müssen, und Marion hatte es ihr erlaubt. Es schneite, und ein naßkalter Wind, der nach geschmolzenem Schnee roch, zerrte an den Efeuranken in der Esche hinter dem Haus. Da war sie zu Hause besser aufgehoben. Zwischen Weihnachten und dem neuen Monat nahm Margery kaum noch etwas zu sich. Schon bald war sie zu schwach zum Aufstehen und lag zusammengerollt in ihrer Decke am Fußende des Bettes. Draußen war es sehr kalt geworden. Ein strenger Frost überzog die Reste des Schnees mit einer harten Kruste. Die Büsche auf der Dorfweide waren ein Gewirr von Zweigen in einem Flechtwerk aus Eis.

Am zweiten dieser kalten Tage stieß Marion die obere Hälfte der Tür auf, um das rosafarbene Licht eines frostigen Sonnenaufgangs hereinzulassen. Margery rührte sich nicht. Marion sah die starre Nase und das farblose Gesicht und wußte, daß sie gestorben war.

Beinahe mit Schrecken wurde ihr jetzt klar, wie wenig Margery ihr fehlte, wie wenig sie um dieses Kind getrauert hatte, das zwölf lange Jahre bei ihnen gewesen war. Es schien fast so, als hätte sie stets damit gerechnet, daß Margery sterben würde. Was für ein verlorenes kleines Leben, dachte sie, und plötzlich begriff sie, daß Margery wahrscheinlich keinen einzigen Moment des Glücks erlebt hatte, keinen Tag, nicht einmal einen sorglosen Sommerabend lang. Alles war immer nur Leiden gewesen. Ganz deutlich sah Marion die rotgeränderten, sorgenvollen Augen vor sich – ängstlich, klaglos, fügsam und nun für immer geschlossen.

Alice atmete schwer und seufzte, drehte den Kopf an Marions Brust hin und her und lenkte ihre Gedanken von der toten zur lebenden Tochter. Ohne Zweifel war Alice ein ganz anderes, ein lebhaftes und widerstandsfähiges Kind. Es müßte schon ein grausames Schicksal sein, das ihr ein so vielversprechendes Mädchen nehmen würde, aber Marion wußte nur zu gut, wie schnell selbst ein kräftiges Kind krank werden und sterben konnte. Nolly, ihr zweites Kind, das ihr nie ganz aus dem Sinn ging, wurde in ihrer Erinnerung wieder lebendig, ihr lieber, pummeliger Nolly, mit den flinken Augen eines Rotkehlchens, kräftig und lebhaft wie ein junger Hund, und dann innerhalb einer Woche tot, noch bevor er drei geworden war. Wie so viele Kinder war er an einem plötzlichen Durchfall gestorben, brüllend vor Schmerzen, außerstande, irgendwelche Nahrung zu sich zu nehmen, die er nicht gleich wieder verlor. Sein stämmiger Körper schwand dahin, die kräftigen, runden Ärmchen wurden schlaff wie gemähtes Gras in der Sonne, der Kopf rollte auf Marions Arm hin und her, sein ganzer Körper hing schlaff über ihren Knien.

Drei Tage und drei Nächte lang hielt sie ihn im Arm, hörte sein Weinen immer leiser werden, bis sie spürte, daß er keine Kraft mehr zum Weinen hatte. Es war Anfang April und sehr kalt. Sie dachte daran zurück, wie Peter sie dazu überredet hatte, Nolly in die Wiege zu legen und zu ihm ins Bett zu kommen. »Er ist jetzt ruhig, er wird gleich einschlafen – und du bist übermüdet. Komm ins Bett«, hatte er sie gedrängt. Bis sie schließlich – erschöpft vor Angst und Anstrengung – seinem Drängen nachgegeben, Nolly in die Wiege und sich selbst zu Peter gelegt hatte. Sie war eingeschlafen, und am nächsten Morgen war Nolly tot; die durchnäßten Tücher, in die sein kleiner Körper eingewickelt war, waren am Stroh der Wiege festgefroren.

Marions Trauer war verwoben mit Zorn auf Peter, der gesagt hatte, sie solle Nolly in die Wiege legen, und mit Schuld, weil sie sich nicht widersetzt hatte. Sie ließ Peter diesen Zorn niemals spüren, aber ganz vergessen konnte sie ihn auch nicht. Wenn sie bei Nolly geblieben wäre, wenn sie ihn warm gehalten hätte, vielleicht wäre er dann nicht gestorben. Vielleicht – mehr ließ sich nicht sagen. Vielleicht hätte sie ihn durch diese Nacht gebracht, vielleicht wäre er später gestorben. Sie konnte doch nicht zu Peter sagen: »Wenn du nicht gesagt hättest, ich sollte ihn in die Wiege legen, dann wäre er vielleicht noch am Leben.« Und doch war dieses »Vielleicht« für immer mit ihren betrübten Gedanken verbunden. »Mein armer Nolly«, seufzte sie und hielt dabei Alice ganz fest. »Mein armer Nolly.« Wie konnte es sein, daß ihr drei Jahre mit Nolly – die ein ganzes Jahrzehnt zurücklagen – auch heute noch kostbarer erschienen als zwölf Jahre mit der armen Margery, der armen, mausgesichtigen, leidenden Margery?

Marions Gesäß war taub geworden. Sie mußte sich anders hinsetzen, auch auf die Gefahr hin, Alice zu wecken. Sie rückte weiter nach vorne, bis sie den Kopf gegen den Baumstamm lehnen konnte, klaubte noch ein wenig Stroh zusammen und schob es sich als zusätzliches Sitzpolster unter. Die tödliche Stille kehrte zurück, das alles durchdringende Schweigen. Ihre Gedanken wanderten wieder zu Margery, aber sie wurden verschwommener. Alices schwerer Körper lag warm auf ihrem Bauch. Marion schlummerte ein.

Eine schmerzhafte Versteifung im Nacken weckte sie. Alice lag ruhig auf ihrem Schoß, schwer und klamm. Die Luft war erfüllt vom schrillen Gesang der Vögel. Noch halb im Schlaf hörte Marion ihnen zu. Einer der Vögel, eine Drossel, die in der Esche über ihrem Dach zu sitzen schien, übertönte mit ihrem Lied das lärmende Durcheinander hundert anderer Lieder. Marion stellte sich den bewaldeten Hügel vor, der am Ende ihres Gartens steil anstieg, ein einziges Gestrüpp aus braunen Zweigen, reglos im grauen Dämmerlicht. Und überall in diesen Zweigen, wie braune Früchte an einem Ast, hockten die kleinen gefiederten Ovale – so leicht, so schwach, und doch füllte jedes einzelne das Gewölbe des Himmels mit seinem durchdringenden Gesang. Sie fragte sich, wie sie das fertigbrachten. Sie wußte ja, wie winzig sie waren; wenn man die Federn entfernte, blieb nicht viel mehr von ihnen übrig als ein kleiner Klumpen Fleisch, kleiner noch als Alices Faust, ein einziger Bissen im Mund, und eigentlich der Mühe des Jagens und Rupfens nicht wert. Tauben waren recht, selbst Krähen waren noch eine lohnende Beute – aber diese winzigen Tierchen… Ihre Gedanken kehrten zurück zu den Hunderten von Stimmen, die da oben auf dem Hügel sangen. Warum sie das wohl taten, einfach so, und alle zusammen aus voller Kehle ihr Lied in den Frühlingsmorgen hinausschmetterten? Sie stellte sich die Hügel hinter ihrem eigenen, wohlbekannten Hügel vor, wo in anderen Bäumen der endlosen Wälder in diesem Moment Millionen von winzigen Vögeln sangen, ungehört, unbeachtet.

Ein erneutes Aufwallen der Übelkeit, begleitet von einem stechenden Schmerz und einem gluckernden Unwohlsein im Darm, riß Marion vollends aus ihrem Halbschlaf. Den Atem angehalten gegen den Schmerz, schob sie Alice von ihrem Schoß herunter ins Stroh, das sie noch hastig abklopfte, um sicher zu sein, daß die Kleine nicht zu nah an der Feuerstelle lag; dann erhob sie sich so schnell, wie die Steifheit der Glieder es ihr erlaubte, und war mit zwei Schritten an der Tür. Sie stieß den hölzernen Riegel der unteren Türhälfte auf, bückte sich und kroch hinaus ins Freie. In der Hütte rührte sich nichts. In einem trüben, grauen Licht sah sie das vom Frost bereifte Gras zu ihren Füßen, das Flechtwerk des Gartenzauns und den unförmigen Misthaufen. Die Vögel sangen noch immer wild durcheinander. Sie schaffte es gerade noch bis zum Misthaufen, kauerte sich an den Rand und erleichterte sich um eine große Menge giftiger Flüssigkeit. Ihr wurde schwindlig, und die Zeit schien stehenzubleiben, doch die Eiseskälte ihrer bloßen Füße hielt sie bei Bewußtsein. Sie erhob sich, rupfte eine Handvoll hartgefrorenes Gras aus, gerade genug, um sich damit zu säubern, warf es anschließend auf den Misthaufen und schlich zurück in die Hütte.

Als sie die Türhälfte hinter sich schloß, flüsterte Peter: »Was ist los, Marry?« Die Koseform ihres Namens verriet seine Sorge. Sie sagte es ihm. Das Stroh raschelte, und schon war er bei ihr.

»Du zitterst ja. Hier, wickel dich fest ein und kriech ins Stroh. Ich nehme Alice unter meine Decke.«

Marion hüllte sich in Peters warme Decke und rollte sich in seinem warmen Nest im Stroh zusammen. Ein himmlisches Gefühl. Sie hörte, wie er auf dem Fußboden nach Alice tastete, hörte ihr leises Wimmern, sein beruhigendes Murmeln und schließlich das Rascheln und Poltern, als er sich neben sie legte, die schlafende Alice im Arm. Marion streckte die gefühllosen Füße von sich, die steinhart vor Kälte schienen, und berührte Peterkin durch seine Decke. Er schlief hartnäckig weiter. Sie lag da und bemühte sich, ihr Zittern im Zaum zu halten. Peter wärmte ihr den Rücken; er schien gleich wieder eingeschlafen zu sein.

Wovon mochte ihr und Alice so schlecht geworden sein? Vielleicht waren es die Reste der Bohnensuppe, die sie gestern mittag gegessen und von denen sie auch Alice etwas gegeben hatte. Die Bohnen hatte sie zusammen mit einem Stück Speck gekocht, größtenteils Schwarte, und im Laufe der letzten Tage hatte sie mehrmals frische Bohnen nachgefüllt. Jetzt war alles aufgegessen – und das war gut so. Gestern abend hatten sie alle nur ein Stück Brot gegessen, dazu etwas Kuhmilch von einer Nachbarin, deren Kuh noch Milch gab, aber von der Milch konnte die Übelkeit nicht kommen, sonst wären Peter und Peterkin nicht verschont geblieben.

Ihre Gedanken wurden verschwommener, sie glitt zurück in den Halbschlaf. Sie fühlte, wie glücklich sie sich schätzen durfte, daß Peter ein so freundlicher, großzügiger Ehemann war – nein, nicht immer: Wenn es um die Qualität von Holz, um sein Handwerk und die Pflege des Werkzeugs ging, konnte er äußerst kleinlich sein. Aber er war immer gut zu ihr, überhaupt nicht wählerisch, was das Essen betraf, und lieb zu den Kindern – nein, auch das nicht immer: lieb zu Mädchen, solange sie klein waren, aber streng zu Jungen jeden Alters – ein seltsam widersprüchlicher Mann, und doch hatte sie nie den Wunsch gehabt, mit einem anderen verheiratet zu sein. Ihr war stets klar gewesen, daß sie Dick Shepherd nie würde heiraten können, wenn sie ihn auch geliebt hatte. Ihr Peter war ein sehr geschickter Zimmermann. Er besaß zwar Rechte an ein paar Streifen Land auf den Feldern draußen, wie fast alle anderen Häusler auch, aber er verbrachte seine Zeit lieber in der Werkstatt im Dorf und ließ seinen Acker von einem der Bediensteten des Herrenhauses bestellen. Schon lange bevor Marion ihn geheiratet hatte, waren sich alle darüber einig gewesen, daß Peter zu kurzsichtig zum Pflügen war.

»Wenn er hinterm Pflug steht, sieht er nicht mal den Schwanz vom Ochsen!« hatte ein Spötter gesagt. »Seine Furchen sind krumm wie eine Hasenfährte – der würde glatt den Nachbaracker pflügen, ohne es zu merken!« Ja, er war kurzsichtig, aber alles, was sich in Reichweite seiner Arme befand, konnte er klar und deutlich erkennen, selbst die feinste Markierung auf seinem Maßstab. Also pflügten andere sein Land, und er zimmerte die Pflüge. Marion dachte manchmal, daß er das bessere Los hatte, denn er sah die Arbeit seiner Hände in nutzbringendem Gebrauch, während viele der Dorfbewohner zusehen mußten, wie die Arbeit ihrer Hände von Sturm und Regen plattgedrückt wurde oder unter rätselhaften Seuchen und Plagen dahinwelkte.

Lieber Peter, dachte Marion, und ein warmes Gefühl der Dankbarkeit erfüllte sie – und mit der Dankbarkeit kam schließlich auch der Schlaf.

Marion hob den Kopf und stützte sich auf den Ellenbogen. Beide Türhälften standen offen, draußen war es heller Tag. Von Peter und Peterkin war nichts zu sehen. Sie spähte hinüber zur Wiege. Alice schlief noch. Drei neue Scheite lagen auf dem Feuer und qualmten vor sich hin, die Dachluke war halb aufgestellt.

Ich muß stundenlang geschlafen haben, dachte sie. Sie fühlte sich schwach, aber wieder klar im Kopf. Ihre Beine waren noch steif vor Kälte. Die Decke um die Schultern gewickelt, tappte sie zu dem großen Baumstamm, setzte sich und legte die Füße auf die Steine der Feuerstelle. Hier in der wärmeren Luft stieg ihr der säuerliche Geruch ihres Kleids in die Nase. Die Vögel hatten sich beruhigt. Nur das unermüdliche Zwitschern der Spatzen auf dem Dach und hin und wieder ein entferntes Gackern der Hennen im Garten, die Peter offenbar herausgelassen hatte, drang an ihre Ohren.

Kurz darauf konnte sie Peters Stimme und das Geräusch eines Spatens ausmachen, der in die Erde getrieben wurde, dann Peterkins klagende Kinderstimme: »Aber ich kann ihn nicht tragen, wenn er noch voller ist«, und von etwas weiter her kam Peters Gemurmel. Sie misten den Ziegenstall aus, dachte Marion, sie schaffen den Mist auf den Misthaufen – hoffentlich stören sie die Hennen nicht beim Legen –, und Peterkin muß die vollen Eimer tragen.

Eine wohltuende Wärme durchströmte nach und nach ihre Füße. Sie zog das Kleid höher, damit die Wärme die Schienbeine erreichte und sich bis in die Höhle ausbreiten konnte, die von ihren Oberschenkeln und dem Rock gebildet wurde. Dann warf sie einen Blick auf das Wandbord. Der große Topf aus Ton, der umgestülpt über dem Brot gestanden hatte, um es vor Mäusen zu schützen, lag auf der Seite, und der Stapel von flachen Brotscheiben war niedriger geworden; sie mußten also schon gefrühstückt haben. Wie weit mochte der Tag bereits fortgeschritten sein? Es wurde dunkler in der Hütte, als Peterkin in der Tür erschien; selbst sein kleiner Körper schirmte das Licht ab.

»Mama – bist du wach? Vater hat gesagt, ich soll mal nachsehen und dich nicht aufwecken, falls du noch schläfst.«

»Ja, ich bin wach. Habt ihr euch Brot genommen?«

»Ja, und Hilda Shepherd hat mir ein bißchen Milch gegeben. Ihr Krug steht noch draußen, und Vater hat einen Eimer Wasser geholt. Weil du ja geschlafen hast, Mama.«

»Was macht Nanny?«

»Sie hat ihr Junges noch nicht gekriegt. Vater hat ihr frisches Wasser gegeben.« Er drehte sich um und rief hinaus: »Mama ist wach.«

Peter erschien in der Tür und verdunkelte die Hütte vollends. Er zog den Kopf ein, kam herein, den Spaten in der Hand, und fragte, wie es ihr ginge.

»Mir geht's gut«, antwortete sie; man beklagte sich nicht, schon gar nicht als Frau. »Ich hab geschlafen.«

»Und wie du geschlafen hast«, sagte Peter. »Und die Kleine auch. Sie ist kurz nach Tagesanbruch aufgewacht. Ich hab ihr ein bißchen eingeweichtes Brot gegeben, dann ist sie wieder eingeschlafen. Sie stinkt ganz fürchterlich.«

»Nachher wasche ich ihre Sachen«, sagte Marion und fragte sich, woher sie die Kraft zum Waschen nehmen sollte, und selbst wenn sie die Kraft aufbrächte – würde der Bach an der Wasserstelle nicht zugefroren sein? Und wie sollte sie Alices Kleider wieder trocken bekommen?

»Kommst du mit zur Messe?« wollte Peter wissen.

»Ist es denn schon Mittag?«

»Muß bald soweit sein. Ich sag ja, du hast tief und fest geschlafen.«

Marion langte unter das Bord, wo der Trockenständer für die Stiefel stand, und zog ein Paar Schaffellstiefel hervor. Früher einmal waren sie eine Kostbarkeit gewesen, doch inzwischen war das wollene Innenfutter fast überall verschlissen, und der linke Stiefel klaffte vorne bei den Zehen weit auseinander. Sie schob die nur oberflächlich gewärmten Füße hinein, stand auf, warf die Decke auf das Bett, nahm ein zusammengerolltes Wolltuch von einem Gestell unter dem Wandbrett und hob Alice aus ihrer Wiege.

Alice wachte auf und sträubte sich, aber Marion hatte schon begonnen, sie aus der stinkenden Decke zu wickeln. Dann zog sie ihr den wollenen Kittel aus, auch er ganz steif von getrocknetem Erbrochenem, wischte ihr den Bauch mit dem Ende der Decke ab, das ihr noch am wenigsten verschmutzt vorkam, und wickelte sie anschließend in das frische Tuch ein. Alice protestierte. Marion versuchte, sie mit einem Kanten Brot zu besänftigen, aber Alice wandte das Gesicht ab. Marion konnte es ihr nachfühlen; schon der Gedanke ans Essen verursachte ihr Übelkeit.

Aus der Ferne tönte es däng-däng-däng. Drüben im Dorf läutete einer von Pater Johns Knaben die »Glocke«, die von einem verlängerten Dachbalken in der Kirche baumelte. Eine richtige Glocke war es nicht, sondern nur ein alter, eiserner Suppentopf mit einem nicht mehr zu flickenden Loch im Boden; man hatte es mit einem knotigen Ast verstopft, an dem der Topf jetzt verkehrt herum aufgehängt war, mit einem Teil seines alten Griffs als Klöppel.

»Schon Zeit für die Messe?« fragte Marion noch einmal; sie wäre liebend gerne am Feuer sitzengeblieben, aber Peter brummte nur, schob zur Sicherheit die Scheite auf dem Feuer zusammen und legte ihr ein Tuch um die Schultern. Sie erhob sich zitternd, steckte sich das lose Haar unter die Haube, nahm die murrende Alice hoch, und dann zogen sie los zur Kirche; Peter hatte den Arm halb um sie gelegt, und Peterkin hüpfte und hinkte hinter ihnen her.

Die Hütte von Marion und Peter stand zusammen mit drei anderen auf dem leicht ansteigenden Gelände am Ende der Dorfweide. Sie gingen den schmalen Pfad entlang, vorbei an der Hütte der alten Schwestern zur Linken. Die beiden Schwestern, Agnes und Marge, waren wahrscheinlich noch im Haus, aber Agnes' Tochter Molly sahen sie ein Stück weiter vorn auf dem Weg in Richtung Dorf schlurfen. Von den anderen Nachbarn waren Dick Shepherd, Hilda und ihre kleinen Töchter anscheinend schon zur Kirche vorausgegangen, die Plowrights jedoch, der griesgrämige Jack und die liederliche kleine Sarah, hockten wohl noch mitsamt ihrer Brut von mißratenen Kindern um ein längst erloschenes Feuer, frierend, hungrig und ungewaschen, und alles andere als bereitwillige Kirchgänger.

Zum Hauptdorf war es etwa eine Viertelmeile; der Weg führte über die Dorfweide, immer am Bach entlang. Sie kamen an die aus

Bohlen zusammengezimmerte Brücke; beim Überqueren hielten sie sich am Geländer fest und setzten auf den eisig glitzernden Planken vorsichtig einen Fuß vor den anderen. Dann ging es auf dem Weg weiter, hindurch zwischen dem Herrenhaus mit seinem Garten zur Linken und dem Anger mit der großen Eiche zur Rechten und weiter hinauf zur Kirche. Unter Kapuzen versteckt und eingewickelt in alles, was zum Wärmen taugte, kamen ihre Nachbarn quer über den Anger auf die Kirche zugetrottet, ihre bibbernden Kinder im Gefolge.

Alle im Dorf waren stolz auf die Kirche. Obwohl sie vor so langer Zeit erbaut worden war, daß nicht einmal Marions Vater sich daran erinnern konnte, machte sie noch immer einen neuen und sauberen Eindruck. Sie soll mit Hilfe von ein paar Männern aus Rutherford errichtet worden sein, aus einem zartrosa Sandstein, den man ein, zwei Meilen weiter oberhalb im Wald aus einem sonderbaren, steil aufragenden Steinbruch gehauen hatte. Die riesigen Steinbrocken waren auf Baumstämmen ins Tal gerollt worden, und dann hatten Ochsenschlitten sie über die Dorfweide zu der Stelle gezogen, wo der Bach aus dem Rand des Moores sickerte. Dort waren sie behauen und in die passende Form gebracht worden, bevor man sie über den Bach und auf das gegenüberliegende Ufer gewuchtet hatte, von wo aus die Schlitten sie den Hügel hinauf zum Bauplatz zogen. Die Männer aus Rutherford hatten Säcke voll weißer, pulvriger Erde mitgebracht, die sie gebrannten Kalk nannten. Dieses Pulver hatten sie zunächst mit dem Staub, der beim Behauen der Steine anfiel, und dann mit Wasser vermischt, und zum allgemeinen Erstaunen war diese breiige Masse, nachdem man die Steinquader damit zusammengefügt hatte, hart geworden. Deshalb hatte die kleine Kirche so feste Mauern wie kein anderes Gebäude. Und wie zum Beweis stand die Kirche noch heute, viele Menschenalter später. Die Außenwände mochten zu einem schmutzigen Grau verwittert sein – der Mörtel war fest wie eh und je. Die Stelle am Bachufer, wo sie die Steine behauen hatten, war immer noch übersät von Bruchstücken; inzwischen waren sie grau geworden, und dort, wo sie im Wasser gelegen hatten, von einer grünen

Schicht überzogen, und da sie die Strömung blockierten, hatte der Bach hier ein großes, steiniges Becken gebildet, in dessen seichtem Wasser die Frauen Wäsche und Schafschur stampften.

Sauberkeit war kein Zustand, dessen Marion sich sehr bewußt war; sie dürfte sie deshalb wohl auch kaum als die Besonderheit erkannt haben, die sie beim Betreten der Kirche jedesmal aufs neue beeindruckte. Die fahlen Steinwände mit ihren Säumen aus weißem Mörtel, die längsgeteilten Buchenstämme, die das Dach bildeten, die zurückgeklappten hölzernen Läden der Fenster auf beiden Seiten und über dem Altar gaben dem Raum eine Helle und Klarheit, wie sie kein anderer Innenraum aufzuweisen hatte. Natürlich war die Kirche – abgesehen von den Ställen – das einzige Gebäude, in dem es keine Feuerstelle gab, die für dunkle Wände und verrußte Balken sorgte. Das Herrenhaus war zwar viel größer und höher, dafür aber düster und drückend, und es beeindruckte Marion lange nicht so wie die Kirche mit ihrer luftigen Helligkeit, die in ihrer Vorstellung zu einem Merkmal der Religion geworden war.

Pater John machte sich am Altar zu schaffen; er versuchte, zwei dünne Talgkerzen mit Hilfe eines glimmenden Zweigs zu entzünden, murmelte seinem jungen Helfer Tim Rockwell etwas zu, sein Gemurmel blieb jedoch nahezu unverständlich, weil er sich ständig mit dem Handrücken die Nase wischte. Tims magere rötliche Hände schienen noch ein Stück weiter aus den Ärmeln hervorzustehen als die Woche zuvor, und die bläulichen Frostbeulen waren zahlreicher geworden. Indem er die Kerzen mit den Händen abschirmte und behutsam gegen den qualmenden Zweig blies, gelang es ihm, zuerst die eine und dann die andere anzuzünden. Das Licht der winzigen Flämmchen ging unter in der grellen Wintersonne, die durch die offenen Fenster und die Tür schien. Pater John trottete noch immer auf und ab und stolperte dabei ständig über seinen Gürtel, der aufgegangen war und ihm vor den Füßen baumelte.

Der Altar war ein kleiner, solide gezimmerter Holztisch, auf dem eine fadenscheinige, weißliche Decke lag. Darauf standen die hölzernen Kerzenständer mit den beiden schlanken, flackernden Talgkerzen, die tönerne Schale mit dem Brot für die Wandlung und der

Abendmahlskelch, ein kleines, kegelförmiges Gefäß aus Horn, dessen oberer Rand mit einem Streifen aus einem mattschimmernden Metall eingefaßt war, das Marion, ohne einen Beweis dafür zu haben, für Gold hielt. Möglicherweise war es das einzige Stück Bronze im ganzen Dorf. Manchmal, wenn die Säure des »Weins« den Kupferanteil der Legierung korrodierte, verfärbte dieser goldene Schimmer sich zu einem stumpfen Grünton. Daneben stand ein kleines Kreuz aus grauem, sanft glitzerndem Granit. In den senkrechten Teil war ein verschlungenes Muster graviert. Niemand wußte mehr, woher es stammte, aber es wurde allgemein angenommen, daß der heilige Paulus, dem die Kirche geweiht war, es in das Dorf gebracht hatte. Dann lag noch ein Ding auf dem Altar, das Pater John sein »Missal« nannte. Marion wußte, daß es irgendwie heilig war; in ihren Gedanken verwob es sich mit diesen seltsamen grünen Pflanzen mit den weißen Beeren, die manchmal in ganzen Büscheln auf den Apfelbäumen im Obstgarten des Herrenhauses wuchsen und von denen man ebenfalls die vage Vorstellung hatte, sie hätten geheimnisvolle, vielleicht heilige Kräfte. Pater Johns »Missal« war ein Brett mit einem Griff wie bei einem Butterstampfer, auf dem ein mit einem braunen, zähen Leim bestrichenes Blatt Pergament befestigt war. Es war sehr alt. Auf dem Pergament ließen sich gerade noch ein großes rotes A und ein paar Zeilen in schwarzer Schrift erkennen. Der ganze Gegenstand war geschwärzt und blank gewetzt vom Alter.

Ob Pater John überhaupt lesen konnte, wußte niemand so genau. Er erzählte oft von seiner Zeit in einer großen Kirche namens Rochester, am Ufer eines Flusses, der breiter war als ihr ganzes Dorf. Damals war er noch ein Knabe gewesen, einer von vielen, die dort zu Priestern ausgebildet wurden. Die großen Bücher mit ihren Pergamentseiten, die mit schwarzen Schriftzeichen und manchmal mit winzigen, juwelenfarbenen Bildern bedeckt waren, hatte er immerzu vor Augen gehabt und die immergleichen Rezitationen der Priester im Ohr. Er hatte alles nach dem Gehör gelernt, und wie ein Kind hatte er genau gewußt, wann er beim Rezitieren der seltsamen Worte die große Pergamentseite umblättern mußte. Vielleicht hatte er sogar ein paar Worte erkannt, auch wenn natürlich kein einziges in seiner Muttersprache dabei war, aber man mußte bezweifeln, ob er jemals eines der lateinischen Wörter verstand, die aufzusagen er gelernt hatte. Das alles war jedoch schon so viele Jahre her, und seit den Tagen in der großen Kirche in Rochester hatte er keine Gelegenheit mehr gehabt, sich in solch außergewöhnlicher Lektüre zu üben. Es war ja auch nicht so wichtig, die Worte zu verstehen; auf die richtige Durchführung des Rituals kam es an.

Das Pergamentblatt mit dem *Ave Maria* war der Kirche lange vor seiner Zeit übereignet worden, und er verehrte es als einen heiligen Gegenstand, ohne den er die Messe nicht lesen konnte. Es war ein Gegenstand, der allen Dorfbewohnern zutiefst vertraut war, sahen sie ihn doch Woche für Woche, ihr Leben lang, in den Händen ihres Priesters, und mochte er auch kein Götzenbild sein, so war er doch zweifellos ein wesentlicher Teil ihres Glaubens.

In vielen Bereichen ihres Lebens glaubte Marion nicht an Ursache und Wirkung, aber sie glaubte fest daran, den Lauf der Dinge durch Klugheit und Geschick beeinflussen zu können. In ihrer Vorstellung war die Welt voll von Mächten, die entweder für oder gegen sie arbeiteten. Sie hätte sie, den verworrenen Lehren des Priesters folgend, als die Mächte des Guten und des Bösen bezeichnet, zwei Begriffe, die mit nur geringen Abweichungen Gott und dem Teufel entsprachen, aber nicht nur die Moral wurde von diesen Mächten beeinflußt, sondern auch die täglichen Dinge des Lebens selber. Die Kräfte der Gesundheit lagen im Kampf mit denen der Krankheit, und auch wenn sie daran glaubte, daß die im Dorf hergestellten Kräutertränke, die von rituellem Gesang begleitet eingenommen wurden, die Kräfte der Gesundheit stärkten und die der Krankheit schwächten, so glaubte sie keinesfalls an irgendeine Heilung, ja nicht einmal an eine leibliche Veränderung, die der Trank im erkrankten Körper bewirkte. Sie glaubte lediglich, daß übernatürliche Einflüsse die Kräfte der Krankheit schwächen könnten. Es gab also weder eine Suche nach Beweisen noch Schlußfolgerungen aus Anhaltspunkten; es war einfach vernünftig, den richtigen Trank zu sich zu nehmen, die korrekte Beschwörungsformel aufzusagen, nicht selten begleitet vom Segen und den Gebeten Pater Johns – denn mehr konnte man nicht tun, um diese Mächte zu seinen eigenen Gunsten zu beeinflussen.

Wenn eine Kuh oder eine Ziege eine Fehlgeburt hatte, dann war es vernünftig, den Fetus unter der Schwelle der Stalltür zu vergraben, nicht etwa deshalb, weil man damit zukünftige Fehlgeburten verhinderte, sondern weil man glaubte, ihre Wahrscheinlichkeit zu verringern. Man wußte wohl, daß Speck nicht immer ranzig wurde, wenn eine menstruierende Frau ihn räucherte, gleichwohl glaubte man, daß man mit dieser Wirkung rechnen mußte, also war es vernünftig, wenn eine Frau zu solchen Zeiten keinen Speck räucherte.

Die Messe, so wie Pater John sie zelebrierte, paßte zu dieser allgemeinen Haltung. Er stellte das besondere Brot für die Wandlung her – vielmehr die alte Sarah, die sich um seinen Haushalt kümmerte, tat es. Aus den Schlehen der Hecken gewann er nach eigenem Verfahren, in das er niemandem Einblick gewährte, eine saure, rote Flüssigkeit und nannte sie Wein. Als er noch ein Knabe in Rochester war, stand eine säuerliche, rote Flüssigkeit in großen Fässern zur Verfügung, und ein Teil davon wurde ordnungsgemäß für die Messe verwandt. Jedes rotfarbene Wasser war für ihn Wein, was lag also näher, als im Dorf nach Beeren zu suchen, die das Wasser dunkelrot färbten. Er nahm Schlehen und auch Holunderbeeren; sie erzeugten eine schöne Farbe, ähnlich der Flüssigkeit in den Gläsern, die auf dem Tisch des »Letzten Abendmahls« standen, einem riesigen Wandbild im Refektorium von Rochester, an das er sich dunkel erinnerte. Zum Ritual der Messe und den geheimnisvollen, bedeutungslosen Worten, die er psalmodierte, gehörte auch, daß er allen Anwesenden bis auf Säuglinge von dem Brot gab, und selber trank er einen Schluck von dem säuerlichen »Wein«. Alle in der Kirche glaubten, daß Gott mit dieser Handlung in ihrem Sinne beeinflußt werden konnte, und so war es nicht nur unklug, nicht zur Messe zu erscheinen, man forderte sein Unglück damit geradezu heraus.

Für Marion wie für die meisten anderen im Dorf war die Religion nicht mehr als ein Teil ihres ständigen Bemühens um den Einfluß des Guten auf ihr Leben. »Gut« waren eine reichhaltige Ernte, schönes Wetter, Gesundheit, viele Kinder (möglichst für die anderen), Tod den Ratten und Krähen. Es war eine Art Versicherung gegen Katastrophen. Sie war sich darüber im klaren, daß als Gegenleistung für diesen unzuverlässigen Schutz ein bestimmtes Verhalten von ihr verlangt wurde, aber sie besaß kein besonders ausgeprägtes Bewußtsein für Schuld oder Sünde, und sie fühlte sich auch nicht verpflichtet, ihr Gewissen zu überprüfen oder irgend etwas zu bereuen, bevor sie zur Messe ging. Ebensowenig hatte sie das Gefühl, sich nach dem Empfang des Sakraments anders verhalten zu müssen. Das Sakrament brachte ihr Gott nicht näher. Solange sie zur Messe ging, war es an Gott, sich auf wohlwollende Weise um sie und ihre Familie zu kümmern.

Es gab Gebote, und jeder wußte, es waren zehn an der Zahl, aber sie waren nicht numeriert, und wenn man Pater John nach Einzelheiten fragte, dann äußerte er sich so unbestimmt wie jeder andere. Es herrschte allgemeine Ungewißheit. Marion wußte zwar, daß sie nicht fluchen durfte, aber wie hätte sie Flüche und Alltagssprache auseinanderhalten sollen? Sie wußte, man sollte seine Eltern ehren, aber um die Alten kümmerte man sich ohnedies. Man durfte keinen anderen Menschen töten – nun, natürlich nicht, das wußte doch jeder. Man durfte sich nicht zu jemandem ins Bett legen, mit dem man nicht verheiratet war – wie hätte man das wohl anstellen sollen im Dorf, auch wenn sich alle fragten, was in den langen dunklen Nächten im Herrenhaus so alles passieren mochte, wenn Dienstboten beiderlei Geschlechts zusammen im Stroh unter den Tischen lagen. Man durfte niemanden fälschlich beschuldigen – das würde Marion sowieso nicht in den Sinn kommen. Man durfte nicht stehlen, aber welcher Diebstahl wäre in einer so engen Dorfgemeinschaft schon unentdeckt geblieben? Und man durfte nicht am Sonntag arbeiten. Dieses Gebot betraf Marion nicht, denn niemand kam auf den Gedanken, daß damit die Arbeit der Frauen gemeint sein könnte. Frauen hatten keine »Arbeit«, sie hatten »häusliche Pflichten«, und es lag in ihrem Wesen, sie zu erfüllen.

Marion hätte nicht bezweifelt, daß sie eine tugendhafte Frau war, auch wenn sie sich nicht den Kopf darüber zerbrach. Manchmal gab sie ihren Kindern ein paar Eier von dem Dutzend, das eigentlich – so verlangte es der Brauch – an das Herrenhaus abgeliefert werden mußte, und zu Rollo vom Herrenhaus sagte sie, die Hühner hätten weniger als sonst gelegt. Doch sie hatte kein schlechtes Gewissen bei der Lüge, und sie kam nicht auf den Gedanken, daß sie dem Herrenhaus ihre eigenen Eier gestohlen haben könnte. Auf der Habenseite konnte sie für sich verbuchen, daß sie alten Leuten im Dorf half, nicht nur ihrem Vater in der Mühle. Sie hatte ihren Teil zur Pflege von Waisenkindern beigetragen, als es nötig war – nach dem Tod von Fletchers Frau hatte sie einen der Fletcher-Säuglinge zwei Monate lang gestillt. Sie hatte immer hart gearbeitet, um ihre Familie zu ernähren, sie hatte viele Kinder zur Welt gebracht, und es war nicht ihre Schuld, daß nur so wenige am Leben geblieben waren. Sie war Peter eine treue Ehefrau, die ihren Mann sogar liebte, und eine pflichtbewußte Tochter war sie auch gewesen, aber meistens hatte sie viel zuviel zu tun gehabt, um über sich selber nachzudenken.

Nachdem sie sich ganz hinten in der Kirche einen Platz gesucht hatten, nahm Peter die tief schlafende Alice aus den Armen seiner Frau, damit Marion sich gegen einen der dicken hölzernen Pfosten lehnen konnte, die in die steinernen Mauern eingebaut waren. Durch die abgetretenen Stiefel spürte sie den groben Erdboden; ihre Füße schmerzten. Sie blickte auf die massigen Rücken ihrer Nachbarn, breite, gebeugte Schultern in schweren grauen Umhängen, die Kapuzen der Männer so weit zurückgeschlagen, daß unter den zottigen Haaren die hageren Hälse zu sehen waren, die Hauben der Frauen von zusätzlichen Umhängtüchern bedeckt, als Schutz für Säuglinge auf den Armen; unter längeren, bis zu den Knöcheln reichenden Umhängen verbargen sich die größeren Kinder, so daß nur ihre schmutzigen roten Füße darunter hervorschauten wie die Krallen der Küken unter den Flügeln der Glucke. Die feuchte Kleidung dampfte leicht, es roch nach klammer Wolle, ungewaschenen Körpern und dem Talg der Kerzen.

Wenn Marion über die Schultern der Dorfbewohner blickte, konnte sie Sir Hugh und seine Familie sehen, die am östlichen Ende der Kirche standen, auf dem Altarpodest, das Peter gezimmert hatte, nachdem Sir Hugh eine ähnliche Konstruktion in einer Kirche in Rutherford am Ende des Tals gesehen hatte. Sir Hugh war groß und mager, die schwarze Kapuze hatte er auf den Rücken geklappt, das harte Licht schien auf seinen blassen, kahlen Kopf, die blasse schmale Nase, den blassen, langen Bart. Was für ein trauriges Gesicht, dachte Marion, so müde und ohne jede Hoffnung.

Neben ihm stand Dame Margaret, von allen nur M'Dame genannt, eine kleine Frau, die ihre hohe weiße Sonntagspelzhaube trug und Sir Hugh damit doch nur bis zur Schulter reichte. Das markante Profil war unverwandt auf Pater John am Altar gerichtet. Der strenge Blick und die schmalen Lippen verliehen ihrem Gesicht den Ausdruck großer Beharrlichkeit. Sie hatte sich in einen mattgrünen Umhang gehüllt, der das dunkelbraune Kleid fast vollständig verdeckte. Die bloßen Hände, mit Frostbeulen an allen Fingern, hatte sie zum Gebet aneinandergelegt.

Vor ihr stand Magda, ihr ältestes Kind und das einzige, das am Leben geblieben war; sie war zu klein für ihre zwölf Jahre, und ihr dichtes braunes Haar quoll unter einer kleinen weißen Haube hervor, die zu klein war für ihren Kopf, der Haube ihrer Mutter aber so ähnlich wie nur möglich. Marion sah, daß Magda nicht bei der Sache war. Sie ließ den Blick über die Gemeinde, das Kircheninnere, die Wandmalereien über dem Altar schweifen, drehte den rotbestickten Ledergürtel, der ihren Mantel zusammenhielt, zwischen den Fingern hin und her. Obwohl sie mit den Augen ganz woanders war, stimmten die Lippen zusammen mit den Eltern in jeden Wechselgesang ein.

Hinter ihnen stand Rollo, Sir Hughs Bruder, ein tüchtiger Verwalter der Angelegenheiten des Herrenhofs, dem man im Dorf mit Furcht und Abneigung begegnete, ein unerbittlicher Eintreiber, der nie vergaß, wer wann wieviel schuldig war, der beharrliche Mahner säumiger Schuldner, gerecht, gewissenhaft, unbarmherzig, humorlos – alle wußten, daß mit Sir Hugh, hätte er tatsächlich etwas zu sagen, leichter umzugehen, daß er leichter zu überreden und zu täuschen wäre. Rollo stand da im braunen Umhang, der bis auf die Stiefel reichte, die Kapuze zurückgeschlagen; seine Nase war scharf und schmal geschnitten wie die von Sir Hugh, doch der Rest des Gesichts war verdeckt von Haaren, die ihm bis über die buschigen Augenbrauen hingen, und hinter einem gewaltigen Bart, der jedes Mienenspiel verbarg. »Man weiß nie, was er gerade denkt«, hatte Marion einmal geklagt. Peter hatte geantwortet: »Und wenn du's wüßtest, würde es dir nicht gefallen.«

Rollo wohnte im Herrenhaus. Er schlief auf einem Bett aus Stroh auf dem Podium zwischen Sir Hughs und Magdas mit ledernen Vorhängen abgetrennten Betten, aber es ging das Gerücht, verbreitet vor allem durch Milly, daß Rollo so manche Nacht im Hause des Priesters verbrachte. Von der alten Sarah, die dort ein und aus ging, um nach dem Priester zu sehen, wie sie sagte, wußten die Dorfbewohner, daß Rollo und Pater John oft zusammenhockten und über Gott, die Jungfrau und andere heilige Dinge sprachen; Rollo versuchte sogar, Pater John das Singen beizubringen – »und manchmal singe ich auch mit«, fügte die alte Sarah dann mit verschmitztem Lächeln hinzu, aber sie wies jede Behauptung zurück, es könnte irgendeine andere Beziehung zwischen den beiden Männern geben. Die Gerüchte im Dorf wollten trotzdem nicht verstummen. Die alte Sarah, so hieß es, hatte keine Ahnung; die war doch längst verkalkt. Hatte sie nicht mehrfach behauptet, sie sei ein Engel und fliege jede Nacht hinauf in den Himmel? Andrerseits würde Milly mit ihrem giftigen Schandmaul eine unanständige Geschichte auch erfinden und verbreiten, wo sie nur konnte.

Pater John zelebrierte die Messe. Für einen geheimnisvollen Zweck hatte er das Brett mit dem großen roten A gebraucht und vorsichtig zurück auf den Altar gelegt, und dazu hatte er ein paar geheimnisvolle Worte in seinem monotonen Singsang angestimmt, bei dem Rollo gewöhnlich das Gesicht hinter seinem Bart verzog. Das geweihte Brot war in kleine Stücke gebrochen, die Tim Rockwell und ein anderer, kleinerer Junge – einer der Hunter-Jungen, vermutete Marion – in flachen Körben durch die Gemeinde trugen. Irgendwo kam es zu einer Rangelei, heisere Knabenstimmen flüsterten aufgeregt: »He, hör auf« – »Was denn, du hast mich gestoßen«, und plötzlich Rollos strenger Ruf: »Ruhe dahinten!«

Nachdem Pater John sich der Gemeinde zugewandt und mit erhobenen Händen weiter seltsame Worte psalmodiert hatte, drehte er sich wieder zum Altar um und machte Anstalten, seinen »Wein« aus einem Krug mit schmalem Hals – ein Gut, das ihm ans Herz gewachsen war – in das hohle Ochsenhorn umzufüllen, das ihm als Abendmahlskelch diente. Er hielt den Krug immer so hoch, daß alle die blutrote Flüssigkeit (deren Tropfen heute wie Rubine im Sonnenlicht funkelten) herunterfallen sehen konnten, denn sie sollten wissen, daß er für diese bedeutende Zeremonie richtigen Wein verwendete. Er hatte kalte Hände, und das Altartuch wies viele rote Spritzer auf.

Während Marion der Zeremonie zusah, dachte sie an Margerys Tod und ihr Begräbnis. »Jetzt ist sie ein Engel geworden«, hatte Pater John gesagt, wie er es zu allen Eltern verstorbener Kinder sagte. Ihr war bei dieser Bemerkung unbehaglich zumute gewesen, und als sie jetzt zu den beiden Engeln hinaufblickte, die mit braunen Pinselstrichen auf die Wand über dem Altar gemalt worden waren, verstärkte sich ihr Unbehagen. Von der linken oberen Ecke einer großen Darstellung des Weltuntergangs blickten sie hinunter auf eine Szene, bei der eine Hälfte der Menschen kopfüber und nackt in die Hölle stürzte, während die andere Hälfte nach links oben emporschwebte – in weißen Kleidern und mit erhobenen Armen. Dem Maler waren die Einzelheiten nicht sonderlich gut gelungen, und obendrein hatte ein Höcker in der Wand das Gesicht des einen Engels zu einer höhnischen Fratze entstellt, während durch das Antlitz des anderen etwas Feuchtigkeit gesickert war und dessen eine Hälfte in einen bröckelnden Schmutzfleck verwandelt hatte. Pater John sprach manchmal davon, daß er sich eine Leiter besorgen und das in Ordnung bringen müsse; aber wie hätte er das anstellen sollen? Auf die Idee, daß Gib, der Sohn des Müllers, das Bild übermalen könnte, kam keiner, am allerwenigsten Gib selber. Der Gedanke, daß Margery jetzt vielleicht ein Engel war, konnte Marion nicht trösten.

Als die Messe zu Ende war, schlurften die Dorfbewohner auf die Seite und bildeten eine Gasse zum Ausgang, durch die Sir Hugh und seine Familie die Kirche verließen und hinaus in den Sonnenschein schritten. Viele murmelten ihnen beim Vorübergehen Grüße zu: »Guten Morgen, Sir, guten Morgen, M'Dame«, doch niemand grüßte Magda, die hinter ihren Eltern ging, oder Rollo oder Pater John. Vor der Kirchentür standen die beiden Rockwell-Familien, etwa fünfzehn Leute in guten schweinsledernen Stiefeln und den großen, schwarz und weiß gestreiften Umhängen, die sie selber fertigten. »Guten Tag, Sir. Auch Euch, M'Dame, einen guten Tag«, riefen sie, bevor sie sich nach links wandten, um sich auf den langen Heimweg über die Felder zu ihrer Siedlung in Rockwell zu machen. Sir Hugh und seine Familie, Pater John und der Rest der Gemeinde gingen nach rechts den Weg am Friedhof entlang, vorbei am Hof des Herrenhauses mit seinen Ställen und Nebengebäuden, am steinernen Backofen und den offenen Schuppen; in der Tür zum Herrenhaus stand bereits Tom, der nur gelegentlich zur Messe ging, und begrüßte sie mit einem Lächeln. Das war Teil des allwöchentlichen Zeremoniells.

»Guten Morgen, Sir, guten Morgen, M'Dame«, sagte Tom, obwohl er sie alle schon gesehen hatte an diesem Tag, und fuhr sich in einer Geste der Ehrerbietung durch das gelockte Haar. »Guten Morgen, Miss Magda. Guten Morgen, Sir«, zu Rollo, »guten Morgen, Pater.« Sie betraten das Herrenhaus und gingen zu dem Tisch auf dem Podium am hinteren Ende; nach ihnen drängten die Dorfbewohner zur Tür herein, weil jeder der erste sein wollte. In der Düsternis des Herrenhauses brannten vier große Holzscheite, auf dem mittleren Stein der Feuerstelle stand ein großer Topf, und auf den flachen Steinen ringsherum lagen mehrere flache Brotlaibe. Dieser aufmunternde Anblick und der vielversprechende warme Duft sorgten für manches freudige »Ah!«. Auf die sonntägliche Messe und das anschließende kostenlose Mahl im Herrenhaus freuten sich alle. Jede Geselligkeit tat wohl, aber diese ganz besonders.

Tom, der erste Diener des Herrenhauses, war dafür zuständig, und keiner hatte etwas dagegen, weil alle ihn mochten. Er lief aufgeregt herum: »Mach die Tür zu, Kleiner – nein, bleib hier, Ed-mein-Junge holt das Bier. Habt ihr auch die Kirchentür ordentlich verriegelt? Bestimmt? Aha, Ed-mein-Junge, stell den Kübel hierher – nein, die auf dem Podium haben schon eine volle Kanne auf dem Tisch stehen. Joan, paß bloß auf, daß dein Rock nicht Feuer fängt … so, und nun teilt die Brotlaibe aus, damit alle etwas kriegen. Spritz nicht so mit der Suppe herum, Milly. Obacht, Magda – Miss – achtet ein bißchen darauf, daß Euer Hund nicht überall hinläuft. Wie ist das Bier heute, Sir? Joans Gebräu. Nicht die Kelle, das ist die Suppenkelle, frag Ed-mein-Junge – er hat die Bierkelle«, und so weiter und so fort. Die Familie des Herrenhauses hatte er am Tisch auf dem Podium Platz nehmen lassen, den Großteil der erwachsenen Dorfbewohner hatte er auf den Bänken entlang der Wände untergebracht, die Kinder zu ihren Füßen auf dem Boden. Milly und Joan hatten die harten, runden Laibe an die Frauen ausgeteilt, dazu für jede Familie eine hölzerne Schale voll Bohnensuppe mit Speck, und drei hohe, grünglasierte Krüge machten die Runde; jeder, der an der Reihe war, tat einen so langen Zug, wie er sich zutraute, und Ed-mein-Junge füllte mit seiner großen Holzkelle aus dem Kübel nach, der neben der Tür stand.

Als alle aßen und tranken, wurden Toms Monologe spärlicher, denn es gab nichts mehr zu sagen. Die Familien drängten sich zusammen, man tastete nach dem Holzlöffel, den die meisten am Gürtel trugen. Peterkin hatte gerade seinen ersten Löffel bekommen, von seinem Vater geschnitzt, und er war mächtig stolz darauf. Sie beugten die Köpfe über ihre Familienschüssel und löffelten die Suppe, solange sie warm war, froh, sehr froh über die Wärme und die wohltuende Mahlzeit. Als die Suppe vertilgt war, lösten sich die Gruppen auf, jeder aß für sich sein trockenes Brot und wartete auf einen Schluck aus dem Bierkrug. Es wurde viel gegrunzt und gestöhnt, aber wenig gesprochen. Marions Bruder Simon aus der Mühle und seine wohlgenährte Familie waren auch da; sie saßen gegenüber. Sie winkten einander zu und aßen weiter. Marion hatte Alice auf dem Schoß und versuchte, ihr einen Löffel Suppe einzuflößen, aber Alice drehte den Kopf zur Seite. Also führte Marion den Löffel selber zum Mund und schluckte die warme, grießige, nach Speck schmeckende Flüssigkeit mit Widerwillen herunter. Sie ekelte sich vor dem nahrhaften Fett, das auf der Oberfläche schwamm. Einen zweiten Löffel brachte sie nicht hinunter. Peter und Peterkin löffelten den Napf alleine leer. Sie legte den Kopf gegen Peters Schulter und schloß die Augen, wie viele andere auch. Die Bohnensuppe lag ihnen schwer in den ausgehungerten Mägen, die Wärme der brennenden Scheite rötete ihnen die Gesichter, das Bier war stärker, als sie es gewohnt waren. Nichtstun und Wärme – beides selten und zusammen noch seltener – versetzten sie in eine wohlige Schläfrigkeit. Ein wichtiges Zeremoniell, die Messe mit dem anschließenden, so vertrauten und unentbehrlichen Mahl im Herrenhaus, lag hinter ihnen; was blieb da noch zu tun, als im seltenen Gefühl der Zufriedenheit vor sich hin zu dösen?

Als Tom die Scheite im Feuer vorsichtig zusammenschob, schlug Marion die Augen auf und sah ihm dabei zu. Tom war ein breitschultriger Mann mit lockigem, dunklem Haar, kurzem krausen Bart und einem freundlichen Gesicht. Wenn er beim Lächeln die Augen zusammenkniff, erinnerte er sie an Simon. Das verwunderte sie; sie machte sich nicht klar, daß im Dorf jeder mit jedem verwandt war, und auch wenn sie natürlich ihre Geschwister, Tanten und Onkel kannten, und manche sogar wußten, wer ihre Vettern und Basen ersten Grades waren, so blieben entferntere Verwandtschaften doch weitgehend unbeachtet. Tom hatte sein Leben lang im Herrenhaus gewohnt. Vor vielen Jahren hatte er ein Mädchen aus dem Dorf geheiratet, und es hieß, die beiden hätten sich sehr geliebt. Toms Frau war bei der Geburt ihres Sohnes gestorben, und dieses Kind hatte Tom ganz fest in sein Herz geschlossen; ganz allein hatte er den Jungen im Herrenhaus großgezogen und ihn so beharrlich mit Ed, mein Junge angeredet, daß alle im Dorf ihn nur noch bei diesem Namen nannten. Ed-mein-Junge war ein schlanker, hochgewachsener Bursche, jedem gegenüber hilfsbereit, von Magda herumkommandiert und behütet von Tom, der seinen Sohn nicht gerne aus den Augen ließ.

Als Ed-mein-Junge noch ganz klein war, hatte Sir Hugh angeordnet, daß Tom und Joan, die ebenfalls Bedienstete im Herrenhaus war, in den Stand der Ehe treten sollten. Aber Tom hatte sich gewehrt. »Ich kann das nicht tun, Sir«, sagte er, »beim besten Willen nicht. Dort oben im Himmel wartet meine Lucy, treu wie eh und je, und genauso muß ich eines Tages zu ihr gehen, bei allen Heiligen. Ihr dürft das nicht von mir verlangen, Sir, es kann nicht Gottes Wille sein.« Als Sir Hugh, der für alle Eheangelegenheiten seiner Untergebenen (durch Gesetz oder Brauch) zuständig war, daraufhin angeordnet hatte, daß Tom bis zur Ernte im Stand eines Witwers bleiben dürfe und Joan erst nach der Ernte heiraten müsse, waren Tom die Tränen in die Augen getreten, und noch am selben Tag hatte man ihn auf dem Kirchhof gesehen, wo er Maßliebchen auf Lucys Grab legte. Die Angelegenheit war Dame Margaret zugetragen worden, und sie mußte wohl mit Sir Hugh ein Wort unter vier Augen gewechselt haben, denn von Toms Eheschließung war danach nie wieder die Rede.

Niemand war auf die Idee gekommen, Joan nach ihrer Meinung zu fragen. Auch sie hatte ihr Leben lang im Herrenhaus gelebt und gearbeitet. Sie war älter als Tom, und es war allgemein bekannt, daß sie das uneheliche Kind von Sir Hughs Vater war, also eine Halbschwester von Sir Hugh und Rollo, aber da sie ein Bankert war, das Kind der alten Marvis, einer anderen Dienstmagd, die ebenfalls noch – mehr tot als lebendig – im Haus herumschlurfte, durfte Joan sich nicht für etwas Besseres halten, im Gegenteil – äußerste Unterwürfigkeit war ihr Los. Alle mißbrauchten sie als Arbeitstier, und Magdas Verachtung bekam sie ganz besonders zu spüren. Niemand verdachte es Tom, daß er sie nicht heiraten wollte.

Mit Joan hatten die Dorfbewohner sich abgefunden, Milly jedoch, ihre Leidensgenossin im Joch der Knechtschaft, konnten sie nicht ausstehen, und niemand hatte jemals versucht, Milly unter die Haube zu bringen. Sie war eine kleine, krummbeinige Frau, ein wenig jünger als Marion; ihr Haar, ergraut von der vielen Holzasche, die sich im Lauf der Jahre darin festgesetzt hatte, hing glatt herunter, die kugelrunden schwarzen Augen standen eng zusammen, die Nasenlöcher waren gerötet, der Mund verdrießlich und der Unterkiefer massiv; eine Frau, der es an jeglicher Anmut fehlte, die ihr schweres Leben jedoch mit einer störrischen Willenskraft bewältigte. Sie murrte und nörgelte und betrog, sie vergaß keine Kränkung, jede üble Nachrede bauschte sie auf (falls sie sie nicht selber erfunden hatte), ihrem Zeugnis war nicht zu trauen – kein Wunder also, daß die Dorfbewohner sie nicht mochten. Die Jahre vergingen, und im selben Maße wie die Abneigung wuchs ihre Böswilligkeit, für die ihre schmalen Lippen und die nach unten gezogenen Mundwinkel äußeres Zeichen waren.

Das waren die eigentlichen Bediensteten des Herrenhauses, Menschen, die ihr Leben lang an den Herrenhof gebunden waren, ohne eigenes Land oder Besitztümer, ohne die Aussicht auf Freiheit. Und niemand von ihnen stellte diese Knechtschaft in Frage, nicht einmal sich selbst gegenüber. Mochte es auch ein schweres Los sein – sie hatten ihren sicheren Platz, ein Bett aus Stroh unter den Bänken im Herrenhaus und ihren Anteil am Essen.

Und dann war da noch Loppy Lambert, den man gewöhnlich im Herrenhaus oder in einem der Schuppen im Hof finden konnte. Er war der Sohn vom alten Lambert, der oben in Rockwell lebte. Loppy war ungefähr dreißig Jahre alt, aber sein Verstand war der eines Kindes, und körperlich war er ein Mittelding zwischen Kind und Mann. Seine schrille Stimme war kaum zu verstehen, und er besaß keinerlei Geschick mit den Händen. Oben in Rockwell, wo alles seine Ordnung hatte, gab es keine Verwendung für ihn, also hatte der alte Lambert ihn in die Obhut von Sir Hugh gegeben, damit er nach seinem Gutdünken eine Verwendung für ihn fand. Aber da gab es nicht viel. Man durfte Lobby nicht aus den Augen lassen. Nicht einmal die einfachsten Arbeiten konnte man ihm anvertrauen, und niemand hatte den Tag vergessen, als er auf der Dorfweide ein paar Gänseküken hüten sollte. Stunden später fand man ihn: Mit einem Fuchswelpen im Arm schaukelte er auf dem untersten Ast eines Weißdorns, und von den Gänseküken war weit und breit nichts zu sehen.

Dame Margaret schreckte das ganze Herrenhaus auf, als sie rief: »Tom! Schließ die Fensterläden, es kommt kalt von draußen.«

Tom eilte hin und zog die Läden an den Seilen zu. Es wurde noch düsterer, denn nur die tiefrote Glut und ein gelegentliches Aufflackern beleuchteten den Raum. Die Dorfbewohner wußten, das Zeichen für den Aufbruch war gegeben; sie mußten diesen Hort der Wärme verlassen und in ihre kalten, feuchten Hütten zurückkehren.

»Wir wollen vor Dunkelheit zu Hause sein« – »Ich muß die Kuh noch melken« – »Die kalte Nachtluft ist Gift für meine Brust« – »Sei froh, daß deine Kuh überhaupt noch Milch gibt« – mit solchen und ähnlichen Bemerkungen scharten sie ihre Kinder um sich, stopften sich verstohlen noch ein paar Brotreste in die Taschen, wickelten sich fester in ihre Umhänge, zogen die Kapuzen über die Köpfe und schlurften hinaus in die trübe, rosarote Dämmerung des Märzabends.

Marion und Peter gingen zusammen hinaus, hinter Dick und Hilda, die das jüngere ihrer beiden Mädchen auf dem Arm trug. An der Tür wurden sie von Tom abgefangen.

»Ach, Peter, eh ich's vergesse, ich brauche einen neuen Zapfen für das kleine Faß im Brauhaus. Der alte ist morsch und fängt an zu tropfen.«

»Hab 'ne Menge zu tun«, antwortete Peter. »Muß wer weiß was alles für Rollo machen. So ein Zapfen ist eine knifflige Sache – glaub bloß nicht, daß kleine Sachen weniger Zeit brauchen… na ja, will sehen, was sich machen läßt. Kannst mich nächste Woche noch mal erinnern. Am besten nimmt man Esche für so was.«

»Danke. Und gute Nacht euch allen.« Tom schloß die Tür zum Herrenhaus. An der Brücke holte Peter die anderen wieder ein. Dick Shepherd war inzwischen auf dem Weg stehengeblieben und hatte von Hilda noch einen Beutel mit Essen bekommen; er hatte ihr und dem schlafenden Kind den Umhang fester um die Schultern gezogen, die beiden und das andere Kind, das neben Hilda stand, noch einmal in die Arme geschlossen und war dann über den Anger davongegangen. Marion sah ihm nach; der feuerrote Flaum seiner Haare leuchtete im letzten Licht des Tages, Kopf und Körper hoben sich als dunkle Silhouette ab.

»Ist Dick fortgegangen?« fragte Peter.

»Auf die Weide hinauf«, antwortete Hilda. »Er kann die Mutterschafe und die Lämmer um diese Jahreszeit nicht allein lassen. Ned ist oben geblieben, und Dick ist nur zur Messe und zum Essen heruntergekommen. Halt dich am Geländer fest, Meg. Jetzt wird nicht herumgehüpft.«

Von hinten näherte sich Molly, ihre gemeinsame Nachbarin.

»Wie schön, daß ich nicht allein nach Hause gehen muß«, rief sie. »Huch – ist die Brücke rutschig, der Reif ist früh gefallen heut abend. Schläft deine Kleine, Marion?«

Es wurde schnell dunkel. Im Gänsemarsch trotteten sie den Weg über die Dorfweide entlang, der kleinen Ansammlung von Hütten entgegen, die im Dorf nur »der Weiler« genannt wurde. Sie verabschiedeten sich von Molly an ihrer Gartenpforte.

»Du hast es gut«, sagte Marion zu ihr. »Bei dir haben Mutter und Tante das Feuer schon angefacht. Wir dürfen von Glück sagen, wenn unseres noch glimmt.«

»Wenn du etwas Glut brauchst, schick Peterkin rüber. Das gilt auch für dich, Hilda.«

Man wünschte sich noch eine gute Nacht. Von Hilda verabschiedeten sie sich vor ihrer Hütte und sahen noch, wie sie den Kopf einzog und über die Schwelle trat.

In der Hütte tastete Peter gleich unter dem Wandbrett nach dem Blasebalg und pustete so lange, bis rote Glut zum Vorschein kam. Peterkin trat aus der Dunkelheit und kauerte sich direkt davor. Marion ließ sich auf dem krummen Baumstamm nieder, und gleich darauf erwachte Alice.

»Will B'ot und Milch«, verkündete sie munter.

»Scheint ihr besser zu gehen«, bemerkte Peter knapp.

»Nein, jetzt ist Zeit zum Schlafengehen«, sagte Marion müde. »Ab in die Wiege mit dir.« Alice stieß einen Protestschrei aus. »Willst du wohl still sein«, sagte Marion und gab ihr einen Klaps. Sie legte das Kind kurz entschlossen in die Wiege und wickelte es fest in das

Schaffell, dann setzte sie sich wieder auf den Baumstamm. Peterkin hatte die Tür geschlossen, obere und untere Hälfte; das einzige Licht in der Hütte kam jetzt vom Feuer. Es war zu dunkel, um Wolle zu spinnen, zu dunkel, um Zapfen zu drechseln, so dunkel, daß man nur noch so nah als möglich am Feuer sitzen und versuchen konnte, sich ein wenig warm zu halten.

»Da kann ich eigentlich gleich ins Bett gehen«, sagte Peter, und das sagte er fast jeden Abend. »Komm mit, Junge, wir gehen noch mal pinkeln.«

Als sie wieder hereinkamen, hatte Marion die Scheite zusammengeschoben und lag schon im Bett. Behutsam kletterte Peter über sie hinweg.

»Hast du die Tür wieder zugehakt?« fragte sie.

»Ja, sicher«, sagte er.

Marion wußte, daß sie beide nicht in sonderlich guter Stimmung waren. Ihr war zwar nicht mehr so übel, aber weil sie seit vierundzwanzig Stunden fast nichts gegessen hatte, meldete sich der Hunger. Wenn man hungrig war, konnte so eine Nacht besonders lang werden, das wußte sie nur zu gut. Und es war eine bitterkalte Nacht. Nach einer Stunde lag sie noch immer wach, die Füße zwei Klötze aus Eis, und sie spürte die Kälte hinauf zu den Knien kriechen; jetzt beneidete sie Peter und ihre Kinder und staunte darüber, mit welcher Leichtigkeit sie einschlafen konnten. Für sie schleppten die dunklen Stunden sich langsam dahin.

April

Es war einer der vielen trügerischen Frühlingsanfänge, und auch wenn Marion wußte, daß Kälte, Frost und Schnee noch einmal zurückkehren konnten, bevor wirklich Frühling war – heute schien der Winter eine Pause eingelegt zu haben. Die Abende wurden länger, die Vögel sangen, und von der Dorfweide wehte ein milder, süßer Duft herüber.

Gestern war Peter endlich mit dem Pflug fertig geworden, den er für Rollo gezimmert hatte; es war noch so manche Anpassung an Rollos pedantische Vorstellungen nötig gewesen, aber heute hatte er einen außerplanmäßigen freien Tag bekommen und war zu Hause geblieben, um sich um den Garten zu kümmern. Peterkin ging ihm dabei zur Hand, worüber Marion sich freute, weil das die Beziehung zwischen Vater und Sohn festigte und sie das für einen wichtigen Teil von Peterkins Einübung in das Erwachsensein hielt. Während der letzten Wochen war Peterkin jeden Morgen schon vor Sonnenaufgang draußen auf den frisch angesäten Feldern gewesen, war bei jedem Wetter laut brüllend herumgelaufen und hatte mit Steinen nach den Saatkrähen geworfen, um völlig erschöpft wieder nach Hause zu kommen, ein Häuflein Elend mit roten Wangen, roten Fingern, roten Ohren und krächzender Stimme.

Heute war ein friedlicher Tag, und Marion fühlte sich rundum wohl. Beide Türhälften standen offen, es war hell in der Hütte. Marion war mit Aufräumen und Saubermachen beschäftigt gewesen, sie hatte die Spulen mit gesponnener Wolle aufgeschichtet, Holzscheite hereingeholt, um die Feuerstelle herum die Strohreste zusammengefegt, in der Handmühle getrocknete Bohnen gemahlen

45

und dabei immer ein Auge auf Alice gehabt, die still auf dem Boden saß und mit ihren dicken Patschhändchen den Schmutz zu kleinen Häuflein zusammenkehrte. Die Sonne schien, doch es wehte ein schneidender Wind über das frische helle Gras. Marion ging hinaus, raffte die Kleider und kauerte sich neben den Misthaufen. Während sie ihre Notdurft verrichtete, wurde sie auf eine Schmeißfliege aufmerksam, die – von der warmen Sonne zum Leben erweckt – auf einem toten Blatt gleich neben ihrem Fuß gelandet war. Marion betrachtete ihren buntschillernden, blauen Körper, sah ihr dabei zu, wie sie die Vorderbeine gegeneinander strich. Die Fliege flog zu etwas leuchtend Grünem in der Nähe. Es waren die Überreste vom Kopf eines Stockentenerpels, wahrscheinlich noch vom letzten Jahr; man hatte ihn Tibtab hingeworfen, und irgendwann hatte der Kater ihn liegenlassen. Mochte der Kopf auch alt sein, die Federn schillerten im Sonnenlicht noch immer in diesem eigenartigen, geheimnisvollen Grün. Marion sah den leuchtendblauen Edelstein über die leuchtendgrünen Federn krabbeln, beides nur kleine Farbtupfer, aber so außergewöhnlich, so ganz anders als jeder andere Farbton in der Natur. Wäre sie gefragt worden, dann hätte Marion gesagt, daß Enten und Schmeißfliegen Teil der Natur sind, doch beim Anblick dieser seltsamen Farben kam ihr der Gedanke, sie könnten womöglich etwas Übernatürliches sein – Edelsteine eines verlorenen Engels, vielleicht auch Köder des Teufels. Im Augenblick wunderte sie sich nur über die plötzliche Freude, mit der diese ungewöhnlichen, glitzernden Farben sie erfüllten. Nie hätte sie versucht, einen solchen Gedanken zu äußern. Als sie merkte, daß sie längst fertig war, rupfte sie ein paar frisch gewaschene Ampferblätter und säuberte sich das Gesäß – man hatte sie schließlich zur Reinlichkeit erzogen.

Peter war am Ende des Gartens beim Umgraben, und Peterkin schaffte mit dem Schubkarren kleine Ladungen Mist vom Misthaufen heran, damit sein Vater sie beim Graben unter die Erde mischen konnte. Der Anblick von jemandem, der seine Notdurft verrichtet, war Peterkin wie allen anderen Kindern im Dorf so vertraut, daß er nicht weiter auf Marion achtete. Es kostete ihn

Mühe, den Schubkarren im Gleichgewicht zu halten, und sein Hinken machte es ihm schwer, ihn geradeaus zu schieben, aber ein Junge mußte seinem Vater helfen, und Peter wollte mit dem Beet fertig werden, solange es trocken war.

Die Ziege hatte vor kurzem ihr Junges bekommen, ein hübsches, kleines Zicklein, das zur Zeit noch an den Zitzen der Mutter säugte. Marion füllte den Wasserbottich im Ziegenstall und zog ein wenig Heu so weit herunter, daß die Ziege es mit dem Maul erreichte. Sie streichelte die alte Geiß, aber das Junge rührte sie nicht an. Marion plante, dem Jungen ein paar Wochen lang die gesamte Milch der Mutter zu lassen und es dann abzustillen; im Sommer würde es ein wunderbares Geschenk für das Herrenhaus abgeben. Ein gesundes Ziegenkitz war eine kostbare Gabe; für eine Weile würde das Marion von anderen Verpflichtungen gegenüber dem Herrenhaus entlasten. War das Kitz erst entwöhnt, konnte Marion die Ziege täglich melken, und in den folgenden Monaten sollte es ihnen an Milch und Käse nicht mangeln. Bereits jetzt stand reichlich Gras vor der Hütte – vielleicht könnte sie die Ziege schon morgen nach draußen bringen, wenn Peter ihr half, sie anzupflocken. Alles verlief zu ihrer Zufriedenheit.

Über dem Stall der Ziege, etwa in Höhe von Marions Schulter, war ein breites Brett an der Wand befestigt. Peter hatte es vor Jahren dort angebracht. Es war in viele kleine Fächer unterteilt; die Hennen konnten hier ihre Eier auf ein Bett von Stroh legen, und nachts logierte das gesamte Federvieh hier oben und war sicher vor dem Fuchs. Am Ende des Brettes befand sich eine kleine Tür in der Außenwand; jeden Morgen stemmte Marion sie auf – manchmal waren die ledernen Angeln steif gefroren – und lehnte von draußen die »Hühnerstiege« daran, einen stabilen Pfosten mit kleinen Sprossen an beiden Seiten. Wenn sein oberes Ende an der offenen Tür lehnte und er unten fest auf dem Boden stand, dann konnten die Hennen ungestört hinaufflattern und wieder herunter. Gluckhennen und ihre Küken wurden in Käfigen auf dem Boden aufbewahrt, ein Ort, der nicht ganz sicher war, denn manchmal schlüpften die Küken durch die Stäbe und kamen der Ziege unter die

Hufe. Zur Zeit hielt Marion zwei Hennen in den Käfigen, beide mit zahlreicher Brut, und es war ein lautes Gurren und Piepsen. Die meisten anderen Hennen waren bereits die Stiege heruntergeflattert und pickten und gackerten im Garten herum. Zwei- oder dreimal hatte Marion heute schon das triumphierende Gack-gack-gack-gack-ga-ga-a-a-ark gehört, mit dem das Eierlegen verkündet wurde, also steckte sie die Hand in die Nester auf dem Brett und sammelte sechs noch warme Eier ein. Zwei Hennen, die noch nicht gelegt hatten, saßen auf dem Nest aus Stroh und blickten sie aus runden, goldenen Äuglein an.

Marion rechnete. Sie wußte, daß sie noch in dieser Woche ein Dutzend frische Eier ins Herrenhaus bringen mußte, und sie wußte auch, daß das Versprechen, im Juni ein Ziegenkitz abzuliefern, sie nicht vollständig von dieser Verpflichtung entband. Außerdem wußte sie, und auch alle anderen wußten es, daß die Hennen um diese Jahreszeit die meisten Eier legten. Es widerstrebte ihr, auf die frischen, warmen Eier zu verzichten. In der Hütte stand ein Korb mit sechs Eiern, die sie gestern gesammelt hatte. Die würde sie ins Herrenhaus bringen, und vielleicht noch eins dazu, das noch nicht gelegt war, die frischen Eier jedoch wollte sie jetzt gleich mit ihrer Familie verspeisen.

Sie brachte sie in die Hütte. Mit dem Zeigefinger kratzte sie etwas Schweineschmalz aus einem kleinen Faß in eine flache Tonschüssel, schlug die sechs Eier hinein und stellte sie auf den ebenen Stein am Rand der Feuerstelle. Dann brach sie ein paar flache, ziemlich harte Brotfladen auf, beschmierte jeden von ihnen mit etwas Schweinefett und legte sie zum Durchwärmen neben die Schüssel. Sie warf einen Blick auf Alice, die im Sonnenschein auf dem Boden saß, noch immer damit beschäftigt, den Schmutz zu Häuflein zu formen und unverständliche Worte vor sich hin zu murmeln. Sie saß weit genug vom Feuer entfernt; Marion mußte sich keine Sorgen machen.

Sie blickte hinaus in den Garten, der zum hinteren Ende, wo Peter und Peterkin beim Umgraben waren, ein wenig abfiel. In der Hecke zur Rechten standen silberne Eschenschößlinge, mit schwarzen Knospen übersät, senkrecht aus dem hellgrünen Gras hervor. Hinter dem Graben am Ende des Gartens stieg steil der noch unbelaubte Wald an – hohe, glatte Buchen, geriffelte Eichen, borkige Eschen auf rötlichbraunem, blätterfauligem Boden, auf dem schon Büschel von saftigen Glockenblumenblättern und Bingelkraut zu erkennen waren. Über das steile Waldstück verteilt, fanden sich auch ein paar dunklere Eiben und gelegentlich eine wilde Kirsche, schon im weißen Schleier ihrer sich öffnenden Blüten. Etwas näher, im Unterholz von Holunder und Geißblatt, befanden sich mit langen, gelben Kätzchen geschmückte Haselnußsträucher, die sich der Länge nach in einem Windstoß streckten und wieder sanft zurückschaukelten, wenn der Wind sie entließ. Marion wandte den Blick nach links, über den Gartenzaun und vorbei an ihrem Apfelbaum, dessen Knospen noch fest geschlossen waren, hinüber zu den Birken auf der Dorfweide. Ihr grüner Schleier war gestern noch kaum zu sehen gewesen, und auch das Weiß des Schwarzdorns in der Hecke erschien ihr heute kräftiger. Büschel von Schlüsselblumen standen im Gras, und sie pflückte sich eine heraus, sog ihren zarten, samtweichen Duft ein und rief dann Peter und Peterkin zum Essen. Sie ging hinein und schenkte Alice die Schlüsselblume, nachdem sie ihr gezeigt hatte, daß man daran riechen konnte.

Die gebratenen Eier waren verzehrt, und auch vom warmen Brot war nicht mehr viel übrig, da tauchten zwei der Plowright-Kinder auf. Von denen gab es eine ganze Herde, allesamt schweigsame, magere und ungepflegte Wesen von unbestimmtem Geschlecht. Marion fragte sich manchmal, ob sie wohl richtige Namen hatten, denn die Namen, die man ihnen vor dem Taufstein gab, schienen bald darauf wieder vergessen.

»Kriegen wir ein Stück Brot?« flüsterte das Größere von ihnen.

Marion war empört, und Peter runzelte finster die Stirn.

»Hat eure Mama denn keins für euch?«

»Nein«, sagte das Kind und setzte ein mageres, nacktes Bein über die Schwelle.

Marion brach einen kleinen Fladen sorgsam in zwei Teile und gab jedem eine Hälfte.

»Aber mehr gibt's nicht, verstanden? Teilt es mit den anderen, und ihr braucht gar nicht wieder herzukommen.« Hinter der Strenge verbarg sie ihr Mitleid. Sie fragte sich erneut, ob das Kind, das die Plowrights kurz vor Weihnachten verloren hatten, nicht ganz einfach verhungert war. »Ja«, sagten die Kinder und verschwanden.

Peter seufzte. »Erst gestern hab ich eines von ihnen auf einem alten Kohlstrunk vom Abfallhaufen herumkauen sehen. Ein ganz schön verlottertes Weibsbild, diese Sarah.«

Ja, die Plowrights waren eine unglückselige Familie. Jack war gar nicht so verkehrt, dachte Marion, ein guter Arbeiter beim Pflügen, Säen und bei der Ernte, aber ein griesgrämiger, schweigsamer Kerl, und viel zu oft schlich er hinüber in den Brauschuppen des Herrenhauses, um sich einen Becher Bier zu erbetteln. Sarah, seine Frau mit ihrem verwachsenen Mund, war klein von Gestalt und klein im Geiste, und jetzt, nachdem sie viele Jahre lang Kinder zur Welt gebracht hatte, tote und lebendige, wurde sie mit dem Leben nicht mehr fertig. Untätig saß sie in der Hütte herum und kümmerte sich um gar nichts mehr. Man konnte nicht mit ihr reden, weil kein Mensch die unverständlichen Laute verstand, die sie von sich gab. Ihre Oberlippe war bis hinauf zu den Nasenlöchern gespalten, die Nase war seltsam platt. Sie war so auf die Welt gekommen und hatte nie richtig sprechen gelernt. Die Leute fragten sich, ob sie eine Schwachsinnige vor sich hatten, und kaum etwas an ihrem Benehmen brachte einen auf andere Gedanken. Hin und wieder waren Marion oder Hilda zu ihr in die Hütte gegangen, hatten, so gut es ging, Ordnung gemacht, den Kindern Kleidungsstücke gebracht und Sarah – wenn auch vergeblich – ins Gewissen geredet, sich aufzuraffen und etwas zu tun. Und wenn Marion ein paar Tage später nachgesehen hatte, war das Feuer erloschen, die Mäuse tummelten sich im Käse, das Brot war verschimmelt, die Kinder heulten. Ein- oder zweimal war Pater John, weil Sir Hugh es ihm ans Herz gelegt hatte, über die Dorfweide bis in den Weiler getrottet, um Sarah einen kurzen Vortrag über ihre Pflichten zu halten, aber sie hatte bloß dagesessen, die bläulichen Füße in der Asche, ihn aus ausdruckslosen, rotgeränderten Augen angestiert und kein Wort gesagt. Den Plowrights war nicht wirklich zu helfen, auch die nachdrücklichsten Ermahnungen hätten Sarah weder die körperliche Kraft noch die geistige Entschlossenheit geben können, sich und ihre Familie aus diesem Elend und dieser Armut zu befreien.

Ich wäre nicht anders, dachte Marion, wenn ich meine Gesundheit nicht hätte. Und sie war dankbar dafür, daß sie nicht ein Dutzend oder mehr Kinder im Laufe der letzten zehn Jahre zur Welt bringen mußte. Wenn Jack Sarah doch endlich in Ruhe lassen würde... ein Gedanke, den sie kaum zu denken wagte, denn im Dorf galt es als selbstverständlich, daß die Männer sich ihrer Frauen bedienen durften, wann immer ihnen danach war, mit Ausnahme der Zeit kurz vor oder nach einer Geburt.

Peter stand auf und wischte sich die fettigen Finger am Kittel ab. »Ich will das Erbsenbeet bis zum Mittag fertig haben«, verkündete er. Marion glaubte nicht so recht daran.

»Nimmst du bitte Alice mit?« fragte sie ihn. »Ich muß die Eier ins Herrenhaus bringen, solange sie noch frisch sind, und ich hab Hilda versprochen, daß Peterkin einen Beutel Proviant bei ihr abholt und zu Dick und den beiden Jungen raufbringt.«

»Meinetwegen«, antwortete Peter, »aber bleib nicht so lange weg. Komm, Alice, mit Papa spielen gehen. Hast du dein Brot aufgegessen?« Mit einer Hand hob er Alice vom Boden auf, ergriff mit der anderen den Spaten und stapfte hinaus in den Garten.

Marion legte acht Eier vom Tag zuvor auf ein wenig Stroh in den Korb, schickte Peterkin los, damit er den Beutel mit Lebensmitteln bei Hilda abholte, und dann machten sie sich gemeinsam auf den Weg ins Dorf. Peterkin hinkte vor ihr her, und wie so oft verspürte sie einen Stich des Mitgefühls. Die verkrüppelte linke Hand, an deren Gelenk Hildas Tasche baumelte, hatte er in den Gürtel gehakt, der den Kittel zusammenhielt, und bei jedem Schritt kam er ins Taumeln, wenn er den linken Fuß aufsetzte.

Er war zwei Jahre alt, als das Unglück passierte, und es war ein kleines Wunder, daß er diese Winternacht überlebt hatte. Sie hatten eine winzige Kerze angezündet, das Feuer brannte hell, und Peterkin – Marion sah seinen plumpen Kinderleib vor sich – saß auf dem Boden, die nackten Beinchen dem Feuer entgegengestreckt. Peter lag schon seit Tagen mit Schmerzen im Bett, er konnte nichts essen, hustete, schwitzte und zitterte und faselte nur noch vom Sterben. Der Vorrat an gesägten Scheiten war zur Neige gegangen, und Marion, die nicht kräftig genug war, um mit der schweren alten Säge umzugehen, hatte lange Äste hereingezogen und ein Ende auf die Feuerstelle gelegt; wenn das verbrannt war, zog sie den Ast ein Stück nach. Sie wußte, daß sie auf das unverbrannte Ende achtgeben mußte, das im Halbdunkel des Hüttenbodens lag. Margery, damals noch ein kleines Mädchen, zerrieb ohne große Wirkung Bohnen in der Handmühle, und Nolly saß dick und zufrieden in seiner Wiege. Und dann hatte Marion doch nicht achtgegeben, sie war gestolpert, oder… sie konnte sich nicht genau entsinnen, jedenfalls war sie mit dem Fuß gegen das unverbrannte Ende des Astes gestoßen, der große Eisentopf mit der heißen Suppe, der auf seinen drei Füßen über dem brennenden Ende stand, war von der Feuerstelle gekippt und auf Peterkins linken Fuß gefallen, und die kochendheiße Suppe hatte sich über sein Bein ergossen. Laut schreiend hatte er versucht, den Topf von seinem Fuß zu stoßen, und sich dabei auch noch die linke Hand verbrannt. Sie hatte ihn vom Boden hochgerissen, das untere Ende ihres Kittels in das Wasserfaß gesteckt und ihm den kalten, nassen Stoff auf das Bein und die Hand gelegt, aber er wollte nicht aufhören zu schreien. Margery war aufgesprungen, starr vor Entsetzen, dann ergriff sie einen Stock, steckte ihn durch den Henkel des Eisentopfes, stellte den Topf wieder auf und rettete sogar etwas von der Suppe.

»Was ist passiert?« murmelte Peter, dem die Schreie des Jungen schmerzhaft durch den Kopf geschrillt waren.

»Die Suppe ist auf Peterkins Fuß gekippt«, antwortete Marion und sagte zu Margery: »Geh zu Hilda Shepherd und hol etwas von ihrer Salbe.«

Margery hatte schreckliche Angst davor, im Dunkeln nach draußen zu gehen, aber das war ein Notfall, also tastete sie sich vorsichtig auf den vertrauten Steinen des Wegs zur Hütte der Shepherds. Sie war erleichtert, daß Hilda, nachdem sie ein Ochsenhorn vom Wandbrett genommen hatte, mit ihr zusammen zur Hütte zurückeilte.

Peterkin schrie noch immer. Nolly saß aufrecht in der Wiege und wimmerte vor Angst. Im unruhigen Licht des Feuers und des winzigen Flämmchens der Kerze strich Hilda vorsichtig ein wenig von der Salbe, unreines Lanolin mit milden Kräutern vermischt, auf Peterkins Wunden. Er schrie noch lauter. Sie flößte ihm einen Löffel von einem Trank ein, den sie selber gebraut hatte, und sagte, davon würde er einschlafen. Für Marion war es die längste Nacht ihres Lebens. Peterkin lag auf dem bißchen Schoß, das ihr im sechsten Monat der Schwangerschaft geblieben war, und schrie und krümmte sich, faßte mit der gesunden Hand nach dem Fuß und machte die Schmerzen nur noch schlimmer. Sie konnte nichts für ihn tun. Stöhnend und schlotternd erhob Peter sich vom Bett und legte ihr eine Decke um die Schultern. Sie bat ihn, sich wieder hinzulegen, Margery und Nolly mit ins Bett zu nehmen und die Kerze zu löschen, die sie später vielleicht noch dringender benötigen würden. Nach langen, quälenden Stunden war Peterkin wimmernd und zitternd in Marions Armen endlich eingeschlummert. Als es hell wurde, konnte sie sich kaum bewegen, so kalt und steif war sie. Sie hob Peterkin in die Wiege und stieß die obere Türhälfte auf, um sich im Licht des Wintermorgens Peterkins Wunden zu besehen. Behutsam zog sie das feuchte Tuch zur Seite, mit dem sie die ganze Nacht über versucht hatte, seinen Fuß und seine Hand zu kühlen, und zusammen mit dem Tuch löste sich die Haut vom Fuß wie ein Strumpf. Während er dalag und schrie, deckte sie die Wunden wieder zu. Plötzlich war ihr schwarz vor Augen geworden, und sie war ohnmächtig zu Boden gesunken.

Wie durch ein Wunder war Peterkin durchgekommen. Sein Fuß hatte kaum geeitert, und über die offenen Stellen war nach und nach neue Haut gewachsen; doch das Gewebe hatte Schaden genommen, und der Fuß war seither nicht richtig weitergewachsen. Er konnte sich zwar bewegen und sogar auf Bäume klettern, als er älter wurde, aber er hinkte stark und mußte hüpfen, um mit den anderen Jungen im Dorf mithalten zu können. Seine linke Hand war nicht so stark lädiert wie der Fuß, aber der Daumen lag unbeweglich vor den Ballen der nächsten beiden Finger, die sich ihrerseits kaum bewegen ließen. Er konnte mit dieser Hand nichts festhalten.

Marion sah ihn den Weg entlanghoppeln und sagte sich, daß es nun wohl nicht mehr besser werden würde. Ein lahmer, einhändiger Junge war eher eine Belastung als eine Hilfe. Wie sollte er jemals mit einem Pflug fertig werden? Oder mit einer Sense? Und schon gar nicht konnte er in die Fußstapfen seines Vaters treten und Zimmermann werden. Und dennoch – er hatte, genau wie seine Mutter, ein kluges Gesicht, mit tiefliegenden grauen Augen, konnte ausgezeichnet sehen, und wenn er mit dem rechten Arm Steine nach Tauben warf, sah er nicht nur die Position des Vogels vorher, sondern berücksichtigte auch die Flugbahn des Steins durch die Zweige und traf die Taube ohne Vorwarnung. Der kurzsichtige Peter war voller Stolz und Bewunderung für Peterkins Zielsicherheit.

Hinter der Brücke trennten sich Marion und Peterkin; der Junge ging quer durch den Schafpferch des Dorfes und dann hinauf in die Berge, während Marion den Fußweg zum Herrenhaus hinaufstieg. An der Treppe begegnete sie Dame Margaret.

»Eier«, sagte Marion. »Soll ich sie gleich in den Hof bringen?«

Aber Dame Margaret war streng. »Nur acht? Solltest du nicht ein Dutzend bringen?«

»Ein Dutzend habe ich im Moment nicht. Ich hab gedacht, ich bringe Euch diese hier, solange sie frisch sind. Morgen bringe ich mehr, falls sie welche legen.«

»Ich sage es Rollo«, erwiderte Dame Margaret, und Marion war sicher, daß sie das tun würde, und Rollo würde sich an jede Einzelheit erinnern. »So, und jetzt bring sie Joan in die Milchkammer.« Doch bevor Marion sich auf den Weg machen konnte, ertönten Rufe und lautes Geschrei, und eine völlig aufgelöste Frau kam zum Eingang heraufgehumpelt; das Haar hing ihr offen über die Schultern, auf der Nase klaffte eine große, blutende Wunde, auch aus ihrem Mund lief Blut, und unter dem dunkelroten, dick geschwollenen Lid des einen Auges quollen Tränen hervor. Ein kleines Kind lugte aus ihrem halb geöffneten Kittel. Stumm lag es in ihren Armen, während ihm das Blut vom Mund der Frau auf den Kopf tropfte. Die Frau heulte und rief nach Dame Margaret.

»Um Himmels willen, Jill!« rief Dame Margaret. »Was ist geschehen?«

Es folgte ein verzweifeltes Lamento zusammenhangloser Klagen: Er hatte wieder getrunken, die Kinder in die Dunkelheit hinausgejagt und sie geschlagen, die Getreideschüssel zertrümmert, dann hatte er sie niedergeschlagen und die Wiege umgekippt – im Dreck gelegen hat das arme Würmchen – und weiter auf sie eingeschlagen, bis sie aus der Hütte gelaufen war, aber er hatte sie festgehalten und wieder hineingezerrt – besoffen war er, fürchterlich besoffen, schlimmer als je zuvor –, und sie hatte ihn ins Stroh gestoßen, er war mit dem Kopf gegen den Pfosten geknallt, und da war sie mit dem Kleinen geflüchtet, und jetzt suchte sie Zuflucht im Herrenhaus, und Gnade und Gerechtigkeit und Mitgefühl und Schutz … und das alles erzählte sie heulend und kreischend.

Dame Margaret holte Jill ins Haus, setzte sich mit ihr auf den Rand des Podiums, forderte Marion auf, sich neben sie zu setzen, und schickte Milly – die dabeigestanden und sich an dem Drama ergötzt hatte – einen Eimer Wasser und einen Lappen holen. In ihrer ruhigen, sachlichen Art, das wußte Marion längst, verstand es Dame Margaret, mit solchen Krisen fertig zu werden. Sie nahm Jill das Kind aus den Armen und gab es Marion.

»Sieh zu, was du machen kannst, Marion«, sagte sie, nahm den Lappen und wischte Jill das Gesicht ab. »Geh aus dem Licht, Milly, und zieh die Läden auf! Ich brauche soviel Licht wie möglich. Und dann schick Tom los, daß er Dobbin holt, und Rollo soll er gleich mitnehmen, womöglich ist Dobbin noch im Vollrausch – und daß ihr mir Lobby fernhaltet!«

Unter Dame Margarets fürsorglicher Hand beruhigte sich Jill. Das kühle Wasser linderte den Schmerz der Wunden, und nachdem man ihr den abgebrochenen Zahn aus dem Kiefer gezogen hatte, blutete sie nicht mehr so stark aus dem Mund, und Dame Margaret konnte ihr das getrocknete Blut vom Kinn und vom Hals wischen. Inzwischen hatte Marion das stumme Kind vom Blut der Mutter gesäubert. Es schien nicht verletzt, aber benommen zu sein. Sie schob ihre Hand unter sein Kittelchen – das Herz schlug. Dann drehte sie das Kleine um und wischte ihm noch mehr Blut von der anderen Seite des Köpfchens.

»Das Kleine lebt, M'Dame«, flüsterte sie, »es blutet nicht selber, das Blut der Mutter ist ihm auf den Kopf getropft.«

Jill drehte sich schwerfällig um, und nach einem Blick auf ihr Kind brach sie wieder in schrilles Wutgeheul gegen ihren bösen, grausamen Ehemann aus. Dame Margaret trug Milly auf, eine Schale Bier am Feuer warm zu machen und ein paar der getrockneten Kräuter zu holen, die an der Wand hingen. Bald darauf waren die Kräuter in das Bier gekrümelt, Jill hatte es getrunken, und man hatte sie auf das Stroh auf eine der Bänke gebettet, mit einem kühlen, feuchten Lappen auf der Stirn. Sie blieb still liegen.

Dame Margaret kam zu Marion herüber, die noch immer das Kind auf dem Schoß hatte. Sie drehte es noch einmal um. An seinem Hals war frisches Blut, das aus einem Ohr sickerte. Dame Margaret und Marion blickten sich an, und jede sah die Verzweiflung im Blick der anderen. Marion fühlte noch einmal nach dem Herzen des Kindes – es schlug langsamer und schwächer. Dame Margaret nahm ihr das Kind ab. »Es wird bald zu Ende gehen«, flüsterte eine der anderen zu.

Rollo und Tom erschienen an der Tür, und Rollo sagte: »Dobbin ist draußen, wir haben ihn hergeschleppt; er ist noch völlig besoffen. Wir haben ihn mit den Füßen an die Eiche gebunden.«

»Laßt ihn liegen«, sagte Dame Margaret. »Es ist sinnlos, ihn zu schlagen, solange er nicht mal begreift, warum.«

Draußen erhob sich neues Geschrei, und Dame Margaret mit dem Kind auf dem Arm, Marion, Rollo und Tom gingen hinaus, um nachzusehen. Die alte Witwe Annie, Dobbins Mutter, wollte zu ihrem volltrunkenen Sohn. Ed-mein-Junge hielt sie zurück.

Mit der ihr eigenen Autorität schritt Dame Margaret über die Grasfläche hinüber zur Eiche. »Laß ihn, Witwe Annie!« befahl sie.

Ed-mein-Junge trat zurück, und Annie erhob sich von den Knien. Ihre Augen waren rot, die Lippen zitterten so sehr, daß sie kein Wort hervorbrachte.

»Laß ihn! Er hat Jill verprügelt, einen Zahn hat er ihr ausgeschlagen, und der Himmel weiß, was er mit dem Kind hier gemacht hat. Wo sind die anderen Kinder?«

»Zu Hause in der Hütte, M'Dame.«

»Hast du sie heute schon gesehen?« Dame Margaret war ernst und unerbittlich wie selten.

»N-nein.«

»Du gehst jetzt zu ihrer Hütte«, befahl Dame Margaret. »Dort holst du die Kinder ab – alle – und bringst sie in deine Hütte; du wärmst sie auf, gibst ihnen was zu essen und sagst ihnen, daß ihre Mutter bald nach Hause kommt. Hast du verstanden?«

Annie murmelte ein paar Ausflüchte, aber Dame Margaret blieb hart. »Los jetzt! Du holst auf der Stelle die Kinder und kümmerst dich in deiner Hütte um sie! Und jetzt geh!« Sie deutete über den Anger hinweg auf den Weg, der am Mühlenacker entlangführte.

Sir Hugh kam aus dem Obstgarten. Annie blickte zu ihm auf. Schließlich hatte er das letzte Wort. Marion betrachtete sein langes, müdes, so unendlich trauriges Gesicht.

»Na los, geh«, sagte er. »Tu, was M'Dame dir sagt. Geh.« Und so humpelte Annie davon, und die kleine Versammlung löste sich auf. Sir Hugh, Rollo und Dame Margaret mit dem Kind auf dem Arm gingen zurück ins Herrenhaus. Tom schickte Ed-mein-Junge mit hinein, dann sah er Marion fragend an.

»Das Kleine wird es nicht mehr lange machen«, erklärte sie ihm. »Ich muß jetzt heim zu meinem Kind.« Betrübt und müde ging sie langsam über die Dorfweide nach Hause, zu ihrer Linken Schlehdornbüsche wie feinste Spitze, zur Rechten in goldenen Büscheln entlang des Bachs die zarten Becher des Hahnenfußes, und oben im Wald rief leise der erste Kuckuck des Jahres. Friede dort, Streit und Jammer unter den Menschen.

Als sie zu ihrer Hütte kam, flatterte eine Schar aufgeregt schimpfender Spatzen im Holunderbusch ein und aus. Sie warf einen Blick in den Stall – die Ziege und ihr Kitz waren wohlauf. Am Ende des Gartens stand Peter über seinen Spaten gebeugt. Alice mußte dort hinten bei ihm sein. Es war alles friedlich. Entgegen ihrem Vorsatz molk sie ein wenig Milch in einen kleinen Eimer, bröckelte etwas Brot hinein, belegte ein paar Brotscheiben mit einigen Stücken Käse und ging hinaus in den Garten.

»Mama, Mama, Mama, Mama!« rief Alice und streckte ihr zwei erdverkrustete Händchen entgegen.

»Wo bleibst du denn so lang?« fragte Peter. »Sieh mal, das ganze Stück hab ich geschafft, bis hierher. Morgen säe ich Erbsen ein.«

»Und wenn wir noch mal Frost kriegen? Ich hab euch Käse und etwas Brot gebracht.« Er hatte die Kapuze abgesetzt und über einen Zweig des Apfelbaums gehängt, und Marion sah, wie sehnig und mager Hals und Schlüsselbein aus dem Ausschnitt seines Kittels hervorstanden.

»Keeße«, sagte Alice.

»Das Kind lernt jeden Tag neue Worte«, staunte Peter. »Alice, was ist das hier?« Er hielt ihr den Spaten vor die Nase.

»'paaten«, antwortete Alice und blickte beifallheischend um sich.

Marion ließ sich auf einem großen Grasbüschel nieder, nahm Alice auf den Schoß und flößte ihr mit einem Löffel die warme Ziegenmilch mit Brot ein. Hin und wieder biß sie von ihrem eigenen Käsebrot ab. Peter setzte sich auf den Stumpf eines Birnbaums, der früher, ohne zu tragen, in der Hecke gestanden hatte, und Marion berichtete ihm von dem Drama, dessen Zeugin sie im Herrenhaus geworden war.

»Heute abend bekommt Dobbin seine Prügel«, sagte sie, »falls er bis dahin nüchtern ist, und wenn nicht, bleibt er die Nacht über an die Eiche gefesselt.«

»Was nützen schon Prügel bei dem einfältigen Trunkenbold?«

»Wenn das Kind stirbt, ist er ein Mörder.«

»Ja, aber nicht der einzige. Oder glaubst du etwa, das Kind, das die Plowrights Weihnachten verloren haben, ist nicht ermordet worden? Keiner kommt auf die Idee, Jack zu verprügeln, aber wahrscheinlich hat Sarah das Kind verhungern lassen. Diese blöde Kuh.«

»Ob es nicht schlimmer ist, ein Kind auf die Feuerstelle zu werfen und ihm den Schädel zu brechen, als ihm einfach nichts zu essen zu geben?«

»Weiß ich auch nicht«, mußte Peter gestehen. »Für das arme Kind kommt es auf dasselbe raus.« Schweigend dachten sie über das Problem nach.

»Diesmal kommt Dobbin nicht davon – im Herrenhaus sind sie alle sehr zornig. Ist ja nicht das erste Mal, daß er Jill verprügelt hat. Meinst du, sie fordert es heraus? Weil sie ihn zur Weißglut reizt?«

»Was weiß ich«, sagte Peter. »Sie ist mir immer wie eine ganz normale Frau vorgekommen, vielleicht 'n bißchen dumm, aber keine Meckerziege. Und häßlich wie der Teufel.«

»Ach, Peter!« Peters leichtfertige Anspielungen auf den Teufel beunruhigten Marion. »Ich gehe später noch mal ins Herrenhaus, um zu sehen, was passiert ist. Alice, was hast du da auf den Knien?« Sie hatte das grobe Kleid nach oben geschoben und entdeckt, daß Alices Knie unter der Kruste aus Schmutz mit scharlachroten Pusteln übersät waren.

»Sie ist in die Brennesseln gekrabbelt, die gerade hochkommen«, Peter deutete mit dem Daumen in Richtung Hecke, »dabei hat sie sich verbrannt und fürchterlich zu schreien angefangen. Hat mich einige Zeit gekostet, sie zu beruhigen. Aber wir haben ein paar Ampferblätter gefunden, stimmt's, Alice, und jetzt ist es wieder gut.«

»Amffer«, sagte Alice. Auch wenn er es als Zeitverschwendung betrachtete, sich um Alice kümmern zu müssen – Peter war ein fürsorglicher Vater. Von der Hütte her ertönte ein Ruf, und Peterkin kam durch den Garten auf sie zugehinkt.

»Krieg ich was zu essen?« fragte er.

»Haben die Shepherds dir nichts abgegeben?«

»Doch. Aber nicht viel.«

»Hier, du kannst das Käsebrot haben«, sagte Marion.

»Dick hat mir die Zehennägel geschnitten«, verkündete Peterkin und zog seine alten Stiefel aus, um es ihnen zu zeigen. »Mit seiner kleinen Schere; er braucht sie, damit er um die Schafsohren herumkommt, hat er gesagt.«

Marion untersuchte Peterkins Füße. Die Zehen am rechten Fuß waren gerade gewachsen, und Dick hatte die Nägel kurz und ordentlich geschnitten, aber der verkrüppelte linke Fuß war ein Problem, weil Peterkin immer die Außenseite mit dem kleinen und dem vierten Zeh auf den Boden setzte; beide Zehen waren nach innen verdreht, die Nägel wuchsen in den Fuß hinein und waren schwer zu schneiden.

»Hat's weh getan?«

»Ja. Eine Ewigkeit mußte ich da oben sitzen und den Fuß in eine Pfütze halten. Es war eisig kalt, aber er hat gesagt, davon werden die Nägel weich, und dann kann er sie besser schneiden.«

»Es wäre schön, wenn wir alle eine Schere für die Fußnägel hätten«, meinte Peter.

»Warum ist Alice so gelb im Gesicht?« fragte Peterkin, während er die Stiefel wieder anzog. Marion drehte sich um und sah, daß Alice gerade dabei war, einen Löwenzahn zu verspeisen. Als sie ihn ihr wegnahm, protestierte Alice entrüstet.

»Das schmeckt doch nicht«, wunderte sich Peterkin. »Löwenzahn ist doch schrecklich bitter. Ich hab's probiert.« Alice krähte vor Empörung. Marion beugte sich zu ihr herunter und zog ihr mit zwei Fingern den zerkauten Löwenzahn aus dem Mund.

»Dummes Mädchen«, sagte sie. »Erst die Brennesseln und jetzt Löwenzahn. Aber irgendwann mußt du's ja lernen.« Marion wußte, daß sie diesen Satz schon oft zu ihren Kindern gesagt hatte, und sie würde ihn wohl noch manches Mal zu ihren zukünftigen Kindern sagen. Ihr Leben bestand aus lauter kleinen Wiederholungen, wie das Leben ihrer Mutter und ihrer Großmutter, und in zwanzig Jahren würde Alice vielleicht an ebendiesem Platz sitzen und einem ihrer Kinder die Löwenzahnblüten vom Mund wischen, und so ging es weiter bis in alle Ewigkeit.

Vor Sonnenuntergang machten Marion und Peter sich noch einmal auf den Weg ins Dorf. Marion ließ Alice bei Hilda und ihrer älteren Tochter Meg, einem Mädchen mit rundem Gesicht und hellroten Löckchen, dem Alice gerade recht kam zum Mutter-und-Kind-Spielen.

Der Wind war abgeflaut, und der Himmel hatte sich bewölkt; als sie über die Brücke gingen, sahen sie, daß bereits die meisten Dorfbewohner unter der großen Eiche und vor der Treppe des Herrenhauses still und in gedämpfter Unterhaltung beisammen standen. Auf dem Weg dahinter, der zur Kirche hinaufführte, sah Marion eine kleine Prozession. Pater John schritt voran, gefolgt von Rollo, der ein kleines Bündel auf den Händen trug, und dahinter folgten im Gänsemarsch etwa ein Dutzend Kinder, keines älter als zwölf, und jedes von ihnen hielt einen welkenden Strauß Butterblumen, Sumpfdotterblumen, Löwenzahn, Wiesenschaumkraut oder auch nur ein paar Zweige mit wilden Kirschblüten in der Hand. Und dann erblickte sie Loppy Lambert, eine einsame Gestalt, weder Kind noch Erwachsener, der ein wenig abseits unter einer Eibe saß und alles aufmerksam beobachtete.

»Sieh nur«, flüsterte Marion Peter zu und deutete auf die Prozession. Doch dann fiel ihr ein, daß es viel zu weit entfernt war für seine Kurzsichtigkeit. »Da sind die Kinder – alle mit Blumen; sie folgen Pater John hinauf zur Kirche, und Rollo trägt das Kind. Es ist also gestorben.«

Sie blieben auf der Brücke stehen, und Marion sah die kleine Prozession in der Kirche verschwinden. Morgen würde die Begräbnisfeier stattfinden. Es war Brauch, daß die Kinder des Dorfes Sträuße von allen Blumen pflückten, die in der Gegend wuchsen, und sie in der Kirche um das tote Kind herum auf den Boden legten.

Marion war noch schwerer ums Herz geworden, als sie sich zu der Gruppe unter der Eiche gesellte. Dobbin lehnte am Stamm, von panischer Angst ernüchtert, und Tom hielt den Strick, der noch immer seine Füße fesselte. Die umstehenden Dorfbewohner waren feindselig. Rollo war inzwischen aus der Kirche zurückgekehrt und stand auf dem Weg bei Sir Hugh und Dame Margaret, als die Witwe Annie durch die Menge brach, dabei zwei Kinder umstieß, und auf Dobbin zustürzte. Hodge, ein Landarbeiter, der drüben am Anger wohnte, fing sie ein und hielt sie fest.

Dame Margaret trat vor, noch genauso gebieterisch wie am Vormittag. »Geh nach Hause!« befahl sie.

Annie schrie und tobte und versuchte, zu Dobbin zu gelangen, und niemand wußte so recht, ob sie ihn beschützen oder über ihn herfallen wollte.

»Geh nach Hause«, wiederholte Dame Margaret. »Kümmere dich um die Enkelkinder, die dir geblieben sind.« Witwe Annie blickte wie eine Irrsinnige um sich. Die Kinder, die an der Prozession teilgenommen hatten, drängten sich verschüchtert auf einem Haufen zusammen. Sie hielten keine Blumensträuße mehr in den Händen. Annie wußte, woher sie kamen und was die Prozession zu bedeuten hatte; in ihrem Gesicht spiegelte sich ebensoviel Schmerz wie Angst.

»Geh nach Hause!« rief Dame Margaret mit noch mehr Nachdruck. In panischem Schrecken blickte Annie in die unversöhnlichen Mienen der Dorfbewohner.

»Geh nach Hause«, wiederholte Hodges Frau Cecily. »Das Kind ist tot, und diesmal kommt Dobbin nicht davon.« Alle sahen schweigend zu, wie Hodge die alte Annie losließ; sie wich ein paar Schritte zurück und lief über den Anger davon.

Marion trat vorsichtig zu Dame Margaret und fragte sie, wie es Jill ging.

»Sie schläft, Gott sei's gedankt. Joan ist bei ihr. Sie weiß noch nicht einmal, daß ihr Kind tot ist.«

In der Zwischenzeit hatten Tom und Rollo Stricke an Dobbins Handgelenken befestigt. Sie zogen ihn fest an die Eiche heran, preßten ihm das Gesicht gegen den Stamm, zogen die Arme halb um den Stamm herum und verknoteten die Enden der Stricke auf der anderen Seite. Nachdem Rollo ihm die Kapuze vom Kopf gezogen hatte, begannen sie, mit langen, biegsamen Birkenruten auf Kopf, Rücken und die nackten Beine einzuschlagen.

Dobbin brüllte vor Schmerz. Die Dorfbewohner standen gespannt dabei und sahen zu. Marion beobachtete Rollos Gesicht, während er auf Dobbin einschlug – ruhig, gelassen, leidenschaftslos und ungerührt tat er dem Gesetz Genüge. Das allein war Grund genug, sich vor ihm zu fürchten. Die Kinder, noch bedrückt von der Zeremonie der welkenden Blumen, die sie um das tote Kind herum vor dem Altar niedergelegt hatten, standen beisammen und sahen mit offenen Mündern der rituellen Züchtigung des großen, starken, furchterregenden Dobbin zu.

Nachdem die Prügelstrafe vollzogen war, banden Tom und Rollo seine Hände los; jeder packte einen der Stricke, und sie führten den stöhnenden Dobbin, der am Hals und an den Beinen blutete, zum Kirchhof hinauf. Nahe der Hügelkuppe, neben einer Reihe von Eiben, ließ Rollo ihn los. Der Rest von Dobbins Bestrafung bestand darin, daß er seinem Kind in der wurzligen Erde mit bloßen Händen ein Grab schaufeln mußte. Es gab für ihn kein Entkommen; Tom blieb als Aufsicht bei ihm.

Die Dorfbewohner, deren Anspannung gewichen war, sahen ihn anfangen. Sir Hugh rief Ed-mein-Junge zu sich und flüsterte ihm etwas ins Ohr.

»Sir Hugh sagt«, verkündete Ed-mein-Junge mit seiner neuen, sehr heiseren Stimme, »weil es ein trauriger Tag für uns alle ist, gibt es jetzt Bier für alle im Brauschuppen.« Sir Hugh flüsterte ihm noch etwas ins Ohr. »Und dann sagt Sir Hugh noch, ihr dürft nicht singen und müßt leise reden, damit ihr Jill im Herrenhaus nicht aufweckt.« Noch mehr Geflüstertes von Sir Hugh. »Aber es ist kein Fest, sagt Sir Hugh.« Zum ersten Mal hatte Ed-mein-Junge seinen Vater offiziell vertreten dürfen. Er kam sich sehr erwachsen vor und war beinahe froh darüber, daß Tom oben im Kirchhof auf den Verbrecher aufpassen mußte.

Das Bier war nicht besonders stark und sättigend, weil Milly es eine halbe Stunde zuvor heimlich mit Wasser verdünnt hatte; sie hatte vorausgesehen, daß Bier ausgeschenkt werden würde, und befürchtete, die Vorräte könnten nicht ausreichen. Immerhin war es erfrischend, und nachdem sie es getrunken und mit gedämpften Stimmen den einen oder anderen Standpunkt ausgetauscht hatten, machten die Dorfbewohner sich langsam auf den Heimweg.

Ein stiller Nieselregen hatte eingesetzt. Marion blickte hinauf in den Himmel, nach Westen, in Richtung ihres Hauses. Finstere, graue Wolken verdeckten das traumhaft schöne Rot über dem Wald, der übrige Himmel war bereits in tiefes Dunkel getaucht. Sie schaute auf den Hügel, und dort oben in der Dämmerung hinter der Kirche konnte sie Dobbin sehen, der auf dem Boden saß, die Füße in der flachen kleinen Mulde, die er bis dahin ausgehoben hatte. Der Regen, vielleicht mit ein paar Tränen vermischt, lief ihm am Bart herunter auf die blutigen Knie. Marion verspürte Abscheu, vielleicht auch ein wenig Mitleid, aber vor allem Abscheu. Sie faßte nach Peters Arm.

»Wir müssen Alice abholen«, sagte sie und zog sich den Umhang gegen den Regen fester um die Schultern .

»Meinst du, sie haben daran gedacht, die Kirchentür fest zu verschließen?« fragte Peter, als sie den Weg über die Dorfweide entlanggingen. »Du weißt ja, was die Füchse mit dem toten Kind aus Rockwell gemacht haben.«

»Tom war oben«, sagte Marion. »Er wird sich drum gekümmert haben.«

»Ich bin froh, daß ich das Stück noch vor dem Regen umgegraben habe«, sagte Peter nach einer Weile. Sie waren beide bemüht, die schrecklichen Ereignisse des Tages aus ihren Gedanken zu verbannen.

»Ich möchte wissen, ob M'Dame meine Eier sicher untergebracht hat.« Marions Gedanken kehrten zurück zu der Zeit vor der Tragödie. »Ob sie Rollo auch wirklich Bescheid gesagt hat?«

Mai

s war ein kalter, stürmischer Morgen mit hellem Sonnenlicht und schnell dahinziehenden weißen Wolken, und alles zusammen verursachte Marion Kopfschmerzen. Peter und Peterkin waren im Morgengrauen ins Dorf aufgebrochen, Peterkin mit einem großen Korb voll Spindeln mit gesponnener Wolle.

»Rollo muß sie dir laut vorzählen«, hatte Marion ihm eingeschärft. »Und dann wiederholst du die Zahl noch mal – es sind siebzehn Spindeln, volle Spindeln. Und daß du mir den Korb zurückbringst.«

Sie machte sich Sorgen. Die gesponnene Wolle war der Großteil der Arbeit des vergangenen Winters, und die bestätigte Auslieferung müßte ihr einen Anspruch auf eine Sonderzuteilung Wolldecken oder gegerbtes Leder sichern.

»Und laß unterwegs nichts fallen«, hatte sie ihm noch nachgerufen, aber vielleicht war sie zu ängstlich.

Als Marion mit Alice allein war, ging sie um die Hütte herum zu der Wand, vor der das restliche Feuerholz aufgeschichtet war. Der Holzstapel vor dem Flechtwerk der Wand hatte die Hütte den Winter über gegen den Wind geschützt, doch inzwischen war der größte Teil verbraucht, und mit dem verbliebenen Holz mußte sie sparsam umgehen. Gestern beim Brotbacken hatte sie eine große Menge verbrannt, und das machte ihr Sorgen. Sie dachte daran, hinauf in den Wald zu gehen und ein paar umgestürzte Stämme nach Hause zu ziehen. Es war nicht erlaubt, aber vielleicht würde sie niemand dabei sehen. Wenn sie nur nicht so schrecklich müde wäre. Auch das machte ihr Sorgen.

Sie klappte den schweren Deckel der eichenen Mehltruhe auf und warf einen Blick hinein. Peter hatte die Truhe zu ihrer Hochzeit gezimmert, und sie konnte sich glücklich schätzen, einen nahezu mäusesicheren Behälter zu haben. Es war nicht mehr viel Mehl in der Truhe – das hatte sie ohnehin gewußt, und sie ärgerte sich darüber, daß sie sich ihre Sorge noch einmal bestätigt und in die fast leere Truhe geschaut hatte. Sie knallte den Deckel wieder zu. Ein Windstoß fegte durch die obere Türhälfte, wirbelte die Holzasche auf der Feuerstelle auf, und ein paar Krümel rieselten auf die Milch im offenen Holzkübel. Sie wollte die obere Türhälfte schließen, lehnte aber statt dessen den schmerzenden Kopf gegen den Türpfosten und blickte hinaus in den Garten und den steil ansteigenden Wald dahinter.

Oberhalb der Haselsträucher und der Heckenrosen, an denen sich erste Blätter zeigten, bedeckten unzählige Glockenblumen den Waldboden, und jeder Windstoß blies ihren süßen, erfrischenden Duft herüber. Der Anblick, so vergänglich, so gewaltig, vertraut und doch jedes Jahr aufs neue unbegreiflich, überwältigte sie so sehr, daß sie dastand und staunend hinübersah. Sie betrachtete die Glockenblumen als besondere Gnade, mit der die Bewohner des Weilers hinter der Dorfweide gesegnet waren – mochte Rockwell noch so viele Vorzüge aufweisen, in den Wäldern da oben wuchsen keine Glockenblumen. Ein wenig linderte dieser Gedanke ihre Besorgnis.

Sie schlenderte den grasigen Weg durch den Garten entlang. Der Apfelbaum in der Hecke zur Dorfweide war übersät mit fetten, runden Blüten, die dicht an dicht auf den Zweigen standen, ihre Blätter innen schneeweiß und außen hellrosa. Trotz des Windes schwirrten viele Bienen herum. Auf dem Stück Erde, das Peter umgegraben und eingesät hatte, schossen in Reihen die frischen, grünen Erbsentriebe hervor. Die Schnecken hatten ein paar von ihnen abgefressen. Der Anblick verursachte ihr eine plötzliche Übelkeit.

Vielleicht war es die Müdigkeit nach den ganzen Anstrengungen von gestern. Sie und ihre beiden Nachbarinnen Hilda und Molly hatten beschlossen, den Weg zum alten Backofen frei zu räumen und ein Feuer darin zu machen, damit jede sich einen schönen

Schub Brote backen konnte. Das machten sie ein- oder zweimal im Jahr.

Am Rand der Dorfweide, gar nicht weit von Marions Hütte, stand ein Gemäuer, das sie die Alte Scheune nannten. Es war schon verlassen und verfallen, als Mollys Mutter und ihre Tante noch jung waren, und so wußte niemand genau, wie alt es war. Es bestand vorwiegend aus Eichenbalken und Wänden aus Weidengeflecht oder Brettern, so wie das Herrenhaus, aber zwei der Wände waren aus behauenen Steinen wie die Kirche, und an die eine der beiden Steinmauern hatte man einen kleinen Backofen gesetzt, der nur noch selten benutzt wurde. Vor vielen Jahren hatte ein sagenhafter Sturm zahlreiche Bäume entwurzelt (auch jene, unter denen die Quelle in Rockwell zum Vorschein gekommen war), und eine riesige Buche war auf die Scheune gestürzt, hatte den Firstbalken in zwei Teile gebrochen und die eine der steinernen Giebelwände sowie den größten Teil des Dachs eingerissen. Die Scheune wurde schon lange nicht mehr benutzt. Im Lauf der Jahre war die Buche zersägt und kleingehackt worden, und die noch brauchbaren Balken und Sparren der Scheune hatte man als Baumaterial für andere Bauten herausgezogen. Nach und nach überwucherten Efeu und Geißblatt die Ruine, und drinnen wuchsen Brennesseln und Holunder. Eulen hatten sich zwischen den übriggebliebenen, verwitternden Balken ihre Nester gebaut, und die halbverwilderten Katzen des Weilers brachten in den dunklen grünen Höhlen ihre Jungen zur Welt. Manchmal war Marion dort hingegangen, hatte einen Blick in das Innere geworfen, wo die langen, bleichen Ranken der lichtentwöhnten Pflanzen wie schwere Vorhänge von der Decke herabhingen. Der schwammige Boden war sauer vom Kot der Eulen, und überall stank es nach Katzen. Es war ein unheimlicher Ort, den man besser mied.

Aber ein so wertvolles Gut wie einen Backofen sollte man nicht geringschätzen, und deshalb wollte Marion ihn zusammen mit den beiden anderen Frauen nutzen. Sie mußten sich mit Sicheln einen Weg durch Wiesenkerbel und Ampfer bahnen und das halbrunde Dach des Ofens von Efeu, alten Winden, Klebkraut und Brombeeren befreien. Hilda, bei weitem die beweglichste von ihnen, kletterte hinauf und zog die Ranken aus dem kurzen Schornstein. Dann schoben sie den bogenförmigen Stein zur Seite, der dem Backofen als Tür diente, und fegten das Innere aus. Hilda und Marion gingen noch einmal zurück in ihre Hütten, um Holz, Späne und einen glühenden Scheit zu holen, den Marion in einem alten Eisentopf transportierte. Sie füllten den Ofen mit Brennbarem und zündeten das Feuer an. Dann gingen sie zurück zu Molly, die bereits begonnen hatte, auf einem glatten, breiten Baumstumpf den großen Klumpen Teig zu kneten, den sie aus ihren drei Mehlanteilen zusammengerührt hatten. Marion besaß den neuesten Kübel; in ihm beförderten sie den Teigbatzen zum Ofen. Er war sehr schwer; Marion und Molly trugen ihn gemeinsam an einem langen Stock, den sie durch die beiden Löcher am Rand des Kübels geschoben hatten. Als der Ofen heiß genug war, harkten sie die Asche, so gut es ging, heraus und teilten den Teig in einzelne Klumpen. Marions Laibe wurden mit einem Kreuz markiert, Hildas mit zwei parallelen Linien und Mollys mit einem Dreieck. Sie schoben die Laibe mit Hilfe des Spatens in den Ofen und wuchteten die steinerne Tür mit vereinten Kräften wieder an ihren Platz.

Der Haufen heißer Asche zu ihren Füßen hatte Marion auf eine andere Idee gebracht. Sie zog das Überkleid aus graubrauner, fest verwobener Wolle aus und ging, nur mit dem Unterkleid aus einstmals weißer, lose gewobener Wolle bekleidet, zu einer Stelle des Bachs unterhalb ihrer Hütten hinunter. Hier breitete sie ihr Kleid in dem stellenweise sehr seichten Wasser aus und trampelte darauf herum, drückte das schlammige Wasser mit den bloßen Füßen durch die Wolle. Das Wasser war schrecklich kalt, und der Wind blies ihr eisig um die nackten Arme und den Hals. Sie zog das triefnasse Kleid wieder heraus und legte es auf das Ufer, tief hinein in frisches Gras, wilde Pfefferminze und Kresse, und trampelte abermals darauf herum, um soviel Wasser wie möglich aus der Wolle zu pressen. Dann ging sie ein Stück am Bach entlang, und als sie einen niedrigen Eschenzweig entdeckte, der beinahe waagerecht über den Weg ragte, hängte sie das Kleid darüber und wrang soviel Wasser heraus, wie ihre Kräfte es erlaubten.

Als sie zum Backofen zurückkehrte, saßen Hilda und Molly träge im Gras, wärmten sich die Füße in der Asche und plauderten friedlich miteinander. Sie erklärten Marion für verrückt, halfen ihr aber, das Kleid an einem Zweig über der Asche aufzuhängen, und später, nachdem sie den Ofen geöffnet und die Brote herausgezogen hatten, breiteten sie es mit vereinten Kräften auf der noch warmen Steinkuppel des Ofendachs aus.

Als sie jetzt an die Unternehmung des gestrigen Tages zurückdachte, fragte sich Marion, ob es nicht ein wenig töricht war, soviel Holz im Backofen zu verfeuern und den Großteil ihrer Mehlvorräte für ein paar schmackhafte Brote zu verbrauchen, die in ihren drei Haushalten nur wenige Tage reichen würden. Aber die drei Frauen hatten sich gegenseitig dazu angestiftet, und es gab ihnen auch das Gefühl, etwas geschafft zu haben. Zudem wußten sie aus jahrelanger Erfahrung, daß Korn oder Mehl, das man sich von der letzten Ernte aufgespart und sorgsam verwahrt hatte, im Mai häufig zu schimmeln anfing und unbrauchbar wurde.

Sie hatten vorher darüber beraten, ob sie Sarah am Brotbacken beteiligen sollten, aber dann war Molly unter einem Vorwand in ihre schmutzige Hütte geschlüpft, hatte bei der Gelegenheit einen Blick in die Mehltruhe geworfen und gesehen, daß sie halb voll mit feuchtem, schimmligem Mehl und Mäusekot war. »Mit dem Zeug verderben wir nur unser Brot«, hatte Molly gesagt, und sie hatten sich darauf geeinigt, diese untaugliche Familie zu übergehen.

Gestern abend hatte Marion noch einmal auf die Verrichtungen des Tages zurückgeblickt. Vier große Laibe Brot lagen in ihrer mäusesicheren Truhe, und ihr Kleid war frisch gewaschen. Später im Bett war ihr ein Geruch nach feuchter Wolle und Pfefferminze in die Nase gestiegen.

Der gestrige Tag war von Arbeit erfüllt gewesen, heute jedoch, da sie mit Alice allein war, gewann das Unwohlsein immer wieder die Oberhand. Vorhin, als sie vor dem Erbsenbeet stand und feststellte, daß die Schnecken an die jungen Triebe gegangen waren, hatte sie

Hilda gesehen, die mit einem langen Stock über der Schulter, gefolgt von den leuchtendroten Feuerköpfen ihrer beiden Mädchen, langsam den überwachsenen Pfad in den Wald hinaufgestiegen war. Sie hatte es beinahe wie einen Vorwurf erlebt. Die vernünftige Hilda; gestern hatte sie Holz für das Brotbacken verbraucht, also ging sie heute, sobald sie sich unbeobachtet wähnte, hinauf in den Wald, sammelte tote Äste zusammen und brachte sie nach Hause, um den geplünderten Holzstapel wieder aufzufüllen. Das sollte ich auch tun, dachte Marion, aber die Trägheit lastete schwer in den Beinen.

Plötzlich schallte vom Dorf her aufgeregtes Hundegebell herüber. Eigentlich ein vertrautes Geräusch, aber diesmal dauerte es länger als gewöhnlich, und das verwunderte sie. Sie wußte, daß sie noch Wasser benötigten, bis der Tag vorüber war, also griff sie zum Eimer, klemmte sich Alice unter den anderen Arm und ging zum Bach hinunter.

Die Stelle zum Wasserholen befand sich unterhalb von Mollys Garten. Der Bach hatte hier ein besonders tiefes Becken gebildet, über das sich ein schräg gewachsener, alter Weidenstumpf neigte. Peter hatte das Ufer mit ein paar großen Steinen ausgepflastert, und an dem Weidenstumpf hatte er mit einem Eichendübel eine kleine Rolle befestigt. Das Seil, das über die Rolle lief, war mit dem Henkel eines Eimers verknotet. Auf den Steinen kniend, konnte man den Eimer ins Wasser tauchen, bis er voll war und versank, dann stand man auf und zog am Seil, bis der Eimer auf den Steinen zu stehen kam. Jetzt konnte man das Wasser in den eigenen Eimer umschütten. Seit vielen Jahren holte Marion auf diese Weise ihr Wasser, Tag für Tag, es sei denn, der Bach war zugefroren. Es ließ sich allerdings kaum vermeiden, daß man sich dabei nasse Füße holte.

Gerade war sie bei dem Weidenstumpf angekommen, da hörte sie von der anderen Seite des Bachs einen Ruf, und am gegenüberliegenden Ufer sah sie einen der Fletcher-Jungen, der bei Peter als Geselle arbeitete.

»Hoi«, rief er. »Nachricht von Peter. Er sagt, Chris Foxcap ist gekommen, und du sollst ihm den Beutel mit krummen Nägeln bringen, der am Wandbrett hängt, gleich unter dem Getreidetopf. Es sind siebenunddreißig Nägel drin.«

Sie rief ihm nach, aber er war schon davongerannt. Diese Neuigkeit veränderte Marions Pläne für den Tag. Das Wasserholen konnte warten. Oben auf dem Weg begegnete ihr Molly.

»Chris Foxcap ist gekommen«, sagte Marion.

»Hab ich mir schon gedacht, als ich die Hunde hörte«, erwiderte Molly, die immer schon alles wußte. »Das konnte keine gewöhnliche Beißerei sein, so wild wie die Hunde...«

Marion fiel ihr ins Wort: »Ich muß gleich hin und Peter etwas bringen.« Sie nahm Alice auf den Arm und ging zurück zu ihrer Hütte.

Der schwere Lederbeutel voller krummer Nägel, die Peter aus vermoderten oder verkohlten Balken gezogen hatte, hing genau dort, wo Peter gesagt hatte. Sie setzte sich, schüttete die Nägel in ihren Schoß und zählte sie. Es waren siebenunddreißig Stück. Das sah Peter ähnlich, es so genau zu wissen. Sie tat sie zurück in den Beutel. Alice unterbrach sie: »Aa machen.«

»Geh nach draußen«, sagte Marion. »Füße auseinander, Kleid hoch, und dann hockst du dich hin.« Alice gehorchte; sie kam in ein Alter, in dem festgelegte Abläufe ihr Spaß zu machen begannen.

Es widerstrebte Marion, Chris Foxcaps Besuch vorübergehen zu lassen, ohne ihm etwas zum Flicken zu bringen, also hob sie den undichten alten Eisentopf, in dem sie gestern den glühenden Scheit zum Backofen befördert hatte, von seinem Haken unter dem Hühnerbrett. Er hatte einen Riß im Boden, der zwar kaum zu sehen war, aber es sickerte Flüssigkeit heraus. Das kostete nicht nur Suppe; man riskierte auch, das Feuer damit zu löschen.

»Komm, Alice, rein in den Topf mit dir. Wir gehen ins Dorf.«

Es war etwas Neues für Alice, in einem Kochtopf herumgetragen zu werden, und sie hatte ihren Spaß daran, auch wenn sie für Marion eine unbequeme und schwere Last war. Als sie die Brücke überquerten, konnten sie die vielen Dorfhunde sehen, die unter der Eiche angebunden waren, vor Aufregung zitterten und nach einander schnappten. Auf der anderen Seite des Weges hatten die meisten

Frauen des Dorfes sich im Halbkreis um die Tränke versammelt. In ihrer Mitte stand Chris Foxcap; sein beladener Esel trank, während die gefleckte Jagdhündin mit den verrückten gelben Augen und dem unberechenbaren Gemüt ihrem Herrn unruhig um die Beine strich.

Chris Foxcap war ein umherziehender Kesselflicker; manchmal kam er zweimal im Jahr ins Dorf, manchmal nur einmal in zwei Jahren. Aber jedesmal kam er durch die unwegsamen Wälder oberhalb von Rockwell. Niemand außer ihm nahm diesen Weg – für alle anderen führte der Weg durch das Tal hinunter zum allseits bekannten Dorf Rutherford, und von dort aus immer weiter und weiter, in die unbekannte Welt hinaus. Chris Foxcap aber kam über die unbekannten, bewaldeten Berge – und das allein verlieh ihm etwas Geheimnisvolles. Die Dorfbewohner bekamen nur selten jemanden zu sehen, der nicht im Dorf geboren war. Er kam aus einer anderen Welt, ein Fremdling, faszinierend, unheimlich, aber auch eine unterhaltsame Abwechslung.

Für Marion waren Menschen ein Teil der Natur. Wie die Hirsche im Wald, die Hasen, die über die Felder liefen, die Drossel, die in der Esche sang, die Spinnen, die sich im Strohdach der Hütte versteckten, so waren ihrer Ansicht nach auch die Menschen ein Produkt der Erde; die Erde hielt sie am Leben, und in sie kehrten sie zurück, wenn sie starben. Die Felder und Wälder ihrer Umgebung hatten – so stellte sie es sich vor – eine bestimmte Art von Menschen hervorgebracht, die Dorfbewohner, die sie kannte und denen sie tagtäglich begegnete. Jenseits davon gab es nur Chaos und Fremdes.

Und ebendiesen Gefühlen der Zusammengehörigkeit schlug Chris Foxcap ins Gesicht. Es war beinahe ein wenig furchterregend, daß er zu keinem Land gehörte, keinerlei Anspruch auf eine Ernte hatte, niemandem irgendwelche Abgaben schuldig war. Er war frei von jeder Verpflichtung, keine Gemeinschaft schützte ihn, er wurde ziellos durch die Welt getrieben, ein Waisenkind der Natur, doch was seltsam war – es schien ihm nichts auszumachen. Er wirkte stets gut gelaunt und pfiff sich ein Liedchen bei der Arbeit. Marion dachte immer mit einer sonderbaren Mischung aus Abscheu, Mitleid und Neugier an ihn.

Sein Äußeres war abstoßend. Er hatte einen seltsam hüpfenden Gang, weder Laufen noch Gehen, der ihm dabei helfen mochte, sich in den unwegsamen Wäldern, durch die er seinen Esel führte, leichtfüßig zwischen Heide und Farnen zu bewegen, und der ihn deutlich von den schwerfällig dahintrottenden Dorfbewohnern unterschied, die ihren Gang dem der Ochsen angepaßt hatten. Sein Gesicht war rußgeschwärzt, die Haut übersät mit zahllosen Narben von Funken, die nur so stoben, wenn er sein Holzkohlefeuer mit dem Blasebalg zum Lodern brachte. Sein drahtiger, brauner Bart war auf die gleiche Weise zu den unterschiedlichsten Schattierungen versengt worden. Er taxierte sein Publikum mit flinken Blicken aus kleinen, dunklen Augen, ganz anders als die stieren Blicke der meisten Dorfbewohner. Die Art, wie er sich den Umhang um die Schultern warf, um die Bündel auf seinem Rücken zu bedecken, so geschickt und geschwind, ließ ihn den Dörflern, die den Kopf beugten und den Rücken krumm machten, wenn sie sich den Mantel gegen die Kälte um die Schultern zogen, wie einen Sonderling erscheinen.

Auch seine Art zu sprechen war ihnen fremd. Marion erinnerte sich, wie er an einem brennendheißen Erntetag angekommen war und in seinem Singsang, den ein paar der Jungen aus Rockwell bis auf den heutigen Tag nachäfften, zu ihnen gesagt hatte: »Gebt mir was zum Löschen, um Himmels willen.« Als niemand das Wort »Löschen« verstand, machte er die Geste des Trinkens. Alle waren sich einig, daß er eine merkwürdige Sprache führte. Zudem strömte er einen sonderbaren Geruch aus, der zum Teil von den nicht ordentlich gegerbten Fuchsschwänzen herrührte, aus denen er sich seine Mütze geflochten hatte. Menschliche Ausdünstungen wären den Dorfbewohnern nicht weiter aufgefallen, aber diesen seltsamen Tiergeruch fanden sie abstoßend, und zusammen mit der gelbäugigen Hündin löste er bei den Hunden des Dorfs wütendes Gekläff aus.

Dieser Fremde, der über die Berge kam und so ganz und gar nicht zu ihnen gehörte, hätte ohne weiteres feindselige Gefühle wecken können, wäre da nicht sein unvermutetes, offen bekanntes Christentum gewesen, das alle Feindseligkeit im Keim erstickte. Es war schon viele Jahre her, da war er eines Samstagabends eingetroffen und hatte die Nacht im Herrenhaus verbracht, im Stroh unter einer der Bänke, der Hund zu seinen Füßen. Als er am nächsten Morgen seine Utensilien auspacken wollte, wies man ihn darauf hin, daß es ein Sonntag war.

»Tatsächlich, Sonntag?« hatte er geantwortet. »Nun, das ist ein geheiligter Tag. Da geh ich doch lieber mit euch zusammen zur Messe, oder?« Jemand hatte ihn erstaunt gefragt, ob er denn ein Christ sei.

»Natürlich bin ich Christ, geboren am Tag des heiligen Christophorus, der das Jesuskind über den Fluß getragen hat. Mein Vater hat mich schon am Tag nach meiner Geburt in die Kirche gebracht.«

»Wo ist das gewesen?« hatte der Priester ihn gefragt.

»Ich kann Euch nur sagen, was mein Vater mir erzählt hat. Selber kann ich mich nicht mehr erinnern. Wißt Ihr etwa, wo Ihr getauft worden seid, Pater? Welches Neugeborene blickt sich schon um und sagt: Aha, das ist Rye, oder: Das ist Pevensey, oder: Das ist… Rutherford.«

Dieses umfangreiche Wissen über eine fremde Welt hatte Neid und ein wenig Furcht in die ohnehin schon verwirrten Seelen gesät. Aber Chris war an jenem Tag mit ihnen in die Messe gegangen. Er hatte die Mütze aus Fuchsschwänzen an der Kirchentür abgesetzt, war niedergekniet, hatte »Amen« gesagt und sich bekreuzigt wie alle anderen auch − ein wahrhafter Christ, das hatten sie ihm zugestehen müssen. Doch ein paar Zweifel waren in ihren beklommenen Herzen zurückgeblieben. Etwas später am selben Tag hatte ihn einer der Jungen aus dem Dorf gefragt, wo er zur Welt gekommen sei.

»Unter einer Hecke.«

»Unter was für einer Hecke?«

»Weißt du, Junge, die eine Hecke sieht wie die andere aus, besonders dann, wenn du zum ersten Mal die Augen aufschlägst und noch nie zuvor eine Hecke gesehen hast. Aber sie haben mich in die Kirche getragen und mich taufen lassen, das haben sie jedenfalls behauptet. Ich vermute, es war die Kirche in Rutherford, weil es die Kirche vom heiligen Christophorus ist, so wie eure Kirche die des heiligen Paulus ist. Ich glaube, der heilige Paulus ist vor vielen, vielen Jahren mit eurem steinernen Kreuz hier durchgezogen und hat eure Kirche gebaut, und genauso ist der heilige Christophorus nach Rutherford gekommen, wo er dem Jesuskind begegnet ist und es über den Fluß getragen hat. .An der Wand in der Kirche von Rutherford ist ein Bild von ihm. Ein paar von euch werden es gesehen haben – er steht mit gerafftem Kittel und bloßen Füßen bis zu den Knien im Wasser, es sprudelt ihm um die Beine, und ein, zwei Fische schwimmen auch drin. Er hat ein großes Gesicht und einen wolligen Bart und verdreht den Hals, damit er das Kind auf seinen Schultern sehen kann – ein hübscher kleiner Knabe, unser Christus –, und damit er einen sicheren Stand hat, hält Christophorus einen langen Stecken in der Hand, an dem oben noch ein paar Blätter hängen. Ja, das hat der heilige Christophorus in Rutherford getan, und deshalb steht dort seine Kirche.«

Ehrfürchtig hatten die älteren Männer dieser Erzählung gelauscht, einige von ihnen waren in der Kirche von Rutherford gewesen und erkannten die Beschreibung des Wandgemäldes wieder.

»Hat der heilige Christophorus denn wirklich das Jesuskind über unseren Fluß in Rutherford getragen?« hatte eines der Kinder gefragt.

»Sicher, mein Junge, das hat er getan«, antwortete Chris. »Zwischen seinen bloßen Beinen und dem Stecken kann man das Flußufer sehen, und dort stehen Weiden am Ufer, genau wie in Rutherford, also hat er das Jesuskind dort über den Fluß getragen. Das war natürlich lange, bevor sie dort die steinerne Brücke gebaut haben.«

Heute aber war Chris Foxcap ins Dorf gekommen, um zu arbeiten. Er hatte sich längst lieb Kind gemacht und war Herr der Lage, als er die Weidenkörbe von seinem Esel lud. Tom half ihm dabei.

»Gleich haben wir's, Obacht, und jetzt noch den einen, hoho, ganz ruhig, Cäsar, so, das hätten wir – da steht der Wassertrog, mein treuer Esel, und vielleicht habt Ihr so etwas Ähnliches wie einen Futtertrog voll Hafer in Eurem Stall, Meister Tom, und ein schönes Lager aus Stroh. Ist schon eine Weile her, daß Cäsar sich mal so richtig ausschlafen konnte.«

Chris packte die lange Eisenzange aus, die Hämmer, den Blasebalg mit den langen Griffen, die eiserne Kohlenpfanne und die Säcke mit der Holzkohle. Sir Hugh und Dame Margaret erschienen zusammen mit Magda, die widerwillig ihren strampelnden Terrier auf dem Arm trug, und Chris verbeugte sich so tief vor ihnen, daß es zum Lachen gewesen wäre, hätte er es mit weniger Selbstsicherheit getan.

»Einen guten Tag, M'Lord, Gott schütze Euch, M'Lady, guten Tag, Miss, ›Töpfe flicken, Töpfe flicken‹, Ihr kennt ja das Lied des Kesselflickers« (sie kannten es nicht), und nachdem Joan einen Krug besten Biers herausgebracht und er ihn leer getrunken, ihr dafür ein Kompliment gemacht (Komplimente waren selten in Joans Leben) und Milly dafür gelobt hatte, daß sie ihre Eisentöpfe so sauber hielt (was gar nicht stimmte), waren sie alle, ganz gegen ihren Willen, seinem fremdartigen Zauber erlegen.

Joan brachte auf einer Schaufel einen brennenden Scheit aus dem Herrenhaus und ließ ihn in die Kohlenpfanne fallen. Chris häufelte Holzkohle darauf, Ed-mein-Junge pumpte stetig mit dem Blasebalg, und schon bald fing die Kohle rot zu glühen an. Die gesprungenen Eisentöpfe der Dorfbewohner wurden einer nach dem anderen in der Pfanne zum Glühen gebracht, mit der langen Zange auf den Steigblock gehoben, um dort mit Hämmern bearbeitet zu werden, bevor er sie wieder in die Holzkohle legte, wo sie noch einmal erhitzt wurden – und so ging es stundenlang weiter, und fast die ganze Zeit über gab Chris dazu seine Bemerkungen zum besten.

»Weiterpumpen, Ed, es ist noch nicht heiß genug... geht etwas zurück, Kinder, oder wollt ihr etwa so aussehen wie ich? – Also, los geht's« ... dazwischen ein paar kräftige Hammerschläge... »So, das sollte reichen, du mußt gleichmäßig weiterpumpen – nein, es reicht noch nicht... haltet mir den Hund vom Leib, Miss Magda, nein – bei dem Topf läßt sich nichts mehr machen, gute Frau, das ist kein Riß mehr, da ist ja fast der ganze Boden durch, tut mir leid, ich kann wohl flicken, aber neue Töpfe kann ich euch nicht machen. Paßt auf die Funken auf, geht zurück, M'Lord, Ihr wollt doch nicht, daß der schöne Umhang verbrennt, puh, diese Hitze – gibt's noch was von dem wunderbaren Bier, Dame Joan? Sieh da, du bist Peter Carpenter, richtig? Kann mich an dich erinnern – die Nägel sind alle krumm? Ein Kinderspiel, gib sie nur her – ja, gute Frau, gleich mach ich dir einen Griff an deine Pfanne…«, und so weiter und so fort, auch wenn er die eine oder andere Pause machte, um sich auf seine Arbeit zu konzentrieren, zu trinken oder ein Liedchen zu pfeifen.

Nach einer Weile ging Dame Margaret mit Joan in den Hof, und als sie zurückkamen, brachten sie Brot, große Stücke Käse und einen Krug Milch auf einem Brett; für eine Weile war Schluß mit Pumpen und Hämmern, man versammelte sich um den Steigblock, um zu essen. Milly füllte einen hohen Tonkrug aus ihrem Bottich, ließ ihn herumgehen, und alle Frauen und Kinder tranken von der frischen Kuhmilch. Was für ein angenehmer Gegensatz zur täglichen Plackerei, hier im Kreis zu sitzen, sich zu unterhalten, zusammen mit den Kindern dem Kesselflicker bei der Arbeit zuzusehen und sich obendrein noch Milch und Brot servieren zu lassen.

Marions alter Kochtopf war geflickt oder zumindest behandelt, denn ob der Riß im Boden auch wirklich dicht war, blieb abzuwarten. Alice wurde unruhig, also nahm Marion den warmen Topf in die Hand und Alice auf den Arm und sagte Peter, daß sie nach Hause ginge.

»Ist gut«, antwortete er, während er aufmerksam beobachtete, wie Chris einen seiner Nägel mit kurzen, zielsicheren Hammerschlägen bearbeitete. Er war mit den Gedanken woanders, also ging sie.

Auf der Brücke blieb sie stehen und blickte zurück. Die Ansammlung von Menschen, schwerfälligen, braungekleideten Menschen, stand noch immer um den Steigblock herum. Sie führten ihre gewohnt schleppenden Gespräche. Die Hunde, ermüdet vom Nichtstun, hatten sich in den Schatten der Eiche gelegt und schliefen. Der Klang von Chris Foxcaps Hammer, der auf Stein glühendes Eisen zurechtschlug, tönte noch immer durch das ganze Tal.

Im Weiler begegnete ihr Hilda.

»Chris Foxcap ist gekommen«, sagte Marion.

»Ja«, antwortete Hilda, »ich hab das Hämmern gehört. Ich war mit den Mädchen oben im Wald. Du erinnerst dich an die große Eiche, die wir letztes Jahr gesehen haben – die mit der toten Krone? Ein Stück hinter der großen Lichtung. Inzwischen ist ein großer Teil der toten Krone heruntergefallen. Ich hab so viele Äste wie möglich herausgezogen. Wenn die Mädchen nur schon größer wären, aber wenn du deinen Peterkin hinaufschickst – es gibt dort noch eine Menge zu holen.«

Marion fragte, ob sie kein Eisen zu flicken hatte.

»Nein – aber ich könnte ein, zwei neue Messer gebrauchen. Ich weiß nicht, ob Dick das Hämmern gehört hat – heruntergekommen ist er jedenfalls nicht.«

Marion ging in ihre Hütte. Alice ließ sie draußen. Ob das Feuer aus war? Die Asche fühlte sich noch warm an, aber sie war zu müde, um sich darum zu kümmern. Sie blickte hinauf zu den rußigen Balken über dem Feuer; eigentlich müßte sie den Ruß mit einem Messer abkratzen und in einem... ja, worin sollte sie ihn sammeln? In einem Teller, wenn sie einen hätte, und ihn hinaus in den Garten tragen und an die Erbsenpflänzchen schütten. »Ich bin zu müde«, seufzte sie, setzte sich auf den Baumstamm, der als Sitz neben der Hüttentür unter dem Vordach lag, und ließ den Blick über den Garten und hinauf in den Wald schweifen. Die Buchen trugen bereits neue Blätter, die unteren Äste schoben ihre breiten Schirme aus Laub, einen über den anderen, in das Sonnenlicht hinein oder zurück in den Schatten, je nachdem, wie der sanfte Wind sie bewegte.

Dies hier ist mein Ort, dachte sie, meine Erde, auf der meine Erbsen wachsen, meine Apfelblüten, aus denen meine Äpfel werden, meine Hütte, die mir Schutz und Ruhe gewährt; mein Kind sitzt zu meinen Füßen und schaufelt die kleinen, vom Regen sauber gewaschenen Steinchen aus der Rinne unter der Dachtraufe, mein Kind, und das alles hier gehört auch ihm. Und im Dorf ist der absonderliche Chris Foxcap, der nichts hat – keinen Ort, an den er gehört, nichts. Sein Esel ist alt, seine Hündin wird nicht mehr lange leben – und was sind sie schon? Er hat keinen Platz zum Ausruhen – nirgends.

Marions Mattigkeit hielt an. Sie lehnte sich gegen das Weidengeflecht der Hüttenwand, so unbequem es auch war, dachte über diesen ungewöhnlichen Schwächezustand nach und fragte sich, ob sie womöglich wieder schwanger war; doch gleich wandten sich ihre Gedanken vordringlicheren Themen zu. Wenn Peterkin nach Hause kam, würde sie ihn mit einem Strick in den Wald schicken, hinauf zur alten Eiche und den toten Ästen, die Hilda dort zurückgelassen hatte.

Von Hilda war es nur ein kurzer Gedankensprung zu Dick, der jetzt irgendwo da oben im Moor bei seinen Schafen war. Sie hatte nicht vergessen, daß sie Dick einmal geliebt hatte, vielleicht nur ein wenig, aber es war ein ganz neues Gefühl gewesen. Das alles lag lange zurück, und zweifellos war sie Peter eine treue Ehefrau, doch insgeheim war es ihr immer noch eine Freude, an Dick zu denken. An trüben, mühseligen Tagen war es manchmal ein Trost, sich sein breites, rotes Gesicht vorzustellen, seine himmelfarbenen Augen und die feuerroten Locken. Sie wußte, daß er nie eine andere als Hilda zur Frau wollte, und dabei fiel ihr das seltsame Brautwerben vor vielen Jahren wieder ein.

Richtige Eheabsprachen zwischen Kindern gab es im Dorf nicht, bei den vielen Todesfällen im Kindesalter wäre das ein Unding gewesen, aber Mütter plauderten miteinander, und womöglich wurden sie sich dabei einig, daß es nett wäre, wenn der kleine Ned und die niedliche Jilly später einmal heiraten würden – vorausgesetzt, sie überlebten und Sir Hugh gab seine Zustimmung. Bei denjenigen, die ihre Jugend erleben durften, stellte sich die Frage aufs neue, und jetzt mischten sich auch die Väter ein, sprachen mit anderen Vätern, und da aus solchen Dingen kein Geheimnis gemacht wurde, war allgemein bekannt, wer mit wem vermählt werden sollte, wenn die Kinder das Heiratsalter erreicht hatten. Die jungen Paare wußten frühzeitig, was man von ihnen erwartete, und nur wenige widersetzten sich. Schließlich wußten sie alle, wie begrenzt die Auswahl war.

Eine solche Vereinbarung, unverbindlich, aber allseits bekannt, hatte es auch zwischen Hilda und Wilfred gegeben. Wilfred, der hinter dem Mühlenacker wohnte, war der ältere überlebende Sohn der Witwe Annie, der Bruder des gewalttätigen Dobbin, ein Mann, dem ein gutes Stück Land im Dorf gehörte. Er wohnte bei seiner Mutter und hatte das Alter erreicht, in dem man heiratete. Er war ein schlaksiger, dunkelhaariger Kerl mit klobiger Nase und einem breiten, schiefen Mund, verdrießlich in seiner Art und so unberechenbar im Gemüt wie sein Bruder. Hilda, damals sechzehn Jahre alt, war das einzige Kind von Hal, einem Witwer, der am Anger wohnte und seit dem Tod seiner Frau auf Hildas Dienste angewiesen war. Er war immer ein stiller Mann gewesen, und als Witwer hatte er sich noch mehr vor der Welt verschlossen, redete wenig, arbeitete unermüdlich auf dem Feld und flocht im Winter Weidenkörbe von sauberer Machart und wunderbarer Haltbarkeit.

Er hatte wohl eine einsilbige Zustimmung gemurmelt, als Dick bei ihm um Hildas Hand anhielt, und die Vereinbarung mit Wilfred war dabei mit keinem Wort zur Sprache gekommen. Niemand im Dorf wußte genau, wie oder wann die Liebesgeschichte zwischen Dick und Hilda begonnen hatte. Dick war schon damals der Schäfer des Herrenhauses und mußte viel Zeit in den Bergen verbringen, und niemand hatte je gesehen, daß Hilda zwischen Ginsterbüschen zu ihm hinaufgeschlichen wäre, um bei ihm sein zu können. Wie sie es auch angestellt hatten, die Ankündigung, daß sie heiraten wollten, sorgte für allgemeines Erstaunen, und aufgeregter Klatsch machte im Dorf die Runde.

»Das dürfen sie nicht. Was fällt ihrem Vater ein? Schließlich ist sie Wilf versprochen, oder etwa nicht?«

»So geht's einem Mädchen ohne Mutter. Hal kriegt doch gar nicht mehr mit, was vor seiner Nase passiert.«

»Was für eine gerissene, kleine Heimlichtuerin!«

»Wie dem auch sei, Hal und die Witwe Annie haben's vereinbart – und Sir Hugh wird wohl einverstanden gewesen sein. Es geht nicht an, daß die jungen Leute ihre Sachen selber in die Hand nehmen.«

»Wo kommen wir hin, wenn das alle so machen?«

»Finster wie der Donner hat Wilf geblickt, als Annie es ihm erzählt hat.«

»Was hat sie ihm erzählt?«

»Nun, daß Dick zu Sir Hugh gegangen ist und gesagt hat, daß er Hilda heiraten will – ich weiß ja nicht, was er an ihren Sommersprossen findet. Oben in Rockwell wachsen ein paar schönere Mädchen heran, wenn er sich noch ein, zwei Jahre geduldet. Sicher, Sir Hugh hält große Stücke auf Dick, weil er gut mit den Lämmern umgehen kann, aber er weiß, daß Hilda Wilf versprochen ist. Und Milly hat sich aus der Weberei davongestohlen und gelauscht, und er hat gesagt, was er immer sagt, daß er noch mal drüber nachdenken muß, was nichts anderes heißt, als daß er M'Dame fragen muß, und sie, Milly mein ich, hat es Annie brühwarm weitererzählt, und Annie ist gleich ins Herrenhaus gerannt gekommen – oje, war das ein Theater! Sie wollte sich bei Sir Hugh beschweren, aber der war in den Wald gegangen, und da hat sie M'Dame ihr Leid geklagt, und M'Dame verzieht keine Miene, kein Lächeln, kein Spott, obwohl wir doch wissen, daß sie nicht viel von Annie hält. Sie hat nur gesagt, das muß Sir Hugh entscheiden, und jetzt kein Wort mehr, und dann hat sie noch gesagt, ich werde mit Sir Hugh reden.«

Und so ging das Gerede weiter, immer aufs neue angeheizt von Berichten der hellhörigen Milly: Wie Dame Margaret zu Sir Hugh gesagt habe, was für ein wertvoller Arbeiter Dick doch sei, und man müsse ihn unbedingt bei der Stange halten, und schließlich sei er ganz offensichtlich verliebt in Hilda, und Hilda sei – trotz der vielen Sommersprossen – ein nettes Mädchen und dieser Wilf ein häßlicher, ungehobelter Rüpel. Aus einer Ehe, die so sehr gegen den Willen des Eheweibs geschlossen wurde – und das wußte M'Dame, denn sie hatte im Obstgarten mit Hilda darüber gesprochen –, konnte man weder kräftige Kinder noch einen ordentlich geführten Haushalt erwarten. Außer Wilf hätte niemand einen Vorteil davon, wenn man seine Zustimmung zu einer solchen Heirat geben würde, dafür gab es jede Menge Nachteile, also sollte man den Liebenden ihren Willen lassen. Sir Hugh, der Beredtheit seiner

Frau überdrüssig, stimmte ihr zu. Alle wußten, wie schnell er sich von M'Dame überreden ließ. Und als Annie aufgeregt herbeigelaufen kam, um Gesetz und Gerechtigkeit zu erfahren, wie sie das nannte, wurde ihr lediglich mitgeteilt, Sir Hugh habe der Ehe zwischen Dick und Hilda zugestimmt.

Und so hatten sie geheiratet und sich im Weiler hinter der Dorfweide niedergelassen, gleich neben Marions Hütte. Die alte Annie hatte geschmollt, aber nicht mehr als sonst auch.

Ein Jahr später war es dann zu einem größeren Drama gekommen. Monatelang hatte Wilf gedroht und die Faust geschüttelt und war hinter dem Weiler herumgeschlichen, wenn Dick oben in den Bergen war. Marion und Peter waren ihm manches Mal begegnet und hatten ihm geraten, zu verschwinden und sich unter den Mädchen des Dorfes eine andere Frau zu suchen, aber er hatte nur geflucht und geschworen, es Dick eines Tages heimzuzahlen.

Die Gerüchte waren auch Dick zu Ohren gekommen, und als er eines Tages aus den Bergen herunterkam und Wilf überraschte, der sich hinter dem Zaun unter der großen Esche versteckt hatte, wollte er ihn zur Rede stellen, und Wilf schleuderte einen schweren Knüppel nach ihm, aber er verfehlte sein Ziel. Dick packte ihn bei den Schultern, preßte ihm mit seinen gewaltigen Händen die Arme gegen den Körper und schüttelte ihn, wie ein Hund eine Ratte schüttelt, bevor er ihn in ein Brennesselfeld stieß und ihm mit lauter Stimme androhte, ihm sämtliche Knochen im Leib zu brechen, sollte er Hilda noch ein einziges Mal nachstellen. Also schlich Wilf fluchend zurück ins Dorf, und Dick zerhackte den Knüppel am Abend zu Feuerholz.

Wilf setzte weitere Gerüchte in Umlauf, unterstützt von Annie; er behauptete, das Kind, mit dem Hilda schwanger ging, sei von ihm gezeugt, mochte Dick doch glauben, was er wollte. Die Geschichte wurde so oft wiederholt, daß die Dorfbewohner sich bereits fragten, ob nicht etwas dran sein könnte. Dann kam Meg auf die Welt, auf ihrem Kopf wuchs ein Flaum aus leuchtendroten Löckchen, und Wilf war das Gespött des ganzen Dorfes, was seine Laune nicht eben verbesserte.

Die Erinnerungen hatten Marion erheitert. Sie setzte sich bequemer hin und lehnte sich wieder gegen die Hüttenwand. Es war so friedlich. Sie genoß diesen seltenen Müßiggang.

Beim Gedanken an die hellroten Locken von Dicks Töchtern und den leuchtenden Feuerschopf des Vaters fiel Marion die alte wohlbekannte Geschichte wieder ein, wie diese goldenen Haare einst ins Dorf gekommen waren. Ihre Mutter hatte sie ihr oft erzählt, als sie noch ein Kind war, und manchmal machte Marion sich ein Spiel daraus, sie in Gedanken ihren Kindern weiterzuerzählen, in den Worten der Mutter und mit ihrer Betonung, die sie noch genau im Ohr hatte. Es war die Geschichte von Osyth mit dem goldenen Haar.

Es war einmal vor langer Zeit, hatte Marions Mutter immer begonnen, bevor irgend jemand von uns auf der Welt war, zu Zeiten von Sir Hughs Großvater (manchmal war es auch der Urgroßvater oder ein noch entfernterer Vorfahr), da wurde der Herr des Herrenhofs krank. Er hatte zwei Söhne, und Crispin, der ältere von ihnen, versprach, sich um den Hof und die Mutter zu kümmern und den Vater bis zum Tod zu pflegen, wie es sich für einen guten Sohn gehörte. Der jüngere Sohn aber, der Lange Will, den alle für einen wilden, unzuverlässigen Jüngling hielten, wollte sein Glück lieber draußen in der Welt suchen. (An dieser Stelle der Erzählung war oft eine Schmährede auf das Ungestüm und die Unvernunft der Jugend eingefügt worden.) An einem schönen Frühlingsmorgen zog er ein Paar Stiefel an, die frisch vom Gerber kamen, seine Mutter gab ihm einen Laib Brot und einen halben Käse mit auf den Weg, und fast ohne Gruß für die alten Leute oder seinen Bruder machte er sich auf den Weg am Fluß entlang nach Rutherford. (Alle Reisen vom Dorf aus führten nach Rutherford, denn jeder andere Weg endete in den Wäldern, wo man sich noch vor Einbruch der Nacht verlaufen hätte.)

Das ganze Jahr über hörte man nichts mehr von ihm.

Als es wieder Frühling wurde, betrauerte seine Mutter ihn aufs neue, und das Haar des Vaters war noch weißer geworden, und sein älterer Bruder rackerte unermüdlich auf den Feldern, ohne ein

Wort der Klage, und niemandem fiel auf, wie mager und abgehärmt er war. Und als der nächste Winter kam, ertrug der alte Mann die Kälte nicht mehr. Kurz vor Weihnachten starb er und wurde auf dem Friedhof beerdigt, am östlichen Ende gleich neben dem Weg, und das ganze Dorf betrauerte ihn.

Der Januar, der nun folgte, war der kälteste, so lange man zurück-denken konnte. Wie Nadeln aus Eis kam der Schnee vom Himmel und fror fest, wo er hinfiel. Schafe starben, am Boden festgefroren, in Höhlen aus Schnee, die Füßlein der Vögel froren an den Ästen der Bäume fest, und wenn der Wind in die Weiden fuhr, dann schlu-gen die eisgepanzerten Zweige krachend gegeneinander. Noch nie hatte man solch ein Geräusch gehört. Eines Tages bemerkte die Herrin, die noch immer ihren Gatten betrauerte, daß Crispin am Mittag nicht nach Hause zurückgekehrt war, und das ganze Dorf machte sich auf die Suche im Schnee, bis sie ihn fanden, quer über einem Graben liegend, der Bart an der Kapuze festgefroren, mause-tot. Ach, da hob im Dorf ein großes Klagen an.

Als es wieder Frühling wurde, hörte man an einem sonnigen Morgen am Weg durch den Obstgarten das Klingeln von Pferdege-schirr, und siehe da, zwei Rösser tauchten auf, jedes mit zwei Rei-tern, und der erste Reiter schwang sich vor der Tür des Herren-hauses herunter und rief: »Vater! Mutter! Crispin! Will ist wieder zu Hause!« Als nur seine Mutter herauskam, um ihn zu begrüßen, und er vom Tod der anderen erfuhr, weinte er bitterlich.

Aber er weinte nicht lange. »Sieh, Mutter«, sagte er, »ich habe ein wunderschönes Weib mitgebracht.« Er hob sie vom Pferd – und sie war wirklich wunderschön, das ließ sich nicht bestreiten. Sie war beinahe so groß wie Will und trug ein grünes Kleid, das fast bis zum Boden reichte, und noch nie hatte jemand so weiche Wolle gese-hen. Sie trug einen goldenen Ring am Finger, der im Sonnenlicht funkelte, und ihr Gesicht war zart wie eine Rose. Als sie die Kapuze vom Kopf zog, fiel ihr das Haar in lauter goldenen Locken bis über die Hüften. Noch nie hatte einer so etwas gesehen.

Auf dem anderen Pferd, einem kleinen Pony, saßen Wills Diener, ein hübscher Junge mit frischem Gesicht, aus dem später der beste

Bogenmacher wurde, den wir je im Dorf hatten, und die kleine Schwester der jungen Frau, ein Mädchen von zwölf oder dreizehn Jahren mit demselben wunderschönen Haar, so gelb wie Ginster.

Während alle staunend mit offenen Münden herumstanden, nahm Will die große Frau bei der Hand und sagte: »Mutter, dies ist Osyth, meine Gemahlin. Sie und ich, wir werden uns um den Herrenhof und das Haus kümmern und an allen Tagen deines Lebens für dich sorgen. Die Kleine hier ist Edith, ihre Schwester; sie wird dir wie eine kleine Tochter sein«, und damit sollte er recht behalten.

Seine Mutter sagte: »Wo bist du während der zwei langen Jahre gewesen, mein Sohn Will, und wo hast du dieses goldene Mädchen gefunden?«

Also erzählte er ihr und allen Dorfbewohnern, die dabeistanden, wie er durch das Tal nach Rutherford gegangen war, wo er eine Zeitlang im Brückenhaus der steinernen Brücke über den Fluß ausgeholfen hatte, bevor er weiter nach Süden gezogen war, den Sonnenuntergang stets zur Linken, durch ein großes Land, das sie den »Weald« nannten, ein Land mit Wäldern und Feldern und Gehöften und noch einmal Gehöften und Feldern und Wäldern, und noch tiefer im Süden war er zu einer langen Reihe sanfter Hügel gelangt, ohne Baum und Strauch, bis auf den einen oder anderen Weißdorn in einer mit Gras bewachsenen Senke, und sonst nichts als Schafe überall. Und die Erde war, eine Handbreit nur unter der Kruste, ganz hart und weiß. Das wollten die Dorfbewohner nicht glauben, er aber sagte, doch, sie war wirklich weiß. Er war auf die Hügel hinaufgestiegen, und dahinter hatte er das Meer gesehen – Wasser – soviel Wasser, wie er noch nie gesehen hatte, Wasser, so weit das Auge reichte, bis hin zu einem langen Strich, dort, wo es den Himmel berührte, am Ende der Welt. Nun, ihr könnt euch vorstellen, wenn die Dorfbewohner schon nicht an weiße Erde glaubten, dann glaubten sie erst recht nicht an Wasser, das bis an das Ende der Welt reichte. Er war den sanften grünen Hügel hinabgestiegen bis zum Meer, und – nun, ihr kennt das doch, wenn ein frischer Wind geht und der Mühlteich ist bis zum Rand gefüllt und gekräuselt von lauter kleinen Wellen, die zwischen Gras und Steinen an das Ufer plätschern. Kleine Wellen auf dem Mühlteich hatten die Dorfbewohner schon gesehen, aber die Wellen auf dem Meer, behauptete Will, waren so hoch wie Hütten und sind mit tosendem Donner auf die Kieselsteine am Ufer gekracht. Und auch das wollten sie ihm nicht glauben.

Er erzählte weiter, wie er am Ufer entlanggegangen und zu einer Flußmündung gekommen war; dort, wo der Fluß in das Meer mündete, standen Häuser, und am Flußufer waren Boote an Pfosten festgebunden, und in einem der Boote saß ein Mann und reparierte Taue und Segel. Er kam mit diesem Mann ins Gespräch, und, um eine lange Geschichte kurz zu machen, er zog zu diesem Mann in sein Haus am Fluß und arbeitete für ihn, reparierte ihm seine Boote und vieles mehr, und die Frau des Mannes bewirtete ihn gut, und so ging das viele Monate.

Dieser Mann war mit seinem Boot über das Meer gefahren, noch weiter nach Süden, und er sagte, nein, der Strich ist nicht das Ende der Welt, denn jenseits des Meeres gibt es auch noch ein Land. Das Land hatte auch einen Rand aus weißer Kreide, und dort gab es Gras und Schafe und Menschen, die Korn anbauten, wie überall sonst, nur hatten sie eine seltsame Art zu sprechen, und der Seemann wollte, daß Will mit ihm über das Wasser fuhr. Er mußte eine Schiffsladung mit Wolle hinüberfahren und wollte dafür Fässer mit gesalzenen Fischen zurückbringen. Will hatte sich jedoch längst in Osyth verliebt, die älteste der vielen Töchter des Seemanns, und deshalb wollte er nicht mitfahren. Der Mann nahm ein oder zwei einheimische Burschen mit hinaus, und Will blieb bei seiner Frau und Osyth und den anderen Töchtern zurück, und er pflügte ihnen die Felder, grub ihren Garten um, schlug ihnen das Holz, reparierte den Kuhstall und fing Fische, so groß wie ... (er ließ eine Geste folgen), und die ganze Familie hatte ihn gern. Als der Seemann zum Ende des Sommers mit Fässern voll Salz und gesalzenem Fisch und gewobenem Hanf und Tauen und ein paar goldenen Ringen zurückkehrte, fragte ihn Will, ob er Osyth zur Frau haben und sie mit in sein Dorf nehmen dürfe, zu seinen alten Eltern und seinem Bruder, und Osyth war gerne bereit dazu, und der Vater schenkte ihr einen

goldenen Ring. Sie wollte zu ihrer Gesellschaft eine ihrer Schwestern mitnehmen, aber nur Edith, die jüngste, fand dazu den Mut,
und so waren sie in unser Dorf gekommen.

Die Dorfbewohner fanden ihre Sprache ein wenig seltsam, wie
auch die von Edith und Fletcher, dem Jungen; die beiden lernten
jedoch schnell, wie gewöhnliche Menschen zu reden, nur Osyth
hörte sich bis zum Ende ihrer Tage ein wenig seltsam an.

Bei der Ankunft hatte Osyth einen geflochtenen Käfig voller
junger Küken im Arm gehabt, und die Küken waren zu fetten Hennen und zwei prächtigen Hähnen herangewachsen, größer als die
kleinen weißen Hennen, die wir damals hatten und die wir auch
heute noch haben. Sie konnte den feinsten Faden spinnen und
brachte den Mädchen eine ganz neue Art des Webens bei, und trotz
ihrer Blässe und ihrer schlanken Gestalt war sie kräftig und gesund,
und schon bald gebar sie der alten Herrin ihren ersten Enkelsohn,
einen strammen, rosigen Jungen, dessen Kopf bedeckt war von goldenem Flaum! Nun, kurz darauf starb die alte Herrin, aber sie starb
glücklich, denn Will kümmerte sich um das Herrengut, und die Erträge der Äcker wuchsen.

Im Laufe der Jahre bekamen sie viele Kinder, von denen drei
Mädchen und fünf Jungen groß wurden; viele von ihnen hatten das
goldene Haar ihrer Mutter, und die Jungen wuchsen zu großen,
kräftigen Männern heran, und später heiratete auch Edith einen
freien Mann aus dem Dorf, von dem sie mehrere Kinder bekam, und
weil die meisten von ihnen im Dorf heirateten, werden bis auf den
heutigen Tag hin und wieder Kinder mit goldenen Locken geboren.

Die Stimmung dieser Geschichte und die Erinnerung an die
Stimme ihrer Mutter verblaßten, und Marion wurde plötzlich bewußt, daß Zeit vergangen war und das Flechtwerk der Hüttenwand
ihrem Rücken nicht guttat. Peter kam um die Hausecke, mit Alice
auf dem Arm.

»Ich hab sie unten bei Molly gefunden«, sagte er mit vorwurfsvoller Stimme. »Du solltest sie nicht alleine herumlaufen lassen.
Marges alter Köter ist unberechenbar bei Kindern.«

Marion steckte den Tadel ein, nahm ihm Alice ab, raffte sich auf und fachte das Feuer an, tat noch ein paar gemahlene Bohnen in den Topf und hörte Peter zu, der von Chris Foxcaps Arbeit, seinen Geschichten und seiner Geschicklichkeit erzählte, nachdem er den Beutel mit geradegeklopften Nägeln wieder unter das Wandbrett gehängt hatte. Keinen im Dorf hatte die Ankunft des Fremden gänzlich unberührt gelassen.

Später am Abend, nachdem Peterkin nach Hause gekommen war und sie eine warme Bohnensuppe und von dem wunderbaren, gestern gebackenen Brot gegessen hatten, gingen sie noch einmal hinaus in den Garten, um nach den Erbsen zu sehen.

»Du mußt Ruß abkratzen«, sagte Peter, »und etwas davon um jede Pflanze verteilen. Das hilft meistens.«

Sie gingen zu Bett, und wie üblich schlief Peter auf der Stelle ein – die Meise in der Esche über dem Hüttendach war noch nicht einmal mit ihrem Abendlied fertig. Marion lag lange wach. Sie fühlte sich immer noch unwohl und matt, und wieder fragte sie sich, ob sie womöglich schwanger war. Die Vögel schwiegen längst, und es war völlig dunkel in der Hütte, als Marion einschlief.

Plötzlich erwachte sie mit dem Gefühl, nur kurz geschlafen zu haben. Peter schnarchte neben ihr. Beide Kinder waren still. Ein plötzliches Stechen im Bauch hatte sie geweckt, als hätte ein rotglühendes Zänglein, eine kleine Nachbildung von Chris Foxcaps Eisenzange, nach ihren Eingeweiden gefaßt.

Wenigstens ist kein Kind unterwegs, dachte sie, aber das waren heimliche Gedanken. Sie wußte, daß die Leute noch ein Kind von ihr erwarteten. Erst letzte Woche hatte Polly Fletcher sie auf dem Anger aufgehalten, um Alice zu bewundern. »Und wann kommt das nächste?« hatte sie gefragt. »Außer der Kleinen hier hast du doch nur noch den lahmen Jungen, oder?«

Marion befand sich, wie so oft, in einer heimlichen Zwangslage. Bei jeder Schwangerschaft riskierte sie ihr Leben und damit auch das Wohlergehen aller früheren Kinder. Konnte man es einem Vater anvertrauen, sie großzuziehen, oder einer Stiefmutter oder irgendwelchen vorübergehend pflichtbewußten Nachbarn? Sollte man die gesicherte Aufzucht mehrerer Kinder für ein einziges neues Leben aufs Spiel setzen? Einmal hatte sie versucht, Peter diese Zwangslage verständlich zu machen, aber er hatte das als »Weibersorgen« abgetan. Und so ging es ihr wie vielen anderen Frauen, die solche Sorgen tief in ihren Herzen vergruben.

Deshalb war Marion insgeheim froh darüber, nicht schwanger zu sein. Sie schob sich eine Handvoll Stroh zwischen die Beine und sammelte ihre ganze Entschlossenheit, um eine Nacht voller Schmerzen durchzustehen.

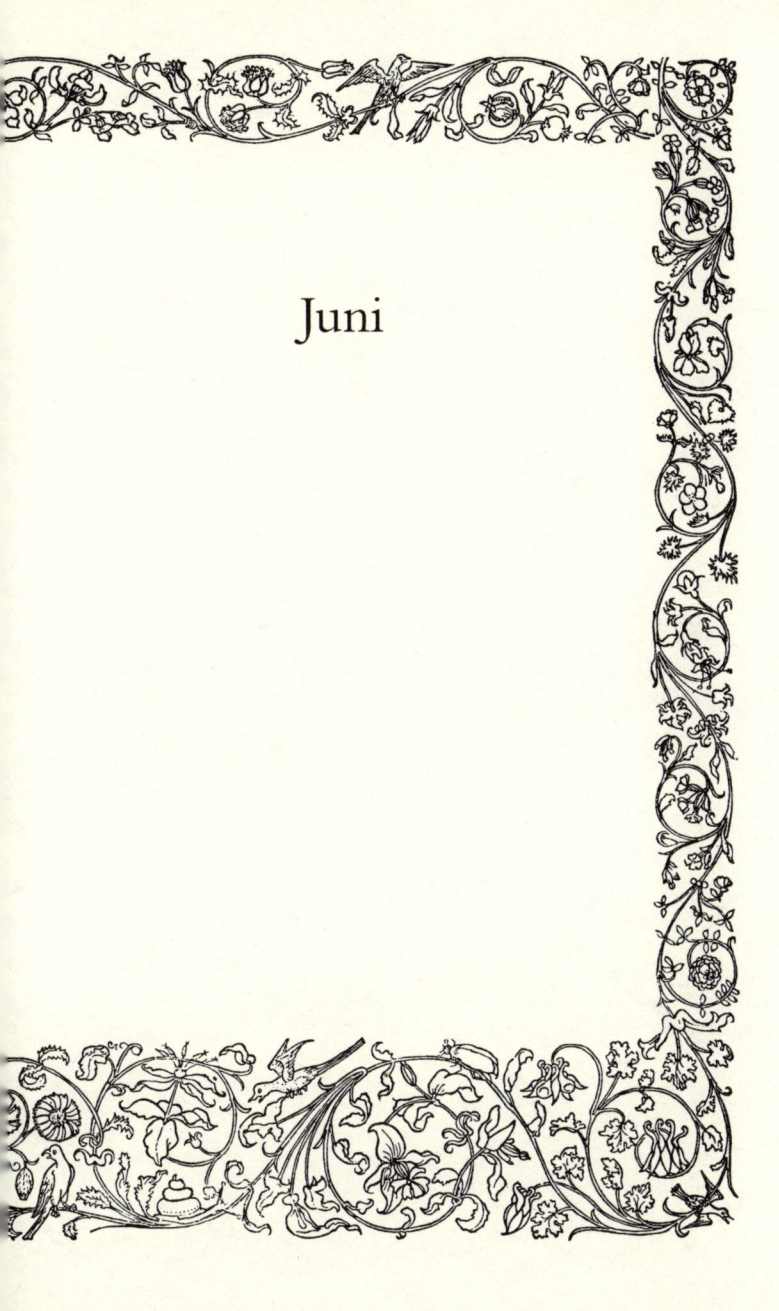

Juni

er Morgen am Tag der Schafschur war strahlend schön. Die Luft war still und duftete süß, als Marion an die offene Hüttentür trat und durch den Garten hinauf in den Wald blickte, der jetzt frisches, zartes Laub trug, blaßgrün in den Buchen, von gedämpfterem Grün in den Eschen, goldbraun in den Eichen, aber schon so dicht und grün überall, daß man die dunklen Eiben kaum noch sah. Die Schlüsselblumen blühten nicht mehr, aber zwischen den glatten Stämmen der Buchen bedeckten ihre saftiggrünen Blätter noch große Flächen des Waldbodens.

Im Garten waren die Erbsen und Saubohnen, in ordentlichen Reihen, weil Peter sie gesetzt hatte, größtenteils hochgekommen, hatten die Schnecken besiegt und wuchsen schnell, und auch die kleinen Kohlpflanzen, für den Verzehr im nächsten Jahr gedacht, wurden mit jedem Tag größer. Der Apfelbaum hatte seine Blüten abgeworfen und stand in vollem Laub.

Marion freute sich auf den vor ihr liegenden Tag. Wie oft schon hatte kaltes, regnerisches Wetter ihnen allen die Freude am Fest der Schafschur verdorben. Nach altem Brauch war es ein arbeitsfreier Tag, aber kein einziger arbeitsfreier Tag schien weniger Arbeit zu bringen, jedenfalls nicht für Marion und in diesem Fall auch nicht für Peter.

Er war bereits vor Sonnenaufgang aufgestanden, hatte Peterkin aus dem Bett geworfen, und dann waren sie ins Dorf gegangen, um auf dem Anger die vielen Hürden zu einem Pferch zusammenzustellen, in den man im Laufe des Tages die Schafe treiben würde. Wie jedes Jahr, so schienen auch diesmal die Hürden nicht auszureichen; seit zwei Wochen fertigte Peter neue an und hatte seine Gesellen in den Niederwald geschickt, um noch mehr junge Eschen zu diesem Zweck zu schneiden.

Alice saß friedlich vor dem Baumstamm, rupfte Grashalme aus und summte leise vor sich hin; also nahm Marion den Eimer und ging hinunter zur Wasserstelle. In Mollys Hütte war alles still. Sie fragte sich, ob Molly und die beiden alten Frauen wohl schon auf dem Anger waren, hielt es aber für unwahrscheinlich, daß die greisen Frauen noch so weit laufen konnten. Sogar der alte unfreundliche Köter war still; er saß in aller Ruhe neben der Gartenpforte und kratzte sich. Die Hütte von Hilda und Dick war verlassen, aber Marion wußte, daß die beiden genauso früh aufgestanden waren wie Peter. Kein Laut drang aus dem verwahrlost aussehenden Heim der Plowrights.

Marion füllte die Hühnertränke, einen alten, halb in der Erde vergrabenen Holzkübel. Sie streute den Hennen noch eine Handvoll grober Hülsen als Futter hin, sicherte die Tür mit einem Lederriemen und holte Alice ab. Sie kamen wieder an den Hütten vorbei, gingen die Böschung hinunter und traten durch die kleine Pforte auf die Dorfweide hinaus. Der Weg war hart, die Erde kahlgetreten von ihren Füßen, doch zu beiden Seiten wuchsen große Büschel Wiesenkerbel, Disteln mit kleinen malvenfarbigen Quasten und Sauerampfer mit rötlichen Blütentrauben. Marion betrachtete Alice, die auf bloßen Füßen vor ihr herstapfte, überragt von der üppigen Vegetation zu beiden Seiten des Weges. Als sie aus dem kleinen Birkenwäldchen herauskamen, führte der Weg durch hohes, am Boden saftiggrünes Wiesengras, mit blauen Wicken und rosafarbener Ackerwinde dazwischen, und darüber neigten sich die Grasblumen, blasser und brauner, im sanften Wind, der über sie hinwegstrich. Ein paar Margeriten und große Butterblumen standen im Gras, und weißes Leinkraut mit seinen ovalen, weißlichgrünen Blütenkapseln wiegte sich im Takt mit den Gräsern.

»Da-da«, verlangte Alice und deutete auf eine Butterblume.

Marion pflückte sie ihr und sagte: »Butterblume.«

»Buckerbuhme«, wiederholte Alice.

Marion verbesserte sie, aber Alice war bereits damit beschäftigt, die Blume gewissenhaft zu zerpflücken. Mit behutsamen Bewegungen ihrer winzigen Finger zog sie jedes Blütenblatt einzeln heraus, bis nur noch die kleine, grüngespornte Herkuleskeule am Ende des langen Stengels übriggeblieben war. Mächtig zufrieden mit sich trottete Alice davon. Ein Stück weiter des Wegs begegneten sie ihrer Ziege, die mit einer langen Leine an einem Baum festgebunden war, in Reichweite des Bachs und üppigen Grünfutters. Marion sprach mit ihr und rieb ihr den Rücken. Die Ziege war wieder zutraulicher geworden, seit das Kitz abgestillt war.

Als sie sich der Brücke näherten, nahm Marion ihre Tochter auf den Arm und trug sie die Stufen aus Baumstämmen hinauf und über die Bohlen. Sie blieb stehen, um einen Blick in das langsam dahinfließende Wasser zu werfen, und wieder verspürte sie die Freude über die milde Luft und das bevorstehende Fest. Sie dachte daran, daß sie heute die Rockwell-Familien treffen würde, die sie − abgesehen von kurzen Begegnungen nach der Messe − kaum noch zu sehen bekommen hatte, seit ihre Nichte Lisa aus der Mühle voriges Jahr Martin Rockwell geheiratet hatte. Marion wußte, daß beide Familien zu Fuß über die Felder aus Rockwell herunterkommen würden − der Lange Wat und seine Frau Nancy, Martin und Lisa natürlich, Stephen, der andere Sohn, von dem Marion hoffte, daß er ihre jüngere Nichte Ellen heiraten würde, und die restlichen Kinder, zumeist kräftige, stattliche junge Leute. Die zweite Familie, das waren Edward, Wats jüngerer Bruder, und seine Frau, die Rote Mary − sie war Dicks Schwester und würde um nichts in der Welt den Tag der Schafschur verpassen −, und ihre vielen kleinen Kinder. Und vielleicht brachten sie sogar den alten Lambert mit, Loppy Lamberts Vater, wenn sie ihn mit dem Schubkarren herunterschaffen konnten. Marion hoffte es, denn ihr Vater und der alte Lambert hatten immer gerne ein Schwätzchen gehalten.

Sobald sie sich unter die Menge vor dem Herrenhaus mischte, würde sie mit der Vorbereitung des Festmahls alle Hände voll zu tun haben, also blieb Marion noch eine Weile auf der Brücke stehen, blickte in das ruhige Wasser hinunter und dachte an die Rockwells.

Zeit ihres Lebens hatte sie die Geschichten über den Ursprung des Gehöftes in Rockwell gehört, und jetzt fielen sie ihr wieder ein.

Jede dieser Geschichten fing mit dem großen Sturm an. Der Sturm lag nicht ganz so weit zurück wie die Ankunft der goldhaarigen Osyth, deshalb besaß dieser Mythos auch nicht die Tiefe und die Kraft von Osyths Geschichte. Ein Sturm bleibt eben ein Sturm, so gewaltig und verheerend er auch sein mag, während der Geschichte von Osyth mit all ihren geheimnisvollen Begleitumständen ein Zauber anhaftete, der sich durch die Erzählung von einem Sturm nicht beschwören ließ. Und doch hatte es einen Sturm von solcher Gewalt seither nicht mehr gegeben. Die größten Verwüstungen hatte er nicht im Dorf angerichtet, sondern weiter oben in den Wäldern und auf den Feldern. Wenn man heute durch das Dorf ging, das Herrenhaus und die Kirche mit dem Friedhof linker Hand liegen ließ und weiterging, vorbei an der Großen Scheune (sie war zum Teil aus einer entwurzelten Eiche erbaut), den Heuschobern und den offenen Schuppen, dann kam man hinaus in das offene Land mit den Feldern des Herrenhauses zur Linken und den Feldern der Mühle zur Rechten. Das Gelände stieg stetig an, und der Weg führte immer weiter bis in das Große Feld hinein. Damals war das Große Feld noch nicht gar so groß, nur ein Teil war umgepflügt, und dort, wo es steiler wurde, war es bloß rauhes Weideland mit Weißdorn und Ginster und wilden Rosen im Gras, das nie einen Pflug gesehen hatte. In diese Weide schob sich ein Keil steil aufragendes Gelände, auf dem hohe Waldbäume standen, Eichen, Eschen und Buchen, und niemand kümmerte sich darum, denn es war viel zu steil zum Pflügen oder zum Grasen. Kurz nach dem großen Sturm jedoch war einer von Osyths hochgewachsenen jungen Söhnen dort hinaufgegangen und hatte gesehen, daß eine der riesigen Eichen, die auf diesem steilen Gelände wuchsen, umgestürzt war und quer über dem Abhang zwischen Weißdornbüschen und Haselnußsträuchern lag. Als der Junge sich den senkrecht aufragenden Teller aus Wurzelgestrüpp am unteren Ende des umgestürzten Stamms genauer ansah, entdeckte er, daß die Wurzeln eine Wand aus glattem Fels freigelegt hatten, die höher war als er selber und noch breiter als hoch. Aus den Spalten in dieser Felswand, aus denen noch ein paar abgerissene Baumwurzeln herausstanden, sprudelte klares Wasser hervor und versickerte in der feuchten, farnigen Erde unter dem umgestürzten Baum. Nach solch einem Sturm und tage- und nächtelangen, sintflutartigen Regenfällen findet sich überall Wasser, aber als nach etwa einem Monat, der zudem sehr trocken war, noch immer frisches, klares Wasser aus den Felsspalten sprudelte, holte der Junge seine Brüder, um es ihnen zu zeigen. Sie wußten alle, was das bedeutete: Wo Wasser floß, konnten auch Menschen und Tiere leben.

Natürlich hatte der Lange Will im Herrenhaus, der damals schon ein alter Mann war, längst darüber nachgedacht, was er mit seinen vielen Söhnen machen sollte. Hubert, der Älteste, würde bleiben und den Herrenhof führen, was er ohnehin schon seit geraumer Zeit tat, aber die anderen vier, allesamt kräftige junge Männer, gingen hinauf in die Felder und machten sich an die Arbeit. Es dauerte ein Jahr, bis sie den umgestürzten Baum zerschnitten und das Gelände gerodet hatten, und das sprudelnde Wasser behielten sie dabei stets im Auge. Es enttäuschte sie nicht. Nach heftigen Regenfällen lief es schneller, aber auch im trockenen Monat Juli sprudelte es noch frisch hervor. Also bauten sie eine Scheune, zimmerten aus dem Stamm der umgestürzten Eiche einen First für das Dach, errichteten für sich selber ein paar Hütten; eine ihrer Schwestern zog zu ihnen herauf, und die meisten von ihnen heirateten und siedelten sich dort oben an. Die neuen Hütten standen direkt oberhalb der Felswand unter riesigen Eichenbäumen. Einer der jungen Männer nahm einen eisernen Meißel und einen Holzhammer zur Hand und meißelte in den Fuß der Felswand eine steinerne Tränke, in der das Wasser sich sammelte. Sie war so angebracht, daß die Tiere bequem daraus trinken konnten, und hatte auf einer Seite einen breiten Sims, auf dem die Frauen die Eimer abstellten, wenn sie Wasser holen gingen, und alle fanden, daß das viel einfacher war, als das Wasser aus einem Bach oder einem Brunnen hochziehen zu müssen. Ihr Wasser war immer sauber und frisch und lief ihnen wie von selbst in den Eimer. Niemand wußte, wer den Ort als erster Rockwell genannt hatte, aber der Name war haftengeblieben, und seither trug das Gehöft den Namen Rockwell.

Es war ein besonderer Ort von hohem Ansehen und Wohlstand. Wann und woraus sein rechtlicher Status erwachsen war, wußte niemand zu sagen, und wen sollte es auch kümmern, aber zu Marions Zeiten war es feste Tradition, daß in Rockwell geborene Männer freie Männer waren – immerhin waren sie Abkömmlinge des Herrenhofs –, die dem Herrenhaus keine Arbeit schuldeten. Lediglich ein Dutzend fette Schweine jeden Winter waren sie schuldig, und das war für die Männer von Rockwell kein Problem, denn die verbliebenen Eichen, allesamt gewaltige Bäume mit ausladenden Ästen, ließen im September scheffelweise Eicheln in die Schweinepferche regnen. Jeder im Dorf wußte den besonders würzigen und zarten Speck aus Rockwell zu schätzen. Und noch eine Dienstleistung hielt Rockwell für das Dorf bereit, und das schon seit so langer Zeit, daß es Marion selbstverständlich erschien – dort oben standen immer ein Bulle, ein Hengst, ein oder zwei Ziegenböcke und ein paar Eber zur Verfügung (nur für die Schafböcke war der Schäfer des Herrenhauses zuständig), also konnten das Herrenhaus und die Dorfbewohner ihre männlichen Tiere beruhigt schlachten oder kastrieren, denn sie wußten, dort oben würden ihre weiblichen Tiere gegen ein Entgelt von ein, zwei Körben Eier oder einem Kübel Butter bestens bedient werden.

Ja, Rockwell war ein ganz besonderer Ort, weit genug entfernt vom Herrenhaus, um sich dort frei und unabhängig zu fühlen, nah genug am Dorf, um die Hilfe der Handwerker in Anspruch nehmen zu können. Das Leben dort oben erschien leichter, und die meisten Mädchen im Dorf hofften darauf, einmal einen Jungen aus Rockwell zu heiraten. Natürlich war das nicht vielen vergönnt, und schon mehrmals hatte der älteste Mann in Rockwell seine Söhne fortschicken müssen, damit sie sich im Dorf ansiedelten, denn immer noch galt, was schon die Alten sagten: »In Rockwells Tränke gibt es ausreichend Wasser für eine begrenzte Zahl von Menschen und Tieren. Trinkt man sie im Winter leer, dann ist sie nach zwei oder drei Tagen wieder voll, trinkt man sie aber im Sommer leer, muß man womöglich zwei oder drei Wochen warten, und sollen dann vielleicht die Frauen und Tiere für jeden Schluck Wasser eine Meile zum Bach und wieder zurück laufen müssen?«

Und so bestand Rockwell noch immer aus einer Scheune und ein paar Hütten, und die Menschen, so schien es, waren auch heute noch kräftiger und gesünder als die im Dorf. Ihre Kinder waren hinauf in den steil ansteigenden Wald hinter den Hütten gestiegen und hatten dort noch mehr Felsen entdeckt. Ein paar davon glichen hohen Säulen, und auf einer Felsspitze balancierte ein riesiger steinerner Ball mit einem Durchmesser von vier oder fünf Fuß. Niemand zweifelte daran, daß der Teufel ihn dort hingelegt hatte, denn wer sonst hätte diesen riesigen Stein dort hinaufbefördern können? Also rieten die Mütter von Rockwell ihren Kindern, sich von einem Ort fernzuhalten, an dem ganz offensichtlich der Teufel seine Spielsachen aufbewahrte.

Jedes Jahr arbeiteten sich die Pflüge, mit denen das Große Feld beackert wurde, ein Stück weiter den Hang nach Rockwell hinauf. Weißdorn und wilde Rosen verschwanden, und zu beiden Seiten des schroffen, felsigen Keils breiteten sich Kornfelder und Weidegrund aus. Inzwischen reichte das gepflügte Land beinahe bis an die steile Felswand, aus der das Wasser noch immer in den steinernen Trog tröpfelte.

Marion sah das Dorf, ihr vertrautes Dorf, vor sich liegen. Das Herrenhaus, dieser große, finstere Bau, dessen flechtenbewachsene Läden von den hohen Fenstern zurückgeklappt waren, das ausgebleichte Schilfdach und dahinter, gerade noch zu sehen, die Reihe der Schuppen, das alles war ein so alltäglicher Anblick, daß sie nicht weiter darauf achtete. Doch auf dem Anger stand die riesige, ausladende Dorfeiche, deren winzige bronzefarbene Blätter gerade grün wurden, und dieser Anblick erfreute sie. Und auch die Schar grauer Gänse, die vor ihren Augen die Schnäbel ins Gras steckten und zwischen denen unbeholfen die flaumigen Gänseküken herumwatschelten, stimmte sie fröhlich und verstärkte ihre Vorfreude.

Hinter Herrenhaus und Kirche zog sich der Acker des Herrenhofs sanft den Hügel hinauf; er war aufgeteilt in die üblichen Parzellen – schmale Grasstreifen, dazwischen die umgepflügte Erde, über die sich bereits ein zartgrüner Schleier frisch gesprossenen Weizens gelegt hatte. Rechts davon, hinter dem Anger und dem Halbkreis der Hütten, lag das Mühlenfeld – scheinbar brach, doch schon bald würde man hier das Heu ernten. Butterblumen und Margeriten, Wiesenschaumkraut und Wegerich, Lichtnelken und Borretsch standen hoch im Gras. Marion wußte, wenn sie sich hinkniete und die Gräser mit der Hand teilte, würde sie dort Ehrenpreis, Sternmiere und Fingerkraut finden. Noch weiter rechts, halb verdeckt von ansteigendem Gelände und den Krümmungen des Bachs mit seinen Weißdornhecken, deren schneeweiße Blüten die Zweige noch dichter erscheinen ließen, und den dunkelgrünen Holundersträuchern mit Sprenkeln aus weißer Spitze, konnte man gerade noch das Dach der Mühle erkennen – ihr Geburtshaus, in dem jetzt ihr Bruder Simon mit seiner Familie lebte. Hinter der Mühle und dem Sumpfgebiet, das zum Teil aus dem Mühlteich gespeist wurde, lag ein wilderes Terrain unfruchtbarer, steiniger Erde, das mit dünnen Gräsern, Heidekraut, Stechginster, wilden Rosen und Brombeeren bewachsen war; nur vereinzelt standen hier ein paar windzerzauste, reichverzweigte Buchen oder gekrümmte Weißdornsträucher. Hier und da stieß man in flachen Mulden mit weichem, saftigerem Gras auf eine der kleinen Schilfhütten der Schäfer, die sich diese niedrigen Unterkünfte mit Schafen und neugeborenen Lämmern teilen mußten.

Als Marion noch in der Mühle lebte, war sie manchmal zu den Schafweiden hinaufgelaufen, unter dem Vorwand, nach einer verlorenen Ziege zu suchen, in Wahrheit aber, um Dick zu sehen. Wie für alle Mädchen ihres Alters war Dick Shepherd mit seinen goldenen Locken und den blauen Augen so etwas wie ein Leitstern gewesen. Sie wußte es damals noch nicht, aber Dick hatte längst ein Auge auf die kleine, magere, dunkle, sommersprossige Hilda geworfen, die etwas jünger als Marion war, und die für viele im Dorf etwas Geheimnisvolles hatte. Ihre Liebe zu Dick hatte Marion für sich behalten, und später hatte ihr Vater, der alte Müller, Peter den Zimmermann dazu ermuntert, seiner Tochter den Hof zu machen, und

Marion hatte er erklärt, es könne ihr nichts Besseres passieren, als einen vernünftigen, hart arbeitenden Mann wie Peter zu heiraten – Peter war damals gerade mit einer großen Reparatur und einem Umbau am Mahlwerk der Mühle fertig geworden. Also hatte sie ihn geheiratet und es niemals bereuen müssen. Und irgendwann hatte sie Dick vergessen, zumindest redete sie es sich ein. Nur manchmal sah sie ihn an und wünschte sich, er hätte sie geliebt.

Marion seufzte, teils aus Bedauern über das, was nicht sein sollte, teils aus Freude über die süßen Düfte des Sommers. »Komm, Alice«, sagte sie, und sie gingen den Weg zum Herrenhaus hinauf.

Tom und Ed-mein-Junge mußten bereits vor dem ersten Hahnenschrei aufgestanden sein, denn die Scheite unter dem Backofen brannten schon lichterloh, und Joan, die mit dem Rücken zum Ofen unter dem Vordach stand, knetete den Teig auf dem Backtisch. Sie winkte Marion mit einer mehligen Hand zu, schob sich die Haube aus dem roten, schweißnassen Gesicht und hinterließ einen Mehlfleck auf ihrer Stirn.

»Der erste Batzen«, sagte sie lächelnd und drehte und wickelte den Klumpen Teig, bis er dem geflochtenen Schwanz eines Pferdes glich. »Mit richtiger Hefe drin, und da geht schon der nächste Batzen auf.« Mit dem Ellenbogen deutete sie auf eine breite tönerne Form, die neben dem Ofen stand. »Ed-mein-Junge bringt die langen Tische heraus.«

Ed-mein-Junge kam rückwärts unter dem Vorbau hervor, das eine Ende eines langen Bretts in der Hand, die Hälfte eines der Tische des Herrenhauses. Gleich darauf erschien Lobby Lambert mit dem anderen Ende; er ging schleppenden Schrittes und hielt das Brett mit knotigen roten Händen, blutverschmiert an den Stellen, wo die skrofulöse Haut aufgeplatzt war, aber sein stets offenstehender Mund zeigte ein Lächeln.

»Stell's ab«, befahl Ed-mein-Junge mit geduldiger Stimme. »Und nun komm, wir müssen das andere Brett holen.« Er stieß Loppy zurück unter den Vorbau, und bald darauf erschienen sie mit dem zweiten Brett.

»Nun mach schon, Loppy«, sagte Ed-mein-Junge, »die Böcke.«

Schließlich hatten sie auch die beiden dreifüßigen Böcke herausgeschafft, und erst nach langem Zureden brachte er Loppy dazu, mit ihm zusammen die Bretter auf die Böcke zu legen. Es überstieg Loppys Fähigkeiten, Steine unter die Füße der Böcke zu legen, damit der Tisch gerade stand, also mußte Ed-mein-Junge es selber machen und nach jeder Justierung an den Brettern rütteln, bis Joan den Tisch für standfest erklärte.

»Auf einem wackligen Brett kann man nicht kneten und auch keinen Laib aufschneiden«, verkündete Joan. »Man hat kein rechtes Vertrauen.«

Milly kam vom Hof her um die Ecke mit erhobenem Kopf und selbstgefälliger Miene, die ihr mißlauniges Alltagsgesicht ein wenig milderte. Der Geist der bevorstehenden Festlichkeiten schien sogar sie ergriffen zu haben.

Sie stellte ihren Eimer auf den aufgebockten Tisch. »Das hier ist die saure. M'Dame ist in der Milchkammer und schöpft von der gestrigen Milch den Rahm ab. Ich fürchte, vom Griff ist etwas Mist heruntergefallen«, sagte sie und fischte ein paar schmutzige Strohhalme von der sauren, grünlichen Molke, in der Quarkbrocken herumschwammen. »Vielleicht schmeckt sie 'n bißchen würziger so, ha, ha.« Diese launige Bemerkung war Millys Beitrag zu den Festlichkeiten.

Als sie sah, daß der Tisch standfest und die saure Milch bereit war, ging Marion in den Hof hinunter. Im Webschuppen hing eine unfertige Decke, das Schiffchen steckte noch in der nackten Kette. An der Tür zur Milchkammer erwartete sie Dame Margaret. Sie trug eine schneeweiße Haube, das Haar hatte sie glatt zurückgekämmt und sich zwei hellrote Heckenrosen hineingesteckt, eine über jedes Ohr. »Guten Morgen, M'Dame«, sagte Marion und machte ihr ein Kompliment für ihr Aussehen.

Dame Margarets sonst so strenge Miene hellte sich auf. Sie lächelte, aber dann wollte sie gleich wissen, ob die Tische schon aufgestellt waren, und wenn ja, ob man das Mehl schon geholt hatte, wo Tom eigentlich stecke, und ob Marion meine, daß das Wetter halten würde, und Marion solle sich doch eine Blume an die Haube stecken, und da Marion mit Backen beschäftigt sein würde, wolle sie Magda bitten, ihr eine hübsche Blume zu suchen. »Du nimmst den Rahm«, sagte sie schließlich. »Ich werde Tom sagen, daß er dir das Mehl bringen soll. Ist Hilda schon unterwegs?«

Marion nahm den Rahm, der in dicken, gefalteten Schichten im Kübel lag, und trug ihn zum Backtisch. Den hatten sie inzwischen in den Schatten der Eiche versetzt, und Sir Hugh gab Anweisungen, ihn so aufzustellen, daß er ja nicht wackelte.

»Bevor er sich einmischen mußte, hat er ja nicht gewackelt«, brummte Ed-mein-Junge, als Marion den Kübel mit der Sahne abstellte.

»In einer Stunde ist es viel zu heiß, um in der prallen Sonne zu arbeiten«, rechtfertigte Sir Hugh seine Maßnahme. Tom näherte sich mit einem Sack, den er geschultert hatte wie ein kleines Kind, das sein Bäuerchen machen soll, und von Zeit zu Zeit gab er ihm sogar einen Klaps mit der freien Hand.

»Und nun?« fragte er, während er den Sack auf den Tisch herabließ. »Oh, Magda hat die Schüsseln vergessen.« Er ging hinüber zum Vorbau, und an der Tür begegnete ihm Magda mit Blumen in der Hand. Marion beobachtete ihre Auseinandersetzung, konnte aber kein Wort verstehen. Dann kam Magda mit etwas Geißblatt und ein paar Butterblumen zu ihr her.

»Mutter hat gesagt, die soll ich dir bringen«, sagte sie und rechtfertigte sich damit für die vergessenen Schüsseln. »Schon gut, Vater, keine Aufregung, ich bin ja schon unterwegs, die Schüsseln holen«, sagte sie, als Sir Hugh näher kam, aber dann fügte sie mit leiser Stimme hinzu: »Warum kann Milly sie nicht holen, die alte Schlampe?«

Niemand außer Magda hätte gewagt, so mit Sir Hugh zu reden, aber viele waren dem Kind insgeheim dankbar dafür.

»Das ist Geißblatt«, sagte sie zu Marion, »weil ihr eine Geiß zu Hause habt, und Butterblumen, weil es heute Butter gibt.« Schnell lief sie zurück ins Herrenhaus, bevor ihr Vater sie wegen ihrer Vergeßlichkeit zur Rede stellen konnte.

Marion zog sich einen Faden aus dem Rocksaum, wickelte ihn

ein paarmal um die Stengel der Blumen und verknotete die Enden mit einem Zipfel ihrer Haube. Sie schlenkerten hin und her, und die Butterblumen fingen schon an zu welken, aber sie wollte Magda nicht enttäuschen.

Dann begann sie mit dem Backen der Wecken. Zunächst schaufelte sie mit einem großen Holzlöffel, den Peter ihr geschnitzt hatte, das Mehl aus dem Sack und verrührte es in einer großen Schüssel mit saurer Milch, klopfte den Teig auf dem mit Mehl eingepuderten Tisch aus und schnitt ihn anschließend in dicke, runde Fladen. Sie nahm dazu den hölzernen Zuschneider aus ihrer Rocktasche; Peter hatte ihn vor ein paar Jahren extra für sie geschnitzt, und seinem Geschick und ihrem jahrelangen Gebrauch verdankte er die schön polierte, seidige Oberfläche.

Nach und nach trafen die Dörfler von jenseits des Angers ein, standen um die Hürden herum, die Peter erst vor ein paar Tagen aufgestellt hatte, redeten und lachten, riefen ihren Hunden oder ihren Kindern etwas zu und erfreuten sich an der festlichen Atmosphäre und dem milden Sommermorgen. Peter drängte die Leute von den Hürden fort und rief den Jungen zu: »Laßt die Finger davon!«, wenn sie daran rüttelten, um zu prüfen, ob sie auch fest im Boden verankert waren.

Marion machte mit den Wecken weiter. Sie schnitt sie aus und verteilte sie auf einem großen Eisenrost, der neben ihr stand. Hilda erschien mit ihren beiden Mädchen, Meg und Mary. Beide Kinder trugen kleine Hauben, und darunter quollen die karottenroten Locken hervor, die sie mit Ketten aus Gänseblümchen geschmückt hatten. Auch Peterkin kam herbei mit Alice auf dem Arm. Magda hatte Alice eine Kette aus Gänseblümchen und Butterblumen um den Hals gehängt.

»Was machst du da?« wollte Meg wissen.

»Ich backe Wecken für das Fest«, antwortete Marion und sah zu ihr herunter.

»Will auch sehen«, quietschte Mary, die nicht einmal über die Tischkante blicken konnte. Meg hob sie hoch und verschaffte ihr einen flüchtigen Einblick in die Herstellung von Wecken. Dann scheuchte Hilda die beiden zur Seite, nahm die andere Schüssel und fing selber mit dem Backen an. Peterkin setzte Alice vor Marions Füßen ab und humpelte davon, hinüber zu den Jungen, die bei den Hürden standen. Ed-mein-Junge kam nachsehen, ob der Rost schon voll war; er durfte ihn mitnehmen, bekam den Auftrag, sich nach Honig zu erkundigen, und wäre um ein Haar über Magdas Hund Trover gestolpert, der unter Joans Tisch nach Abfällen schnüffelte.

Marion und Hilda machten mit dem Backen der Wecken weiter. Der wunderbare Duft nach warmem Brot wehte zu den Leuten auf dem Anger hinüber. Joans erster Schub von kleinen Laiben kühlte am Tischrand ab, während sie bereits dabei war, mit kräftigen Fingern den Teig für den dritten Schub zu kneten. Ab und an kühlte ein Lufthauch aus dem wogenden Gras der Dorfweide, vermischt mit dem Duft frischen Eichenlaubs, Joan das rote Gesicht und erfrischte Marion. Hoch oben in der Eiche klagte eine Taube, hin und wieder schlug ein Hund an, ein Kuckuck rief und schien dabei über seinen eigenen Ruf zu stolpern, hinten im Hof schimpften unermüdlich die Spatzen, und zu all diesen Geräuschen wehten die schleppenden Stimmen und das Gelächter der Dorfbewohner herüber, die erwartungsfroh und in ungewohnter Muße bei den Hürden standen.

»Schafe«, rief Meg mit ihrer quäkenden Kinderstimme, und als die menschlichen Stimmen nach und nach verstummten, konnten sie alle das entfernte Blöken hören, ängstlich und melancholisch. Die Leute riefen ihre Hunde zu sich, legten ihnen Stricke um die Hälse. Sir Hugh schritt in dem allgemeinen Durcheinander auf und ab, verscheuchte die Leute von den Hürden und rief Magda zu, sie solle Trover anbinden. Simon und seine Frau Betsy standen im Gespräch mit Peter auf der anderen Seite des Angers. Sie winkten Marion zu.

Von ihrem Standort aus konnte sie über den Anger bis hinein in den Weg blicken, der an der Hütte von Nick und Martha vorbeiführte, und durch diesen Weg und über die kleine Schafweide sollte die Prozession der Herde führen.

Die Leute brachen in Jubel aus, als die ersten Tiere erschienen, und riefen dann den Kindern zu, daß sie den Weg frei machen sollten. Mit erhobenem Kopf trottete Janty neben den ersten Schafen her, und der kleine Ned mit dem Hirtenstab über der Schulter marschierte auf der anderen Seite der sich vorwärts drängenden Herde, einer grauen wolligen Masse, getüpfelt mit den weißeren Lämmern, die sich in unbeholfenen Sätzen vorwärts bewegten. Durch das Geblöke, das Gebell und den Jubel drangen die hohen, schrillen Töne der Flöten von Dick und Jo. Dann kamen sie um die Ecke, ganz am Schluß der Herde, und als letzter kam True hinter ihnen allen hergetrottet.

Peterkin durfte das Tor öffnen, weil sein Vater die Hürden gebaut hatte, und Ned nahm neben der Öffnung Aufstellung, als die Schafe in den Pferch strömten. Als Dick den Anger erreichte, waren bereits alle Schafe sicher untergebracht, und Dick und Jo, die nicht einen Augenblick lang in ihrem Flötenspiel innegehalten hatten, machten sich auf den Marsch rund um den Pferch, gefolgt von ihren Hunden. Dick hatte die Kapuze vom Kopf gezogen, das hellrote Haar und der Bart leuchteten aus seinem roten Gesicht – er sah aus wie ein Spottbild der Sonne. Es war sein Tag; er war der geborene Schausteller, und er wußte, daß seine Schafe es wert waren, zur Schau gestellt zu werden. Die Ärmel seines kurzen Kittels hatte er aufgekrempelt, die Beine waren nackt, die Füße steckten in Schaffellstiefeln. Sein Schritt war leicht, gemessen, selbstbewußt. Ihm folgte Jo, ein schmaler Junge mit breitem, braunem Gesicht und beinahe hüpfendem Gang, der mit geübter Unbekümmertheit auf seiner kleinen Flöte spielte, ohne auch nur ein einziges Mal aus dem Takt zu kommen. Beide Schäfer trugen Sträuße von leuchtendgelbem Ginster um den Hals. Als sie an der Zimmerei vorbeikamen, vor der Peter mit Simon und Betsy stand, hörte Marion, wie Betsy mit ihrer klaren, hellen Stimme in das Lied einfiel, und auch andere nahmen die Melodie auf und sangen mit, als Dick an ihnen vorüberzog. Es war eine Melodie, die sie alle gut kannten, das Lied von der Schafschur. Marion legte den Zuschneider auf den Tisch und hob Alice hoch, damit sie Dick sehen konnte, und dabei ließ sie Alice im Takt des Liedes mit den Ärmchen winken.

Sie warf einen Blick auf Hilda, von der sie wußte, daß sie nicht singen konnte und es auch nie versucht hatte. Hilda stand da und sah ihrem Ehemann zu, der nicht einen einzigen Ton auszulassen schien, als er ihr im Vorübergehen zulächelte und eine Hand von der Flöte nahm, um seinen Kindern zu winken. Hilda sah ihn nur an, mit leuchtenden Augen, ein Lächeln um die Lippen.

Vor der großen Eiche war Dick bei der letzten Strophe angekommen, und er beendete sein Lied im Angesicht von Sir Hugh und Dame Margaret. Er nahm die Flöte aus dem Mund und sagte mit einer ausladenden Handbewegung: »Eure Schafe, Sir.«

Alle lachten. Sie sahen Dick, königlich in seiner Größe, selbstbewußt, mit goldenem Haar, der unumstrittene Held des Tages, wie er dem schüchternen, zurückhaltenden Sir Hugh die Rolle des Dieners vorspielte, der er ja tatsächlich war. Sie amüsierten sich darüber, und ihr Gelächter – auch wenn er darin einstimmte – machte Sir Hugh noch unsicherer.

Dick war der Held des Dorfes. Er war seit zehn Jahren Schafhirt, und während dieser Zeit hatte die Herde sich deutlich vergrößert. Die Schafe waren gesund, die meisten Lämmer blieben am Leben. Alle wußten, wie gut er sich auf ihre Aufzucht verstand. Schafe waren von lebenswichtiger Bedeutung für die ganze Dorfgemeinschaft. Auch wenn sie alle Sir Hugh gehörten, sie versorgten das Dorf mit seiner einzigen Handelsware, mit der Möglichkeit, die wenigen Materialien, die man nicht selber herstellen konnte, gegen Wolle einzutauschen: Salz, Eisen, Hanf und Töpferwaren. Deshalb freuten sich die Dorfbewohner über das Gedeihen der Schafherde, und diese Freude verband sich insgeheim mit der Vorfreude auf eine ausreichende Versorgung mit den vier fremden Handelsgütern, die so lebenswichtig für sie waren.

Dick und Sir Hugh gingen langsam um den Pferch herum, Dick deutete mit dem Ende seines Hirtenstabs auf einzelne Schafe. Er fand es seltsam, daß Sir Hugh kein Schaf vom anderen unterscheiden konnte. In ruhigem, sachlichem Ton unterhielt er sich mit Sir Hugh über die Tiere; der sachkundige Verwalter redete höflich und geduldig mit dem weit weniger sachkundigen Besitzer. Ned und Jo standen mit selbstbewußtem Lächeln bereit, um das Tor zum Pferch zu öffnen oder zu schließen. Janty und True lagen auf der Erde, die Pfoten gekreuzt, die Augen wach und aufmerksam; selbst ihre hechelnden Mäuler schienen zu lächeln. Als Magda sich Janty näherte, erhob Dick, der mit seinem Rundgang fast fertig war, die Stimme und schnauzte die Tochter seines Herrn an: »Laßt meinen Hund in Ruhe!«

»Ich wollte nur seine Blumen in Ordnung bringen«, sagte Magda. »Die sind ganz verrutscht.« Sie war beeindruckt, daß ein einfacher Hirte sie in Gegenwart ihres Vaters zurechtgewiesen hatte wie eine hergelaufene Dorfschlampe, aber als sie Jantys hochgezogene Lefze und den langen Eckzahn sah, zog sie sich schnell zurück und schnitt Dick eine Fratze. Ihr Vater machte keinerlei Anstalten, ihr beizustehen.

Nachdem die offizielle Begutachtung vorüber war, setzten die Leute sich in Bewegung, um selber einen Blick auf die Schafe zu werfen, ein paar Worte mit Ned und Jo und auch untereinander zu wechseln. Marion war bei ihrem zweiten Schub Wecken. Ed-mein-Junge brachte ihr ein großes, aus Weidenruten geflochtenes Tablett, auf dem sie die Wecken anrichtete; dann zog sie die Schwanzfeder eines Huhns hinter ihrem Ohr hervor, tauchte sie in den Rahm und bestrich damit die rohen Wecken.

Sie war damit noch beschäftigt, als Ellen auftauchte. Ellen war Marions Nichte, die Tochter ihres Bruders Simon und seiner Frau Betsy. Ellen war ein gesundes, rosiges Mädchen mit rötlichem Haar, das in Zotteln unter der Haube hervorstand, und einem fröhlichen Gesicht. Ein Zweig leuchtendblauer und lilafarbener Wicken steckte in ihrem Oberteil, von dem sie wohl wußte, daß Pater John es für »unanständig fest« geschnürt hielt.

»Stimmt es, daß wir Rahm kriegen, Tante?«

»Rahm?« sagte Marion. »In die Wecken gehört Butter.«

»Magda hat erzählt, M'Dame will Butter und Rahm haben.«

»Magda erzählt viel, nur damit wir glauben, daß sie alles weiß. Sie sind nur mit ein wenig Rahm bestrichen«, erklärte Marion und schenkte Ellen ein kleines, spöttisches Lächeln. Ed-mein-Junge kam, um das Weidentablett zum Backofen zu tragen.

»M'Dame sagt, du sollst ihr im Herrenhaus zur Hand gehen, wenn du mit den Wecken fertig bist«, sagte er zu Marion.

»Pipi machen«, kündigte Alice an und zupfte Marion am Rock.

Marion steckte die Feder hinters Ohr, trug Alice um die Ecke des Herrenhauses und hob ihr den Rock hoch. »Beine auseinander«, kommandierte sie. »Weiter.« Alice machte Pipi und wurde wieder zu Meg und Magda gebracht, die an Hildas Seite unter dem Tisch saßen. Die beiden bekamen den Auftrag, auf Alice aufzupassen. Der Anblick von Alice hatte Marion an ihr eigenes Bedürfnis erinnert. Sie ging in den Hof, in die übelriechende Ecke des Kuhstalls zu einem Loch, wo die Frauen ihre Notdurft einigermaßen ungestört erledigen konnten.

Obwohl auf beiden Seiten die Fensterläden weit geöffnet waren, herrschte im Herrenhaus, gemessen am hellen Sonnenlicht draußen, beinahe Dunkelheit. Ohne die langen Tische wirkte es noch geräumiger. Dame Margaret stand am Tisch auf dem Podium, vor sich den ersten Schub von kleinen Brotlaiben, die schon fast abgekühlt waren, und einen kleinen Topf mit Butter. Einen nach dem anderen schnitt sie die Laibe in Scheiben.

»Ach ja, Marion, du mußt mir helfen, sonst werden wir nicht fertig bis Mittag. Die hier sind alle schon aufgeschnitten, und da liegt ein Stecken. Schmier etwas Butter auf jede Scheibe.«

Die Butter duftete wunderbar und das warme Brot auch – beides waren besondere Leckerbissen.

»Milly und ich sparen seit Tagen Butter für das Festmahl. Ich glaube, sie ist noch gut, trotz des warmen Wetters«, stellte Dame Margaret sehr zufrieden fest. »Es müßte für jeden ein gutes Stück da sein und noch ein bißchen mehr.« Sie arbeiteten weiter. Magda steckte den Kopf zur Vordertür herein, neben ihr tauchten Meg und Mary auf.

»Mutter«, sagte sie mit vorwurfsvoller Stimme, »stimmt es, daß alle Butter kriegen und nicht nur wir?«

»Ja«, antwortete ihre Mutter und schnitt weiter Brote auf. »Zum Fest gibt es Butter für alle.«

»Siehst du«, sagte Meg verächtlich zu Magda, und die Köpfe der drei Mädchen verschwanden wieder. Marion fragte sich, was Alice wohl machte. Dame Margaret seufzte und murmelte: »Diese Mädchen.«

Tom brachte noch einen Korb mit kleinen Laiben.

»Die zweite Ladung aus dem Ofen, M'Dame«, sagte er. »Schon recht abgekühlt.«

»Die Butter darf auf keinen Fall schmelzen, sonst wird sie ranzig«, erwiderte Dame Margaret und prüfte ein paar Laibe mit der Handfläche. Sie schnitt einen auf. »Kühl genug«, stellte sie fest und gab ihn Marion.

»Der erste Schub Wecken ist fertig«, sagte Tom. »Sie sehen köstlich aus, und sie sind es auch. Joan legt gerade die nächste Ladung auf den Rost.«

»Vergeßt die viereckigen von Hilda nicht«, sagte Marion, während sie weiter Butter aufstrich. Ein Stück Kruste fiel herunter. Sie strich etwas Butter darauf und aß es. Jix, Sir Hughs kleiner, weißer Hund, der an einem Pfosten festgebunden war, fing zu jaulen an. Tom warf ihm ein Stück Kruste hin, das in einer Ritze des Korbs gesteckt hatte.

Sir Hugh kam herein, um sich zu erkundigen, wie sie vorankämen; aber vielleicht wollte er nur dem Trubel da draußen entkommen.

»Es geht«, sagte seine Frau und schnitt noch ein wenig beflissener. »Bis Mittag sollten wir fertig sein. Den Schatten nach kann es nicht mehr lang sein. Sorg dafür, daß Tom das Bier holt. Still jetzt, Jix. Haben sie denn mit dem Scheren schon angefangen?«

»Armer Jix, du verpaßt den ganzen Spaß«, sagte Sir Hugh und tätschelte ihn. »Wenn du bloß lernen würdest, die Schafe in Ruhe zu lassen und sie nicht immer anzubellen, dann könntest du auch draußen bei den anderen sein.« Marion hatte schon oft beobachtet, daß Sir Hugh lieber mit seinem Hund sprach als mit seiner Frau.

»Du solltest draußen sein«, sagte Dame Margaret zu Sir Hugh. »Warum bist du nicht auf dem Steigblock, da stehst du doch sonst auch immer und hast ein Auge auf alles. Geh hinaus, wir bringen bald das Essen.«

Er ging widerwillig hinaus und kletterte auf den Steigblock neben der Tränke am Eingang zum Hof. Er war aus drei riesigen Steinblöcken angefertigt worden, die man damals aus dem Steilfelsen auf der anderen Seite des Bachs gehauen und zusammen mit den Steinen für den Kirchenbau herübergeschafft hatte – zu einer Zeit also, an die keiner im Dorf sich mehr erinnern konnte. Man hätte den Stein auch aus Rockwell holen können; Rockwell war nicht weiter entfernt, und bergab wäre der Transport sogar leichter gewesen, aber niemand und am allerwenigsten die Rockwell-Familien selber hätten es zugelassen, daß man auch nur einen Brocken aus der Felswand brach, aus der ihr klares Wasser sprudelte – zum Teil aus Angst, man könnte den verborgenen Verlauf des Wassers ändern, aber auch aus Furcht vor dem Unwillen der Götter, die ihnen diesen lebensspendenden Quell geschenkt hatten. Und es wagte auch keiner, die anderen Felsbrocken auf dem bewaldeten Hügel oberhalb der Rockwell-Farm anzurühren. Die Vorstellung, sie könnten dem Teufel gehören, hatte weitere Nahrung bekommen durch die Geschichte der Kinder von Rockwell, die an einem dämmrigen Abend vor vielen Jahren mit ihren Feuerholzbündeln auf dem Heimweg waren und den Teufel gesehen hatten, wie er durch die Lüfte geschwebt war und sich auf dem kipplige Stein auf der Felsspitze niedergelassen hatte. Schreiend waren sie nach Hause gelaufen. Nur Martin, damals acht Jahre alt, war stehengeblieben und hatte genauer hingesehen und ihnen berichtet, daß es eine Eule war – eine gewaltige Eule, wie er zugeben mußte –, und er hatte gegen den Abendhimmel erkennen können, wie sie einer kleinen Eule, die ebenfalls auf dem Felsen hockte, eine tote Maus oder etwas Ähnliches in den Schnabel steckte. Das konnte die ängstlichen Kinder nicht trösten, und in den Köpfen der Dorfbewohner hatte sich der Verdacht verfestigt, Eulen und Teufel müßten wohl irgendwie unter einer Decke stecken.

Als Marion aus dem Herrenhaus trat, war die Sonne gerade von einer der vielen strahlendweißen Wolken verdeckt, die sich im Lauf der letzten Stunde am Himmel versammelt hatten. Sie ging zurück zur Eiche, weil sie Alice schreien hörte. Alice lag in Megs winzigen

Ärmchen, und Mary stand auf denZehen, um ihr den Rücken tät-
scheln zu können.

»Sie ist hingefallen«, entschuldigte sich Meg für ihre nachlässige
Aufsicht. Alice hatte eine Beule am Kopf, und eines ihrer pummeligen Händchen war aufgeschürft.

»Ja, ja«, sagte Marion, nahm Alice hoch und rüttelte sie vorsichtig. »Ja, ja, ist ja wieder gut. Sieh nur, dein Gürtel ist aufgegangen,
über den bist du gestolpert.« Sie stellte Alice auf den Boden, band
ihr den Lederriemen wieder um den Bauch und raffte das Kleid ein
wenig. Das Kleid war viel länger als Alice, aber Marion dachte nicht
daran, es kürzer zu machen, weil sie genau wußte, wie schnell Alice
herauswachsen würde.

Marion nahm sie wieder auf den Arm, ging hinüber zur Eiche,
wo auch Hilda war, und ließ sich auf einem der Sitze nieder, um sich
auszuruhen. Zu ihrer Erleichterung schlief Alice in ihren Armen
ein. Meg und Mary saßen ruhig zu Hildas Füßen. Auch Marion saß
still da, ihre Blicke folgten Dick, der zusammen mit Ned durch den
Pferch ging, mit dem Hirtenstab auf verschiedene Schafe zeigte und
dem Jungen Anweisungen gab. Dann ging er zum Steigblock, wo er
seinen Wetzstein liegen hatte, und fing an, seine Schere sehr sorgfältig zu schleifen.

Eines der Tore zum Pferch befand sich direkt neben dem Steigblock, und Jo, der innerhalb der Einfriedung stand, ließ auf Dicks
Zuruf die Schafe eines nach dem anderen heraus. Gerade kam ein
Schaf herausgesprungen, nervös, wachsam. Dick packte es und zog
es zu sich heran, es strampelte und blökte, aber als er es auf sein Hinterteil setzte, mit dem Rücken gegen seine Beine, wurde es plötzlich ruhig, und er ließ die Schere in die Wolle gleiten, die fügsam
dargebotenen Flanken entlang. In gleichmäßigem Rhythmus
drückten Dicks Finger die Schere zusammen, ruhig und gefühlvoll
bewegte seine Hand sich auf und ab, und die Wolle, innen schneeweiß und außen grau, sank in dichten Schichten hinab ins Gras.
Als er das Schaf auf dem Hinterteil drehte, verharrte es in seinem
tranceähnlichen Zustand, die dünnen Vorderpfoten wie zum Bitt-
gebet vor der Brust gekreuzt. Als die Wolle abgeschoren war, stellte

er es wieder auf die Beine, und mit einem Mal war der Zauber verflogen, unter den er es gestellt hatte. Unter lautem Geblöke und ganz mager in seinem blütenweißen Unterkleid mit der knubbligen Rückennaht hoppelte es davon; Ned fing es ein und führte es in einen anderen Teil des Pferchs.

Dick schob die Schur mit dem Fuß beiseite, als bedeute ihm die Ernte der Arbeit eines ganzen Jahres so gut wie nichts, und rief nach dem nächsten Schaf. Als sechs oder sieben Vliese auf einem Haufen neben dem Steigblock lagen, ließ er sie wegschaffen. Tom zog einen großen Weidenkorb neben die Vliese und beauftragte Loppy Lambert mit der Arbeit.

»Komm her, Loppy. Du nimmst die Wolle und legst sie so in den Korb.« Tom machte es ihm vor, Loppy stieß einen seiner seltsamen, kehligen Laute aus und machte sich in aller Ruhe daran, den Korb mit Wolle zu füllen.

Nach einer Weile sah Rollo, der in der Nähe im Gras lag, nach dem Stand der Sonne am Himmel und gab Tom ein Zeichen.

»Zeit für das Bier.«

»In Ordnung, Sir«, sagte Tom und ging zusammen mit Ed-mein-Junge zum Brauschuppen; bald darauf kamen sie mit einem Faß auf einem flachen Schubkarren wieder heraus, den Ed-mein-Junge schob und Tom im Gleichgewicht hielt. Das Faß brachten sie zu Sir Hugh.

»Rauf zur Kirche, Ed«, sagte Sir Hugh, »und die Glocken geläutet.«

Als das Däng-däng-däng verklungen war, brachen die Dorfbewohner ihre Gespräche ab und begaben sich zur Eiche hinüber, die Kinder rannten voraus. Dame Margaret wartete bereits an den langen Tischen und teilte dick mit Butter bestrichene Wecken mit knusprig-goldener Oberseite aus. Jedes Kind bekam einen und wurde gleich wieder weggeschickt. Jede Frau erhielt eine dicke Schnitte Brot, frisch und noch so warm, daß die Butter weich in der Krume versickerte, und wenn eine von ihnen einen alten oder gebrechlichen Verwandten zu Hause hatte, gab es eine Schnitte extra.

»Gibt man einem Mann eine Schnitte für seine alte Mutter mit«, sagte Dame Margaret, »dann hat er sie gegessen, ehe man sich's versieht. Gibt man sie der Tochter, dann kann man sicher sein, daß die Alten ihr Teil bekommen.« So mancher schaute verlegen, als sie das sagte, aber niemand hätte es gewagt, Dame Margaret zu widersprechen. Neben ihr stand Milly mit mißmutigem, butterglänzendem Trauergesicht und legte Wecken aus ihrem großen Korb auf den Tisch. Marion hörte die kurzen Bemerkungen, mit denen Dame Margaret ihre Arbeit begleitete.

»Du bist Nicks Junge, stimmt's? Hier nimm, nein, nur eins für jeden. Sag deinen Schwestern, sie sollen sich ihres selber abholen. Magda, nimm Hal den leeren Krug ab – Tom soll ihn wieder voll machen. Wo ist Cecily? Ich hab sie heute morgen noch gar nicht gesehen. Milly, gib Loppy ein ordentliches Stück, hörst du? Nicht, daß du ihn mit einer verkohlten Rinde abspeist – da, nimm's mit, Loppy. Aha, Polly – ja, dir geb ich was für deine alten Leute mit. Wie geht's dem alten Fletcher? Ed-mein-Junge, nimm den Korb und bring ihn Pater John – er sitzt unter dem Baum bei der alten Sarah und – wie heißt er noch gleich – Hodge. Sieh zu, daß jeder was kriegt – wo sind eigentlich die Rockwells? Milly, schmier noch ein paar Wecken, die Rockwells kommen auch noch. Magda, du sollst Jix nicht losbinden, ich hab dir doch gesagt…«, und so ging es weiter, aber immer wohlwollend, ohne jede Anspielung auf nicht bezahlte Schulden, nicht abgeleistete Arbeitstage, nächtens auf dem Land des Herrenhofs gewilderte Junghasen; kein Wort darüber, daß jemand nicht zur Messe erschienen oder im Vollrausch am Wegrand gefunden worden war. An einem solchen Festtag wurde nicht über die alltäglichen Kümmernisse geredet.

Tom tauchte ein hohes Gefäß in das Faß und füllte aus ihm die drei grünglasierten Krüge des Herrenhauses. Sie machten unter den Dorfbewohnern die Runde, begleitet von Millys wachsamen Blicken – sie raunzte jeden an, der ihrer Meinung nach zu tief in den Krug schaute. Joan brachte einen Korb mit frisch bestrichenen Wecken, viele davon mit kleinen Zweigen Brunnenkresse oder Pfefferminze garniert, die sie am Bachufer gepflückt und in die Butter gesteckt hatte.

Marion sah, daß sich ihr Bruder Simon und seine Familie, die aus Peters Werkstatt kamen, der großen Eiche näherten, und gleichzeitig kamen die Rockwell-Familien langsam über den Anger geschlendert. Die Sonne schien hell und heiß auf ihre braunen oder sonnenverbrannten Gesichter, und Marion betrachtete sie alle mit großem Wohlgefallen. Simon, der viele Jahre älter war als sie, ein stämmiger Mann mit dunklem Haar und Bart und stets weiß bestäubt von der Arbeit in der Mühle, winkte ihr zu, und wie immer kniff er beim Lächeln die Augen zusammen. Auch Betsy, seine Frau, winkte herüber – die beneidenswerte Betsy, immer kräftig und bei bester Gesundheit. Marion sah Betsy vor sich, wie sie damals aussah zur Zeit ihrer Hochzeit: ein molliges Mädchen mit federndem Gang, mit kupferfarbenem Haar, das ihr um das rosaweiße Apfelblütengesicht fiel, stets ein Lachen in der Stimme. Jetzt, nachdem sie fünf Kinder auf die Welt gebracht hatte, war das kupferfarbene Haar ein wenig stumpf geworden, im Gesicht hatte sie ein paar dunkelrote Flecken, ihr Körper war fester, der federnde Gang schwankender, aber das Lachen war noch da, und der Eindruck von Kraft und Gesundheit war unvermindert. Sie war in Rockwell geboren, und ihr blühendes Wohlergehen – davon war Marion überzeugt – verdankte sie vor allem dieser Tatsache. Sie hatten zwei ihrer Kinder bei sich, Gib, den zweitältesten Sohn, einen schlaksigen, blonden Jungen in einem sehr kurzen Kittel, und Kate, ihre Jüngste. Wie schnell so ein fünfzehnjähriges Mädchen erwachsen wird, dachte Marion. Das dunkle, schüchterne Kind, das Kate noch Weihnachten war, hatte sich in ein hoch aufgeschossenes, schlankes Mädchen verwandelt. Ihre Augen verengten sich beim Sprechen ebenso wie die von Simon, und wenn sie lächelte, sah sie sehr zart aus. Das dunkle Haar hatte sie mit einem weißen Wollfaden nach hinten gebunden, um den Hals trug sie eine Kette aus rotem Klee.

»Roger kommt nach, er bringt den Alten im Schubkarren herunter«, kündigte Simon an. »Wir haben ihn zu dritt hineinheben müssen. Vater sagt, daß jeder Stoß ihm alle Glieder durchschüttelt.«

Marion fragte ihn, wie es ihrem Vater ging.

»Gar nicht so schlecht, glaube ich«, antwortete Betsy. »Er klagt recht viel. Füße und Beine sind stark geschwollen, besonders die Knie, und er sagt, daß ihm die Hände weh tun. Sie werden immer krummer. Oft sagt er dreimal hintereinander dasselbe, weil er's inzwischen vergessen hat, aber er ißt gut, und einen gesunden Schlaf hat er auch.«

Als die Rockwell-Familien sich dazugesellten, hob allseits ein lautes Begrüßen und Reden an. Die Rockwells, ob jung oder alt, gingen immer aufrecht, auch noch beim schlechtesten Wetter, wenn die anderen Dorfbewohner still, leidend und gebückt dahinschlichen. Sie hatten immer noch Lebenskraft übrig, nahmen ihr Dasein in die eigenen Hände. Vielleicht war das der Unterschied, dachte Marion: Sie waren ihre eigenen Herren, ihre Äcker gehörten ihnen. Das Joch der Sklaverei – mochte es auch ein leichtes sein, so wie Simon der Müller oder Dick der Schäfer es zu tragen hatten – war und blieb ein Joch, und auch unersetzliche Fähigkeiten konnten daran nichts ändern. Letztlich gehörten sie dem Herrenhaus. Von den Rockwell-Familien sah keiner so aus, als hätte er jemals die Knechtschaft kennengelernt, nicht einmal die Frauen. Marion war froh darüber, daß Lisa, Simons älteste Tochter, Martin Rockwell geheiratet hatte; sie schaute Stephen Rockwell an, und wieder hoffte sie, daß er Ellen zur Frau nehmen würde. Er findet im ganzen Dorf kein besseres Mädchen in diesem Alter, dachte sie.

Der Lange Wat aus Rockwell unterhielt sich mit Simon.

»Ist dein Vater hier? Richtig, er kommt auf dem Schubkarren, oder? Ha, den alten Lambert bringe ich in keinen Schubkarren mehr – eher noch in einen Wagen oder auf einen Esel – nein, nein, reiten kann er nicht mehr. Er ist nicht mehr gern unterwegs. Sitzt lieber in der Sonne, und wenn wir ihm ein gutes Butterbrot mitbringen, ist er zufrieden.«

In der Zwischenzeit schor Dick ein Schaf nach dem anderen, und die beiden Hirtenjungen hatten alle Hände voll damit zu tun, ihm die Schafe zu bringen und die geschorenen zurück in den Pferch zu führen. Hilda brachte ihm ein frisches Butterbrot und einen Krug Bier. Dick ließ das zuletzt geschorene Schaf frei, setzte sich neben ihr ins Gras, und sie teilten Brot und Bier. Auch Marion setzte sich in das spärliche, von alten Eichelkelchen stoppelige Gras unter der Eiche. Peter lehnte sich neben ihr an den Stamm, sie aßen das schmackhafte Brot, und Marion fütterte Alice mit kleinen Brocken. Milly reichte ihnen den grünglasierten Krug, und sie tranken reichlich daraus. Peterkin war irgendwo auf dem Anger, lief mit den anderen Jungen in der warmen Sonne herum, alle waren sie satt und voller Tatkraft.

Die Hodge-Familie saß in der Nähe, und Marion rief zu Cecily hinüber: »Wo ist Hoddy? Alle anderen hab ich schon gesehen.«

»Oh, er ist auch da«, antwortete Cecily. »Ich rede nicht mit ihm. Polly Fletcher hat ihn heute morgen auf dem Anger erwischt, wie er mit Steinen nach ihren Gänseküken geworfen hat. Sie hat ihm eine Tracht Prügel verabreicht, und von mir hat er gleich noch eine gekriegt.«

»Tja, irgendwie muß er's ja lernen«, gab Marion die übliche Redensart zur Antwort.

»Den Unterschied zwischen Krähen und Gänseküken kennt er genau – aber er wirft eben gerne mit Steinen. Was soll man da machen?« Cecily stand auf, weil sie auf einen anderen ihrer Söhne aufmerksam geworden war, dem sie die Ohren langziehen mußte.

Von ihrem Platz aus überblickte Marion einen Streifen sonnenbeschienenes Gras und den kahlen abgetretenen Boden vor dem Herrenhaus, sie sah den Steigblock, die Tränke, die Schichten wolliger Locken, außen grau und innen weiß, die noch immer dort lagen, wo sie Dick von der Schere gefallen waren. Sir Hughs Familie und Pater John saßen an den langen Tischen. Alle waren sie schweigend mit dem Essen beschäftigt. Die Luft war erfüllt vom Blöken der Schafe.

Molly, geschickt und ernsthaft wie immer, nahm einen Stapel geschmierter Brotschnitten vom Tisch und trug sie mit beiden Händen vorsichtig hinüber zum Baumstamm neben der Treppe, auf dem die beiden alten Schwestern Agnes und Marge sich niedergelassen hatten. Marion hatte ihnen nicht zugetraut, daß sie den ganzen Weg über die Dorfweide zu Fuß gehen würden. Wahrscheinlich haben die beiden Alten noch keine einzige Schafschur verpaßt, dachte sie, und da wollten sie auch heute dabeisein. Sie sah, wie Joan ihre alte, fast vollständig erblindete Mutter, die alte Mavis, an der Hand nahm und zu einem Platz in der Nähe führte. Marions anderer Nachbar, Jack Plowright, saß zusammen mit ein paar von seinen Kindern am langen Tisch.

Die Kinder scheinen gar nicht zu wachsen, dachte Marion. Man weiß bei keinem genau, ob Junge oder Mädchen – kleine, abgehärmte Gesichter, von denen das strähnige Haar herunterhängt, offene Mäuler, krumme Zähne, irgendwelche Lumpen am Leib, wenn überhaupt, Beine wie Stecken, bläulich verfärbt und schmutzig, die Fußnägel stehen in alle Richtungen, und man kriegt kein Wort aus ihnen heraus, es sei denn, sie betteln einen an. Vielleicht können sie nicht richtig sprechen, vielleicht sind sie alle so dumm wie Sarah. Die kann sicher keinem Kind das Sprechen beibringen, so wie die vor sich hin nuschelt – und Jack darf man mit so etwas nicht kommen.

Sie sah, wie sie sich um ihren Vater drängten – ganz nah, als wäre Nähe ihr einziger Schutz – und mit schmutzigen Händen die Wecken in Empfang nahmen, schweigend und teilnahmslos. Sarah war nicht mitgekommen.

Es sind die gesunden Kinder, die einen Kraft kosten, erkannte Marion. Die durchsetzungsfähigen, das sind die schwierigen. Diese ausgehungerten Kinder machen nicht viel Ärger, aber sie werden nie zu etwas nütze sein.

Sie lehnte sich zurück und genoß den Frieden und das nicht alltägliche Wohlbehagen. Wie erholsam war es, nicht zu frieren, am ganzen Körper warm zu sein, sich über die frische Brise zu freuen, die hin und wieder durch die Eiche raschelte. Was für ein angenehmes Gefühl, einmal trocken zu sein, keine nassen Schultern zu haben vom Erbrochenen eines Kindes, keinen nassen Bauch, weil etwas von der Brust getropft war, keinen nassen Schoß, weil ein Kind sein Wasser nicht halten konnte, keine nassen Oberschenkel, weil das Blut ungehindert aus einem herauslief. Sie betrachtete Alice, die friedlich mit einem Stock in der von Eicheln übersäten Erde scharrte, und war heilfroh darüber, daß Alice jetzt beinahe trocken war, und sie dachte darüber nach, wie wenige solcher trockenen Tage es im Leben einer Frau gab.

Noch andere Dinge trugen an diesem Tag zu Marions Zufriedenheit bei. Die großen Haufen Wolle, die unter Dicks Schere von den Schafen herabgefallen waren, und die Wolle, die noch herabfallen würde, bis es Abend war, bedeuteten großen Reichtum für sie alle. Viel Arbeit stand noch bevor, das meiste davon war Frauenarbeit: das Waschen der Schur, das Sortieren der unterschiedlichen Arten von Wolle, das Karden und Spinnen und schließlich das Verweben des Garns, das sie im Dorf behalten würden. Der Ausblick auf viele Arbeitsstunden tat sich vor ihr auf, aber im Augenblick herrschten Muße und Wärme, es gab reichlich gutes Brot, es war trocken, Peter saß neben ihr, Alice, ein prächtig gedeihendes kleines Mädchen, saß zu ihren Füßen, um sie herum nur vertraute Gesichter, und das alles eingebettet in die geliebte Umgebung ihrer waldigen Hügel, ihre Heimat, ihr Dasein – ihre Wirklichkeit.

Peter und sie hatten wohl ein wenig geschlafen und wurden durch plötzliches Hundegebell aufgeschreckt. Sir Hugh brüllte Magda an, sie solle Trover von den Schafen fernhalten, und das Mädchen wies ihn empört darauf hin, daß Jix schließlich auch dabei sei. Der Zwischenfall erweckte die Dorfbewohner wieder zum Leben. Sie erhoben sich und machten sich auf den Heimweg zu ihren Hütten, mancher mit der Absicht, noch ein bißchen im Garten zu arbeiten, während die meisten Frauen plaudernd herumstanden und warteten, ob nicht vielleicht noch etwas von dem ausnahmsweise mit Butter bestrichenen Brot verteilt würde.

Peter stand auf, murmelte etwas von einer Arbeit, die er fertigmachen mußte, und stapfte davon in seine Werkstatt.

Dame Margarets Stimme war zu hören; sie trug den Mädchen auf, die Schafschur einzusammeln und hinunter zum Bachufer zu schaffen. Jo, der Dick immer noch Schafe zuführte und die geschorenen fortbrachte, rief plötzlich: »Meine Flöte!« Er bückte sich, schob ein geschorenes Schaf zur Seite und zog die zertrampelte Flöte unter den Hufen hervor. Entgeistert starrte er auf die Trümmer des getrockneten Schierlingstiels und zeigte sie Dick.

»Sie muß runtergefallen sein. Ich hatte sie mir um den Hals gebunden.« Er untersuchte den gerissenen Lederriemen, der ihm vor der Brust baumelte. »Ach, meine schöne Flöte«, stöhnte er.

»Dann machst du dir eben eine neue«, sagte Magda.

»Das dauert Tage. Die Löcher müssen ganz genau stimmen, die Größe und die Stelle, und den halbrunden Stöpsel oben muß man so einpassen, daß er nicht wieder rausfällt. Meine schöne Flöte! Ich hatte sie so schön hingekriegt. Sie hat geklungen wie ein…«, ihm fiel das richtige Wort nicht gleich ein, »…wie ein Vogel hat sie geklungen!«

»Ist nicht so schlimm, Junge«, versuchte Dick ihn zu trösten. »Bis heute hat sie gehalten – und heute war unser großer Tag. Wenn wir wieder oben in den Bergen sind, machst du dir eine neue. Peter Carpenter leiht dir sein Messer, und als Stöpsel schnitzt du dir ein schönes Stück von einer Steineiche.« Aber Jo drehte das Stück Lederband weiter zwischen den Fingern und trauerte um seine zertrampelte Flöte, bis Dick ihn zur Arbeit rief und ein neues Schaf verlangte.

Marion holte sich ihr Bündel säuerlich riechender Wolle, soviel sie mit den Armen umfassen konnte, und folgte Ellen und Kate langsam über den Anger. Ellen trug Alice auf dem einen und ihr Bündel Wolle unter dem anderen Arm.

Der junge Simkin und Joyce, seine frisch angetraute Ehefrau, standen an ihrer Gartenpforte im Gespräch mit Hodge und Cecily, die von ihren Kindern umringt waren, Jungen mit feierlichen Gesichtern und Haaren wie Werg, die Münder noch fettig von der ungewohnten Butter auf den Wecken. Hoddy, ein Vierjähriger mit rosigem Gesicht, schaukelte hin und her und hielt sich dabei am Rock der Mutter fest. Mit ihrer weinerlichen Stimme berichtete Cecily gerade vom Unglück, das Jo, ihrem Ältesten, mit seiner Flöte widerfahren war, und ein paarmal schlug sie Hoddy auf den Kopf, damit er aufhörte, aber er dachte nicht daran.

Marion und ihre Nichten winkten ihnen zu und gingen weiter, schlugen den Weg ein, der vorbei an ein paar Hütten bis hinunter zur Mühle führte. Jeden Stein auf dem Weg, jedes Büschel Gras, so erschien es Marion, kannte sie schon ihr Leben lang. Kurz vor den Hütten führte eine Abzweigung die Böschung hinab zu einem breiten Grasstreifen entlang des Bachufers und brachte sie zu der Stelle, wo der Bach breiter wurde und aufgrund der vielen abgesplitterten Stücke von den damals für die Kirche behauenen Steinen sehr seicht war.

Über diese Steine im seichten Wasser verstreut lagen bereits einige Vliese, und etwa ein Dutzend Mädchen breiteten weitere aus. Die Kleider bis über die Knie gehoben, stapften sie hin und her durch die Wolle, drückten sie ins Wasser, unterhielten sich dabei, lachten und kicherten. Ellen und Kate gesellten sich zu ihnen; Ellen zog die Kordel heraus, mit der das Oberteil ihres Kleides verschnürt war, und band sich damit den Rock hoch. Die grauen Steine waren mit nassen Klumpen weißer Schafwolle bedeckt, und die Nachmittagssonne glitzerte auf dem Wasser, als die Mädchen mit rosaroten Füßen die Wolle stampften. Nach altem Brauch war das Mädchenarbeit, ungelernte Arbeit, und Marion fühlte sich nicht verpflichtet, dabei mitzuhelfen. Sie ließ sich am Ufer nieder und schaute belustigt zu, wie die Mädchen auf wackligen Beinen durch das Wasser staksten, miteinander redeten und lachten. Wie immer war das alles für die Mädchen mehr ein großer Spaß als wirkliche Arbeit. Eines von ihnen kauerte zusammengekrümmt am Ufer.

»Willst du keine Wolle stampfen?« fragte Marion.

»Ich hab so schreckliche Schmerzen«, antwortete das Mädchen. »Bitte erzähl M'Dame nichts davon. Ich kann einfach nicht.«

»Natürlich erzähl ich ihr nichts, mein Schatz«, sagte Marion. »Kaltes Wasser ist Gift für Mädchen in deinem Zustand.«

Alice, von Abenteuerlust ergriffen, war hinunter zum Bach gewackelt, stand im zwei Zoll tiefen Wasser und spritzte vergnügt herum. Marion ging zu ihr, zog ihr das Kleid über den Kopf und ermunterte sie, sich auf einen flachen Stein zu setzen und mit den Füßen zu planschen. Dann sah sie ihr vom Ufer aus zu, ganz entspannt, und hatte ihre Freude an Alices pummeligem, rosigem Körper, den sie so selten nackt zu sehen bekam, und dem hellblonden Haar, das ihr in die Augen und bis auf die Schultern hing. Um den

Hals trug sie immer noch die Kette aus Gänseblümchen und Butterblumen, die Magda für sie gemacht hatte. Sie patschte im nassen, sandigen Schlamm herum, und bald war ihre Haut grau gesprenkelt. Nach einer Weile kam Peter den Weg herunter zu der Stelle, an der Marion saß. Sie deutete auf Alice, er ging bis ans Wasser und rief ihren Namen. Alice hob fröhlich glucksend den Kopf, noch nie hatte sie mit solchem Vergnügen im Wasser geplanscht.

»Butterblume«, rief sie ihm zu und zog an der Halskette. Hinter seinem Bart regte sich ein kleines Lächeln, als er sich bückte, um sie aufzuheben. Marion war froh darüber. Im Dorf war man allgemein der Ansicht, liebevolle Beziehungen zwischen Vätern und Kindern seien den Bemühungen guter Mütter und Ehefrauen zu verdanken; Unfriede zwischen Vater und Kind galt als Beweis für das Scheitern der Mutter. Also nahm sie Peters Freude an seinem Kind als Kompliment. Es kam ihr gar nicht in den Sinn, daß Alice, nackt, naß und mit sandigen Händen, ihn zum ersten Mal in ihrem kurzen Leben mit einem süßen Duft betört hatte.

»Ihr Po ist eiskalt«, sagte er. Marion nahm sie ihm aus den Armen und hüllte sie wieder in ihr stinkendes Kleid.

»Nun komm schon«, forderte Peter auf dem Heimweg über die Dorfweide die trödelnde Alice auf. »In der Geschwindigkeit kommen wir nie nach Hause.«

»Sie ist müde«, sagte Marion. »Sie ist den ganzen Tag herumgelaufen.«

»Ich trag dich.« Er hob sie mit einer Hand vom Boden auf, weil er in der anderen den Werkzeugbeutel trug. Alice brüllte. »Jetzt halt den Mund«, sagte er ihr ins Ohr. »Will huckepack!« schrie Alice.

»Geht nicht, ich muß meine Tasche tragen.«

»Will huckepack!« schrie Alice. Die Eltern beachteten sie nicht. Alice hörte nicht auf zu schreien.

»Sie wird bald müde werden«, sagte Marion, als sie weitergingen.

»Aber vorher macht sie uns alle verrückt«, erwiderte er; aber er lächelte Alice ins wutentbrannte Gesicht, und sie hörte auf zu schreien und erwiderte sein Lächeln.

Als sie den Anstieg vor Mollys Hütte hinaufgingen, hörten sie wütende Frauenstimmen. Sie bogen um die Ecke und sahen Agnes und Marge neben der Hütte stehen; beide lehnten an der Tür und waren außer sich, und Molly redete wütend auf Sarah ein, die vor ihr stand, verwahrlost und schmutzig wie immer, aber auch verschüchtert und schuldbewußt. Molly sah Peter und Marion und schimpfte in ihre Richtung weiter.

»Was sagt ihr dazu? Gerade kommen wir nach Hause, da finden wir diese Schlampe in unserem Garten, beim Hühnerstall, und ich sage zu ihr, was hast du hier zu suchen? sag ich zu ihr, und als ich sie beim Arm packe, da hat sie ein halbes Dutzend Eier unter dem Umhang, geklaut, aus meinen Nestern, und sie läßt sie alle auf unseren Misthaufen fallen, und jetzt sind sie kaputt. Und als die Tante in der Hütte nachsieht, fehlen zwei Laibe Brot, und ein Kübel mit frischer Milch ist umgekippt, der ganze Boden ist voll mit Milch, und da kommt sie schreiend wieder raus und erzählt es mir, die ganze schöne Milch verschüttet, sagt sie, und gestern erst haben wir deinen Bälgern Brot und Käse gegeben, sagt sie – und was sagst du dazu, Sarah? Und wo sind unsere beiden Brote?« So ging es weiter mit dem zornigen Wortschwall, und Sarah stand da, den Mund weit aufgesperrt wie immer, und hatte zu alledem nichts zu sagen.

Molly beruhigte sich ein wenig. »Geh lieber mal nachsehen«, wandte sie sich an Marion, »ob sie bei euch auch war. Kann ja wer weiß was alles geklaut haben, das gerissene Miststück – wir waren schließlich den ganzen Tag weg. Ich vermute, daß sie auch bei den Shepherds war.« Aber jetzt protestierte Sarah.

»Ach, da bist du also nicht gewesen?« fuhr Molly fort. »Wahrscheinlich hat die Töle mit ihren Welpen dich verjagt. Um so wahrscheinlicher, Marion, daß sie bei euch herumgeschnüffelt…«

Mehr wollte Marion nicht hören; sie und Peter liefen über den Hügel zu ihrer Hütte. Tibtab hatte auf dem Baumstamm unterm Vordach geschlafen und streckte sich behaglich, als sie kamen. Gleich daneben nahmen ein paar Hennen ein Bad im Staub. Die Hüttentür war geschlossen. Marion öffnete die obere Hälfte. Drinnen schien alles friedlich zu sein.

»Ich glaube nicht, daß sie hier war«, sagte sie zu Peter. »Ich geh mal nach den Eiern sehen.« Sie ging hinüber in den Ziegenstall und tastete das Stroh in den Legenestern ab. Acht Eier zählte sie und holte einen Korb, um sie einzusammeln.

»Ich werde mit Jack reden, wenn ich ihn sehe«, sagte Peter und setzte Alice ab, »aber was kann man schon tun? Ein hübscher Korb voller Eier. Gibst du Molly und den alten Mädchen ein paar fürs Abendessen ab?«

»Ich bringe ihnen gleich welche«, antwortete Marion, obwohl sie gar nicht auf diesen Gedanken gekommen wäre. »Als kleinen Trost, nach solch einem Verlust.«

»Meinst du, Molly gibt den Bälgern der Plowrights tatsächlich was zu essen?« fragte er.

»Ich hab's oft gesehen – und manchmal tu ich das auch, vor zwei Tagen erst, einen halben Laib Brot und für jeden einen Schluck Milch. Ich hatte nicht genug Eimer für die Milch – ich könnte einen neuen gebrauchen, wenn du mal Zeit hast. Nur der alten Schlampe mag ich nichts geben.«

»Sie ist nicht ganz richtig im Kopf«, meinte Peter. »Wahrscheinlich ist außer Stroh nichts drin. Ich werde mal mit Jack reden, aber was kann er schon tun? Prügel machen sie auch nicht klüger. Er hätte sie nicht heiraten sollen. Jeder wußte, daß mit ihr nicht viel los war, und die vielen Kinder haben's noch schlimmer gemacht. Mit Molly wäre er besser dran gewesen, sie sieht auch nicht übler aus als Sarah damals, und ist dafür 'ne ganze Ecke gescheiter.«

Er seufzte schwer und rieb sich den Bart. »Es hat sich abgekühlt«, sagte er und blickte in den Himmel. »Da kann ich noch ein bißchen umgraben. Schick mir Peterkin, wenn er nach Hause kommt, damit er mir hilft.«

Marion nahm Alice mit hinein. Sie gab dem Kind einen Schluck Milch und legte es in die Wiege. Dabei sah sie, daß Alices Füße bereits gegen das Fußbrett stießen, obwohl der Kopf ganz am Kopfbrett lag. »Vielleicht muß sie im Winter bei uns im Bett schlafen«, dachte sie. Alices ritueller Protest gegen das Zubettbringen fiel kürzer aus als sonst, wahrscheinlich weil sie todmüde war.

»Will schaukeln«, sagte Alice. Marion saß auf der Bettkante, einen Fuß hatte sie auf die Kufe der Wiege gesetzt und drückte ihn rhythmisch nach unten.

»Von Häschen singen«, verlangte Alice, und so begann Marion in dem leisen Singsang, der für kleine Kinder genau das Richtige zu sein schien:

> Drunten am Bach im Sand und im Sonnenschein
> sitzt Mutter Hase mit ihrem Häschen klein.
> »Hüpf«, sagt die Mutter. »Ich hüpf«, sagt Häschen klein,
> und so hüpfen sie froh im Sand und im Sonnenschein.

»Weiter«, verlangte Alice, also sang Marion, die mit ihren Gedanken ganz woanders war, weiter.

> Drunten am Bach im Sand und im Sonnenschein
> wohnt Mutter Ente mit ihrem Entchen klein
> »Hüpf«, sagt die Mutter…

»Swimmen«, sagte Alice.

> »Schwimm«, sagt die Mutter.
> »Ich schwimm«, sagt Entchen klein,
> und so schwimmen sie froh
> im Sand und im Sonnenschein.

Es müßte Wasser heißen und nicht Sand, dachte Marion zum ersten Mal, nachdem sie diese Verse wohl schon hundertmal gesungen hatte – im Sand kann man nicht schwimmen. Aber Alice stellte nichts mehr in Frage, sie war bereits eingeschlafen. Ganz still blieb Marion neben ihr sitzen.

Peter näherte sich aus dem Garten, den Spaten zog er hinter sich her.

»Sieh mal, was ich hier hab, Marion«, sagte er und zeigte ihr eine kleine, geschnitzte Kuh. Sie nahm sie ihm aus der erdverkrusteten

Hand, und sogleich stiegen traurige Erinnerungen in ihr hoch. »Ich hab sie beim Graben im Misthaufen gefunden«, sagte er. »Erinnerst du dich? Ich hab sie mal an einem Sonntagabend für Nolly geschnitzt. Aus einem weichen Stück Weide, erstaunlich, daß sie sich so lange gehalten hat...« Sie blickten auf die kleine Kuh, dann blickten sie sich in die Augen, und Peter versagte die Stimme.

»Seltsam«, fuhr er nach einer Pause fort, »kurz bevor ich es aufhob, hab ich an Nolly gedacht.«

Marion empfand eine unerwartete Verbundenheit mit Peter. »Denkst du oft an ihn?« wollte sie wissen und drehte das schmutzige Spielzeug zwischen den Fingern.

»Manchmal«, sagte er. »Ich kann nicht anders. Und du?«

»Höchstens ein- oder zweimal am Tag«, antwortete sie und fragte sich, ob ihm die ungewöhnliche Offenheit ihrer Worte aufgefallen war.

Er sah ihr wieder in die Augen. »Ja, Marry«, sagte er langsam. »Unser Nolly, das beste aller Kinder.« Noch ungewöhnlicher war es, daß er seine Arme um sie legte und ihr einen Kuß auf die Wange gab. Sie blickte zu ihm auf, sah seine freundlichen Augen und hatte das Gefühl, eine glückliche Frau zu sein. Peter richtete sich auf und nahm den Spaten zur Hand, als wollte er sich wieder an die Arbeit machen.

»Willst du dich nicht ein bißchen ausruhen?« fragte Marion. »Seit Sonnenaufgang bist du ununterbrochen am Arbeiten.«

»Ich weiß, aber es ist nun mal Sommer, und da muß man das Tageslicht nutzen.« Er stapfte wieder hinaus in den Garten. Marion lehnte am Türpfosten und sah ihm nach.

So war der Mittsommer nun mal – endlos lange Stunden der Arbeit. Ob es um Spinnen oder um Holzsägen ging, man durfte die hellen Stunden nicht vertun. An diesen langen Tagen mußte gearbeitet werden, auch wenn die Lebensmittel oft knapp waren, wenn das Getreide vom letzten Jahr zur Neige ging und man das restliche Mehl in der Truhe sorgsam einteilen mußte, wenn nur noch wenige Erbsen oder Bohnen von der letzten Ernte übrig waren, die neue Ernte noch nicht reif und die Kohlköpfe noch kleine Jungpflanzen waren. Es hieß, daß der Mittsommer die beste Zeit des Jahres wäre, aber Marion verband vor allem Erschöpfung und Müdigkeit damit. Im Herbst, wenn die kürzeren Tage sie frühzeitig in die Hütten schickten, wenn Säcke voller Futter und über dem Feuer räuchernde Speckseiten an die jüngst zurückliegende Ernte erinnerten und für die nahe Zukunft sichere Nahrung versprachen, war das Leben gewiß reicher. Dann erst konnte die ständige Sorge dem Gefühl Platz machen, etwas geschafft zu haben.

Sie saß auf dem Baumstamm unter dem Vordach und blickte hinaus in den Garten. Der Himmel hatte sich golden gefärbt. Das Sonnenlicht vergoldete nur die Spitzen der Bäume auf dem Hügel vor ihr. Sie blickte nach rechts in die Dunkelheit des Tals, wo die Bäume auf beiden Seiten des Bachs bis nah an das Ufer standen, und in das sumpfige Gebiet gleich unterhalb des Gartens der Shepherds, wo dunkle Binsen und die breiten Blätter der Schwertlilien den Blick begrenzten. Auch zur Linken konnte sie nicht mehr weit blicken, weil dieser Teil der Dorfweide dicht mit Birken bestanden war, die in vollem Laub standen; ihre weißen, schwarzgefleckten Stämme waren umspült von wogendem, bleichem Gras. Der Himmel war jetzt in ein violettes Blau gefärbt, ein Blau von ungeheurer Tiefe und scheinbar unendlicher Weite. Plötzlich sah sie einen einzelnen Stern, hell und still, der die Unendlichkeit wieder an die Gewölbe des Firmaments zu heften schien. Und davor, sehr weit oben und sehr klein, schossen die Mauersegler über den Himmel, jagten einander, fielen im Flug seitwärts ab, um dann, mit einem einzigen Flügelschlag, wieder in die Höhe zu schießen. Und die ganze Zeit war ihr zartes Zwitschern zu hören.

Vielleicht lag es an der Stille der leuchtenden Luft und an den winzigen Vögeln, die dort oben, so weit entfernt, herumschwirrten, und die der unerreichbaren Kuppel über ihr eine so ungeheure Weite gaben, daß Marions Gedanken vom Unmittelbaren und Alltäglichen, wo sie meistens verweilten, zum Ewigen und Unbekannten schweiften. Dies ist mein Leben, dachte sie, mein einziges Leben. Ein anderes gibt es für mich nicht. Warum hat meine Mutter ausgerechnet mich geboren, und nicht jemand anderen? Bald – es könnte jederzeit geschehen – werde ich kalt und tot auf dem Friedhof liegen, und dann weiß ich von nichts mehr etwas und werde bald vergessen sein, vergessen wie... aber wie sollten ihre Gedanken ihr die Namen der Vergessenen nennen können? Sie wußte, daß man sich erzählte, Gott würde eines Tages kommen und Gericht über die Welt halten, und die Gräber würden sich auftun, ihre Bewohner herausgestolpert kommen, geblendet von dem ungewohnten Licht. Aber das war nur eine Geschichte, und Marion hatte in ihrem Leben schon viele Geschichten gehört, und mochten sie ihren Gedanken auch Räume geschaffen haben, in denen sie verweilen konnten, so waren sie doch nicht wirklich, nicht so wirklich jedenfalls wie das Wasserholen oder das Aufstapeln der Holzscheite. Geschichte – Erzählungen dessen, was einmal geschehen ist, Prophezeiungen – Erzählungen dessen, was einmal geschehen könnte, Beschreibungen von Orten außerhalb des Dorfes – das alles waren für Marion Geschichten und nichts weiter als Geschichten. Weder eine Zeit noch ein Ort außerhalb ihres Lebens, außerhalb ihres Dorfes hatte für Marion eine wirkliche Bedeutung. Sie blickte hinauf zu dem heller werdenden Stern, zu den Schwalben und Mauerseglern, die immer noch hoch über ihr zwitscherten. Sie werden auch dann noch dort oben herumschwirren, dachte sie, wenn ich schon lange nichts mehr sehe und höre. Tage und Nächte werden folgen, von denen ich nichts weiß und niemals etwas erfahren werde.

Peter kam den Weg entlanggeschlurft und setzte sich neben sie.

»Wo Peterkin wohl abgeblieben ist?« fragte er, doch im selben Augenblick kam Peterkin um die Hausecke. Er trug einen flachen Korb. »Seht mal, was Joan mir gegeben hat«, sagte er und zeigte ihnen ein paar mit Butter beschmierte Wecken mit glänzenden Oberseiten und abbröckelnden Rändern. »Die sind übriggeblieben. Dick hat zu ihr gesagt, sie soll sie mir geben, weil ich beim Scheren geholfen habe.«

»Soviel hast du auch wieder nicht getan«, meinte Peter.

»Hab ich doch. Sie sagt, daß ich mit den ganzen Hürden geholfen hab, und den Korb soll ich ihr morgen zurückbringen.«

»Gut, dann wollen wir sie essen, bevor sie noch trockener werden«, schlug Peter vor.

»Bist du mit den Shepherds zurückgekommen?« fragte Marion, den Mund voller Krümel.

»Nein, die sitzen noch vorm Herrenhaus, mit Sir Hugh und den anderen, und essen auch solche Reste.« Peterkin nahm sich noch einen Wecken. »Ich hab abgewartet, ob ich auch noch was kriege, und dann hat Dick mich gesehen und Joan Bescheid gesagt, das wißt ihr ja schon, und sie haben über Schafe geredet, über nichts anderes als Schafe, den ganzen Tag lang.«

Und so saßen die drei in der bronzefarbenen Dämmerung und vertilgten die Überreste des Festtags.

Juli

arion erwachte, als sei der Schmerz ihr wie ein dumpfer Schlag auf das Herz gefallen, und augenblicklich flackerten die Ängste auf, die um den Schmerz herum auf der Lauer gelegen hatten. Ihr schlaftrunkener Verstand verglich das Gefühl mit dem Schlag, den ein junger Stamm tut, der unter der Säge fällt und Staub und Späne aufwirbelt, wenn er zu Boden kracht. Das Bild ließ sich nicht vertreiben, und ihre träumenden Gedanken bemühten sich, den Baumstamm von dem Schmerz und die Späne von den Ängsten zu scheiden. Sie lag still da, mit geschlossenen Augen, und stellte fest, daß sie ganz und gar wach war, daß der Traum ein Traum, die Wirklichkeit jedoch wirklich und schrecklich war – denn Dick Shepherd war tot.

Sein Tod hatte Marion und jeden anderen im Dorf auf ganz ungewohnte Weise erschüttert. Mochten sie noch so sehr an den Tod gewöhnt sein – den Tod vieler Neugeborener, den Tod vieler ihrer Kinder nach kurzer Krankheit, den erwarteten Tod alter Leute im Winter, den häufigen Tod von Frauen im Wochenbett –, so hatte Dicks Tod sie doch erschüttert und ihnen angst gemacht. Er war ein Mann im besten Alter gewesen, ein Mann von königlicher Kraft, ihre Vaterfigur, auch wenn er nur Sir Hughs Bediensteter war. Wie gelähmt vor Entsetzen hatte Marion versucht, mit diesem schrecklichen Verlust fertig zu werden. Deutlicher als je zuvor erinnerte sie sich daran, daß sie ihn einmal ein bißchen geliebt hatte.

In Gedanken ließ sie die Ereignisse noch einmal vorbeiziehen, die zu seinem Tod geführt hatten. Es war kurz nach der Schafschur passiert. Die Schafe waren noch nicht wieder in die Berge gebracht worden, sondern weideten in Sir Hughs Obstgarten, als man sich

einig wurde, daß das Gras auf der größten Weide nun beinahe hoch
genug für die Heumahd war, und das Wetter hätte nicht günstiger
sein können. Sir Hugh konnte sich nicht entscheiden, Rollo riet
ihm, noch eine Woche zu warten, aber Sir Hugh konnte sich immer
noch nicht entscheiden, bis Dame Margaret ihm nahelegte, auf Simon Miller zu hören – er befolgte ihren Rat und gab die Anwei-
sung an alle, das Heu zu mähen. Das bedeutete, daß jeder gesunde
Mann im Dorf sich mit der Sense in der Hand vor dem Herrenhaus
einzufinden hatte. Das Wetter war die ganze Woche über trocken
geblieben, nicht sehr heiß, oft bewölkt, aber es regnete nicht, und
da jede Sense im Dorf einsatzbereit war, hatte man den größten Teil
der Heuernte nach drei Tagen unermüdlicher Arbeit erledigt. Nur
die Männer mähten; Frauen und Kinder harkten und wendeten.
Der Anblick war Marion seit frühester Kindheit vertraut: eine
Reihe von Männern – die meisten mit verbeulten Strohhüten auf
dem Kopf, manche nur mit einem Lendenschurz bekleidet, aber alle
mit Stiefeln an den Füßen, denn die Stoppeln waren selbst für die
härteste Hornhaut zu stachelig –, die sich langsam im Takt der ge-
schwungenen Sensen wiegten und dabei ständig ihren eintönigen
Singsang wiederholten:

Dobbin und Robin und Buck und Jo
die ziehen hinaus ins Heu, ins Heu,
die ziehen hinaus ins Heu.
Heut ernten wir, was einst wir gesät,
packt an, denn heut wird gemäht, nur gemäht,
packt an, denn heut wird gemäht.

Dann und wann blieb einer der Schnitter stehen und griff nach dem
Wetzstein, der an seinem Gürtel baumelte, und gleich darauf durch-
schnitt das schrille Kreischen des Sensenblatts den Rhythmus des
Liedes. Bald nahm er Rhythmus und Worte wieder auf und reihte
sich in den Gesang und den Takt der anderen ein.

Es folgten ein paar Tage des Harkens und Wendens, bevor das
Heu zu hohen Haufen aufgeschichtet wurde. Das gute Wetter hielt,

es wurde sogar heiß und schwül, der größte Teil des Mühlenfeldes und drei Viertel der Dorfweide waren abgemäht, das Heu war getrocknet und auf dem Stoppelfeld zu Schobern aufgerichtet, als am fünften Erntetag der Unfall geschah. Es war nur ein kleiner Unfall, den niemand so recht beachtete.

Dick war zusammen mit Marion und Peter und ein paar anderen im äußersten Winkel des großen Feldes beim Harken gewesen. Sie hatten mit der Arbeit aufgehört und ruhten sich im Schatten einer Eiche aus; sie lagen im kurzen Gras, das nicht hoch genug gewachsen war, um die Mühe des Sensens zu lohnen. Hilda hatte einen Kübel dünnes Bier mitgebracht und ihn den Vormittag über in einem kühlen Graben hinter der Eiche aufbewahrt. Marion hatte zwei Laibe Brot und ein Stück harten Käse mitgebracht; sie hatte Peter dabei zugesehen, wie er sich den Laib gegen die Brust drückte, ihn in Scheiben schnitt und dabei das Messer gegen die eigene Kehle führte. Während ihrer gesamten Ehe hatte sie das mit ansehen müssen, und nie war das Messer ihm abgerutscht − trotzdem wünschte sie, er würde es anders machen. Hilda tauchte ihren kleinen Becher aus Horn in den Kübel und ließ ihn herumgehen, und die durstigen Harker schütteten sich das kühle Bier in die Kehlen und bissen hungrig in das harte Brot. Sie zogen sich die Rinde aus den Zahnlücken, stopften sich Käse in die bereits vollen Münder und verlangten zum Nachspülen frisches Bier von Hilda. Marion konnte sich in allen Einzelheiten an das Bild erinnern: Hilda saß mit gekreuzten Beinen neben ihrem Kübel, die Haube neben sich im Gras, das dunkle Haar im Nacken zusammengebunden, die dünnen, sommersprossigen Arme schauten aus aufgekrempelten Ärmeln hervor; sie beugte den Oberkörper, wenn sie das Horn in den Kübel tauchte, und richtete ihn wieder auf, wenn sie das Gefäß einer rotzerstochenen, klobigen Hand übergab, die jemand danach ausstreckte. Dick lag flach auf dem Rücken, sein hellrotes Haar breitete sich über dem Hut aus, den er zusammengeknautscht hatte, um den Kopf darauf zu betten; er blickte hinauf in die Äste der Eiche, sein Bart, gesprenkelt mit Brotkrumen, stand unter dem Kinn hervor und ließ gerade noch den roten Knorpel seines Adamsapfels erkennen. Grashüpfer zirpten, hin und wieder ertönte aus dem nahe gelegenen Wald das Gurren einer Taube oder der Schrei eines Eichelhähers. Niemand sagte etwas, denn es gab nicht viel zu sagen. Nach so vielen Stunden harter Arbeit waren sie alle froh, im kühlen, dunklen Schatten zu liegen, zu essen und ihren Durst zu stillen.

Marion hatte Peterkin und Alice bei sich. Peterkin arbeitete mit, er harkte und wendete, und auf Alice paßten die kleinen Mädchen der Shepherds auf. Alle waren mit dem Essen fertig, als Peterkin sagte: »Vater, wer ist Buck?«

»Welcher Buck?«

»Der in dem Lied. Ich kenne keinen ›Buck‹.«

»Keine Ahnung«, antwortete Peter. »Den gibt's nur im Lied, den gab's schon immer.«

»Vielleicht hat mal einer im Dorf gelebt, der Buck hieß«, brummte Dick, der noch immer hinauf in die Zweige blickte.

»Buckerbuhme«, sagte Alice und brach in lautes Gekicher über ihren eigenen Witz aus. Marion betrachtete das sich krümmende kleine Mädchen und dachte darüber nach, wie sehr Alice sich doch von anderen Kindern unterschied. Kein anderes Kind im Dorf – und ganz sicher keines von Marions Kindern, nicht einmal Nolly – hatte sich jemals selber zum Lachen gebracht. Wahrscheinlich glaubt jede Mutter irgendwann einmal, daß ihre Kinder etwas ganz Besonderes sind – und doch ist sie nicht mein Nolly, dachte Marion.

Peter, pflichtbewußt wie immer, stand als erster auf und schnürte sich die Stiefel, und dann erhoben sie sich einer nach dem anderen mit steifen Beinen, klaubten ihre Hüte auf, traten hinter den Baum, um Wasser zu lassen, und stritten darüber, wem welcher Rechen gehörte. Dick hatte seinen Rechen quer über einer Mulde liegenlassen. Und dann mußte wohl jemand draufgetreten sein, der Stiel war angebrochen, hatte sich beim Nachlassen des Drucks aber wieder gestreckt, so daß die Bruchstelle nicht zu sehen war. Dick nahm den Rechen auf, bemerkte nicht, daß etwas nicht stimmte, aber als er die rechte Hand den Stiel entlanggleiten ließ, durchstach ein langer, spitzer Holzsplitter, der so nah am Stiel lag, daß er nicht zu erkennen war, den Ballen von Dicks Daumen. Er stieß einen Schrei aus, riß die Hand zurück, und dabei brach der Splitter ab, ein Stück von der Länge eines Zolls, das nun in Dicks Hand steckte. Hilda war wie der Blitz bei ihm, aber er hatte das spitze Stück Holz bereits gefaßt, biß sich auf die Zähne und zog es heraus.

»Es ist nichts«, sagte er, legte die Hand an den Mund und sog an der Wunde. »Ist schon wieder draußen. Gib mir was, das ich um die Hand wickeln kann, Hilda. Sieh nur, es blutet nicht einmal.«

Marion sah, daß der Splitter, den er herausgezogen hatte, länger als zwei Zoll war, er mußte also tief in der Hand gesteckt haben. Doch weder sie noch sonstjemand wußte, daß die Spitze des Splitters, ein langes Stück, in der Wunde abgebrochen war. Dick verharmloste die Sache, verband sich den Daumen mit einem Stück Stoff, das Hilda von dem Tuch gerissen hatte, mit dem der Kübel zugedeckt war, schliff den Stiel seines Rechens glatt und ging mit den anderen wieder hinaus aufs Feld. Am Nachmittag beobachtete Marion ein- oder zweimal, daß er den Rechen nur mit der linken Hand führte, und sie vermutete, daß die Schmerzen stärker waren, als er zugeben wollte.

Sie arbeiteten lange, Stunde um Stunde. Marion traf auf Ellen, die bei dem Trupp arbeitete, der die Mitte der Wiese abmähte; als ihre Bahnen sich kreuzten, blieben sie kurz stehen, um ein paar Worte über das Wetter zu wechseln, und Marion erzählte ihr von Dicks Mißgeschick. Sie arbeiteten weiter.

Der Himmel war noch immer klar und blau, als sie alle bereits spürten, daß sie am Rand der Erschöpfung waren. Noch drei lange Bahnen Heu lagen auf dem Boden, die gewendet und wieder zusammengeharkt werden mußten, aber Hilda sagte, sie müsse jetzt ihre Kinder nach Hause bringen, und Alice würde sie gleich mitnehmen und ihr etwas Milch geben. Sie setzte Alice in den leeren Kübel und ging mit ihren kleinen Töchtern, die gern auf ähnliche Weise befördert worden wären, über das Feld davon; Dick sagte zu Peter, er wolle nach zwei Schafen im Obstgarten sehen, die vermutlich krank seien, und machte sich ebenfalls auf den Weg. Marion wußte, daß er und alle anderen nach Ausreden suchten, um sich von der Heuwiese absetzen zu können. Die brennenden Füße, die schmerzenden Rücken, die müden Schultern ertrug man nur eine gewisse Zeit – die Tage im Juli waren länger als das Durchhaltevermögen. »Geh und ruh dich auf dem Anger aus«, forderte Peter sie auf, und nur zu gerne machte auch sie sich auf den Weg am Feld entlang zurück ins Dorf.

Sie erschrak fast, als sie beinahe am Ende des Weges auf Dick stieß, der auf einem umgestürzten Eschenstamm saß, den Kopf über den linken Arm gebeugt, in den er die rechte Hand gebettet hatte. Er hatte sie nicht kommen hören.

»Dick! Geht's dir nicht gut? Ich dachte, du wolltest zum Obstgarten?«

Etwas betreten hob er den Blick. »Ich bin wohl eingeschlafen«, sagte er. Er lächelte, aber es entging ihr nicht, wie langsam er die rechte Hand bewegte, wie vorsichtig er den Arm streckte. »Vielleicht bin ich die Arbeit nicht gewöhnt – diese Art Arbeit. Schafe sind nicht so anstrengend.«

Er stand auf, und sie legten den Rest des Weges zum Anger schweigend zurück. Dann ging er um das Herrenhaus herum in den Obstgarten, und an diesem Tag sah sie ihn nicht mehr. Er mußte wohl vom Obstgarten direkt nach Hause gegangen sein, denn er war nicht auf dem Anger, als Peter und die anderen Schnitter sich zu Marion gesellten. Die Frauen, die schon früher in ihre Hütten zurückgekehrt waren, kamen mit Brotkörben und Milchtöpfen, und aus dem Herrenhaus kam Rollo und gab Tom – wenn auch widerwillig – den Auftrag, einen großen Krug Bier zu holen. Als sie das Abendbrot aßen, spiegelte sich der goldene Himmel in ihren sonnenverbrannten, kauenden Gesichtern, und als Marion und Peter die letzte Viertelmeile ihres Heimwegs zurücklegten, war vom Tageslicht nur noch ein schwacher Schein übriggeblieben. Peterkin hinkte hinter ihnen her, ganz still vor Erschöpfung. Die obere Hälfte der Tür stand offen, aber es war zu dunkel, um etwas zu erkennen. Sie tastete nach der Wiege und spürte Alices warmen Körper. Hilda hatte sie gefüttert und gewissenhaft in die Wiege gelegt. Alice lag in tiefem Schlaf.

Nach dieser körperlichen Anstrengung hatte Marion gut geschlafen. In den frühen Tagesstunden war es kühl geworden; sie hatte sich mit dem Federbett zugedeckt und war näher an Peters Wärme gerückt. Beim ersten grauen Schimmer des Morgens stand sie auf und blickte zur oberen Türhälfte hinaus. Es war spärlich bewölkt wie an den Tagen zuvor, kühl, windstill und trocken. Sie würden mit der Heuernte weitermachen.

Peter und Peterkin waren bereits unterwegs zum Feld, und Marion packte gerade das Brot in den Korb, als Hilda zur Tür hereinsah.

»Dick hat Schmerzen in der Hand«, sagte sie. »Er sagt, es ist nichts, aber er hat die ganze Nacht gestöhnt.«

»Hast du was draufgetan?«

»Ja, die eingelegten Kräuter, die M'Dame mir gegeben hat, als Meg in einen rostigen Nagel getreten war. Es ist damals schnell verheilt. Ich hab ihm die Hand verbunden, aber sie muß ihm entsetzlich weh getan haben. Zuerst durfte ich sie gar nicht anfassen.«

»Wo ist er jetzt?«

»Aufs Feld gegangen wie sonst auch. Bist du fertig? Ich geh los, sobald die Mädchen soweit sind.«

»Wir sind soweit«, riefen zwei Kinderstimmen hinter der unteren Türhälfte. So gingen sie alle hinaus aufs Feld, wendeten Heu, warfen hin und wieder einen Blick hinauf zu den Wolken, bedrückt von der schwülen Gewitterluft. Dick arbeitete mit. Marion sah ihn ein Stück entfernt in einer der Reihen, er harkte, hielt aber den Rechen nur mit einer Hand; die andere hatte er in die Öffnung seines Kittels gelegt. Bei der gemeinsamen Mittagspause unter der Eiche fiel Marion auf, daß Dick sehr wenig aß, und als eine seiner kleinen Töchter auf seinen ausgestreckten Körper zugehüpft kam und an seinem rechten Arm zog, stieß er einen Schmerzensschrei aus, bei dem sie alle zusammenzuckten; das verdutzte Kind versteckte sich hinter der Mutter.

Als sie sich aufrappelten, um wieder an die Arbeit zu gehen, murmelte Dick: »Ich bleibe noch ein bißchen liegen – ich fühl mich so komisch.« Und so lag er lange Zeit da, den Kopf auf eine der Eichenwurzeln gebettet.

Am späten Nachmittag kam Hilda zu Marion und bat sie um Hilfe. Ihre Lippen zitterten, als sie sagte: »Ich glaube, er kann nicht weit gehen. Ob Peter und Hodge wohl helfen könnten, ihn nach Hause zu bringen?«

Halb führten, halb schleppten Peter und Hodge ihn schließlich den Weg entlang und durch das Dorf. An der Brücke brach er halb bewußtlos zusammen. Sie holten eine der Hürden, legten ihn drauf und trugen ihn unter großen Mühen über die Dorfweide nach Hause, gefolgt von Hilda und zwei verängstigten Kindern. Währenddessen beeilte sich Marion oben auf dem Feld, mit ihrem Tagwerk fertig zu werden, lud sich Alice auf den Rücken und machte sich auf den Heimweg. Unter der Esche blieb sie stehen, drehte sich um und ging zu Hilda hinüber. Die Tür, die nach Westen lag, stand offen, deshalb war es drinnen hell. Hilda saß neben dem Bett auf einem Baumstamm. Dick lag mit geschlossenen Augen auf dem Bett, sein Atem ging unregelmäßig. Hilda blickte auf, als Marions Gestalt den Raum verdunkelte. »Sieh nur«, flüsterte sie voller Angst.

Marion kam herein. Dicks rechter Arm war so dick angeschwollen, daß er kaum mehr wie ein Arm aussah; er war mit bläulichen und roten Flecken übersät, und der Bereich um den Ballen des Daumens herum war grün und gelb angelaufen.

»Er hat gebrüllt vor Schmerzen, als sie ihn von der Hürde gehoben haben«, sagte Hilda, und ihre Stimme klang so flach wie sein Atem. »Seitdem hat er sich nicht mehr gerührt. Er kann nicht sprechen.« Sie verstummte, als müßte sie die aufkommende Verzweiflung unterdrücken.

»Die Hand ist vergiftet«, sagte Marion. »Das Gelbe ist das Gift.« Sie blickte Hilda in die Augen und fügte mit fester Stimme hinzu: »Es ist niemand da, und wir dürfen keine Zeit mehr verlieren – wir müssen es selber machen. Wir müssen die Wunde aufschneiden und das Gift herausholen. Bring dein schärfstes Messer! Und wo hast du die Kräutertinktur?«

Marion hatte das Messer an der steinernen Türschwelle geschärft. Sie wollte es nicht riskieren, auf die Hilfe anderer zu warten, denn das Tageslicht schwand dahin. Hilda sollte den Arm mit all ihrer Kraft festhalten, und dann wollte Marion um das Loch herumschneiden, das durch den Splitter entstanden war. Natürlich schrie Dick bei der ersten Berührung von Hildas Händen und riß den Arm zurück, aber Hilda packte fest zu, und Marion machte zwei große Schnitte in den Daumen, vergrößerte die Wunde, und eine Menge gelber Eiter floß heraus. Sie machten noch einen Versuch, aber sie konnten ihn nicht mehr festhalten; die Tränen machten Hilda blind für den Akt der Folter, den sie an ihrem geliebten Mann vollzogen. Sie mußten aufgeben. Sie hofften, daß der größte Teil des Gifts herausgeflossen war, zweifelten jedoch daran, denn der Arm war immer noch dick geschwollen. Jetzt blieb ihnen nur noch, die Kräutertinktur in die Wunde zu tropfen.

Er lag halb bewußtlos da, die beiden Frauen sahen ihn an. Die kleinen Mädchen saßen in der zunehmenden Dunkelheit und blickten ebenfalls herüber; sie wagten nicht, zu sprechen oder sich zu rühren, zwischen sich hielten sie die schlafende Alice. Es war fast vollständig dunkel, als Marion Alice auf den Arm nahm und zu Hilda sagte, sie könne auch mitten in der Nacht kommen, wenn sie Hilfe benötige. Dann kehrte sie in ihre Hütte zurück.

Peter und Peterkin waren gerade nach Hause gekommen. Wie an den Tagen zuvor hatte es vor dem Herrenhaus Brot und Bier gegeben. Sie erzählte ihnen, was geschehen war. Vor dem Schlafengehen standen sie noch eine Weile an der Hüttentür und blickten hinüber zu Dicks Hütte. Dort war alles still.

»Vielleicht schläft er jetzt«, sagte Marion. »Vielleicht hab ich das meiste Gift herausbekommen…« Vielleicht – vielleicht wird doch noch alles gut.

Peter blickte hinauf in den Himmel. »Die Wolken haben sich verzogen – der Himmel ist klar. Möglich, daß wir das Heu noch trocken unter Dach und Fach bringen.«

Im Morgengrauen wachte Marion auf, weil sie draußen Schritte hörte. Sie schlug die Augen auf, und im hellen Viereck der oberen Türhälfte, die die ganze Nacht über offengestanden hatte, erkannte sie die dunklen Umrisse von Hildas Kopf und Schultern.

»Ich glaube, er ist tot«, flüsterte Hilda. Nicht einmal als Flüstern war ihre Stimme zu erkennen. Marion war sofort mit Hilda zu ihrer Hütte gelaufen. Drinnen war es zu dunkel, um etwas zu sehen, aber Marion erinnerte sich später an Hildas Hand auf ihrem Unterarm, eine zitternde Hand, die ihre eigene Hand zu dem toten Körper auf dem Bett führte. Mit entsetzlicher Deutlichkeit erinnerte sie sich daran, daß sie zuerst versehentlich die gespannte Haut auf dem geschwollenen Arm berührt hatte, bevor ihre Hand zum Leib des Toten fand. Der Kittel war geöffnet, und unter der lockigen Brustbehaarung fühlte sie feuchte, reglose Haut. Es war keine Bewegung des Herzens oder der Atmung zu spüren.

»Hast du eine Kerze?«

»Das Feuer ist aus.«

Marion fiel ein, daß während der letzten Tage, als alle draußen bei der Heuernte waren, in keiner Hütte ein Feuer gemacht worden war. »Dann öffne den Fensterladen«, sagte sie.

Der kleine Laden wurde aufgestoßen, und im schwachen Lichtschein vom östlichen Himmel konnte man die Umrisse der Dachbalken erkennen, und alles im Raum, das hell war – die Kapuze aus Schaffell, die an einem Nagel hing, die Milch im gescheuerten Holzeimer, die beiden halbausgewachsenen Küken, die sich auf dem Holzklotz aneinanderschmiegten –, nahm vor Marions Augen langsam Gestalt an, aber in der Dunkelheit drüben beim Bett konnte sie nichts erkennen.

»Hat er geschrien?« fragte sie.

»Nein. Nachdem du gegangen warst, hat er fast die ganze Nacht durch gestöhnt und gekeucht. Er hat nicht gesprochen, ich glaube, er konnte nicht sprechen.« Hildas geflüsterte Worte raubten Marion selber die Kraft zum Sprechen. Nach einer Weile fuhr Hilda noch leiser fort: »Ich glaube, er hat nichts mehr gespürt – er lag einfach da, sein Atem wurde immer stockender, und dann ... hat er einfach ... aufgehört.«

Marion war zurück in ihre Hütte gegangen, hatte Peter und Peterkin geweckt und den Jungen zum Herrenhaus geschickt, damit er Sir Hugh und Pater John holte. Hilda ließ sich nicht dazu bewegen, ihren toten Mann zu verlassen, aber die verängstigten kleinen Mädchen, die die Nacht über unter einem Bord geschlummert hatten, mit Janty in ihrer Mitte, nahm Marion mit zu sich nach Hause und gab ihnen Brot und Milch.

Peterkin kam mit Sir Hugh und Dame Margaret zurück, alle drei sehr bedrückt und außer Atem; Pater John folgte ihnen mit ein paar Kerzen und ausgesprochen schlechter Laune, weil man ihn so früh aus den Federn geholt hatte. Als er dann in der Hütte der Shepherds stand, mußte er Peterkin noch einmal ins Dorf schicken, um einen rotglühenden Scheit in einem alten Eisentopf zu holen, weil er nicht daran gedacht hatte, daß nirgends im Weiler ein Feuer brannte, an dem man die Kerzen entzünden konnte. Und so war es taghell geworden, bis am Kopf- und am Fußende des Bettes zwei Kerzen brannten; sie waren so achtlos in Astlöcher des hölzernen Rahmens gesteckt, daß Marion schon fürchtete, sie könnten umkippen und das Stroh, auf dem Dick lag, in Brand setzen. Sie hatte ein wenig Salz auf ein Efeublatt gestreut (einen Teller konnte sie nicht erübrigen) und es Dick auf die Brust gelegt. Sie waren niedergekniet, als Pater John die lateinischen Worte aufsagte, die keiner von ihnen verstand und die er an jedem Totenbett aufsagte, und dann waren alle hinausgegangen, bis auf Hilda und Pater John, die neben dem Toten sitzen geblieben waren.

Draußen sagte Sir Hugh, er müsse sofort zurück ins Dorf und mit Tom über das Grab reden. Dame Margaret wollte noch bleiben, um die Angelegenheit mit Marion zu besprechen, aber Marion wollte sie nicht in ihrer Hütte haben, weil dort das alte Federbett herumlag, und das hätte unangenehme Fragen zur Herkunft der vielen Federn nach sich ziehen können, auch wenn es Jahre gedauert hatte, bis sie sie gesammelt hatte. Aber die lästige Dame Margaret wollte einfach nicht gehen, so daß Marion sie schließlich bat, auf dem Baumstamm unter dem Vordach Platz zu nehmen; sie würde ihr ein Frühstück bereiten. Sie ging schnell in die Hütte, nahm die feuchte, noch gar nicht richtig aufgewachte Alice aus ihrer Wiege und setzte sie Dame Margaret auf den Schoß, in der Hoffnung, sie damit eine Weile zu beschäftigen. Als sie das große Federbett und die Kinderdecke unter dem Bettstroh verschwinden ließ, begegnete sie Peters Blick, und das einzige Mal an diesem Tag lächelten die beiden sich zu. Nachdem Dame Margaret Brot und Milch gegessen und von Marion erfahren hatte, was sie von Hilda über den Todesfall wußte, brachte Peter sie zurück ins Dorf und ließ sich von ihr überreden, Tom beim Ausheben des Grabes zu helfen.

Peter erzählte Marion später, daß die Dorfleute, verschlafen, aber voller Entsetzen über die Nachricht von Dicks Tod, sich bereits auf dem Anger versammelt hatten, als er dort ankam; aber dann waren sie von einem zornigen Sir Hugh hinauf in die Heuwiesen ge-schickt worden. Die tiefe Sorge hatte den sonst so schweigsamen Mann unbeherrscht gemacht. Selbst Rollo, der jede körperliche Arbeit scheute, war von ihm zur Heuernte beordert worden.

»Ein Paar Hände haben wir letzte Nacht verloren«, hatte Sir Hugh zur Begründung gesagt, »und lange währt das trockene Wet-ter nicht mehr.«

Dann war Sir Hugh mit Tom und Peter losgegangen, um einen Platz für das Grab auszusuchen. Er hatte Toms Rat mißachtet und eine Stelle ausgewählt, die viel zu nah an einer Eibe lag, und den lieben langen Tag lang mußten die beiden sich mit den eisenharten Wurzeln der Eibe herumplagen. Die Sonne ging schon unter, da hatten sie das Grab endlich auf die richtige Tiefe ausgehoben und dabei auch einen Spaten abgebrochen.

Marion war wieder zu Hildas Hütte hinübergegangen, wo Hilda und Pater John noch immer schweigend beisammen saßen. Auf ihre Frage, ob sie etwas für sie tun könnte, hatte sie ein Nein zur Ant-wort bekommen, war in ihre Hütte zurückgekehrt, hatte die drei Mädchen und einen halben Laib Brot mitgenommen und sich auf den Weg zur Heuernte gemacht. Als sie dann abends zurückkam, fragte sie Hilda, ob Pater John sie überhaupt getröstet habe.

»Getröstet?« antwortete Hilda mit schwacher Stimme. »Wie denn?«

»Hat er nichts über Dicks Seele im Himmel gesagt? Gar nichts?«

»Nein – nichts. Manchmal hat er gegähnt und seine Kutte nach Flöhen abgesucht. Sonst ist er nur dagesessen. Ich wollte nicht, daß er etwas zu mir sagt.« Hilda wirkte einigermaßen gefaßt, aber sie sah sehr blaß aus, und ihr Blick schien von weit her zu kommen. Sie weinte nicht, sagte kaum etwas, und ihre Kinder, die sich immer noch in Marions Obhut befanden, hatte sie anscheinend vollkommen vergessen.

Am Tag darauf wurde Dick beerdigt. Ned, Tom und Ed-mein-Junge kamen früh, legten die Hürde, auf der man Dick heimgebracht hatte und die seitdem an der Hüttenwand lehnte, vor der Hütte auf den Boden, weil sie sie nicht durch die Tür bekamen, und trugen den Toten hinaus. Die Kerzen waren längst heruntergebrannt. Die Männer fluchten leise über den fürchterlichen Gestank der Leiche und verscheuchten die Fliegen von der nässenden, geschwollenen Hand. Peter gesellte sich zu ihnen, und zu viert – einer an jeder Ecke der Hürde – trugen sie den Toten über die Dorfweide. Vor der Brücke blieben sie stehen, setzten die Hürde vorsichtig ab, streckten die Schultern und lockerten die Arme. Hilda beugte sich herunter und zupfte das Tuch zurecht, das den Toten bedeckte. Keiner sagte etwas. Marion konnte sich genau an jede Einzelheit dieses Augenblicks erinnern. Es war ein bewölkter Morgen, windstill und schwül. Der Weg, auf dem die Trage lag, war völlig abgetreten – nur etwas Wegerich stand noch aus der steinigen Erde hervor. An den Wegrändern wuchs trockenes Gras, vermischt mit Kamille, deren Büschel ebenfalls platt getreten waren, und dahinter standen höhere Gräser, hell, mit dunkleren Samenähren, dazwischen Ampfer und blaugrüne Distelstrünke, deren malvenfarbene Blüten den ersten Samenflaum trugen. Neben den Steinen, die den Aufgang zur Brücke pflasterten, hielt sich hartnäckig eine Ackerwinde und schmückte das trockene Gras mit ihren rosafarbenen Kelchen.

Peter und Tom verständigten sich mit ein paar Lauten und Handbewegungen, dann faßte Peter die Kopfseite der Hürde und Tom das Fußende; sie hoben sie vorsichtig an und trugen sie über die Brücke. Die beiden schmalen Bohlen erlaubten es nicht, sie zu zweit nebeneinander hinüberzutragen. Auf der anderen Seite nahmen Ned und Ed-mein-Junge ihre Plätze wieder ein, und nach kurzem

Umgreifen der Hände konnte der kleine Leichenzug seinen Weg zum Anger fortsetzen.

Die Bedeutung der Heuernte lag im Wettstreit mit der Notwendigkeit, dem Toten die letzte Ehre zu erweisen. Deshalb standen nur die Frauen des Dorfes, ihre kleinen Kinder und ein paar ältere Männer betrübt und mit sorgenvollen Gesichtern auf dem Anger. Sie reihten sich in die Prozession ein, der sich irgendwo unterwegs auch Janty und True angeschlossen hatten, und standen dann schweigend um das Grab herum, als Dicks toter Körper, so feierlich, wie die Umstände es erlaubten, von der Hürde gekippt wurde und in die wurzlige Grube rollte. Pater John sagte wieder seine seltsamen Worte auf, dann ließ er seine vier knabenhaften, ziemlich aufgeregten Ministranten hinter sich Aufstellung nehmen und gab ihnen mit seiner sommersprossigen Hand ein Zeichen. Die vier ängstlichen, dünnen Stimmchen fielen mit ein, als er seinen kurzen Grabgesang intonierte, dessen Worte allen Dorfbewohnern, bis auf die allerjüngsten, wohlvertraut waren, auch wenn niemand sie verstand.

Noch während sie sangen, hatte es zu regnen begonnen, aber die Eibennadeln hielten die meisten Tropfen ab. Das Lied klang aus, der Segen wurde erteilt, und die Leute gingen auseinander. Tom faltete die Decke, mit der Dick zugedeckt war, ordentlich zusammen und übergab sie wortlos an Marion. Ned trug die Hürde fort, die beiden Hunde folgten ihm unruhig, die Hinterbeine nicht im Einklang mit den Vorderbeinen, so, wie alle allein gelassenen Hunde laufen. Peter und Tom griffen zu den Spaten, die sie hinter die Eibe gestellt hatten, und machten sich daran, das Grab zuzuschaufeln. Hilda stand da, zu beiden Seiten eins ihrer Mädchen, in deren hellroten Locken die Regentropfen glitzerten, und sah der Arbeit der Spaten schweigend zu. Dame Margaret ging zu ihr und faßte sie am Arm.

»Nun, meine Liebe, wir wissen alle, wie dir zumute ist. Dir wird leichter ums Herz sein, wenn du dich erst einmal richtig ausgeweint hast. Es tut nicht gut, wenn man zu still ist. Um deine Mädchen mußt du dich nicht sorgen, wir kümmern uns um sie, und auch um dich werden wir uns kümmern. Ich werde mit Sir Hugh darüber reden.«

Hilda stand unbewegt – sie schien es gar nicht gehört zu haben.

Noch ein wenig nüchterner ging die Tröstung weiter: »Er war ein guter Arbeitsmann, dein Dick, und das wird Sir Hugh nicht vergessen. Ab jetzt sorgen wir für dich, du mußt dir darüber keine Gedanken machen. Und jetzt bringt Marion dich nach Hause, damit du dich richtig ausweinen kannst, und wir überlegen uns, was für dich das Beste ist.«

Hilda sagte mit schwacher Stimme: »Danke.« Dann flüsterte sie Marion in ihrer Verzweiflung zu: »Laßt mich jetzt bitte gehen.« Marion und die anderen blickten ihr nach, wie sie über den Anger zur Brücke ging, dann weiter über die Dorfweide, bis sie hinter den Birken und Erlen nicht mehr zu sehen war.

»Mehr kann man im Moment nicht für sie tun«, sagte Dame Margaret mit einer Spur Erleichterung in der Stimme. »Kommt, Kinder, Magda wird sich heute um euch kümmern.« Und sie nahm sie mit ins Herrenhaus.

Unter den Hunden auf dem Anger war eine Beißerei ausgebrochen, und die Dorfbewohner, froh darüber, ihrer Anspannung Luft machen zu können, warfen mit wütendem Eifer Erdklumpen nach den Kötern. Der Regen wurde stärker, und als die Dorfleute aufbrachen, beglückwünschten sie sich gegenseitig dazu, daß sie den größten Teil der Heuernte trocken eingebracht hatten.

Marion begegnete Tom und Peter unter der Eiche. Tom rieb sich die Nase am Ärmel ab. »Die stinkendste Leiche, die ich je begraben mußte«, murmelte er. Er suchte Peters Blick und deutete mit dem Kopf auf die Braukammer im Hof des Herrenhauses, eine unverhohlene Einladung zu einem heimlichen Umtrunk, aber als er Ned ohne die Hürde zurückkommen sah, blieb er stehen. Marion sah Neds versteinertes Gesicht und die Tränen, die ihm in den hellen Flaum auf seinen Wangen liefen.

»Dick ist tot«, sagte er mit Grabesstimme, als hätte er es erst jetzt begriffen. Tom warf ihm einen schnellen Blick zu. »Und wer soll sich jetzt um die Schafe kümmern?« schluchzte Ned.

Tom nahm seinen Arm und sagte mit fester Stimme: »Du, mein Junge, wer sonst?«

»Ach, ich kann das nicht«, stöhnte Ned und fing ungehemmt zu weinen an.

»Doch, mein Junge, du kannst es. Du kannst es, weil du mußt. Was meinst du denn, warum du hier Hirtenjunge bist? Weil Dick dich als den Besten ausgewählt hat, bevor er Sir Hugh gefragt hat, ob er dich haben kann. Deshalb kannst du es und mußt es können.« Er klopfte Ned auf die bebenden Schultern. »Hör zu, du bindest jetzt deine Hunde an, und dann kommst du mit Peter und mir auf einen guten Schluck in den Hof.« Sie trotteten zu dritt davon, Ned mit gesenktem Kopf.

Marion sah ihnen nach und dachte: Tom tut wirklich sein Bestes, aber eigentlich wäre es Sir Hughs Aufgabe – oder wenigstens Rollos. Warum bleiben so viele wichtige Aufgaben an Tom hängen? Aber dann dachte sie, daß es wichtig sein könnte, einen Hirtenjungen zu trösten, käme Sir Hugh gar nicht in den Sinn.

Es war ein Nieselregen, von dem man schnell klatschnaß wurde. Marion faltete die Decke auseinander, die Dick zugedeckt hatte, und legte sie sich um die Schultern.

Vor der Tür zwitscherte eine Meise und rief Marions Gedanken zurück in die Gegenwart. Sie schlug die Augen wieder auf. Es wurde hell. Peter lag reglos mit dem Gesicht zur Wand, ein Bergmassiv aus nackten Schultern, halb versteckt unter dem Federbett. Peterkin, im Stroh zusammengerollt, schlief noch, die Haare hingen ihm ins Gesicht. Aus der Wiege war kein Laut zu hören.

Marion bettete den Kopf bequemer auf das Stroh. Die Trauer lastete noch schwer auf ihrem Herzen, aber von den vielen vagen Ängsten waren nur zwei zurückgeblieben. Die erste teilte sie mit allen Dorfbewohnern: Wer sollte Dicks Platz als Schäfer des Herrenhauses einnehmen? Alle wußten, daß Ned der einzige Kandidat war, aber er war noch sehr jung und erst seit ein paar Jahren Hirtenjunge. Jo war noch jünger und kam nicht in Frage. Der will ja doch nur auf seiner albernen Flöte spielen, sagten alle. Würde Ned es lernen, hatte er es gelernt, die Herde im Winter zu hüten und zu beschützen, sie zu vergrößern, wie Dick es getan hatte? Dick war ihr Held gewesen, weil er Erfolg hatte. In den letzten Jahren unter Dicks Obhut waren keine Seuchen mehr unter den Schafen ausgebrochen, kaum einmal war ein Lamm dem Fuchs zum Opfer gefallen, fast alle geborenen Lämmer hatte er auch groß bekommen. Er hatte die besten Weidegründe in den Bergen gefunden, hatte Unterstände in den engen, mit Ginster und Gras bewachsenen Senken gebaut, in denen die Schafe mit dem Futter, das er ihnen brachte, den Winter überstanden hatten, selbst wenn im Januar die Schneestürme darüber hinweggefegt waren. Wochenlang war er oben in den Bergen geblieben, nur Ned oder Jo waren ins Dorf heruntergekommen, um Proviant zu holen und von den neugeborenen Lämmern zu berichten. Wolle war die Quelle ihres Wohlstands. Kein Wunder also, daß sie so sorgenvoll auf den blutjungen Ned blickten. Sie hatten Angst, die Quelle könnte versiegen.

Über die zweite Angst wurde im Dorf nicht gesprochen; man fürchtete wohl, das Aussprechen könnte sie noch bedrohlicher machen. Es war die Sorge um den Nachschub an Salz. So weit der älteste der alten Dorfbewohner zurückdenken konnte, war jedes Jahr Ende Mai oder Anfang Juni ein Trupp von Männern aus Rutherford zu ihnen ins Dorf gekommen, mit Pferden oder Eseln, die mit Salz, Töpferwaren und Eisen beladen waren. Um diese Zeit des Jahres war der Pfad durch den Wald am trockensten, wenn auch von Laub und Gestrüpp überwachsen, und die Tage waren so lang, daß man den Weg von Rutherford ins Dorf bei Tageslicht schaffte. Letztes Jahr hatte Peterkin sie als erster gesehen. Er war auf der Dorfweide gewesen, und als er über den Bach blickte, waren sie gerade zwischen den Weidenbüschen hervorgekommen, auf dem Weg, der vom Wald her auf der anderen Seite des Bachs entlangführte – vier schwer beladene Pferde und drei müde Männer, die langsam auf das Dorf zutrotteten. Es wurde schon dunkel, und erst am nächsten Morgen waren alle Körbe leer gepackt, standen die Säcke voller Salzkristalle im Herrenhaus auf der Bank und die braunen Krüge und Teller auf Sir Hughs Tisch aufgereiht für die Verteilung. Am Morgen darauf sah Marion, die mit ihren Eimern an der Wasserstelle stand, die Männer aus Rutherford, wie sie schweigend wieder im Wald verschwanden, die schaukelnden Körbe auf beiden Seiten der Pferderücken vollgepackt mit Spulen gesponnener Wolle, und einige davon hatte Marion gesponnen.

Dieser regelmäßige Besuch im Sommer war eine der wenigen Verbindungen der Dorfbewohner zur übrigen Welt. Aber jetzt war schon Mitte Juli, und es war noch niemand aus Rutherford erschienen. Sollte sich jemand auf eines der Pferde des Herrenhauses schwingen und nach Rutherford reiten, um sich nach dem Grund zu erkundigen? Oder sollten sie gleich die gesponnene Wolle aufladen und selber hinbringen? Vielleicht war der Trupp in Rutherford aufgebrochen und unterwegs von Räubern überfallen worden, und das Eisen war gestohlen und die Töpfe zerbrochen? Oder hatte eine Seuche in Rutherford die Männer von der Reise abgehalten? Ob man vielleicht doch lieber abwarten sollte? Bis zur Ernte war noch ein Monat Zeit – hatte sie erst einmal angefangen, dann waren alle beschäftigt, und kein Mann und kein Pferd konnten für eine mehrtägige Reise nach Rutherford erübrigt werden. Nach der Ernte kam das Dreschen, das Sieben, das Schlachten der Ochsen und Schweine für den Winter... Bedrohliche Befürchtungen mischten sich unter Marions Gedanken: Gab es genug Säcke im Dorf, um das gedroschene Getreide zu verwahren? Gab es genügend Salz im Herrenhaus, um das Fleisch der Ochsen zu pökeln?

»Hör auf, dich zu sorgen«, sagte sie sich. »Darüber müssen sich andere den Kopf zerbrechen.« Doch manchmal ist es schwer, die eigenen Ratschläge zu befolgen.

Der Tag graute, und obwohl die Luft noch feucht und schwer war, spürte man die erfrischende Kühle des Morgens. Das Leben mußte weitergehen, trotz Angst und Tod, und gewöhnlich waren es die Frauen, die dafür zu sorgen hatten. Sie stieß Peterkin mit dem Fuß an. Peter weckte sie ein wenig feierlicher, indem sie den Arm um ihn legte. Er seufzte, hob den Kopf und setzte sich auf. Ein wenig verwundert entdeckte sie die vielen weißen Haare auf seiner Brust, dabei waren Kopfhaare und Bart doch noch ganz gleichmäßig braun. Mit seinen breiten Händen rieb er sich den Bart und lächelte sie an. Wohlgefällig betrachtete sie seine kräftigen Schultern und die muskulösen Arme. Gern hätte sie seine nackte Schulter geküßt, aber sie tat es nicht.

Nach einem kurzen Frühstück gingen sie über die Dorfweide davon, Peterkin mit einer Tasche voll Brot und weichem Käse und einem kleinen Eimer, den er unterwegs im Bach füllen wollte, Peter mit dem langen Lederbeutel, aus dem die Griffe seiner größten Sägen hervorstanden. An der Brücke waren sie mit ein paar anderen Männern verabredet: mit Matt, dem Pflüger des Herrenhauses, und seinem Sohn, mit Steve Hunter, Andrew Fletcher und dem unermüdlichen Simkin. Unterwegs wollte Roger aus der Mühle zu ihnen stoßen. Sie sollten in den Wald gegenüber der Mühle hinaufsteigen und dort oben eine besonders kräftige, hohe Eiche fällen, zerkleinern und nach unten schaffen; das Holz würde zu gegebener Zeit haltbare Pfosten und Balken für zukünftige Scheunenbauten liefern. Rollo hatte den Baum gekennzeichnet, und vor einer Woche war er zusammen mit Peter hinaufgestiegen, um sich vom Zimmermann die Eignung des Baums bestätigen zu lassen. Peterkin war zu jung und zu schwach, um zu sägen oder die Axt zu führen; seine Aufgabe würde es sein – wahrscheinlich zusammen mit ein paar der Fletcher-Jungen –, zum Bach hinunterzusteigen und die schwitzenden, durstigen Säger mit Trinkwasser zu versorgen.

Marion war allein, und der Schmerz und die Angst kehrten zu ihr zurück. Sie saß unter dem Vordach, blickte hinaus in den Garten, legte den Kopf gegen die Hüttenwand und weinte.

Nach einer Weile schreckte Alice mit ihrem dringlichen »Alice raus, Mama« sie aus ihren Gedanken, und während sie sich um Alice kümmerte, faßte sie den Entschluß, ihren Bruder Simon und seine Familie zu besuchen. Die Lebensfreude, der Fleiß, die Zufriedenheit, die die Müllersleute ausstrahlten, würden sie auf andere Gedanken bringen. Sie hatte sogar einen Grund für den Besuch. Von der Ernte des letzten Jahres war noch ein ganzer Sack ungemahlener Weizen übrig. Sie wußte zwar, daß Simon bei dem niedrigen Wasserstand nicht mahlen konnte, aber wenn sie ihm den Sack jetzt schon brachte, konnte er ihr das Korn mahlen, sobald der Regen die Mühle wieder arbeiten ließ.

Ihr letzter Getreidesack stand auf einem Wandbrett über dem Verschlag der Ziege. Sie erreichte ihn nur mit Mühe. Es war Peters Aufgabe, die Getreidevorräte hin und wieder zu kontrollieren, damit man sicher sein konnte, daß Ratten und Mäuse sie nicht angefressen hatten. Durch Löcher in den Säcken konnte so viel Getreide verlorengehen. Die Mäuse und ein undichtes Dach und als Folge davon feuchte Säcke und schimmliges oder keimendes Getreide – das waren ständige Sorgen.

Nur mit äußerster Anstrengung und indem sie sich auf den umgedrehten Futtertrog stellte, schaffte sie es, den Sack vom Wandbrett zu heben. Es ist wunderbar, dachte sie, was man alles fertigbringt, wenn man Zeit genug hat und niemand da ist, der einen für dumm erklärt. Sie hob den Sack auf den Schubkarren und fand noch eine späte Margerite und ein paar Gänseblümchen, die sie um den Sackkragen band. »Alice«, rief sie, »wir fahren in die Mühle zu Tante Betsy. Du setzt dich auf den Schubkarren. Aber erst Pipi machen.«

»Will kein Pipi machen«, erklärte Alice.

»Du mußt aber.« Marion wollte nicht riskieren, daß Alice unterwegs den Getreidesack naß machte. Sie hob die Kleine hoch, zog ihr das Kleid hoch und hielt sie mit gespreizten Beinen ab.

»Will kein Pipi machen«, wiederholte Alice.

»Nun mach schon«, sagte Marion und schüttelte sie ein wenig. Alice machte Pipi. »Na siehst du. Und jetzt rauf auf den Karren. Setz dich auf den Sack, ja, ein Bein auf jede Seite, und nicht soviel herumzappeln.«

Der Schubkarren war schwer, und mit Alice und dem Kornsack beladen war er für Marion fast zu schwer. Das solide gebaute Rad, das sich mühsam an der kurzen eisernen Achse drehte, und der unebene Weg machten es nicht leichter, aber erst einmal ging es die Böschung abwärts und durch die Pforte hinaus auf die Dorfweide. Alice warf vor Vergnügen die Arme in die Luft.

Es war ein heißer, drückender Tag, lavendelfarbene Wolken standen reglos am Himmel. Über dem Dorf lag eine gewisse Mattigkeit, nichts Ungewöhnliches für die Jahreszeit. Um die Hütte herum zwitscherten und flatterten seit Sonnenaufgang die Spatzen, aber hier auf der großen Dorfweide machte das Leben nur wenige Geräusche. Die Vögel in den Wäldern waren still, abgesehen von ein paar gurrenden Tauben, und von den Kühen, die sich im Schatten einer großen Eiche versammelt hatten, kam außer dem stetigen Schlagen ihrer Schwänze kein Laut.

Diese Mattigkeit, vielleicht noch verstärkt durch das Entsetzen über Dicks Tod, hatte sich auch auf die Dorfbewohner übertragen, und von den Männern machte sich so mancher einen geruhsamen Tag zu dieser Zeit des Hochsommers. Die Schafschur war vorbei, die Schafe und ihre halbausgewachsenen Lämmer waren längst mit Ned und Jo in die Berge zurückgekehrt. Das Heu – jedenfalls der größte Teil – war geschnitten, getrocknet, eingefahren und aufgeschichtet. Bis zur Ernte waren noch ein paar Wochen Zeit, noch stand das Korn silbrig und grün auf den Ackerstreifen. In den Gärten überall im Dorf mußten Erbsen und Bohnen noch wachsen, bevor man sie pflücken konnte. Die Kühe gaben noch Milch und grasten friedlich mit ihren Kälbern.

Die meisten Männer richteten sich nach der Natur. Sie wußten, daß sie in dieser Pause des Jahres eigentlich die Zäune kontrollieren, die Dächer flicken, die Gräben säubern, die Pflüge einstellen, das Holz für den nächsten Winter schlagen und tausend andere kleine Arbeiten machen sollten, für die in den arbeitsreichen Zeiten der Ernte wenig Zeit blieb und zu denen man an den bitterkalten, kurzen Wintertagen wenig Lust verspürte. Die umsichtigen und tatkräftigen Männer kümmerten sich um solche Angelegenheiten, auch wenn sie nicht von Rollo dazu angehalten wurden, die meisten aber ruhten sich aus, atmeten leichten Herzens die warme Luft, streckten an kleebewachsenen Wegrändern die müden Beine von sich, warfen die muffigen Kapuzen ab, blickten vergnügt hinauf in den Himmel und summten ein ruhiges Lied vor sich hin, wenn sie an den langen Sommerabenden unter der Eiche auf dem Anger saßen, den Krug herumgehen ließen und den überlasteten Schultern und den knorrigen Händen Entspannung gönnten. Ein Verhalten, das Peter stets mißbilligt hatte.

»Einer wie ich muß immer arbeiten, für den Zimmermann gibt's keine Jahreszeiten. Diese Leute« – ein Kopfschütteln in Richtung der plaudernden Müßiggänger unter der Eiche – »warten darauf, daß ihre Ernte reif wird. Wochenlang sitzen die untätig herum, aber für mich heißt es arbeiten, arbeiten, immer nur arbeiten.«

Für mich und für alle anderen Frauen auch, dachte Marion.

Marion hatte es bis zur Brücke geschafft. Hier hielt sie an und stellte den Schubkarren ab, um die Arme zu entlasten. Die Ufer des Bachs waren in dichtes Grün gehüllt, die Pflanzen hingen bis über das Wasser und verbargen die Umrisse des Geländes. Unter hohes Gras mischten sich Sternmiere und Kuckuckslichtnelken, Brombeeren und Hunderosen rankten sich über den stillen Tümpeln, die zu dieser Jahreszeit vom Bach übriggeblieben waren. Marion überkam ein plötzliches Verlangen nach dem kühlen Naß. Sie sicherte den Schubkarren mit einem Stein, glitt durch das dichte Grün am Ufer und hielt sich dabei mit einer Hand an den unteren Brückenbalken fest. Sie spürte die Kühle, als ihre Füße das Schilf unter das Wasser drückten, und winzige silberne Bläschen klammerten sich an die Halme. Ihre Füße sanken ein im weichen Schlamm, und ein schmaler Streifen Kälte kletterte ihr an den Beinen hoch. Mit der freien Hand raffte sie das Kleid und legte sich zurück ins hohe Gras. Ein morastiger Geruch stieg aus dem aufgerührten Wasser und vermischte sich mit dem Duft der Pfefferminzblätter, die sie mit den Füßen zertreten hatte. Abgesehen vom Zirpen der Heuschrecken war es sehr still. In dieser Selbstvergessenheit wäre sie nicht gerne von Nachbarn überrascht worden, aber niemand kam des Weges, und die kühle Einsamkeit wirkte wie süßer Balsam. Das Wasser erfrischte ihre brennenden, verhärteten Füße und weichte sie auf.

»Maa-maa«, rief Alice, die sich plötzlich langweilte. Marion drehte sich um, schob einen Blutweiderich zur Seite und blickte hinauf zu ihr. »Maa-maa«, rief Alice wieder und streckte einen Arm nach Marion aus.

Diese Geste, vielleicht auch die Ähnlichkeit in der Form des Kopfes, weckte in Marion die wehmütige Erinnerung an Nolly, und einen Moment lang stockte ihr der Atem. Sie fragte sich, woher Nolly – der nun schon seit ein paar Jahren tot war – diese hinreißende Anmut hatte, die kein anderes ihrer Kinder besaß. In allen Einzelheiten konnte sie sich sein rundes, braunes Gesicht vorstellen, die kugelrunden, braunen Augen, das strahlende, einladende Lächeln. War es sein freundliches Wesen, das ihn von ihren anderen Kindern unterschieden hatte? Möglich. Peterkin war ihr immer sehr eigenständig vorgekommen, Alice war lebhaft, und Margery war viel zu zurückhaltend in all ihren Lebensäußerungen gewesen, um einen nachhaltigen Eindruck zu hinterlassen. Marion wußte nicht, welche Vorzüge Nolly besessen hatte, aber keines ihrer Kinder war ihrem Herzen so nah gekommen, keines hatte oder würde bei seinem Tode so tiefe Narben hinterlassen. »Ach, mein armer Nolly«, sagte sie laut, als könnte das Aussprechen seines Namens ihn wieder zum Leben erwecken.

Marion erhob sich, rupfte einen Blutweiderich aus dem Boden und schenkte ihn Alice, dann hob sie sie von der Karre, trug sie über die Brücke und setzte sie auf der anderen Seite in den niedrigen Klee.

»Bleib schön sitzen, Alice«, sagte sie, »ich geh den Schubkarren holen.« Auch den Sack mußte sie über die Brücke tragen; sie hätte den Karren unmöglich die Stufen hinaufziehen können, ohne Gefahr zu laufen, die Ladung in den Bach zu kippen. Dieser dreimalige Gang über die Stufen aus groben Baumstämmen tat ihren aufgeweichten Fußsohlen weh. Als Marion auf der anderen Seite Alice und den Getreidesack wieder aufgeladen hatte, sah sie Hilda allein im offenen Schuppen auf der Rückseite des Herrenhauses stehen und Teig kneten. Marion wäre ihr lieber aus dem Weg gegangen, aber so unfreundlich durfte sie nicht sein, also stellte sie den Schubkarren unter der Eiche ab und ging auf Hilda zu, um sich zu erkundigen, wie es ihr ginge.

»Ich bin da«, sagte Hilda. »Das heißt, ich vermute, daß ich da bin und mit den Kindern im Herrenhaus lebe – eine gewöhnliche Dienstmagd beim Brotbacken. Manchmal hab ich das Gefühl, tief in einem Traum zu sein.«

»Das kann ich gut verstehen«, antwortete Marion. Sie bediente sich einer der üblichen Trostfloskeln: »Du wirst darüber hinwegkommen und dich wieder besser fühlen. Es ist der Schock, weißt du.«

»Ich werde mich nicht besser fühlen, weil ich es nicht will«, erwiderte Hilda sehr ruhig, als würde sie über jemand anderen sprechen, und Marion fiel auf, wie dünn die Finger waren, mit denen sie den Teig umklammert hielt.

»Doch, ganz sicher«, sagte Marion und glaubte selber nicht so recht an ihre gutgemeinten Aufmunterungen. »Du mußt an die Zukunft denken und an deine Kinder. Nach einer Weile gewöhnst du dich daran, auf dich gestellt zu sein.« Noch während sie das sagte, fragte sich Marion, ob die Worte »auf dich gestellt sein« eine treffende Umschreibung für ein Leben im Herrenhaus waren.

»Ich werde mich nie daran gewöhnen, daß Dick nicht mehr da ist«, sagte Hilda im selben Tonfall, und es klang fast, als redete sie mit dem Brotteig.

Marion zögerte. Hildas Stimme klang ohne jede Hoffnung.

»Er war auch vorher nicht immer da.« Marion machte einen neuen Versuch. »Tagelang war er oben in den Bergen, wochenlang manchmal.«

»Ja, das stimmt.« Hilda richtete den Blick in die Berge. »Bei Tag und bei Nacht, in seiner kleinen Hütte aus Ginster oder draußen unter sternklarem Himmel, und meine Gedanken sind zu ihm geflogen, hinauf in die Berge, in die Dunkelheit – wohl tausendmal am Tag oder in der Nacht.« Ihre Schultern fielen herab, und sie senkte den Kopf. Marion fiel auf, daß Hilda den Brotteig viel zu fest knetete vor Erregung. Hilda hob den Kopf und sah Marion an.

»Aber jetzt«, sagte sie heftig, »rasen sie mir davon, die Gedanken, hinauf in die Berge, fort über die Wälder und immer weiter, bis mir ganz schwindlig wird, weil es keinen Platz mehr gibt, wo sie ausruhen können. Sie rollen von mir ab wie der Faden von der Spule, immer weiter und weiter, bis mir schwindelig wird davon, und es nimmt kein Ende, Marion, es nimmt kein Ende.« Ein leichtes Zittern in der Stimme preßte ihr die Lippen zusammen, und mit steifen Fingern knetete sie wieder den Teig.

Marion war verblüfft und sprachlos. Nicht nur, daß es unüblich war im Dorf, seine Gefühle zu beschreiben, es wäre auch kaum jemand dazu in der Lage gewesen. Die Dorfbewohner brachten allenfalls ein paar abgedroschene Sätze zustande, aus denen jede persönliche Färbung längst herausgewaschen war. »Es ist ein großes Unglück«, sagte man beim Tod einer jungen Mutter oder eines jungen Ehemanns; »Was für ein grausamer Tag für sie«, hieß es beim Tod eines Neugeborenen oder eines kleinen Kindes, und beim Tod eines alten Menschen: »Ach ja, einmal kommt für jeden der Tag.« In Marion regten sich Mitleid und Widerwillen, doch stärker noch war die Empfindung, eine ungekannte Tiefe des Fühlens zu erleben. Die herkömmlichen Redensarten paßten nicht zu Hilda, ebensowenig, wie überkommene Ansichten jemals zu Dick gepaßt hatten. Zum ersten Mal kam ihr der Gedanke, daß es Hildas seltsame Denkweise, ihre ungewöhnlichen Worte gewesen sein könnten, die sie so anziehend für Dick gemacht hatten, denn niemand hatte die sommersprossige Hilda jemals hübsch gefunden. Und Marion bekam eine Ahnung von den unsichtbaren Banden aus Gedanken und Worten, die zwei Menschen vielleicht noch enger aneinander fesseln konnten als körperliche Leidenschaft und die daraus entstehenden Kinder.

Hilda hob das tränenlose Gesicht und blickte Marion wieder in die Augen. »Ich sollte nicht so reden, denkst du – vielleicht hast du recht. Ich sage dir nur, was in mir vorgeht. Ich glaube, du weißt, was wirklich in einem vorgeht, wenn man das Gefühl hat, zerrissen zu werden. Sprüche wie ›Kopf hoch, Mädchen!‹ oder ›Die Kinder werden dir ein Trost sein‹ bedeuten gar nichts. Und das sagen sie zu mir – Joan sagt es zu mir. Die Mädchen sind brave Kinder, aber ein kleines Mädchen kann einen doch nicht über den Tod des geliebten Mannes hinwegtrösten. Das weißt du doch, Marion – oder etwa nicht?«

Marion nickte langsam. »Ja, das weiß ich«, sagte sie, »ein solcher Schmerz ist nicht zu heilen, und man kann auch nicht viel darüber reden«, und dabei mußte sie an Nolly denken.

Hilda quetschte den Teig zusammen, und ihre Stimme zitterte ein wenig, als sie sagte: »Hier kann ich überhaupt nicht reden.

M'Dame ist in Ordnung, ein bißchen steif, aber sie behandelt mich gut, und weil sie nett zu mir sein will, gibt sie nicht mir die Schuld an allem, was ihr nicht paßt. Joan ist ein altes Plappermaul. Tom ist nett, wirklich nett, aber er hat ständig zu tun. Und Milly braucht immer etwas, über das sie sich das Maul zerreißen kann – ich bin hier sehr allein.«

Marion stand schweigend da. Dann legte sie ihre Hand auf Hildas Hand, die sich im Teig festkrallte. Jetzt, nachdem sie ihre Gedanken gesammelt hatte, faßte sie den Mut zu einer ungewöhnlichen Äußerung.

»Hilda, halte deine Erinnerungen fest. Du mußt sie in Gedanken immer wieder durchgehen, jede einzelne von ihnen. Erinnere dich an alles, was ihr zusammen getan habt, du und Dick, worüber ihr gesprochen habt. Es wird dich bittere Tränen kosten, aber es ist besser, als zu vergessen.« Es hatte Marion eine große Anstrengung des Gefühls gekostet, diese unchristlichen Dinge zu sagen. Hilda hob den Blick und sah sie an.

»Ja, es ist besser«, flüsterte sie.

Marion drückte noch mal ihre Hand. »Wenn du den Teig weiter so quetschst, wird kein ordentliches Brot draus«, sagte sie, um die gefühlsgeladene Atmosphäre zu entspannen.

Fast hätte Hilda gelächelt, als sie die einzelnen Teigklumpen zusammensuchte, und Marion ging zurück zu ihrem Schubkarren, auf dem Alice friedlich liegengeblieben war und mit dem Blutweiderich in der Luft hin und her wedelte. Die dichten Wolken brachen auf, und die Sonne kam heraus, als Marion den Schubkarren aus dem Schatten unter der Eiche auf den Anger rollte. Milly kam vom Bach herauf, ein Tragjoch auf den Schultern, an dem zwei volle Wassereimer hingen. Marion konnte ihr nicht aus dem Weg gehen. Milly bückte sich, um die Eimer abzustellen, und legte das Joch ab.

»Hab dich mit unserer schwarzen Wolke reden sehen«, sagte sie mit einem schroffen Lachen, als Marion näher kam.

»Ist sie denn eine schwarze Wolke?« fragte Marion; sie verabscheute diese Feindseligkeiten von Herzen, aber sie war nicht in der Stimmung zu streiten. »Sie ist noch immer fassungslos, kann es noch nicht begreifen. Das braucht seine Zeit. Er ist noch keine vier Wochen tot.«

»Mir kommt's vor, als wenn sich eine schwarze Wolke vor die Sonne geschoben hätte.« Milly rümpfte verächtlich die Nase. »Man fühlt sich ständig im Unrecht, wenn dieses verdrießliche Sommersprossengesicht in der Nähe ist, auch wenn man gar nichts verbrochen hat. Und ein höfliches Wort kriegt man von ihr schon gar nicht zu hören.«

»Mir scheint, daß sie sehr hart arbeitet.« Marion war bemüht, Milly wohlwollender zu stimmen. Aber Milly rümpfte nur noch mehr die Nase. »Wie geht es den Kindern?« fragte Marion.

»Die machen nicht viel Ärger«, mußte Milly zugestehen, und dann fand sie doch noch ein Haar in der Suppe: »Allerdings haben wir zwei Mäuler mehr zu füttern. Magda hat sie unter ihre Fittiche genommen, und so kommt Magda mir wenigstens nicht soviel in die Quere.« Milly mußte über ihre eigene Schläue kichern. »Ich hab diese roten Haare noch nie ausstehen können − irgendwie unnatürlich. Kann dein Kleines schon laufen?«

Marion klärte sie darüber auf, daß ihr Kleines seit fast einem Jahr laufen konnte.

»Zeit, daß er sich die Füße abhärtet«, brummte Milly. »Und trotzdem, je mehr er herumläuft, desto mehr Ärger handelt er sich ein.«

Marion machte sie darauf aufmerksam, daß Alice ein Mädchen war, aber solche Nebensächlichkeiten interessierten Milly nicht sonderlich.

»Unterwegs zur Mühle?« fragte sie. »Ja, und ich muß zurück zu unserem schwarzen Elend. Die würde sogar die Geduld eines Engels auf die Probe stellen, so verstockt und miesepetrig wie die ist. Wirklich scheußlich, da verliert man allen Mut, diese bedrückende Stimmung den ganzen Tag. Willst du was trinken?« Milly deutete auf die Eimer. »Greif zu, solange du darfst.«

Marion schöpfte sich einen Schluck Wasser aus dem Eimer und trank. Es war wunderbar kühl. Sie schöpfte noch eine Handvoll und träufelte es Alice geschickt in den Mund. Alice hustete und verlangte: »Mehr.«

»Na los«, sagte Milly, »gib ihm noch was, ist 'n heißer Tag heute.«
Alice bekam noch einen Schluck.

Es war Marion gelungen, keinen einzigen Tropfen über dem Getreidesack zu verschütten. Sie ergriff die Holme des Schubkarrens, Milly hob sich das Joch wieder auf die Schulter, die Eimer ruckelten, Wasser schwappte ihr über die Füße.

»Alice, mach Milly schön winke, winke«, sagte Marion.

»Will nicht«, erwiderte Alice, und Milly machte zum Abschied ein noch empörteres Gesicht, falls das überhaupt möglich war.

Millys ständiges Genörgel war ihr zuwider. Marion hatte sich immer zusammennehmen müssen, um Millys Gemeinheiten mit Freundlichkeit zu begegnen. Milly schuf Mißstimmung um sich herum, und Marion fühlte sich heute nicht stark genug, sich dagegen zur Wehr zu setzen. Langsam ging sie weiter über den Anger, die Griffe des Schubkarrens zogen schwer an ihren Armen, Hildas Trauer und Millys Bosheit lasteten ihr schwer auf dem Herzen.

Sie schob den Karren am Ufer enttlang, bis der Weg sich hinter einer Biegung des Baches gabelte. Die linke Abzweigung führte auf die Höhe des Mühlteichs hinauf und endete am oberen Eingang zur Mühle, die rechte führte zur breiten Wagenbrücke über den unteren Schütz und weiter bis in den Hof.

Kurz vor der Brücke stellte Marion den Schubkarren ab, um die Schultern zu entlasten. Zu ihren Füßen, eingebettet in den Weg, lag ein nierenförmiger, heller Stein mit gelben Flecken, der schon zu ihren Kinderzeiten dort gelegen hatte. Sie blieb stehen und dachte darüber nach, wie sie sich verändert hatte und der Stein noch genauso aussah wie früher. Sie überquerte die Brücke und schob den Karren in den Mühlenhof, vorbei an einer Reihe von Apfelbäumen, die am unteren Schütz standen; im hellen Gras pickten eine Schar graue Gänse und ihre Küken. Der gepflegte Garten und vor ihr die Mühle und das Wohnhaus, das alles war ihr so vertraut, daß sie es kaum noch in seinen Einzelheiten wahrzunehmen vermochte. Heute jedoch – vielleicht lag das an der Bestürzung über Dicks Tod – waren ihre Empfindungen viel ausgeprägter. Es fiel ihr auf, wie massiv, groß und stabil die Gebäude vor ihr standen. Die

Balken, auf denen die Mühle errichtet war, waren zweimal so dick wie die Balken in ihrer Hütte, sie waren sogar stärker als die großen Pfosten und Dachbalken des Herrenhauses. Auch das Herrenhaus bestand nur aus einem Raum, die Mühle dagegen hatte drei Räume, einen über dem anderen, dazwischen massive Fußböden mit Leitern, die zu quadratischen Öffnungen in den Decken führten. Die Eingangstür war so groß wie ein Scheunentor, so hoch und so breit, daß man einen beladenen Wagen hineinschieben konnte. Nicht weniger solide war das Wohnhaus gebaut, das an die Mühle grenzte und in dem Marion zur Welt gekommen war, und wenn es auch nicht so hoch war wie die Mühle selber, so hatte es doch einen niedrigen, über eine Leiter erreichbaren Dachboden, in dem die Familie schlief. Beide Gebäude waren mit massiven, waagerechten Holzplanken gedeckt, die man mit Stiften in den eng gesetzten Seitenwänden verankert hatte, und damit weitgehend windgeschützt.

Der Boden des Hofs war hart und uneben, zerfurcht von den Spuren der Wagenräder und den sichelförmigen Eindrücken der Pferdehufe, und es war mühsam, auf ihm zu gehen oder gar einen Schubkarren darauf zu bewegen. Kein Mensch war zu sehen. Ein paar Hühner spazierten zum Eingang hinein oder heraus, pickten träge in der Erde, und neben dem Holzstoß an der Hauswand lag eine gestreifte Katze schlafend in der Sonne.

Marion schob den Karren durch das große Tor, und als sie sich drinnen umschaute, stieg ihr der staubige Getreidegeruch der Kindheit in die Nase. Alles war so wie immer: die drei riesigen Eichenpfosten, die schräg aus dem Boden aufragten und sich unter der Decke trafen, und auf deren versammelter Kraft die Mühlsteine im ersten Stock ruhten, die massiven Wandbretter, auf denen jetzt nur ein paar Stapel ordentlich zusammengefalteter Säcke und eine Reihe flacher Siebe aus geflochtener Weide lagerten, die Reihe zylindrischer Meßgefäße, die auf Nägeln an den Kanten dieser Borde hingen, die langen hölzernen Schippen und Schaufeln, die darunter an der Wand lehnten, und der helle, staubige Boden. Marion blickte hinüber zu der Leiter in der Ecke. In jede einzelne Sprosse hatten die Stiefel des Müllers im Laufe der Jahrzehnte flache Mulden getreten. Die unterste Sprosse hatte, etwas links von der Mitte, einen Knoten aus härterem Holz, der nicht abgetreten war, sondern als glatter, glänzender Knubbel hervorstand. Marion erinnerte sich der Zeit, als dieser Knubbel sich auf Höhe ihrer Augen befand und sie an seiner harten, glatten Oberfläche gelutscht hatte. Wie nah am Boden er jetzt war! Und doch wußte sie noch genau, wie er sich im Mund angefühlt hatte, und konnte sich gut an den leicht bitteren, staubigen Geschmack erinnern.

Die Mehltruhe, ein stabiler, hölzerner Kasten in der Ecke, war leer und ausgefegt, und ihr Deckel, dessen Angeln aus zwei dicken Lederstreifen bestanden, stand offen. Auf dem Boden und auf den Wandbrettern darüber standen Reihen von prall gefüllten Säcken, und jeder von ihnen war gekennzeichnet, entweder mit einem Weißdornzweig, einem Kranz aus Klebkraut oder einem Strauß welkender Wicken. Jeder Dörfler hatte seine eigene Pflanze.

Oben schlurften Schritte über den Boden, aber sonst war es ganz still im Haus, nichts war zu hören vom Knarren und Ächzen des Gebälks, wenn draußen das Wasser gegen das Schaufelrad drückte und die Mühlsteine unter der Anstrengung ihrer schweren Arbeit rumpelten und knirschten und ächzten, als wären sie menschliche Wesen.

»Simon!« rief Marion die Leiter hinauf.

»Oho!« erklang Simons Stimme von oben.

»Ich bin's, Marion. Ich komme rauf zu dir.« Sie spürte den knotigen Knubbel, kühl und glatt drückte er ihr gegen den Spann, als sie den Fuß auf die Sprosse setzte. Durch die Bodenluke kletterte sie hinauf in das Halbdunkel des Mahlraums – so wurde das Stockwerk genannt, auf dem die Mühlsteine und das hölzerne Mahlwerk untergebracht waren. Ein kleines Fenster, dessen Laden einen Spaltbreit offenstand, ließ einen schmalen Streifen Licht herein, der sich wie ein heller Finger über die breiten, hölzernen Räder legte. Staubteilchen schwebten durch den Lichtstrahl, und als Marion näher kam, schlossen sie sich zusammen und wirbelten durch das Licht. Es war still, kein Wasser tropfte vom großen Mühlrad draußen, nur die schlurfenden Schritte über ihr waren zu hören.

Marion war schon lange nicht mehr hier oben im Mahlwerk der Mühle gewesen, und es rief die alte Freude in ihr wach, in dieser warmen Düsternis die Sonnenstrahlen zu sehen, die schweren Holzräder und die Zahnscheiben aus massivem Apfelholz, die so präzise ineinandergriffen, und das alles glatt wie Seide vom jahrelangen Gebrauch. Sie erinnerte sich wieder an den Anblick der Wasserwelle, die vom Schaufelrad durch die Hauswand führte und die sich zu drehen begann, sobald das Schütztor draußen geöffnet wurde, und an das verbindende Rad, das Stockgetriebe, das zwei Männer mit einem lauten »Plopp« an seinen Platz fallen ließen, damit es die Kraft von der Vertikalen in die Horizontale verlagerte und den oberen Mühlstein in Bewegung setzte – die Zahnscheiben griffen ineinander wie Handflächen, gaben sich langsam wieder frei, und scheinbar mühelos, wie durch einen Zauber, begann der riesige Mühlstein sich zu drehen. Die Geräusche waren ihr deutlich im Gedächtnis geblieben, das Knarren und Ächzen des hölzernen Mechanismus, das Rauschen des Getreides, das in die Gosse geschüttet wurde, das Knirschen der Körner zwischen den Steinen. Es war erhebend und wunderbar, eine gewaltige Ersparnis an Mühsal und Arbeit, gepaart mit der Verheißung nahrhaften Brotes, und ein ästhetisches Vergnügen, wie sie es nachhaltiger nie erlebt hatte. Sie erinnerte sich wieder, wie warm die hölzernen Räder nach einem langen Tag des Mahlens waren, so warm, daß man sie abends die Leiter hinauf in das Dunkel geschickt hatte, mit einem Stapel Decken über der Schulter, die sie über den warmen Rädern ausbreiten mußte; und wie behaglich war es gewesen, sich zur Nacht in eine dieser angewärmten Decken zu wickeln. Aber jetzt stand alles still, bis auf die Staubkörner im Sonnenlicht, und alles war ruhig. Marion kletterte über die Leiter in der Ecke hinauf in das oberste Stockwerk.

Die Hitze unter den Dachbalken und dem Strohdach traf sie, sobald sie den Kopf durch die Luke steckte. Dort oben war es hell, denn das große Fenster mit der Seilscheibe davor stand offen, wie auch die Tür gegenüber, die auf die Holzbrücke über dem Wasserrad führte. Sie sah Simons sehnige Beine vor sich, deren schwarze

Härchen weiß vom Mehlstaub waren, der überall im Haus herum-flog. Er half ihr die letzten Sprossen hinauf.

»Du willst doch wohl nichts mahlen?« fragte er sie.

»Ich hab dir meinen letzten Sack mit Korn gebracht«, sagte Marion. »Liegt unten auf dem Schubkarren zusammen mit Alice.«

»Ausgeschlossen«, erwiderte er. »Hast du die Säcke da unten gesehen? Du mußt warten, bis du an der Reihe bist. Rollo will als erster drankommen, wenn der Teich wieder voll ist. Komm und sieh dir das an.«

»Ich hab ja noch Mehl«, sagte sie, »und zur Not kann ich mir etwas in der Handmühle mahlen.«

»Ihr Weiber mit euren alten Handmühlen macht mich eines Tages brotlos.« Wenigstens begleitete er sein abgedroschenes Klagelied mit einem Lächeln. Sie traten zu der kleinen Tür hinaus auf die Holzbrücke, die über das Schütz hinweg auf das dahinterliegende höhere Gelände führte. Das mit dicken Ulmenbrettern ausgeschlagene Schütz war knochentrocken, und das breite Wasserrad mit seinen kunstvoll gezimmerten Schaufeln unter ihnen stand still, ein paar verwelkte Wasserpflanzen hingen über den Rändern.

»Nun sieh dir das an«, sagte Simon und deutete auf den Mühlteich, eine ovale Mulde in der Hügellandschaft mit Erlen und Weiden auf dem gegenüberliegenden Ufer. Marion kannte ihn nur bis zum Rand gefüllt mit Wasser, das gegen die Schützpforte schwappte. Jetzt stand hier nichts als ein winziger Tümpel in der Mitte der schräg abfallenden, von tiefen Rissen durchzogenen Fläche getrockneten Schlamms.

»Ich glaube, so niedrig ist er noch nie gewesen«, fuhr Simon fort. »Ich kann nichts machen. Roger und ich haben letzte Woche den neuen Pfosten ins Schütz gesetzt, der alte war vermodert, und dann haben wir noch zwei Schaufeln am Wasserrad repariert. Übrigens, sag Peter, er soll sich nach einem guten Stamm Apfelholz umsehen. Zwei Blätter vom Stockgetriebe haben wir ersetzt, aber im Winter muß ich noch mal zwei oder drei austauschen.«

Die selbstverständliche und vertrauensvolle Beziehung zwischen ihrem Bruder und ihrem Mann machte Marion sehr froh. Die beiden Männer respektierten einander als tüchtige Handwerksleute. Die Freude darüber hob ihre Trauer über Dicks Tod ein wenig auf.

»Ist dein Korn auch richtig sauber?« wollte Simon wissen. »Letzte Woche erst hab ich die Fletchers nach Hause geschickt, damit sie ihr Zeug noch mal ordentlich durchsieben. Es war voller Spreu und Dreck. So, und nun woll'n wir runtergehen und sehen, was Betsy uns zu bieten hat.«

Von unten hörte Marion lautes Gelächter, und sie bemerkte das Ruckeln der Seile des Flaschenzugs vor dem Fenster. Sie hatten Alice in einen Sack gesteckt, und jetzt zog Gib sie mit dem Flaschenzug rauf und runter; Betsy sah ihnen dabei zu, und alle fanden es zum Totlachen.

»Gerade wollte ich Simon zum Essen rufen«, rief Betsy zu ihnen herauf, »da hab ich dieses kleine Mädchen hier gefunden, mutterseelenallein auf einem Schubkarren in der Mühle. Nicht so hoch, Gib! So, Alice, und jetzt komm her zur Tante. Komm doch runter, Marion.«

»Wie geht's Vater?« fragte Marion, als sie und Simon die Leiter herunterkletterten.

»Mal besser, mal schlechter. Manchmal weiß er nicht mehr, wer ich bin, und zu Betsy sagt er ›Elinor‹. Und dann sagt er: ›Ist das Schütz auch geschlossen? Der Wind kommt von Westen, es wird Regen geben.‹ Bei jedem Wetter erzählt er uns das – nur, um etwas zu sagen, zu bedeuten hat es gar nichts, aber er meint, daß er noch ganz bei Sinnen ist. Mehr als ein paar Schritte kann er nicht mehr gehen, und mit den Gedanken ist er ständig in der Vergangenheit. Betsy macht ihm Brei und Eier, und wenn wir ein Huhn schlachten, kriegt er die Leber, die kann er noch beißen. Noch einen Winter wird er wohl nicht schaffen.«

Sie waren im untersten Geschoß angekommen, und Simon hob den Sack vom Schubkarren. »Am besten, ich nehme mir gleich meinen Teil, so wie immer.«

Er nahm ein hölzernes Maß vom Wandbrett, Marion knotete den Sack auf, und er tauchte das Maß hinein, glättete das Korn mit der Handfläche ab und zeigte es ihr.

»In Ordnung?«

»In Ordnung.« Sie band den Faden mit den Gänseblümchen wieder um den Sackkragen. Simon leerte das Maß in einen Kasten aus Ulmenholz und klappte den Deckel zu. Es war ein Ritual, das Marion ihr Leben lang mit angesehen hatte, erst bei ihrem Vater, und jetzt bei Simon – der Müller nahm sich sein Maß Korn, den Lohn für das Mahlen. Die Dorfbewohner wußten, daß Simon es peinlich genau damit nahm, doch hartnäckig hielt sich die allgemeine Auffassung, alle Müller seien unredliche, diebische Gesellen. In seinem Falle, da sie seine Ehrlichkeit zähneknirschend anerkennen mußten, begnügten sie sich mit einem anderen althergebrachten Spruch: »Des Müllers Kinder müssen keinen Hunger leiden.«

Marion und Simon gingen um die Hausecke, am Holzstoß vorbei zu dem Platz, an dem die Familie sich zum Essen versammelt hatte, und beim Anblick ihrer stattlichen und gesunden Verwandten konnte auch Marion sich des Eindrucks nicht erwehren, daß die Kinder eines Müllers keinen Hunger leiden mußten.

Nahe der Hauswand stand eine dichtgepflanzte Gruppe von hohen, schlanken Stechpalmen, deren herabhängende, ineinander verschlungene Zweige einen dichten, halbkreisförmigen Vorhang bildeten; an einer Seite hatte man die Zweige abgeschnitten, um eine Öffnung zu schaffen. So lange Marion zurückdenken konnte, hatten sie diesen Platz, eine fast völlig regensichere Zuflucht für Hühner und Gänse, die »Stechpalmenhöhle« genannt. Innen hingen oft Kleider und Säcke zum Trocknen an den Zweigen. Marion hatte sie überwachsener und verwilderter in Erinnerung, früher war der Boden übersät mit toten, stachligen Blättern, eine Plage für die Füße, aber jetzt waren die Zweige zurückgeschnitten, der Boden glattgefegt, und breite Holzstämme lagen als Sitzgelegenheiten für die Familie um den Tisch herum.

Marions Vater, der alte Müller, war zu seinem ganz besonderen Stuhl getragen worden, einem Klotz aus massivem Ulmenholz mit geflochtener Rückenlehne; dort saß er nun im Schatten der Stechpalmen, den rosigen kahlen Kopf gebeugt, die schlaffen Gesichtszüge verloren sich im Gestrüpp des Barts, der seinerseits unter der graubraunen Decke, in die sie ihn eingewickelt hatten, fast gänzlich verschwand. Die knorrigen Finger mit den geschwollenen roten Knöcheln lagen ineinander verkrümmt auf der Decke, die rotgefleckten, von einem Netz knotiger Venen überzogenen Beine steckten in übergroßen Schaffellstiefeln. Selbst für Marions wenig empfindsame Nase stank er entsetzlich.

»Vater«, sagte sie und berührte seine Hand, »bist du wach? Ich bin's, Marion, ich bin mit Alice gekommen, dich zu besuchen.«

Der alte Mann gab unverständliche Laute von sich, schlug ein Auge halb auf und schloß es wieder.

»Er ist wieder eingeschlafen«, sagte Betsy, »am besten, du läßt ihn in Ruhe.« Eines nicht mehr fernen Tages wird er dasitzen wie jetzt, dachte Marion, und wenn sie versuchen, ihn zu wecken, müssen sie feststellen, daß er nicht wieder aufwachen wird.

Betsy ließ sich auf einem der Baumstämme nieder und drückte sich den Brotlaib gegen die Brust, um ihn in Scheiben zu schneiden. Auch Marion setzte sich, nahm Alice auf den Schoß und schaute sich ihre Neffen und Nichten an. Gib, der zweite Sohn, ein schlaksiger Junge im Lendenschurz aus Sackleinen, saß im Schneidersitz auf seinen langen, sonnenverbrannten Beinen und hatte die langen, sonnenverbrannten, sommersprossigen Arme ausgestreckt. In ganzen Lappen hatte sich die Haut auf seinen Schultern geschält und rosarote Flecken zurückgelassen, die wie zerdrückte Himbeeren aussahen. Um die Ohren herum hatte man ihm das flachsblonde Haar abgeschnitten, und jedesmal, wenn er sich ein riesiges Stück Brot in den Mund schob, klaffte der rötliche Bart weit auseinander. Ellen war mit einem Eimer Wasser den Grasweg vom Bach heraufgekommen. Sie sieht genauso aus wie ihre Mutter mit siebzehn, dachte Marion. Lisa, die älteste Tochter, die vor kurzem Martin Rockwell geheiratet hatte, war vom selben Typ – rundlich und rosig, mit rötlichem Haar und blauen Augen, einem breiten, lachenden Mund und einer vielbewunderten schneeweißen Haut überall dort, wo sie nicht von Sommersprossen übersät oder sonnenverbrannt war. Kate, die Jüngste, ein Mädchen von ungefähr fünfzehn Jahren, war anders – schlanker, mit dunkleren Haaren, bräunlicher

Haut, tiefliegenden dunklen Augen unter glatten Brauen und einer schmalen, gekrümmten Nase. Sie kommt mehr nach Simon, dachte Marion. Sie hatte sich immer darüber gewundert, daß die Dorfbewohner so viele Ähnlichkeiten zwischen ihr und Kate entdecken wollten, aber selber konnte sie es nicht beurteilen, denn woher sollte sie wissen, wie sie aussah – von ihrem Gesicht kannte sie nicht mehr als die undeutlichen Umrisse auf einer Pfütze oder in einem Eimer voll Wasser.

Betsy plauderte fröhlich drauflos, während sie Brot schnitt, Butter aus einem kleinen Topf auf die Scheiben schmierte und sie mit Fleischstücken belegte, die sie von einem Holzbrett nahm.

»Wir haben einen richtigen Festschmaus für dich, Marion, dabei wußten wir gar nicht, daß du kommst. Kaltes Spanferkel. Viel ist es nicht mehr, wir haben's gestern geröstet. Wir haben ein Feuer im Hof gemacht...«

»Das war schön«, fiel Kate ihr ins Wort.

»Es war noch klein. Ertrunken ist es. Roger hat es an einer tiefen Stelle des Bachs gefunden zwischen den Erlen. Er ist reingestiegen, um es rauszuholen, aber es ist ihm entwischt und in eine noch tiefere Stelle gefallen, und als er es dann hatte, war es tot. Jetzt haben wir nur noch fünf Ferkel. Ist ja nicht viel dran an so einem Ferkel, aber das Fleisch ist saftig, und nun bekommst du etwas auf dein Brot.«

Nur noch fünf, dachte Marion und nahm ihre Schnitte. Ich habe nicht mal eins.

»Kann man aus der Haut nicht Kinderschuhe machen?« fragte Ellen.

»Ist nicht zäh genug. Beim Rösten hab ich Schnitte in die Haut gemacht, und das ganze Fett ist herausgelaufen und auf das Brot und auf die Steine getropft. Ihr habt es gestern abend gegessen.«

Ellen hatte aus ihrem Eimer Wasser in einen Tonkrug geschüttet; er war porös, schwitzte nach außen, und drinnen blieb das Wasser schön kühl. Sie ließ den Krug herumgehen, und sie tranken der Reihe nach, auch Alice. Ein reichhaltiges Mahl, in behaglich kühler, vertrauter Umgebung verzehrt, in der angenehmen Gesellschaft der

Familie ihres Bruders – das war genau der Trost für ihr trauerndes Herz, den Marion hier gesucht hatte.

»Was machen die Kirschen?« fragte sie und deutete auf den Kirschbaum in der Ecke des Hofs, nachdem alle eine Zeitlang schweigend gegessen hatten.

»Die sind noch nicht reif, aber es scheint eine gute Ernte zu geben, das heißt, wenn wir die Vögel fernhalten können«, sagte Betsy. »Simon, hast du Gibs Vogelscheuche schon gesehen? Hol sie mal her, Gib. Je eher du die aufstellst, desto besser. Wenn Roger heut abend kommt, steigt ihr auf die große Leiter und hängt sie oben in den Baum.«

Gib ging um das Haus herum in den Hof und kam mit einem breiten Brett zurück, hinter dem ein Stück Schnur herschleifte.

»Sieh mal, Vater«, sagte er, »Roger und ich wollen sie an dem großen Ast festbinden, direkt über der Gabel, und die Schnur lassen wir runterhängen. Wenn man an der Schnur zieht, gehen die Arme hoch und fallen mit lautem Knall wieder herunter.« Er machte es vor. »Oben auf das Brett hab ich Millys Gesicht gemalt. Davor haben die Vögel mindestens soviel Angst wie vor dem Knall!« Auf das obere Ende des grob mit Kalk geweißten Bretts hatte er mit dicken Kohlestrichen ein Spottbild von Millys Gesicht gemalt: die Augen zwei runde Punkte, ganz dicht beieinander, zwei lange senkrechte Striche für die Nase, eine dünne, waagerechte, zu den Seiten hin abfallende Linie für den stets verdrießlichen Mund, ein breites U für den massiven Unterkiefer und oben ein paar schwarze Kleckse für das dunkle Haar und die flache Stirn. Die Ähnlichkeit war verblüffend. Die Familie wollte sich ausschütten vor Lachen. Marion war etwas unbehaglich dabei zumute. Ein so unverwechselbares Portrait von Milly, fürchtete sie, forderte Millys bösen Geist geradezu heraus, sich an Gib und seiner Familie zu rächen.

»O nein – tut das nicht«, stieß sie hervor. »Wenn Milly das sieht.« Aber das war nicht ihr wirklicher Einwand.

»Warum denn nicht?« fragte Simon, der offensichtlich Spaß an der Sache hatte. »Sie kriegt es nicht zu sehen, und die Vögel werden abgeschreckt, und das ist der Sinn der Sache.«

»Und jedesmal wenn jemand von uns am Kirschbaum vorbeikommt«, fügte Gib hinzu und mußte über sein eigenes Werk lächeln, »dann zieht er am Seil, und die Arme fliegen in die Höhe und knallen wieder runter, und die Vögel flattern davon. Eigentlich wollte ich Hände auf die Armbretter malen, aber ich hab die Finger nicht hingekriegt, und da hab ich sie wieder weggewischt.«

»Unglaublich, wie gut du Milly getroffen hast!« schnaufte Betsy, die sich königlich über die Kunstfertigkeit ihres Sohns amüsierte. Das ungetrübte Vergnügen der Familie an dem Spottbild beruhigte Marion ein wenig, und sie verstand ihre eigene Furcht nicht mehr.

»Ich hab sie oft genug gesehen – viel zu oft«, erwiderte Gib. »Da mußte ich mich doch an ihr Gesicht erinnern.«

»Ist das Schütz fest geschlossen?« fragte der alte Müller, der plötzlich aufgewacht war, mit lauter Stimme und blickte um sich.

»Ja, Vater«, sagte Simon, »ganz fest, aber das Wasser steht so niedrig, da kommt es nicht so drauf an.«

»Niedrig? Ha, das wird sich ändern. Noch vor der Nacht kriegen wir Regen. Das spür ich. Hilf mir, mein Sohn.« Simon half dem Alten beim Aufstehen, ging mit ihm ein paar Schritte aus der grünen Laube heraus und stützte ihn, während er stoßweise ins trockene Gras urinierte.

»Was hast du da, Alice?« fragte Ellen und setzte sich neben Alice auf den Boden. Alice streckte ihr den Blutweiderich entgegen.

»So ein langer Blutweiderich, Alice«, sagte Ellen und nahm sie auf den Schoß.

»Als ich klein war, haben wir ›Totenfinger‹ dazu gesagt«, erinnerte sich Betsy.

»Uuh, wie scheußlich«, meinte Kate.

Gib schaltete sich ein: »Die Schafhirten nennen sie ...«

»Sei still, Gib. Sie ist noch ein kleines Mädchen, sie muß das nicht alles hören. Bist ein braves Mädchen, Alice. Willst du noch einen Schluck Wasser? Dann komm zu Tante Betsy.«

Der Alte wurde wieder auf seinen Stuhl gesetzt, Ellen nahm das Brett zur Hand und fütterte ihn mit weichen Stücken aus der Brotkrume und winzigen Fleischbrocken. Mit zahnlosen Kiefern müm melte er darauf herum, und ein paar heruntergefallene Krümel im Bart hüpften im Takt dazu.

»Etwas Wasser, Großvater?« fragte Ellen und hielt ihm den Krug an den Mund. Er gurgelte und prustete Wassertropfen heraus, dann legte er sich müde und zufrieden zurück. Marion nahm wieder seine Hand.

»Ach, Elinor«, sagte er und streichelte ihr die Hand, »wie geht's der Kleinen? Wir müssen eine größere Wiege beschaffen. Das Schütztor muß vor Sonnenuntergang geschlossen werden... ich hab's Simon schon gesagt – ach, das ist ja Marion... hab dich ja seit Ewigkeiten nicht gesehen... Marion, wie geht's deiner Kleinen...?« Aber seine Stimme wurde schleppender, er sank langsam zurück in den Schlaf.

Betsy stand vom Tisch auf, ging in den Innenhof, und als sie zurückkam, hielt sie einen hölzernen Topf in der Hand.

»Hier hab ich was für ein braves kleines Mädchen«, sagte sie und setzte sich zu Ellen und Alice. »Etwas Honig aufs Brot gefällig?« Sie versuchte, mit dem Brotmesser in den harten, kristallklaren Honig im Topf zu schneiden. »Das ist der ganze Rest vom letzten Jahr«, brummte sie und mühte sich ab. »Hart wie Stein, aber er muß gegessen werden. Nächsten Monat kriegen wir eine frische Ladung aus den Bienenstöcken. Die Apfelbäume haben lange geblüht, gleich danach waren die Bohnen an der Reihe – die Bienen hatten dieses Jahr reichlich. Nach den Bohnen hat in den Bergen die Heide geblüht. Ich hoffe auf volle Waben. Wir haben jetzt fünf Stöcke, Marion. Hier, Alice, probier mal von dem Honig.« Sie gab ihr ein Stück, Alice steckte es pflichtschuldigst in den Mund, und ihr Gesicht erstrahlte zu einem Lächeln.

»Gib mir den Topf«, sagte Gib und hackte mit mehr Kraft auf den restlichen Honig ein.

»Hier, Gib, hier hast du noch etwas Brot. Leg ein paar Stückchen drauf, dann kann Marion es dem armen Peterkin mitbringen – er ist sicher nicht verwöhnt mit Leckerbissen.«

»Der Alte ist wieder eingeschlafen«, sagte Simon mit gesenkter Stimme. »Also, die Arbeit erledigt sich nicht von alleine.« Er stand

auf und streckte die kräftigen Arme, die aus den Schlitzen seines är-
mellosen Kittels hervorstanden. »Das Schütz wartet. Gib, du schaffst
mir die neuen Bretter nach oben, die ich neben den Kuhstall gestellt hab. Ich geh Säge und Hammer holen.« Er ging davon, und
Gib brachte seiner Mutter den Kübel zurück, steckte sich schnell
noch ein Stück Honig in den Mund, blinzelte Marion verstohlen
zu und lief hinter seinem Vater her.

»Also, Ellen«, sagte Betsy, »ich brauche alle sechs Eimer. Sauber
ausgeschrubbt. Sie stehen neben der Tür. Du kannst sie doch nicht
alle auf einmal tragen, versuch's also gar nicht erst, und wenn du fertig bist, bringst du sie zum Ausleeren in den Hof – aber einen läßt
du unten am Bach stehen, du brauchst ihn heute abend, um Parsley
zu melken. Und wenn du schon mal unten bist, dreh bitte die Decke
um, die zum Trocknen über der Hecke hängt. Kate, du machst das
Feuer im Hof an, und die Schweineknochen wirfst du in den Topf.
Und tu noch ein oder zwei Zwiebeln und etwas Salbei dazu. Das
gibt noch eine gute Suppe. Roger braucht was Kräftiges, wenn er
nach Hause kommt.«

Marion stand auf und nahm Alice von Betsys Schoß.

»Aber bring Marion zuerst ihren Schubkarren, Kate«, sagte Betsy.
»Du mußt den Karren nicht ganz durchs Dorf schieben, Marion.
Du gehst einfach durch den Garten und dort über den Bach, und
dann kannst du über die Dorfweide gehen. Der Sumpf ist völlig
ausgetrocknet und der Boden hart wie Stein, und jetzt, wo das Heu
geschnitten ist, kannst du den Karren den ganzen Weg am Bach ent-
langschieben.«

Der Abschied war kurz, wie bei vielbeschäftigten Leuten üblich.
Marion setzte Alice in den Schubkarren – die Honigbrote lagen
zwischen zwei Ampferblättern auf ihrem Schoß – und schob sie
durch den Garten, vorbei an den Bohnen, die beim Reifen dunkler wurden, vorbei an den Erbsen, die beim Reifen heller wurden,
vorbei an den gepflegten Zwiebel- und Kohlbeeten. Entlang des
Bachufers verlief ein Zaun aus stabilem Weidengeflecht, um die
Kühe aus dem Garten fernzuhalten, und dort, wo der Weg über die
Holzbrücke führte, war eine kleine Pforte. Marion schob Alice auf

die Bohlen, schloß gewissenhaft die Pforte hinter sich und hakte sie ein. Ein Stück bachaufwärts war Ellen schon an der Wasserstelle; sie kniete am Ufer und tauchte die klobigen Holzeimer ins Wasser, zog sie wieder heraus und scheuerte die Innenseiten mit Birkenzweigen.

Marion sah sich um und bestaunte noch einmal die Vielfalt und die Ordung überall um die Mühle herum. Parsley, die rotgefleckte Kuh der Müllerfamilie, lag wiederkäuend im Schatten unter ein paar Weiden, während ihr halbausgewachsenes Kalb in der Nähe graste. So nah am Bach war nach der Heuernte schon wieder saftiges, grünes Gras nachgewachsen, dabei standen weiter hinten auf dem Feld und vor dem Wald noch ein paar Heuschober aufgereiht in der Sonne. Sie dachte an die reichhaltige Mahlzeit, die sie alle bekommen hatten, den Überfluß an Brot, die frische Butter, auf der noch Wassertropfen perlten und die sie mit einem breiten Holzspachtel herausgeschaufelt und so dick auf das Brot gestrichen hatten, daß man die Abdrücke der Zähne darin sehen konnte, an das kalte Fleisch, das so saftig und zart von den schmalen Rippen gefallen war, das kühle Wasser, den kräftigen Schluck frische Kuhmilch, den Alice bekommen hatte, das Honigbrot – und das alles so selbstverständlich. Marion dachte an den gepflegten, ertragreichen Garten, den sauber gefegten Hof, den ordentlichen Holzstoß, an die sechs Eimer, die alle gescheuert wurden, um gefüllt zu werden, die kühle Stechpalmenhöhle mit den zum Sitzen einladenden Baumstämmen. Sie sah die friedlich wiederkäuende Parsley, dachte an die Gänse, die im Gras unter den Apfelbäumen gepickt hatten, die Sau und ihre fünf Ferkel, die von den Abfällen der Mühle lebten, und an die Bienen, die im Obstgarten zwischen den Bienenkörben aus Stroh herumschwirrten. Das alles zeugte von einem Wohlstand, der gelassen machte.

Das war nicht immer so gewesen. In ihrer Jugend, als der Alte noch Müller war und ihre Mutter, Elinor, den Haushalt führte, hatte in der Mühle ein unbekümmerter Schlendrian geherrscht. Elinor war keine ordentliche Hausfrau gewesen. Die Häuser wurden nicht ausgefegt, im Garten flog das Stroh herum, das Gemüse wuchs, wie es wollte. Und wenn der Fuchs sich eine junge Gans geholt hatte – nun, so war nun einmal der Lauf der Welt. Marion erinnerte sich, wie oft Simon und ihr jüngerer Bruder Hugh, der früh gestorben war, sich gegenseitig ihr Leid geklagt hatten über die pflichtvergessene Mutter und den Vater, der, mochte er in der Mühle auch sorgsam und sachkundig seine Arbeit verrichten, viel zu nachsichtig war und alle häuslichen Angelegenheiten Elinor überlassen hatte. Aber ein Jahr nach Elinors Tod hatten Simon und Betsy geheiratet, und Marion wußte wohl, daß die Behaglichkeit und die Ordnung in der Mühle in erster Linie Betsy zu danken waren. Betsy besaß reichlich Kraft und eine Liebe zu alltäglichen Verrichtungen, sie sah voraus, was benötigt wurde, sie organisierte das Familienleben – das alles machte sie so wie Dame Margaret, aber Betsy machte es mit einem Lächeln. Sie konnte sich darüber freuen, wenn etwas klappte, und wenn es zu Katastrophen kam, wenn zum Beispiel die Kühe durch den Zaun brachen und die Bohnen zertrampelten, wenn beim Gewitter der Mühlteich überlief und die Hühner ertranken, dann wurde Betsy auch damit fertig. Sie reparierte den Zaun, reinigte die Schütze, ersetzte die verlorenen Bohnen durch andere Vorräte. Sie jammerte nicht, sie tat, was nötig war, und führte ihre fünf Kinder mit fester Hand, sorgte dafür, daß sie zum Nutzen aller ihre Arbeit taten. Und ihr war es auch zu verdanken, daß Simon, sosehr er in seiner Jugend den willensschwachen Vater auch verurteilt hatte, sich jetzt vorbildlich und liebevoll um den alten Müller kümmerte.

»Es ist Betsys harte Arbeit«, sagte Marion zu sich selber, als sie den Schubkarren durch das stoppelige Gras schob, aber sie wußte, daß mehr als Arbeit dahintersteckte. Simon und Betsy lebten harmonisch zusammen, und diese Harmonie übertrug sich auf ihre gesunden, selbständigen Kinder. Marion hatte den Trost gefunden, den sie suchte, als sie am Morgen aufgebrochen war.

Es war mühselig mit dem Schubkarren am Bach entlang, denn der Weg wurde wenig benutzt. Der Sumpf, durch den die kleineren Bäche aus den bewaldeten Hügeln in den großen Bach sickerten, war ziemlich trocken, wie Betsy gesagt hatte; nur vereinzelte Binsen oder Disteln wuchsen zwischen den Grasbüscheln. Die tiefen, trockenen Hufabdrücke der Kühe taten Marion an den Füßen weh. Sie schob den Karren weiter, vorbei an den Stufen zur großen Brücke und über die vertraute Dorfweide, vorbei an der Stelle, wo ihre eigene Ziege und das halbausgewachsene Kitz unter einer Erle lagen.

Ein gewisser Neid ließ Marions Gedanken immer wieder zu Simon und seiner Familie zurückkehren. Da gab es die drei Mädchen – Lisa, oben in Rockwell verheiratet und vielleicht schon schwanger, Ellen und Kate, bereits geübte Köchinnen, Melkerinnen, Spinnerinnen und Gärtnerinnen, und die beiden Jungen, Gib und Roger, kräftige, tüchtige Burschen, die ihr Handwerk erlernten, teils durch Anschauung, teils durch Ermahnungen, vor allem aber durch die lange Vertrautheit der Familie mit dem Mahlen des Korns und dem Unterhalt der Mühle. Man sagt ihnen nicht nur, wie sie es machen müssen, dachte Marion. Sie sehen, wie ihre Eltern es machen, und wie gewissenhaft sie es machen. Man muß ihnen nicht ständig sagen, daß sie hart arbeiten müssen. Ihre Eltern machen es ihnen vor.

Sie verglich diese Kinder mit ihren eigenen: die arme Margery, zwölf Jahre lang halb lebendig, halb tot, Nolly, ein vielversprechender Junge, nach drei Jahren tot, zwei Neugeborene, bereits tot, bevor sie den ersten Atemzug getan hatten, ein weiteres im Alter von ein paar Wochen von der Katze erstickt, Peterkin, für sein Leben zum Krüppel gemacht, als er zwei war, und schließlich Alice. Sie sah Alice an, die keine Lust mehr hatte, im Schubkarren herumgefahren zu werden, und vor ihr die Böschung zur Hütte hinaufstapfte, ein kräftiges, fröhliches Mädchen, das den Gürtel ihres Kleids hinter sich herschleifen ließ. Das war alles, was Marion nach Jahren unermüdlicher Arbeit und Ausdauer vorzuweisen hatte.

Zu Hause war alles sehr friedlich. Nur widerwillig gab Alice die Ampferblätter her. Etwas Honig war geschmolzen und vom Brot heruntergelaufen. Alice durfte die Blätter ablecken. Marion ließ sich neben der Tür auf dem Baumstamm nieder, streckte die müden Beine und die schmerzenden Füße in den weichen Klee und seufzte.

August

hne die Augen zu öffnen, drehte Marion sich auf den Rücken und reckte sich. Mit den Zehen stieß sie gegen Peterkin, aber der rührte sich nicht. Wie von selbst tastete ihre rechte Hand nach Alices warmem, schlafendem Körper in der Wiege. Die linke streckte sie nach Peter aus, aber dort fühlte sie nur kaltes, brüchiges Stroh. Das weckte sie endgültig, und sie schlug die Augen auf. Der graue, düstere Morgen des späten Augusttags, der vor der halbgeöffneten Tür heraufdämmerte, warf ein trübes Licht in die Hütte. Peter lag nicht an ihrer Seite, und es versetzte ihr einen Stich, als sie daran dachte, was sich vor zwei Tagen ereignet hatte. Peter war der kleinen Gruppe von Männern zugeteilt worden, die mit Sir Hugh nach Rutherford aufgebrochen war, um sich nach dem Salz zu erkundigen und es, falls möglich, gleich mitzubringen.

Das Unbehagen darüber, daß die Männer aus Rutherford nicht mit Krügen und Säcken voller Salz eingetroffen waren, um es gegen gesponnene Wolle einzutauschen, war seit Juni im Dorf stetig gewachsen, und während des Erntemahls hatte es seinen lautstarken Höhepunkt erreicht. Auch wenn sie mit der Ernte noch nicht ganz fertig waren – überall mußte noch die Nachlese gemacht werden, ein paar Reihen Korn waren noch nicht einmal geschnitten, und auch das Dreschen stand noch aus –, so war der größte Teil des Getreides doch unter Dach und Fach, weil das Wetter überwiegend günstig gewesen war; die Dorfbewohner hatten eigentlich das Gefühl, etwas geschafft zu haben, und die Angst vor einem mageren Winter war ihnen genommen. Beim Erntemahl jedoch, das dieses Jahr im Herrenhaus stattfinden mußte, weil das Wetter für ein Festmahl auf dem Anger zu unsicher war, hatte Tom das Gespräch auf das Salz gebracht.

Nach altem Brauch hatte Sir Hugh für das Fest einen jungen Ochsen spendiert, Tom hatte ihn zerlegt und im Herrenhaus ein ordentliches Feuer angezündet, über dem die gewaltigen Schlegel geröstet worden waren; Joan und Ed-mein-Junge hatten abwechselnd mit dem längsten Holzlöffel im ganzen Haus das Fett aufgefangen und immer wieder über das Fleisch gegossen.

Nachdem Milly das Bier hereingebracht hatte und Hilda mit ihrem Korb herumgegangen war und kleine Brotlaibe an den Tischen verteilt hatte, verzehrten die Dorfbewohner – müde von den langen Tagen der Ernte – schweigend die dicken Scheiben gerösteten Ochsenbratens, die Tom ihnen auf die Brotschnitten geklatscht hatte, und auf einmal rief Tom aus: »Heute gibt's frisches Fleisch, Männer, und vielleicht nächste Woche noch einmal, falls wir den zweiten Ochsen schlachten, aber danach und den ganzen langen Winter über gibt's kein Fleisch mehr vom Herrengut, wenn wir kein Salz bekommen.«

Marion vermutete, daß er vorher geprobt hatte, wie er das Thema zur Sprache bringen würde. Unruhiges Gemurmel erhob sich, vermischte sich mit den Schmatzgeräuschen.

Dann sprach Rollo: »So lange ich zurückdenken kann, waren die Salzmänner aus Rutherford noch nie so spät dran – die Getreideernte ist ja jetzt vorbei.« Auch das klang eingeübt.

»Zwischen Heuernte und Getreideernte, das ist ihre Zeit«, fügte Tom hinzu.

Dieser einstudierten Einführung, die mit einer ersten Sättigung des Appetits zusammenfiel, folgte eine allgemeine Erörterung unter den Dorfbewohnern, die ihrer Besorgnis über das Ausbleiben der Salzmänner Ausdruck verliehen, einer Besorgnis, die sie bisher für sich behalten hatten. Rollo, der ganz am Ende des Tisches auf dem Podium saß, blickte Sir Hugh an und schlug ihm vor, eine Abordnung von Männern nach Rutherford zu schicken, damit sie sich erkundigten und das Salz nach Möglichkeit mitbrachten.

Tom, der Dame Margaret gerade ein Stück heißes Ochsenfleisch auf der Spitze seines langen Messers servierte, sagte: »Jawohl, Sir, die Pferde stehen bereit, die Geschirre sind geflickt, und für jedes Pferd gibt es Lastkörbe mit Tragriemen.«

Danach unterhielten Dame Margaret und Sir Hugh sich mit gedämpften Stimmen weiter, nur hin und wieder meldete Rollo sich mit Ratschlägen und Ermunterungen zu Wort. Alle wußten, daß Sir Hugh ein Zauderer war, der Entscheidungen so lange wie möglich hinausschob, und daß es in der Regel des vereinten Zuspruchs von Rollo und Dame Margaret bedurfte, den Tom noch um die eine oder andere wohlüberlegte Bemerkung ergänzte, um Sir Hugh zu einer Entscheidung zu bewegen. Die Beratungen wurden durch das wilde Gebell von Jix unterbrochen, der mit den Vorderpfoten im Boden unter dem Podium scharrte.

»Er muß dort unten eine Ratte entdeckt haben. Los, Jix – schnapp sie dir!«

Das blieb Magdas einziger Redebeitrag. Die Erörterung einer Reise nach Rutherford, auf die man sie ohnehin nicht mitnehmen würde, langweilte sie.

Tom raunte Peter zu: »Das Podium, was für ein herrlicher Tummelplatz für Ratten. Die ganzen Bretter einfach so auf Baumstämme genagelt, daß kein Hund und keine Katze mehr drunter durch paßt. Und die Ratten tanzen uns auf der Nase herum. Dieses alberne Podium. Warum können sie nicht zu ebener Erde leben wie wir anderen auch.«

»Magda!« rief Sir Hugh plötzlich. »Sorge dafür, daß der Köter endlich still ist. Sonst gräbt er noch wegen einer einzigen Ratte das ganze Herrenhaus um. Tom, morgen schickst du jemanden nach Rockwell, die sollen uns ein paar Frettchen bringen. Dann haben wir eine Weile Ruhe vor den Ratten.«

Sir Hugh hob die Augenbrauen und schüttelte den Kopf, und Rollo und Pater John – der Priester gedankenverloren und schweigsam von zuviel Bier – rückten näher an ihn heran; sie steckten buchstäblich die Köpfe zusammen. Zwischen den Bissen spähten die Dorfbewohner zu ihnen hinüber. Dame Margaret ließ Jix hinausbringen und sorgte dann für Nachschub an Brot und Bier.

Rollo richtete sich auf, winkte Tom und Peter zu sich, und murmelnd besprachen sie etwas. Marion stockte kurz der Atem, als Peter zu der Besprechung gerufen wurde, jetzt spürte sie auf einmal ihre Besorgnis. Es war eine doppelte Sorge: Zum einen mußte dringend Salz herbeigeschafft werden, zum anderen fürchtete sie, Peter könnte als einer der Männer ausgewählt werden, die sich darum kümmern sollten.

Noch ehe das Abendessen zu Ende war, erhob sich Sir Hugh von seinem Platz und verkündete mit betrübter Stimme, die zu seinem betrübten Gesicht paßte, seine Entscheidung: Sofern es nicht zu stark regnete, wollte er selber sich in zwei Tagen mit vier Pferden, die Lastkörbe gefüllt mit gesponnener Wolle, in Begleitung von Peter Carpenter und Ed-mein-Junge auf die Reise durch das Tal nach Rutherford machen, und mit Gottes Hilfe (an dieser Stelle nickte Pater John nachdrücklich) würden sie in ein paar Tagen wieder hier sein, mit soviel Salz, wie die Tiere nur tragen konnten. Den Frauen trug er auf, die Spulen mit gesponnener Wolle, die sie noch im Haus liegen hatten, am nächsten Morgen zu Joan in den Webschuppen zu bringen. Ed-mein-Junge sah seinen Vater mit großen Augen an, und als Tom ihm zunickte, lächelte er verwundert. Tom und Peter gesellten sich zu Marion an den Tisch, und Peter wirkte in seiner Freude darüber, daß man ihn ausgewählt hatte, fast ein wenig verlegen.

»Es sind doch nur ein paar Tage, Marion«, sagte er. »Ein Tag hin und ein Tag zurück, vielleicht etwas länger, wenn wir sehr beladen sind, und ein oder zwei Tage dort, um die Wolle zu zählen und das Salz aufzuladen – natürlich nur, wenn sie etwas für uns haben. Wir wissen nicht, was wir dort finden werden, sagt Sir Hugh.«

»Mich wollte er nicht mitnehmen«, verkündete Tom halb stolz, halb vorwurfsvoll. »Ich werde hier gebraucht, sagt er, zumindest sagt Rollo das, und Sir Hugh ist nicht entgangen, wie groß Ed-mein-Junge geworden ist und wie gut er mit Pferden umgehen kann. Da hat er recht, Ed-mein-Junge wird mit jedem Gaul fertig, und gerade auf dem Rückweg braucht ihr ausdauernde Pferde, wenn sie das viele Salz...«

»Falls es welches gibt«, gab Peter zu bedenken.

»...tragen müssen, und die Wege durch den Wald sind womöglich zugewachsen. Was für ein Abenteuer für den Burschen...« Toms Stimme verstummte, er ließ den Blick durch das Herrenhaus zu Ed-mein-Junge wandern, und Marion konnte ihm nachfühlen, wie schwer es ihm fiel, seinen Jungen in die so gut wie unbekannte Welt außerhalb des Dorfes hinausziehen zu lassen.

Auch ihr fiel es schwer, aber wer fragte schon danach, wie sie sich fühlte, wenn Peter in eine ungewisse Fremde hinauszog? Eine vertraute Gegend bedeutete Sicherheit – sich nicht einmal vorstellen zu können, wo Peter war, bedeutete Unsicherheit.

Den nächsten Tag hatte sie damit verbracht, die Rollen gesponnener Wolle, die sie noch im Haus hatte, auf einen Haufen zu legen und zu sortieren. Der größte Teil der Arbeit des vergangenen Jahres war längst in Joans Webschuppen abgeliefert, und Rollo hatte die entsprechenden Kerben auf ihrem Stock eingeritzt. Später hatte sie dann einen langen Wollfaden in ihre hölzerne Nadel gefädelt, den Dreiangel in der Schulter von Peters Kittel damit vernäht, anschließend einen neuen Ledersenkel für seine Stiefel gesucht und mit solcherlei Arbeiten den bangen Tag gefüllt.

»Du machst dir zuviel Mühe«, sagte Peter, aber es schien ihn zu freuen, und sie wußte ja, daß sie sich diese zusätzliche Arbeit für ihn nur machte, um ihre Furcht zu zerstreuen.

Sie waren vor Tagesanbruch aufgebrochen an einem grauen, trüben Morgen, ein Hauch von Nebel lag über der Dorfweide. Peter hatte Peterkin mit ins Dorf genommen, der ihm den ledernen Beutel mit Brot und Käse trug. Marion war zur Wasserstelle hinuntergegangen und hatte dort gewartet, den Eimer neben sich gestellt, die fest schlafende Alice an ihrer Schulter, bis die beiden auf der anderen Seite des Bachs vorübergezogen waren.

Sir Hugh ritt auf seinem Heart-of-Oak – Tom hatte dem dunkelbraunen Pferd Mähne und Schwanz frisch gestutzt – voran, den jungen Wallach mit zwei geflochtenen Weidenkörben an jeder Seite hatte er an der Leine. Peter führte das dritte Pferd, einen hellen Fuchs mit einem weißen Nasenstreifen, auch er mit Lastkörben an beiden

Seiten, und als letzter kam Ed-mein-Junge. Länger und schlaksiger denn je, ging er beschwingten Schrittes seines Wegs, die Weidenrute in der einen, die Zügel des letzten Pferdes in der anderen Hand. Er merkte nicht, daß Tom ihm in etwa fünfzig Metern Abstand folgte, um noch einen letzten Blick auf seinen Sohn zu werfen, bevor die kleine Prozession zwischen den Bäumen verschwand.

Am Abend zuvor hatte man die Lastkörbe mit Spulen gesponnener Schafwolle vollgestopft, als Abdeckung gegerbte Häute darübergelegt und fest mit dem Weidengeflecht der Körbe verschnürt. Als sie an das hohe Bachufer kamen, winkten sie alle drei zu Marion herüber, und sie winkte zurück. Die Männer riefen ihr Botschaften zu, nichts, was nicht schon gesagt worden wäre. Sie weckte Alice, damit sie auch winken konnte, und Peter rief: »Auf Wiedersehen, Alice. Sei schön brav«, doch dann führte der Weg in den dichten Wald, und sie waren nicht mehr zu sehen.

Marion setzte Alice ab, füllte den Eimer mit Wasser und schleppte ihn die Böschung hinauf. Alice folgte ihr langsam. Als sie auf ihren Garten zuging, kam Alice ihr nachgelaufen.

»Alice hat Feenmohnblume gefunden«, verkündete sie.

»Rühr nichts an, was der Fee gehört.« Marion sagte – in Gedanken bei Peter – den üblichen Spruch auf.

»Mama, guck mal.« Alice hielt einen Stengel Ruprechtskraut in die Höhe, dessen scharlachrote Blüte kaum größer als ihr kleiner Fingernagel war. Es war im Dorf nicht als Feenblume bekannt; Marion lächelte und staunte über die Phantasie ihres Kindes.

Vor der Hütte stellte Marion den Eimer ab und setzte sich auf den Baumstamm, um ein wenig auszuruhen und sich auf das Alleinsein einzustellen. Sie war ja nicht wirklich allein, denn Molly und die beiden alten Frauen, Agnes und Marge, waren zu Hause. Marion hatte Molly im Garten gesehen, als sie von der Wasserstelle heraufkam. In die Hütte, in der Hilda und Dick gewohnt hatten, waren jetzt, da Hilda mit den Kindern im Herrenhaus lebte, Lisa und Martin Rockwell eingezogen. Die Hütte war nach Dicks Tod eine angemessene Zeit leer gestanden, und Marion wußte, daß Lisa noch mit dem Putzen und Aufräumen zu tun hatte.

Marion blieb in Ruhe sitzen und blickte auf den Garten. Peterkin war den Tag über im Herrenhaus beschäftigt. Rollo hatte ihn gestern abend einbestellt; er sollte auf den Erbsenfeldern beim Pflücken der reifen Schoten helfen, und zweifellos würde auch der einäugige Wat, Dobbins Sohn, mit von der Partie sein. Das Erbsenpflücken war ungelernte Arbeit, genau das richtige für behinderte Jungen. Wat war als Kind in einen Stiefelständer gestürzt und hatte dabei ein Auge verloren; jetzt war er ein narbengesichtiger, magerer Junge von zwölf Jahren. Daß er keine Entfernungen einschätzen konnte, hinderte ihn nicht am Erbsenpflücken – meinte jedenfalls Rollo.

Marion überlegte, ob sie nicht mit der Ernte ihrer eigenen Erbsen anfangen sollte. Zumindest könnte sie in den Garten gehen und einen Blick auf die Pflanzen werfen; allerdings reiften die Früchte auf den offenen, von der Sonne beschienenen Feldern schneller als in ihrem Garten.

Sie brach ihre Überlegungen ab, als sie merkte, daß Alice nicht mehr da war. Sie sprang auf und rief nach ihr. Keine Antwort. Sie lief um die Hütte herum zur Esche und den verwilderten Hügel hinauf, die höchste Erhebung des Weilers, und rief noch einmal. Wieder keine Antwort. Sie lief weiter nach links, hinüber zu der Hütte, die für sie immer noch die Hütte der Shepherds war. Lisa war im Garten, Marion rief ihr etwas zu, aber Lisa hatte Alice nicht gesehen. Dann stieg sie die Böschung hinunter zu den Plowrights. Ein paar verlauste Kinder lehnten an der Hüttenwand, aber auch sie – soweit man verstehen konnte, was sie sagten – schienen Alice nicht gesehen zu haben. Marion ging zu Mollys Hütte. Molly kam gerade vom Schweinestall herauf. Sie hatte die Männer auf der anderen Seite des Bachs vorüberziehen sehen und ihnen zugewinkt; sie hatte auch Marion und Alice von der Wasserstelle aus winken sehen, aber dann war sie in den Schweinestall gegangen.

»Sie ist mir nachgekommen – ich weiß es genau.« Marion war verzweifelt. »Ich bin mit dem vollen Eimer vorausgegangen, und sie hat hinter mir ein Lied gesummt und mit mir gesprochen, aber ich hab mich nicht nach ihr umgedreht. Vielleicht ist sie zum Bach zurückgegangen. Du weißt, wie gern Kinder fließendes Wasser mögen.«

Molly ging mit zur Wasserstelle, aber dort war Alice nicht.

»Nicht sehr tief, da hätte sie alleine wieder rausklettern können, wenn sie reingefallen wäre«, meinte Molly und stocherte mit einem Stock im Schlamm herum, aber Marion wußte nur zu gut, daß ein Kind auch in zwei Zoll tiefem Wasser ertrinken konnte. Sie riefen wieder nach ihr und wollten gerade in Richtung Dorf weitergehen, als Alice vor ihnen aus dem Birkenwäldchen spazierte, als wäre nichts geschehen.

Marion lief zu ihr und nahm sie auf den Arm. Sie war verärgert. »Wo bist du gewesen? Einfach so fortzulaufen, du ungezogenes Mädchen. Wo bist du gewesen?«

Alices Wortschatz reichte noch nicht aus für Erklärungen, und Marions zorniger Tonfall brachte sie zum Weinen. Als sie sich verlaufen hatte, war sie ganz gelassen geblieben, doch jetzt spürte sie die Furcht in Marions Stimme und fing an zu weinen – und erweichte sogleich das Herz ihrer Mutter.

Marion trug sie zurück zur Hütte, ließ Molly einfach stehen, die ihr noch nachrief: »Na ja, da habt ihr ja noch mal Glück gehabt«, als bedauerte sie ein wenig, auf den Nervenkitzel eines Unglücks verzichten zu müssen.

»Ja, ja, ist ja gut.« Marion hielt Alice im Arm und erinnerte sich dabei lebhaft ihrer eigenen Angst, damals, als sie sich als kleines Mädchen einmal verlaufen hatte.

Sie war älter als Alice gewesen, ungefähr sieben; sie und ein paar andere Kinder, die meisten ein bißchen älter als sie, waren mit Säcken hinauf in den Wald gezogen, um Bucheckern zu sammeln. Ihre Erinnerung hatte keinerlei Einzelheiten vom Hinweg oder dem Sammeln der Bucheckern gespeichert, das ein paar Stunden gedauert haben dürfte, sondern setzte erst mit dem Heimweg ein. Sie hatte einen Gallapfel gefunden, an dem ein kleinerer, noch weicher Gallapfel klebte, und weil auf der einen Seite drei kurze Zweige herausstanden, konnte man das Ganze hinstellen. Da sie sonst kein Spielzeug hatte, tat sie so, als wäre es eine Kuh, und es gelang ihr sogar, zwei winzige Zweiglein als Hörner in den kleineren Gallapfel zu stecken. Sie redete mit sich selber, wie einsame Kinder es häufig tun, und beschloß, der Kuh einen kleinen Kuhstall zu bauen. Dazu steckte sie vier Stecken senkrecht in das Moos am Fuß eines Baums und grub ein paar andere Moosstücke aus, um sie als Wände und Dach an die Stecken zu lehnen. Es erforderte ihre ganze Aufmerksamkeit. Schließlich stellte sie ihre »Kuh« vorsichtig in den Eingang zum Stall und blickte sich nach Zuschauern um. Aber da war niemand mehr. Plötzlich konnte sie die Stille des Waldes vernehmen. In ungläubigem Schrecken schrie sie. Als der Schrei verhallt war, kehrte die Stille zurück. Und mit ihr kam die Angst. Welchen Weg konnten sie genommen haben? Sie hatte keine Ahnung; es gab ja keinen richtigen Weg. Sie rief noch einmal. Keine Antwort.

Dann fiel ihr ein, daß ihr Vater sich einmal mit ihr auf das Schütz der Mühle gestellt hatte, um ihr zu zeigen, daß rings um das Dorf das Gelände anstieg – manchmal sanft wie die Äcker nach Rockwell hinauf, manchmal schroff wie die Wälder oberhalb der Dorfweide. »Solltest du dich mal da oben im Wald verlaufen, Marion«, hatte er gesagt, »dann mußt du immer nur den Berg hinunter gehen. So findest du sicher zurück ins Dorf.« Er hatte auch etwas über die Sonne gesagt, aber daran konnte sie sich nicht erinnern. Es war ohnehin ein trüber, bewölkter Oktobernachmittag, von der Sonne wäre nichts zu sehen gewesen, selbst wenn sie durch das dichte Blätterdach den Himmel hätte erkennen können. Aber wo ging es den Berg hinunter? Links von ihr fiel der Waldboden etwas ab, doch hinter der kleinen, mit Laub gefüllten Senke stieg er schon wieder an. Überall standen riesige Buchen, und durch das dichte Unterholz aus Sträuchern und Gestrüpp sah man nicht weit. Ohne große Hoffnung war sie in die Senke gelaufen und auf der anderen Seite die wurzlige Böschung wieder hinaufgeklettert. So weit sie sehen konnte, und das war nicht weit, schien der Wald sich zu allen Seiten auf gleicher Höhe auszubreiten. Sie fing wieder an zu schreien, und das Entsetzen in ihrer eigenen Stimme machte die Angst nur noch größer. Sie rannte, so schnell sie konnte, geradeaus, blieb stehen, um

Atem zu schöpfen, und plötzlich stieg ihr der wunderbare Geruch nach Holzfeuer in die Nase, der Geruch des Dorfes, ihres Zuhauses, ein Geruch, der ihr seit frühester Kindheit vertraut war. Sie blieb stehen und schnupperte, aus welcher Richtung er kam, und als sie sich umdrehte, sah sie, daß die Bäume spärlicher wurden und zwischen ihren Kronen bereits der Himmel sichtbar war. Sie rannte weiter, in der Befürchtung, auf eine der vielen Lichtungen im Wald zuzulaufen, aber der Geruch war immer noch da und machte ihr Hoffnung. Beim Laufen bemerkte sie, daß es stetig bergab ging, auch wenn sie dabei dem einen oder anderen Busch im Zickzack ausweichen mußte. Die Buchen machten Haselsträuchern Platz, und schließlich bot sich ein freier Blick in das Tal; und sie sah unter sich die Mühle liegen und noch weiter unten die große Eiche auf dem Anger, die das halbe Herrenhaus verdeckte, und weiter vorne, am Rand des Stoppelfelds, erblickte sie den Zug der Kinder, die gemächlich auf das Dorf zu spazierten. Vorneweg gingen hintereinander zwei Jungen, die sich einen langen Ast über die Schultern gelegt hatten, an dem der Sack mit Bucheckern baumelte, dahinter folgten alle anderen und zogen tote Äste hinter sich her. Das war ein Gebot: Du darfst nie aus dem Wald zurückkommen, ohne soviel trockenes Feuerholz mitzubringen, wie du tragen kannst!

Marion rief ihnen nach, und die beiden letzten in der Reihe winkten ihr flüchtig zu, ohne stehenzubleiben. Man hatte sie nicht einmal vermißt. Und jetzt erst bemerkte sie, daß sie die ganze Zeit geweint hatte. Sie schluckte und beruhigte sich. Sie wußte, sie konnte dem Weg der Kinder eine Weile folgen und dann ein Stück abschneiden und allein zur Mühle gehen, während die anderen weiter zum Herrenhaus gingen, um dort ihre Bucheckern abzuliefern. Ihr zitterten die Knie. Sie stolperte über ihren eigenen Rocksaum, der aufgegangen war und noch weiter aufriß, als sie der Länge nach ins weiche Gras fiel. Sie hatte sich nicht weh getan und setzte ihren Weg zur Mühle fort. Ihre Mutter, hochgewachsen und hager, saß neben der Tür auf dem Boden, das Sieb auf dem Schoß halb voll mit Körnern und Spreu, den Getreidesack zwischen den Füßen. Geistesabwesend ließ sie den Inhalt des Siebes kreisen.

»Na«, sagte sie ruhig. »Was ist denn mit dir los? Habt ihr ordentlich Bucheckern gesammelt?«

»Ja«, antwortete Marion, »einen ganzen Sack voll.«

»Das ist nicht viel für sieben oder acht Paar Hände. Was hast du denn mit deinem Rock gemacht?«

»Ich bin drüber gestolpert und ins Gras gefallen.« Nicht sonderlich interessiert besah sich die Mutter den Rock.

»Du solltest ihn wieder raufnähen, bevor es dunkel wird, sonst reißt er noch weiter auf. Hast du Feuerholz mitgebracht?«

»Die anderen haben welches gesammelt. Sie bringen es zusammen mit dem Sack ins Herrenhaus.«

»Hättest ruhig welches mitbringen können, wo du sonst nichts zu tragen hattest«, brummte die Mutter, und das Alltägliche in ihrer Stimme und ihrem Verhalten nahm Marion auch den letzten Schrecken. Sie beschloß, ihre Angst für sich zu behalten, und sie hatte von dem Tag an nie wieder darüber gesprochen.

Marion tröstete Alice mit Umarmungen und einem Schluck Ziegenmilch, setzte sie vor der Hütte ab und ließ sich auf dem Baumstamm nieder. Warum war sie nur so furchtbar erschöpft? Vielleicht lag es an der kaum eingestandenen Angst, vielleicht war auch nur die schwüle Witterung daran schuld. Regen lag drohend in der Luft, aber noch fiel er nicht. Kein Windhauch regte sich. Sie blickte den Grasweg zwischen den Beeten entlang in den von Unkraut überwucherten Garten. In dem Gewirr aus Erbsenranken und Stützen hingen schon ein paar reife Schoten, aber nur wenige, und es hatte nicht viel Sinn, vor der Ernte auf dem Stück Ordnung zu schaffen. Dann allerdings würden sie einen riesigen Haufen hinunter zu Mollys Schweinestall schaffen müssen, für die Herbstmast des gemeinsam gehaltenen Schweins. Jetzt war das Erbsenbeet gesprenkelt mit den kleinen gelben Büscheln des Greiskrauts, den Stengeln gefiederter Schafgarbe mit ihren weißen, zuweilen rosa verfärbten Dolden und ein paar späten Mohnblüten; im Gras des Fußwegs waren die flachen Rosetten des Wegerichs, das silbrige Fingerkraut und der weiße Klee längst braun und zertreten.

Der Apfelbaum am Zaun trug eine reiche Ernte, stellte Marion fest, denn je heller die reifenden Äpfel wurden, desto deutlicher waren sie im Grün des Blattwerks zu erkennen. Auch Disteln wuchsen am Zaun hoch, und hin und wieder sah sie von einer der Disteln eine Sternenkugel aufsteigen und quer durch den Garten schweben.

Ihre Gedanken waren mit der nahen Vergangenheit beschäftigt – mit Dick, dem Tod, dem Wandel, der Vergänglichkeit allen Lebens. Am Morgen, bei ihrer Suche nach Alice, war sie an der Hütte der Shepherds vorbeigekommen. Sie hatte Lisa durch die offene Tür nicht gesehen, war dann durch den Garten gegangen und hatte Lisa ihre Frage nach Alice zugerufen. Die Angst um Alice war so groß gewesen, daß sie auf ihre Gefühle beim Anblick der Hütte nicht weiter geachtet hatte, jetzt aber, da sie müßig hier saß, den vertrauten Anblick des eigenen Gartens und der dahinterliegenden Hügel vor Augen, konnte sie sich deutlich an das Innere der Hütte erinnern, die einmal Dicks und Hildas Heim gewesen war.

Es ist noch derselbe Ort, dachte sie, und doch ganz verändert. Nie mehr werde ich den Hirtenstab neben der Tür an der Wand lehnen sehen. Die Scheren, die ordentlich aufgereiht am Wandbord hingen, sind für immer fort.

Statt dessen hatte sie eine Reihe von kleinen Töpfen auf dem Bord gesehen, und zwei Tonkrüge, von denen einer einst ihrer Mutter in der Mühle gehört hatte, und über dem Bettstroh lag eine der großen, braun und weiß gestreiften Wolldecken, die sie nur oben in Rockwell weben konnten, weil die Scheune dort so hohe Balken hatte.

Es ist nicht mehr so wie zu Dicks Lebzeiten. Es ist derselbe Ort, aber er sieht anders aus, fuhr Marion in ihren Gedanken fort. Es wird nie wieder so sein wie früher. Dick ist tot. Wenn sich in ein paar Wochen so viel ändert – was wird sich dann erst alles geändert haben, wenn mehr Zeit vergangen ist… und noch mehr Zeit? Marions Gedanken kreisten um die Vorstellung von Ewigkeit und scheuten doch davor zurück. Jetzt scheint es beinahe so, als hätte es ihn nie gegeben, dachte sie, als wären die ganzen letzten Jahre nur ein Traum gewesen, eine Geschichte – und doch ist seine Erscheinung noch gegenwärtig. Ihr war, als könnte er jeden Moment um die Hausecke unter der Esche biegen, wie er es so oft getan hatte, und mit seiner tiefen Stimme nach einem Pfosten oder einem von Peters Werkzeugen fragen, weil er eine Hürde reparieren mußte.

»Er wird nie mehr kommen«, sagte Marion laut zu sich selbst, »Hilda wird im Herrenhaus bleiben, und nie mehr werde ich die beiden abends durch ihren Garten schlendern sehen, die sonnengebräunten Arme umeinander gelegt. Was ist ein Mensch, wenn er so schnell ausgelöscht werden kann?« Marion blickte auf die rosaroten Weidenröschen am Zaun, ohne sie zu sehen, während ihre Gedanken in ungläubiger Verzweiflung wiederholten: »Nie mehr.«

Das Wetter veränderte sich, ohne daß sie es merkte. Die Wolken waren höher gestiegen und dünner geworden, und obwohl die Sonne nicht durchkam, war der Garten von einem blendenden Licht überflutet. Es tat den Augen weh, und sie verspürte einen stechenden Kopfschmerz. Das Ertragen war ihr zur zweiten Natur geworden, also stellte sie sich darauf ein, auch diesen Schmerz zu ertragen; da fiel ihr ein, daß sie den ganzen Tag noch nichts gegessen hatte. Sie ging hinein, fand ein Stück hartes altes Brot und so ziemlich den letzten Bissen reifen Käse. Von beidem krümelte sie ein paar Bröckchen in ein hölzernes Schälchen, für Alice schüttete sie noch etwas Milch dazu.

Alice hatte vor der offenen Tür auf dem Boden gesessen. Als sie sich am Türpfosten hochziehen wollte, stieß sie einen gellenden Schrei aus. Sie streckte Marion die offenen Handflächen entgegen, mehrere kleine Holzsplitter steckten darin. Ganz unten, wo Tibtab seine Krallen wetzte, war der Türpfosten aufgerauht. Mit Schrecken dachte Marion daran, wie Dick sich den Span aus der Hand gezogen hatte; sie bückte sich eilig, nahm Alice auf den Schoß und zog ihr mit ihren langen, schartigen Fingernägeln aufs sorgfältigste jeden Splitter einzeln aus den Handflächen.

»So, alles wieder gut. Und Finger weg vom Türpfosten. Das ist Tibtabs Kratzpfosten.«

»Ist Tibtab böse?« fragte Alice, die der Verarztung ihrer Hände mit Interesse zugesehen hatte.

»Nein – er ist doch bloß ein Kater«, sagte Marion, die sich plötzlich müde fühlte. Sie ließ Alice runter, holte das Essen, fütterte Alice und aß selber ein paar Bissen. Dann schlummerten beide ein.

Als Marion erwachte, hatte sie keine Kopfschmerzen mehr, aber ihre Hinterbacken waren taub, weil sie so lange mit Alice auf dem Schoß auf der rauhen Rinde des harten Baumstamms gesessen hatte. Wieder hatte das Wetter sich geändert; die Luft war jetzt frischer. Der Himmel schien höher und weiter geworden zu sein. Er war übersät mit leuchtendweißen Wolken, die sich oben bauschig aufplusterten und auf der Unterseite schnurgerade verliefen. Der Himmel dazwischen strahlte in einem tiefen Blau, das über den Bäumen des Waldes zu Türkis verblaßte. Eine kleine zerzauste graue Wolke schwebte auf einer großen weißen Wolke dahin wie ein junger Schwan zwischen den aufgestellten Flügeln der Mutter. Auf einem warmen Windstoß, der den Duft nach Heide mit sich trug, kam eine große Kugel federleichter Distelwolle durch den Garten geschwebt.

»Komm, wir gehen Brombeeren pflücken«, sagte Marion zu Alice; und sie gingen durch den Garten zur Hecke am hinteren Ende, Marion mit einem großen Weidenkorb unterm Arm.

Als sie den Gartenweg wieder heraufkamen, Marion mit dem Weidenkorb, den sie mit Ampferblättern ausgelegt hatte und der jetzt voller Brombeeren war, hörten sie den Ruf von der anderen Seite des Bachs. Marion ließ den Korb fallen, rannte um die Hausecke herum, den verwilderten Grashügel hinauf, und von dort oben konnte sie den kleinen Zug erkennen, der gerade zwischen den Bäumen auf der anderen Seite des Bachs hervorkam: vier beladene Pferde und drei Männer zu Fuß, Peter vorneweg. Er sah sie und winkte ihr zu, und ein plötzliches Glücksgefühl durchströmte sie. Doch der Zug kam nicht zum Stehen, sondern bewegte sich langsam weiter im Trott ermüdeter Männer.

»Komm zum Herrenhaus«, rief Peter, »und bring einen Korb mit. Und sag den anderen Bescheid.« Aufgeregt lief Marion zur Hütte der Shepherds hinüber, aber Lisa und Martin waren nicht zu Hause. Sie ging weiter zu den Plowrights; vor der Tür kauerte ein verlassenes Häuflein Kinder.

»Sagt euren Eltern, daß Sir Hugh wieder da ist«, rief sie ihnen zu und ließ sie sitzen.

In ihrer Hütte warf sie einen Blick auf den bis zum Rand mit Brombeeren gefüllten Korb. Einen anderen besaß sie nicht, und sie sollte einen Korb mitbringen. Sie kippte die Brombeeren, wenigstens die meisten, auf das Wandbrett und sicherte sie notdürftig, indem sie zwei Krüge und einen Topf davorschob. Besser ging es nicht in der Eile. Dann nahm sie Alice auf den Arm und lief die Böschung hinunter.

Molly saß auf ihrer Türschwelle und zog sich die Stiefel an.

»Brauchst mir nichts zu sagen«, rief sie Marion mit ihrem breiten häßlichen Lächeln entgegen. »Hab sie längst gesehen. Ich komme gleich mit dir. Dann können wir uns mit deiner Kleinen abwechseln.«

Sie hasteten den Weg über die Dorfweide entlang, die kleine Prozession auf der anderen Seite des Bachs hatten sie stets im Auge; Männer und Pferde verschwanden hinter Erlen und Weiden und tauchten wieder auf. An der Brücke hielt Alice sie auf; sie wollte abgesetzt werden, um Pipi zu machen, und sosehr sich Marion über die Verzögerung ärgerte, so froh war sie darüber, daß Alice gelernt hatte, Bescheid zu geben.

Als sie auf dem Anger eintrafen, waren die Reisenden bereits vor dem Herrenhaus angekommen. Dame Margaret und Magda hießen Sir Hugh willkommen, Tom strahlte über das ganze Gesicht und klopfte Ed-mein-Junge wohl hundertmal auf die Schultern. Dorfleute kamen aus ihren Hütten quer über den Anger gelaufen, auch Pater John stapfte aus seiner Hütte herüber, und alle Hunde des Dorfes bellten in wilder Aufregung. Peter kam gleich auf Marion zu und legte ihr die Hand auf den Arm.

»Alles in Ordnung?« fragte er und sah ihr fest in die Augen.

»Ja. Alles in Ordnung«, antwortete sie und wunderte sich selber über das Zittern in ihrer Stimme.

»Alice, alles in Ordnung?« fragte er die Kleine und streichelte ihr mit dem Finger über die Wange.

»Hand wieder gut. Tibtab Posten«, sagte sie und streckte ihm die gepunkteten Handflächen entgegen, aber woher sollte Peter wissen, wovon sie sprach. Peterkin kam aus der Gruppe der umstehenden Leute hervor.

»Vater, hast du die Brücke aus Stein gesehen?« fragte er. »Ist es wirklich wahr, daß man da eine ganze Wagenladung Heu rüber-bringen kann?« Er bekam keine Antwort, weil Peter einen kräftigen Schluck Bier aus dem ledernen Krug nahm, den Tom ihm gereicht hatte.

»Trink ihn ruhig leer«, sagte Tom. »Sir Hugh und Ed haben schon einen Schluck gehabt.« Tom erwähnte nicht, daß Ed-mein-Junge, entgegen aller Gewohnheit, zum ersten Mal aus dem Krug des Va-ters trinken durfte.

Verwundert betrachtete Marion Sir Hugh, denn er lächelte, was er selten genug tat, und trotz seiner nicht zu übersehenden Müdig-keit schien er sich wohl zu fühlen, was noch viel seltener vorkam. Sie vermutete, daß er nach der schweren Entscheidung und der großen Angst vor der Reise jetzt, da er wohlbehalten und womög-lich mit reichen Vorräten zurückgekehrt war, sich geradezu in einem Gefühlsüberschwang befand. Er überwachte das Entladen der Pferde.

Dame Margaret hatte während der letzten beiden Tage dafür ge-sorgt, daß es an Bier nicht mangeln würde, und während Milly und Joan noch mehr Krüge herbeischafften, drängten die Dörfler sich um die acht Lastkörbe, die vor dem Herrenhaus standen.

Sir Hugh sagte, an Rollo und Dame Margaret gewandt, aber laut genug, daß alle es hören konnten: »Wir sind den ganzen Rückweg zu Fuß gegangen. Dein Bruder hat mir noch zwei Lastkörbe ge-borgt, und so konnten wir alle vier Pferde beladen. Trotzdem war die Rückreise leichter, als wir dachten. Wahrscheinlich, weil wir den Weg mittlerweile kannten. Dein Bruder läßt dich grüßen, und seine Frau auch. Du glaubst gar nicht, wie alt sie geworden ist. Ich hab viel zu erzählen …«

»Hast du Salz mitgebracht?« fiel Dame Margaret ihm mit strenger Stimme ins Wort und sprach damit aus, was alle dachten.

»Und ob wir Salz mitgebracht haben, sei beruhigt.«

Marion fiel auf, wie oft er »wir« sagte, sie hatte beinahe den Eindruck, dieses gemeinsame Abenteuer könnte ein Band der Freundschaft zwischen den Männern geschmiedet haben, das mit der Rangordnung des Dorfes nicht zu vereinbaren wäre.

»Hol einen Hocker für M'Dame, Matt«, ordnete Sir Hugh an, und als er gebracht wurde, stellte er ihn vor den Lastkörben auf und führte Dame Margaret dorthin. Auch Magda, die vor Neugier platzte, schlich bereits um die Körbe herum.

»Nein, Magda, nicht anfassen! Finger weg!« Aus dem ersten Korb zog er ein Bündel heraus und wickelte einen riesigen tönernen Krug aus dem Sackleinen. Er drückte sich das rauhe, bauchige Gefäß gegen die Brust und zog etwas Weißes aus seinem Hals, das er schnell im Ärmel verschwinden ließ, bevor er Dame Margaret den Krug behutsam auf den Schoß stellte.

»Das ist ein Geschenk von deinem Bruder und deiner Schwägerin«, sagte er. »Sieh hinein.« Sie ließ eine Hand in die Öffnung gleiten und brachte ein paar schwarze, verschrumpelte Kügelchen zum Vorschein. Sie blickte Sir Hugh fragend an. Er lächelte, genoß die allgemeine Verblüffung.

»Sind das Samen?« fragte sie. »Kann man die einpflanzen?«

»Sehen aus wie Hasendreck«, rief ein Junge.

»Nein, nein.« Sir Hugh warf dem Jungen einen strengen Blick zu. »Das sind Früchte. Die kann man essen.« Allgemeines, halb empörtes, halb ungläubiges Gemurmel.

»Darf ich mal probieren?« fragte Magda, kam herbeigehüpft, und alle sahen gespannt zu, wie sie eines der Kügelchen von der Hand ihrer Mutter nahm und in den Mund steckte.

»Kleine Angeberin«, murmelte Milly, aber niemand achtete auf sie.

»Mmm – schmeckt gut«, sagte Magda. »Krieg ich noch 'n paar?«

»Ich will auch mal probieren«, rief einer der Fletcher-Jungen und drängelte sich nach vorne, aber Marion fiel auf, daß er sich nicht traute, mehr als ein schwarzes Kügelchen zu nehmen. Beinahe augenblicklich breitete sich ein strahlendes Lächeln auf seinem Gesicht aus.

»Schön süß«, sagte er, »gar nicht wie Obst und auch nicht wie Honig, aber süß. Ist der ganze Krug voll damit?«

»Wo kommen die her?« fragte Dame Margaret, die immer noch ein paar davon auf der Hand hielt.

»Dein Bruder hatte ein ganzes Faß voll – von einem Handelsmann, sagt er, von jenseits des Meeres.« Und schon hatten sie die Aura des Geheimnisvollen – teils wundersam, teils verdächtig. »Sie mischen sie in den Teig, bevor sie das Brot backen.«

»Ich werde mein gutes Brot bestimmt nicht mit dem Zeug verderben«, sagte Milly, deutlich vernehmbar diesmal und unter allgemeiner Zustimmung.

»Da kann ich ja gleich Fliegen in den Teig tun«, tat eine andere Frauenstimme kund.

»Unsinn«, sagte Peter mit Nachdruck. »Sie schmecken gut. Und beim Backen quellen sie auf. Man kann sie sehr gut essen.«

»Hast du auch welche gegessen, Vater?« Peterkin war beeindruckt.

»Ja, beim Abendbrot im Herrenhaus von Rutherford haben alle davon gegessen, große Scheiben Brot, alle mit schwarzen Kügelchen gepunktet und mit Butter beschmiert. Und keinem sind sie schlecht bekommen.«

»Ich probier eins«, sagte Peterkin. »Wenn ich darf«, fügte er mit Blick auf Marion hinzu. Dame Margaret hielt ihm die offene Hand hin, und alle sahen zu, wie er sich eines nahm, in den Mund steckte, kaute und lächelte.

Magda nahm ihrer Mutter noch ein paar aus der Hand und sagte: »Probier du auch eines, Mutter. Hat der Onkel uns nur diesen einen Krug mitgeschickt? Da kann man nicht viele gepunktete Laibe mit backen.«

»Schon einer wäre mir zuviel«, sagte Milly.

»Meg, probier doch mal, und du auch, Mary«, sagte Magda und bot den kleinen Mädchen die Beeren auf der offenen Hand, aber sie schüttelten nur die hellroten Löckchen, und Mary verbarg ihr Gesicht in Hildas Rock.

Manchen Leuten erschien das alles wie ein Vorgeplänkel. Die Männer und die ernsthaften Hausfrauen forderten Sir Hugh mit Blicken auf, endlich die wichtigeren Dinge auszupacken. Sir Hugh hob ein zweites tönernes Gefäß aus einem der Lastkörbe, rollte es aus dem Sackleinen, holte aus der Öffnung eine Spule mit feiner Kordel hervor, reichte sie beiläufig an Joan weiter und spähte dann in den Krug hinein. Die gespannte Aufmerksamkeit, mit der die Leute ihm zusahen, genoß er sichtlich.

»Noch mehr getrocknete Fliegen?« fragte Milly, aber wieder achtete niemand auf sie.

»Eiserne Nägel«, sagte er und ließ sie im Krug klimpern. »Die gehören in deine Hände, Peter. Nimm sie mit, und morgen bringst du mir den Krug zurück.« Und an die Leute gewandt, fügte er hinzu: »Wenn's nach Peter gegangen wäre, hätten wir außer Nägeln gar nichts mitgebracht.« Peter widersprach, aber er nahm lächelnd den Krug entgegen.

Noch so ein großes Gefäß kam zum Vorschein, die Öffnung war mit einem runden Lappen aus feinem Leder verschlossen. Sir Hugh öffnete den Riemen und steckte die Hand hinein.

»Salz«, sagte er, und ein Seufzer der Erleichterung stieg auf. »Tom, du gehst mit Rob zwei oder drei trockene Kübel holen, möglichst große, aber ganz trocken müssen sie sein. Wir füllen das Salz jetzt gleich hinein, und morgen teilen wir es auf. Damit das Salz die Innenseite der Töpfe nicht länger als nötig angreift. Hat jemand den Rockwells Bescheid gesagt, daß wir zurück sind? Die müssen auch was von dem Salz bekommen.«

Sir Hugh erhob sich, streckte seine Glieder und tätschelte Heart-of-Oak den Hals. Dann redete er leise mit Rollo, aber Marion stand nahe genug dran, um mithören zu können: »... bin sehr froh, daß ich Peter Carpenter mitgenommen habe ... ja, ich weiß, du hast mir dazu geraten, aber er war wirklich eine große Hilfe. Ich weiß nicht, ob mein Schwager so freigiebig gewesen wäre, wenn Peter ihm nicht zugeredet hätte. Er hat gut gesprochen – und alle dort haben verstanden, in welcher Lage wir waren...« Marion wurde vor Freude ganz leicht ums Herz. Peter hatte nicht zugehört, er unterhielt sich mit Simon und Betsy, aber sie würde es ihm nachher erzählen, und darauf freute sie sich schon jetzt.

Tom und Rob schafften aus dem Hof ein paar große Kübel und Fässer herbei, hoben dann einen Krug nach dem anderen aus den Lastkörben und leerten die weißen Kristalle in ihre neuen Behältnisse. Die Dorfleute beobachteten jeden von Toms und Robs Handgriffen und brummten zufrieden beim Anblick des vielen Salzes, das aus den Krügen in die Kübel rieselte. Milly hob die leeren Krüge einen nach dem anderen auf und stellte sie in einer Reihe hinter dem Backtisch unter dem Vordach auf. Joan sammelte die Säcke, in denen die Krüge eingewickelt waren, schüttelte jeden einzeln aus, faltete sie ordentlich zusammen und stapelte sie neben Dame Margarets Hocker. Im letzten Lastkorb lag ein Bündel Eisenstangen, das Rohmaterial für Riegel und Scharniere, Haken, Teile des Pferdegeschirrs; man klopfte es zu Messerklingen und Sicheln aus, schmiedete es zu Pfeilspitzen, Spatenblättern, Sägen und Meißeln. Nicht sehr eindrucksvoll, aber lebensnotwendig für das Dorf. Und dann, als letztes, wie alle glaubten, kamen drei große, bauchige, eiserne Kochtöpfe zum Vorschein; sie hatten Ringe an den Rändern, damit man sie aufhängen, und jeweils drei kurze Füße, damit man sie in die heiße Glut stellen konnte.

»Und wer ist die glückliche Familie, die so einen bekommt?« fragte Margery Hunter mit ihrer tiefen Stimme. Marion war klar, daß sie auf ihre eigene Familie anspielte, denn sie lieferte regelmäßig mehr gesponnene Wolle ab als alle anderen Frauen.

»Wir werden sie morgen verteilen«, sagte Sir Hugh bedeutungsvoll. »Ihr wißt ja, M'Dame weiß immer ganz genau, wer in den letzten Jahren eiserne Töpfe bekommen hat«, und niemand zweifelte daran. Sir Hughs Hand war noch einmal im letzten Lastkorb verschwunden und zog einen Sack hervor, in dem etwas Weiches, Schweres steckte.

»Was ist das?« fragte Magda und drängelte sich wieder nach vorn.

»Nichts für dich«, antwortete ihr Vater, schlug den Sack auseinander und brachte eine Rolle wollenen Stoff in einem tiefen, dunklen Rot zum Vorschein. Einigen Frauen entschlüpften »Aahs« und »Oohs«, als er Dame Margaret die Rolle übergab.

»Dein Bruder und seine Frau haben es mir für dich mitgegeben. Du sollst dir ein Kleid daraus machen.«

Dame Margaret legte sich die Rolle auf den Schoß und wickelte etwas von dem Stoff ab. »Wie dick und flauschig er ist«, rief sie aus und war sichtlich beeindruckt. »Woher haben sie den?«

Andere Frauen sahen ihn prüfend an und machten Bemerkungen: »Wie sie die Farbe wohl hingekriegt haben? Mit Schlehen? Oder Holunderbeeren? So eine lange Rolle – was müssen die für einen Webstuhl haben. Wie viele Ellen mögen das sein?«

»Dein Bruder wußte nicht, woher er stammt«, sagte Sir Hugh. »Er wurde jedenfalls nicht in Rutherford gewebt. Ein paar Männer, sagt er, sind von der Küste nach Norden gereist und durch Rutherford gekommen, dieselben, die auch die Korinthen mitgebracht haben …«

»Korinthen?«

»Die süßen schwarzen Kügelchen – die in dem Krug. Und die haben auch diese prächtige Rolle wollenes Tuch mitgebracht. Es war noch mehr davon da, aber deine Schwägerin hat sich selber ein Kleid gemacht, und sie ist von stattlicher Statur. Und ihre Tochter hat auch eins bekommen, da blieb nur dieses Stück übrig. Sie meint, für ein Kleid mit Ärmeln müßte es reichen. So, und das hier ist nun wirklich das letzte.«

Er zog das kleine weiße Bündel aus dem Ärmel, das er gleich anfangs dort verborgen hatte, und gab es seiner Frau. Sie sah ihn voller Staunen an. »Wickle es ab«, sagte er. Behutsam entfaltete sie ein Stück des glatten, weißen Tuchs auf dem tiefroten Wollstoff auf ihrem Schoß. So etwas hatte sie noch nie gesehen.

»Noch ein Geschenk von deiner Schwägerin«, fuhr Sir Hugh fort, glücklich darüber, daß noch immer alle Blicke auf ihn gerichtet waren. »Für das neue Kind. Sie nennen es Leinen. Ich glaube, es ist auch über das Meer gekommen. Deine Schwägerin hat eine Haube aus dem Stoff. Sie trägt sie den ganzen Sommer über, schön leicht und kühl, sagt sie.«

Das bestätigte, was Marion längst vermutet hatte – Dame Margaret war schwanger.

»Reicht für eine hübsche Haube«, sagte Dame Margaret und ließ den Stoff durch die Finger gleiten, »und für mehr als eine«, fügte sie mit Blick auf Magda hinzu.

»Sie hat gesagt, du sollst das Kind darin einwickeln«, wiederholte Sir Hugh.

»Wär doch schade, wenn ein Säugling den schönen Stoff dreckig macht«, meinte Milly und strich mit ihren rauhen Fingern darüber.

Nachdem er alles abgeliefert und alle Botschaften der Familie, wie er meinte, angemessen ausgerichtet hatte, sagte Sir Hugh zu Tom: »Wir haben seit dem frühen Morgen nichts mehr gegessen. Mal sehen, was Joan für uns hat. Dein Junge muß einen Bärenhunger haben nach dem anstrengenden Marsch.« Sir Hugh wandte sich mit einer ausladenden Handbewegung an die umstehenden Dörfler. »Morgen kommt ihr Frauen und bringt eure Töpfe, und dann wird Dame Margaret etwas von dem Salz verteilen – für heute wollen wir's gut sein lassen. Matt, du bringst Säcke und Körbe unter Dach und Fach – es könnte regnen heute nacht. Marion, ich will hoffen, du hast ein ordentliches Abendessen für deinen Peter, auch er wird es nötig haben.«

Erleichtert und im Gefühl, etwas erreicht zu haben, gingen die Dorfbewohner ihrer Wege. Peter gab Peterkin den Krug mit Nägeln und trug ihm auf, ihn vorsichtig auf das Brett an der Rückwand seiner Werkstatt zu stellen und dann nach Hause zu kommen. Marion nahm Alice, die still und unbeachtet im Schmutz gespielt hatte, auf den Arm, und sie gingen hinunter zur Brücke, Marion noch immer mit dem leeren Korb in der Hand. Peter stieg auf der anderen Seite der Brücke die Stufen hinunter, blieb stehen und öffnete die große Ledertasche, die an seiner Hüfte schaukelte. Er zog zwei kleine Tongefäße daraus hervor, deren Öffnungen mit ledernen Lappen verschlossen waren.

»Die sind für uns«, sagte er. »Dieser Steve Soundso hat sie mir gegeben, der Verwalter da unten, der sich um die Vorräte und das alles kümmert. In dem einen ist Gänsefleisch, fest und gar gekocht, unter

einer Schmalzschicht, und in dem kleineren hier sind Äpfel, einge-
kocht mit Honig und so einem würzigen Zeug, Nelken hat er es
genannt. Aber ihr dürft ... ach, Peterkin, da bist du ja – also, ihr dürft
niemandem etwas davon sagen. Das ist nur für uns, Sir Hugh und
Ed-mein-Junge wissen nichts davon.« Es war fast schon zu dunkel,
um die Vorfreude in Peterkins Augen leuchten zu sehen.

»Sind auch Korinthen drin?« fragte er.

»Ich glaube nicht. Wär aber möglich. Ist Brot im Haus, Marion?«

»Ja - ein bißchen«, antwortete Marion und wünschte, die trockenen Brotreste, von denen sie am Morgen gegessen hatte, wären frischer und ausgiebiger.

»Wir essen den Gänsetopf zum Abendbrot«, bestimmte Peter. »Ja,
Alice, du kriegst auch was ab. Es muß ja gegessen werden; wenn das
Schmalz runtergekratzt ist, hält es sich nicht mehr lang.«

»Dürfen wir die Töpfe behalten?« fragte Marion.

»Ja sicher, es weiß ja keiner davon. Aber es sind kleine Töpfe, da
paßt nicht viel rein.«

»Töpfe kann man immer gebrauchen. Warum sollte ich den Korb
mitbringen?« Marion dachte an die vielen Brombeeren, die sie ganz
umsonst auf das Wandbrett gekippt hatte.

»Ich hab gedacht, Sir Hugh würde das Salz gleich austeilen.«

Etwa hundert Meter weiter vorn sahen sie Martin und Lisa in der
Abenddämmerung über die Dorfweide nach Hause schlendern.
Marion machte Peter auf die beiden aufmerksam.

»Ich hab da was gesehen«, sagte er, »aber ich konnte nicht erkennen, wer es ist. Oben in Rutherford hab ich gedacht, daß ich besser
sehen kann als sonst. Vielleicht ist die Luft dort klarer. Aber es ist
schon ein seltsames Gefühl, daß die beiden da vorne nicht Dick und
Hilda sind.«

Ja, es war ein seltsames und ein schreckliches Gefühl. Peters
glückliche Rückkehr von der Reise hatte Marion für eine Weile
vergessen lassen, wie unglücklich Hilda sich in der unpersönlichen
Betriebsamkeit des Herrenhauses noch immer fühlen mußte. Marion fiel auf, daß sie jetzt ganz anders über Dick dachte als zu der
Zeit, als er noch lebte. Er hatte sie alle getäuscht mit dem Anschein

von Lebenskraft, das spürte sie nun; er hatte den Tod längst in sich getragen. Ihr Menschenverstand sagte ihr, daß sie alle den Tod in sich trugen, aber – und ihr Herz tat einen Sprung – sie war noch am Leben, und Peter war noch am Leben, und er war zu ihr zurückgekehrt aus dieser furchterregenden, feindseligen Welt von Rutherford. Doch unversehens sah sie wieder Dicks sterbendes Gesicht vor sich, die Augen geschlossen, der Mund qualvoll geöffnet, die hellroten Haare und der Bart ganz stumpf, sah den dick geschwollenen, bläulich und gelb angelaufenen, quer über dem Leib liegenden Arm – und die Erinnerung rügte sie für ihre Freude.

In der Dämmerung des Augustabends saßen sie auf dem Baumstamm unter dem Vordach und aßen staunend und mit großem Genuß gekochte Gänsepaste auf Brot. Alice war eingeschlafen; Marion trug sie hinein und legte sie in die Wiege. Sie brachte zwei Hände voll Brombeeren mit hinaus, und alle drei aßen sie die süßen Früchte mit vollen Backen.

Peter redete fast ununterbrochen. Er erzählte von den gewaltigen Ausmaßen des Herrenhauses in Rutherford, von dem kleinen Nebenraum hinter dem Podium, in dem Sir William, M'Dames Bruder, und seine Frau schliefen und manchmal auch die Mahlzeiten einnahmen, von dem großen Brauhaus und der angeschlossenen Molkerei, den zahllosen Kühen und von der steinernen Brücke, die breit genug für einen Heuwagen war. »Aber warum stürzt sie nicht ein, Vater?« fragte Peterkin ein ums andere Mal.

»Weil sie Schlußsteine verwenden. Morgen, wenn's wieder hell ist, zeichne ich dir auf dem Boden auf, wie man sie errichtet hat, auf steinernen Bögen. Und solche haben sie auch in ihrer Kirche. Sie ist ganz aus Stein, bis hinauf zum Dach, und der heilige Christophorus steht im Wasser, wie Chris Foxcap gesagt hat, und Wat und seine beiden Jungen – die sind dort Zimmerleute, ich habe ihre riesigen Sägen gesehen –, die haben gerade einen großen Karren für zwei Ochsen gebaut. Wunderbare Räder, ich hab sie gesehen, und ganz aus Eiche. Halten ein paar hundert Jahre, sagen sie – bis die Welt untergeht ...«

Peterkin fielen die Augen zu, aber Peter rüttelte ihn wach.

»Schon müde? Hast wohl zuviel von dem neuen Bier getrunken, das Joan ausgegeben hat?« Peterkin bestritt, müde zu sein, gab jedoch zu, von Joan einen Schluck Bier bekommen zu haben.

»Und dann bist du mit einem der Fletcher-Jungen zum Brauschuppen geschlichen, und ihr habt euch aus den Krügen bedient.« Peter war eher belustigt als verärgert. »Und die Krüge habt ihr mit Wasser aufgefüllt, damit keiner was merkt?« Peterkin protestierte, aber nicht heftig. »Ach, erzähl mir nichts, ich kenne euch Burschen. Na los, rüber zum Misthaufen und gepinkelt, und dann ab ins Bett. Sonst schläfst du mir hier noch ein, und zum Tragen bist du inzwischen zu schwer.«

»Gib acht, daß du Alice nicht weckst«, fügte Marion hinzu.

Peterkin ging hinein, wenn auch widerwillig, und bald darauf hörten sie das Stroh rascheln, als er sich ins Bett legte.

»Warum haben die aus Rutherford uns das Salz nicht im Juni gebracht wie jedes Jahr?« Marion hatte eine kurze Pause in Peters Monolog für ihre Frage genutzt.

»Ach ja«, erwiderte Peter, froh darüber, daß sie ihn an eine wichtige Einzelheit seiner Geschichte erinnert hatte. »Wie es scheint, ist der Zug mit Lastpferden, etwa zwanzig an der Zahl, die jedes Jahr über den *Weald* nach Rutherford kommen, vom Meer herauf, glaube ich…«

Der *Weald*, dachte Marion. Wie fremdartig, wie weit entfernt sich das anhört. Beinahe meinte sie den »Weald« mit der »Welt« zu verwechseln.

»Und irgendwann unterwegs sind sie an eine Furt gekommen, und… das sind natürlich alles Gerüchte – und das Wasser war tiefer, als sie gedacht hatten, und zwei Pferde sind in dem tiefen Wasser gestrauchelt und zu Fall gekommen und haben noch ein paar andere mitgerissen – alle mit Lastkörben voll mit Salz und anderen Dingen, und das Salz ist naß geworden und hat sich im Fluß aufgelöst. Zum Schluß sind nur fünf Pferde mit trockenem Salz in Rutherford angekommen, nicht mal genug für sie selber – da hatten sie für uns erst recht nichts übrig. Die Händler mit den Pferden, haben sie erzählt, sind wieder umgekehrt, zurück zum Meer, und erst mitten in der Ernte waren sie wieder da. Sie wollten die doppelte Menge Wolle haben, weil sie den Weg zweimal machen mußten, aber die Leute in Rutherford haben gesagt, Wolle gibt's nur für Salz und nicht für Wege, die gemacht werden, ohne daß man Salz dabei liefert. Wie sie sich geeinigt haben, weiß ich nicht, ich weiß nur, daß Sir William uns das Salz nur gegen das Versprechen mitgegeben hat, daß wir ihm im Herbst noch zwei Lastkörbe voll mit Wolle bringen. Es war Pech, daß die Pferde ins Wasser gefallen sind und das Salz verloren war, aber es ist doch nicht unsere Schuld. Ich sehe nicht ein, warum ausgerechnet wir ihnen jetzt mehr Wolle für weniger Salz liefern sollten.«

Marion stimmte ihm zu, doch insgeheim fühlte sie mit den Fremden, die den langen Weg zweimal machen mußten und dabei soviel Salz verloren hatten.

»Laß uns zu Bett gehen«, sagte Peter, doch beide blieben sie sitzen.

»Mal angenommen«, sagte Marion, »die Leute in Rutherford hätten selber kein Salz gehabt und du und Ed-mein-Junge und Sir Hugh, ihr wärt mit leeren Händen zurückgekehrt. Was hätten wir dann gemacht?«

»Dann hätten wir kein gepökeltes Fleisch für den Winter, wenn das in den Kübeln aufgegessen ist – und das ist nicht mehr viel, sagt Ed-mein-Junge.«

»Da wären natürlich noch die Gänse«, erwiderte Marion.

»Ist nicht viel dran an so einer Gans, die reicht gerade mal für vier oder fünf Leute. Und ein paar alte Schafe sind meist auch noch da.«

»Und ein Ochse«, fügte Marion hinzu. »Wenn man den schlachtet, kann das ganze Dorf sich ein, zwei Tage davon satt essen, aber er muß schnell gegessen werden, solange das Fleisch gut ist.«

»Wir könnten ein paar Hirsche mehr schießen, nicht nur am Michaelitag und zu Weihnachten. Ich weiß, das Gesetz erlaubt uns nur diese beiden, aber Rollo könnte Pater John vielleicht dazu bringen, das Gesetz zu ändern.«

»Macht Pater John die Gesetze? Über die Hirsche?« Marion war verwundert. »Ich dachte, der macht nur die Kirchengesetze.«

»Der Priester ist immer dabei, wenn Gesetze gemacht werden«, meinte Peter ein wenig ungewiß. »Es kann doch dem lieben Gott nicht recht sein, daß wir kein Fleisch haben, und da oben im Wald laufen lauter Hirsche herum.«

»Meinst du? Als Pater John ein Junge war, hat Gott mal das ganze Korn verschimmeln lassen – er hat's uns oft genug erzählt.«

»Ach, ich weiß es nicht«, mußte Peter gestehen. »Ganz sicher gibt es das Gesetz, daß wir jedes Jahr nur zwei Hirsche im Wald jagen dürfen, aber ob es nun von Gott oder von Pater John oder von Sir Hugh stammt – was weiß ich? Ich würde mir einen Hirsch holen, wenn wir Hunger hätten, so wie ich mir eine Taube holen würde. Ich müßte es ja keinem auf die Nase binden.« Er sagte das ganz unbekümmert. Marion fragte sich, ob die Hirsche im Wald nicht Gott gehörten und man sie nur nach seinem Ratschluß an die Hungernden verteilen durfte – aber Tauben waren wild und fraßen einem die Erbsen weg, und sie gehörten niemandem, so wie Füchse und Krähen niemandem gehörten ... nur, daß die nicht so gut schmeckten.

Ständig zerbreche ich mir über solche Dinge den Kopf, dachte Marion. Peter nie. Er denkt immer nur das, was ihm gerade in den Kopf kommt, auch wenn er gar nicht weiß, ob es richtig ist. Und weiter macht er sich keine Gedanken darüber.

»Komm ins Bett«, sagte er und stand auf. »Morgen früh erzähl ich dir weiter.«

Sie gingen noch einmal zusammen zum Misthaufen, dann tasteten sie sich in ihre Hütte und legten sich ins Bett. Weder Alice noch Peterkin rührten sich, und beinahe augenblicklich wurden Peters Atemzüge langsamer und tiefer, und Marion wußte, daß auch er eingeschlafen war. Sie lag noch lange wach, die Augen geöffnet. Durch die obere Türhälfte sah sie das fahle Licht des Himmels, das sich veränderte, je nachdem, ob dichte oder dünne Wolken über den Halbmond hinwegzogen. Plötzlich zog Peter die Luft ein, und sie merkte, daß er aufgewacht war. Er tastete nach ihr und schob ihr das Kleid hoch, und sie war gerne bereit, ihn zu sich zu lassen. Das Stroh auf dem Bett war uralt, von letztem Jahr, nur noch brüchige

Matten ohne jede Spannkraft. Die Bohlen unter dieser staubigen Auflage drückten hart gegen ihren Rücken, als sie die Last von Peters Körper auf sich nahm. Sie war froh, daß er so roch wie immer, obwohl er gerade erst aus der fremden Welt von Rutherford zurückgekehrt war.

Plötzlich fiel ihr ein, daß sie vergessen hatte, ihm zu erzählen, was Sir Hugh zu Rollo über ihn gesagt hatte. Das mußte nun bis morgen warten, denn Peter war schon wieder eingeschlafen.

September

ach vielen dunklen, quälenden Stunden des Wachliegens war Marion kurz vor Sonnenaufgang eingeschlafen und hatte einen verwirrenden Traum geträumt: Dame Margaret hatte sich bei ihr nach den neuen Holzzubern erkundigt, aber ständig hatte Tom sich eingemischt mit gutgemeinten, aber völlig unsinnigen Bemerkungen darüber, daß man die zurechtgesägten Stecken auf Rollos Anordnung als Sprossen für eine neue Leiter genommen hatte. Alles einleuchtend und durchaus nicht ungewöhnlich, aber nicht wahr. Sie war aus dem Traum erwacht (als sie gerade darüber nachdachte, ob man Peter wohl wegen der Leiter zu Rate gezogen hatte), weil Alice auf ihr herumkrabbelte und ihr ins Gesicht patschte. Alice konnte inzwischen schon sehr gut alleine auf das Bett klettern.

Nachdem sie ihre Mutter geweckt hatte, saß Alice pummelig und selbstbewußt im Stroh und verkündete: »Papa Rockwell gegangen.« Seit drei Tagen arbeitete Peter im Haupthaus oben in Rockwell, wo er alle Seitenwände unten herum mit waagrechten Brettern verschalte. Letzten Herbst war in der Nähe eine große Buche gefällt worden, und Peter hatte zusammen mit seinen Gesellen und zwei Burschen aus Rockwell den Stamm unter größten körperlichen Mühen der Länge nach in dicke Bretter zersägt. Die Bretter hatte man aufeinandergeschichtet und dabei kurze Holzscheite dazwischengelegt, um sie richtig austrocknen zu lassen. Jetzt war es an der Zeit, sie zurechtzuschneiden und in die Wände einzupassen, und Peter mußte für diese Arbeit eine ganze Reihe seiner geliebten Nägel aus Rutherford opfern.

Seit einigen Tagen mußte Marion ohne Peter auskommen, aber

seine Abwesenheit beunruhigte sie diesmal sie nicht so sehr; es war doch ganz etwas anderes als vorigen Monat, als er in die unbekannte Welt von Rutherford aufgebrochen war. Es ärgerte sie, verschlafen zu haben, denn sie hatte sich einiges vorgenommen für den Tag, deshalb stand sie sofort auf und weckte Peterkin. Es war abgemacht, daß Peterkin von heute an jeden Tag hinauf in den Wald gehen sollte, bewaffnet mit einem Strick und begleitet von zwei von Nicks und Marthas Jungen, um soviel loses Feuerholz wie möglich herbeizuschaffen, noch bevor Äste und Zweige von Bergen nassen Herbstlaubs bedeckt und zu naß zum Verbrennen sein würden. Mit einem Kanten Brot in der Tasche, den Strick lose um die Hüften gebunden, brach Peterkin auf, um die beiden anderen Jungen im Dorf abzuholen.

Marion hatte ihm fest ins Gewissen geredet: »Und daß ihr mir arbeitet und nicht herumalbert, ihr seid schließlich keine Kinder mehr, und wenn ihr Äste findet, die ihr nicht tragen könnt, dann lehnt ihr sie aufrecht gegen einen Baum und merkt euch die Stelle, und wenn ihr zurückkommt, sagt ihr Nick Bescheid.«

»Ja, ja«, hatte Peterkin geantwortet, der es kaum erwarten konnte, in den Wald zu kommen, wo er den ganzen Tag unbeaufsichtigt mit seinen Freunden zubringen durfte.

Während Peters Abwesenheit wollte Marion soviel Zeit wie nur möglich mit Spinnen verbringen. Aus wirtschaftlichen Gründen, die sie nicht verstand, sollten die beiden Lastkörbe, die Sir William gehörten, schnellstmöglich zurück nach Rutherford geschafft werden, und zwar gefüllt mit gesponnener Schafwolle, als Bezahlung, wie es hieß, für bereits geliefertes Salz. Sir Hugh war an diesem Handel beteiligt gewesen, und er hatte Marion und jedem, der es hören wollte, versichert, daß er die Leute in Rutherford nur durch sein inständiges Bitten dazu bewegen konnte, ihnen so viel Salz mitzugeben.

Oben im Herrenhaus konnte Ed-mein-Junge es kaum erwarten, mit einem Pferd und zwei Lastkörben voll gesponnener Wolle wieder nach Rutherford zu ziehen, und Tom gab sich alle Mühe, diese Reise zu verhindern oder wenigstens zu verzögern. Marion wußte, warum. Tom hatte immer nur seinen Sohn im Kopf gehabt, nur für den Jungen gelebt, und plötzlich mußte er feststellen, daß Ed-mein-Junge beinahe erwachsen war und womöglich den Wunsch verspüren könnte, sich von seinem besitzergreifenden Vater abzusetzen. Das aufregende Abenteuer einer Reise nach Rutherford lockte Ed-mein-Junge, und Tom hatte so seine Befürchtungen. Aber die beiden Lastkörbe mußten zurückgebracht werden, und zwar möglichst noch vor Einbruch des Winters, doch es hatte nicht viel Sinn, sich auf den Weg zu machen, solange nicht genug Wolle gesponnen war, um sie zu füllen. Marion hegte die heimliche Hoffnung auf eine besondere Vergütung, einen neuen tönernen Milchtopf etwa, eigens für sie mitgebracht, wenn bekannt würde, daß sie von allen Frauen die meiste Wolle gesponnen hatte, mehr noch als Margery Hunter. Je mehr Zeit zum Spinnen sie fand, desto besser.

Zunächst aber wartete die alltägliche Arbeit. Sie mußte mit dem kleineren Eimer zur Wasserstelle hinuntergehen, weil im größeren die Ziegenmilch zu Käse säuerte. Sie holte das Wasser herauf, kippte den Tagesbedarf an Trinkwasser in den Topf aus Rutherford, der jetzt kein Gänsefleisch mehr enthielt, und füllte im Garten die Hühnertränke auf, einen alten, undichten, ziemlich flachen Kübel, halb im Boden versenkt, an dem ein breites Brett lehnte, über das die Hühner das Wasser erreichten. Nachdem sie Alice eingeschärft hatte, brav zu sein, nahm Marion den Eimer und ging die Ziege melken.

Nach umsichtigen Verhandlungen mit Rollo hatten sie das halberwachsene Kitz an das Herrenhaus abgegeben. Ganz gleich, wer in deiner Hütte wohnt, hatte er zu ihr gesagt, muß im Herbst einen Mietzins in Form von einem Dutzend junger Legehennen entrichten. Aber in diesem Sommer waren im Herrenhaus überwiegend weibliche Küken geschlüpft, und da Marion weder vom einen noch vom anderen Geschlecht ein Dutzend Stück Federvieh übrig hatte, wäre das Herrenhaus mit einem weiblichen Zicklein als Ersatz doch wesentlich besser bedient. Selbst Rollo, der auf peinliche Beachtung der Gesetze Wert legte, auch wenn niemand etwas davon hatte, mußte schließlich zugeben, daß ein gesundes Ziegenkitz ein Angebot war, das man besser nicht ausschlug. Marions Mutterziege hatte noch Milch, und wenn man ihr ordentlich zu fressen gab, konnte man sie vielleicht den ganzen Winter über melken. Also hatte Marion beschlossen, das Tier kräftig zu päppeln.

Doch als sie den verwilderten Grashügel hinaufgeklettert war, hing an dem Weißdornstamm, an dem sie die Ziege festgebunden hatte, nur noch ein abgerissenes Ende des geflochtenen Lederstricks, und von der Ziege war weit und breit nichts zu sehen. Die Pforte in dem Rutenzaun, der die Hütten zur Dorfweide hin abschirmte, stand offen, und Marion verwünschte den gedankenlosen Peterkin dafür, daß er sie nicht eingehängt hatte. Sie stieg nach unten, um die Pforte zu schließen, und ließ dabei den Blick in die Runde und hinüber zur Wasserstelle schweifen – doch von der Ziege keine Spur. Und dann hörte sie einen Tumult in Mollys Garten und sah die alte Agnes heranhumpeln; sie schwang einen Stock und stieß heftige Verwünschungen gegen die Ziege aus, die sich an Mollys Kohlköpfen gütlich tat. Die Ziege sprang davon, und Marion bekam das Ende des Lederstricks zu fassen, das dem Tier am Hals baumelte. Sie entschuldigte sich bei Agnes, die nach einer kurzen Prüfung der Kohlköpfe eingestehen mußte, daß der Schaden nicht allzugroß war. Mit viel Geduld und sanfter Gewalt, gutem Zureden und einem Teller Weizenkleie gelang es Marion, die Ziege wieder zu dem Weißdorn zu locken und die Enden des Stricks miteinander zu verknoten. Das Tier mußte zur Ruhe kommen, bevor man es melken konnte, also ließ Marion den leeren Eimer stehen und ging nach Hause.

Alice saß friedlich auf dem trockenen Boden unter dem Vordach, schob kleine Haufen Erde zusammen, klopfte sie mit ihren dicken Patschhändchen wieder flach und hielt dabei Selbstgespräche. Marion ging in den Ziegenstall und tastete die Legekästen auf den Wandbrettern ab. Da die Hühner das Legen inzwischen fast völlig eingestellt hatten, war sie froh, daß sie immerhin drei Eier fand. Beim Verlassen des Stalls stolperte sie über ein kleines Stück Holz, und im Bemühen um das Gleichgewicht glitten ihr zwei der Eier aus der Hand und klatschten gegen den Türpfosten. Marion verfluchte ihr Pech – jetzt war nur noch ein Ei übrig.

Vorsichtig legte sie das Ei auf das Wandbrett in der Hütte und beschloß, im Erbsenbeet nach reifen, trockenen Schoten zu suchen,
bis die Ziege sich beruhigt hatte. Sie nahm den breiten Korb zur
Hand und ging in den Garten. Drei Hennen und der Hahn scharr-
ten im absterbenden Bohnenkraut herum. Plötzlich ertönte lautes
Gegacker und wildes Flügelschlagen, und von außerhalb des Gartens kam ein Huhn auf den Zaun geflattert. Marion lief hinüber
und sah einen jungen Fuchs, der sich über eine ihrer Hennen her-
machte. Sie hob einen Stein auf, und mit einer Zielsicherheit, die
Peterkin alle Ehre gemacht hätte, traf sie den Fuchs an der Schulter.
Er ließ von dem Huhn ab und flüchtete ins Unterholz. Marion
rannte den Garten entlang (mit Seitenblick auf Alice, die immer
noch friedlich spielte), um die Hütte herum, die Böschung hinauf
und durch die Pforte auf die Dorfweide, doch als sie die Stelle erreichte, war das Huhn bereits tot – nur noch ein Klumpen aus Blut
und Federn. Es war nur eine kleine Junghenne, es lohnte nicht, sie
mitzunehmen. Sie verwünschte den dreisten Fuchs, der bei hellich-
tem Tag gekommen war, und sich selber, weil sie den Junghennen
nicht rechtzeitig die Flügel gestutzt hatte, damit sie nicht über den
Zaun flattern konnten – aber womit hätte sie ihnen die Flügel stut-
zen sollen, jetzt, da die Scheren von Dick dem Schäfer nicht mehr
in der Nachbarhütte hingen? Sie überließ die tote Henne den
Schmeißfliegen und Mistkäfern und ging zum Weißdornbusch, um
nach der Ziege zu sehen. Friedlich grasend stand sie da, also nahm
Marion den Eimer, hockte sich ins Gras und fing an zu melken und
hoffte dabei, daß die rhythmische Tätigkeit ihren Ärger ein wenig
besänftigen würde.

Nachdem die Ziege bedient war, trug sie den Eimer in die Hütte
und stellte ihn vorsichtig ab. Alice war hinten im Garten und jammerte: »Mama – Mama – Mama!« Marion eilte zu ihr. Ein Gewirr
von miteinander verhedderten Fäden hatte sich um Alices Füße
und den Stumpf einer Distel gewickelt, und bei dem Versuch, sich
daraus zu befreien, hatte die Kleine sich die Hände aufgestochen.
Marion bückte sich und versuchte unter tröstenden Bemerkungen,
Alices Füße zu befreien.

Ein entsetzlicher Gedanke schoß ihr durch den Kopf – das ganze verknotete, verhedderte Zeug war ihre gesponnene Wolle! Sie brüllte Alice an, sprang auf und folgte der Spur der verworrenen Fäden, die sich mit Erbsenstengeln verschlungen oder zu Klumpen im Gras verwickelt hatten, bis zur fast leeren Spule, die vor der Hütte im Staub lag. Jetzt war es schreckliche Gewißheit, daß Alice Marions Spindel und eine prall mit gesponnener Wolle gefüllte Spule in die Finger bekommen hatte. Beides hatte Marion am Abend zuvor auf dem Baumstamm vor der Hütte zurückgelassen, und Alice hatte mit der Spule gespielt, sie abgerollt, die Fäden hoffnungslos verwirrt und dabei viele Stunden fleißiger Arbeit zunichte gemacht. Marion setzte sich auf den Baumstamm und vergrub das Gesicht in den Händen, bemüht, angesichts dieser neuerlichen Katastrophe die Fassung nicht zu verlieren. Zu ihrer Verbitterung kam hinzu, daß sie gestern abend noch geglaubt hatte, ihre Arbeit sicher vor Alice verwahrt zu haben. Vor ein paar Monaten wäre sie dort noch sicher gewesen, aber das Kind war in diesem Sommer ein ganzes Stück gewachsen, und das hatte Marion nicht bedacht.

Beim ersten Spinnen muß der einzelne Faden, die einfädige Wolle, noch während der Herstellung fest auf eine Rolle oder Spule gewickelt werden. Wird er nicht in dieser Spannung gehalten, windet er sich zu einer Spirale und teilt sich zu zweifädiger Wolle. Genau das war mit der Wolle passiert, nachdem Alice sie fröhlich von der Spule gewickelt hatte. Dann hatte sie sich mit den Füßen darin verfangen, war hinaus in den Garten spaziert und hatte dabei immer mehr Wolle von der Spule gewickelt. Die gewundenen Fäden hatten sich in Disteln verheddert, und Alice, die unbekümmert auf und ab gegangen war, hatte immer mehr Wolle um ihre Füße, um Erbsenstengel und wieder um Disteln gewickelt, bis sie sich selber an ein paar der stachligen Stiele gefesselt und ihre Mutter zu Hilfe gerufen hatte.

Marion saß auf dem Baumstamm, die fast leere Spule in der Hand, und das Gewirr der Fäden führte von ihren Füßen hinaus in den Garten, wo noch immer die laut brüllende Alice stand. In ihrem Zorn und ihrer Verzweiflung hastete Marion zu ihr, hob sie grob

vom Boden auf, beschimpfte sie wütend und riß ihr die unbrauch-
baren Wollfäden von den Beinen. Alice kreischte vor Angst und Ver-
wirrung. Sie wußte ja nicht, was sie verbrochen hatte, sie spürte nur,
daß ihre Mutter vor Zorn bebte. Nachdem sie Alices strampelnde
Beine befreit hatte, versuchte Marion von der Wolle zu retten, was
noch zu retten war. Mit ein paar kürzeren Stücken, die sich von
selbst wieder ineinander wickelten und dann fest und haltbar
waren, konnte man Dinge befestigen, Kleider schnüren oder sich im
Winter Stofflappen um die Beine binden. Ein Leben lang hatte sie
gelernt, nichts umkommen zu lassen, deshalb sammelte sie jetzt alle
Fadenstücke zusammen, die sie finden konnte, zupfte sie von Erbsenstengeln, klaubte sie aus Grasbüscheln heraus und wickelte, was
noch zu retten war, von Distelstrünken. Die knifflige Arbeit nahm
sie so in Anspruch, daß ihr Zorn allmählich verflog. Sie ließ Alice
einfach vor sich hin weinen und schluchzen.

Plötzlich ertönte vom Dorf her ein schepperndes Däng-däng-
däng-däng-däng. Auf dem alten Kochtopf vor der Kirche schlug
jemand ein Signal, das jeden, der es hörte, in Alarm versetzte.
Irgendwo im Dorf war ein gefährliches Feuer ausgebrochen, und
Marion mußte sich so schnell wie möglich mit einem Eimer an der
Brandstelle einfinden. Sie schob jeden Gedanken an verwickelte
Wolle beiseite, lief um die Hütte herum auf den Hügel und sah von
dort aus hinter der großen Eiche auf dem Anger eine Rauchsäule
aufsteigen.

Eine der Hütten am Bach, dachte sie. Nicht die Kirche, nicht das
Herrenhaus, das sie links von der Eiche erkennen konnte, und –
auch wenn der Rauch in dieser Richtung am Himmel stand – nicht
die Mühle, ihr geliebtes Geburtshaus. Molly kam zu ihr an die Gartenpforte, den Eimer schon in der einen Hand, während sie sich mit
der anderen das offene Haar unter die Haube stopfte. Sie wirkte beinahe freudig erregt.

»Bring deine Kleine zu meiner Mutter«, sagte sie und lief hinaus
auf die Dorfweide.

»Ich muß mir noch einen Eimer holen«, rief Marion und lief
zurück zum Haus. Vorm Eingang der Hütte blieb sie stehen. Sie be-

saß nur zwei Eimer. Der größere stand in der Hütte, bis zum Rand mit nahrhafter Milch gefüllt, die sie stocken ließ, um Käse daraus zu machen. Und da sie die Ziege gerade gemolken hatte, war auch der kleinere randvoll mit frischer, köstlicher Milch. Es war kein Gefäß mehr frei, um die eine oder die andere hineinzukippen. In den Tontopf, in dem das Gänsefleisch aus Rutherford war und der jetzt voll Wasser war, hätte nicht einmal ein Viertel vom Inhalt des kleineren Eimers gepaßt. Alles in ihr wehrte sich gegen den Gedanken, gute, harterkämpfte Nahrungsmittel einfach fortzuschütten, nur weil eine unachtsame Nachbarin ihre Hütte in Brand gesetzt hatte.

Da fiel ihr die Hühnertränke ein. Sie packte den Spaten, der an der Hauswand lehnte, stieß die Hühnerrampe beiseite und machte sich daran, den alten Bottich auszugraben. Die Erde war schlickig und sauer vom Hühnerkot, und beim Graben schwappte ihr das Wasser über die Füße, aber sie bekam den Kübel heraus; er hinterließ ein kreisrundes Loch mit glattem Boden, auf dem sich rosafarbene Würmer ringelten. Das restliche Wasser kippte sie aus, und dann wurde ihr klar, daß der Bottich natürlich keinen Henkel hatte. Sie schaute sich um, und das anhaltende Däng-däng-däng steigerte ihre Verzweiflung. Im Holzstoß entdeckte sie zwei Stöcke. Der erste war zu kurz, der zweite zu dick, er paßte nicht durch die Löcher in den beiden längeren Dauben. Sie suchte weiter. Der Besen lehnte neben der Tür. Sie probierte ihn aus – ja, er ließ sich durch die Löcher schieben. Das würde gehen, sie mußte nur das Ende mit den vielen Birkenzweigen abbrechen. Sie versuchte es, aber sie schaffte es nicht. Der Stiel war zu kräftig. Sie mußte den Besen nehmen, wie er war, mit Birkenzweigen und allem. Der durchweichte Bottich war sehr schwer, und sein Umfang erschwerte das Tragen noch. Egal, dachte sie, etwas Besseres finde ich nicht.

Sie klemmte sich die brüllende Alice unter den anderen Arm und hastete hinauf zu Mollys Hütte. Die beiden alten Frauen standen an der Gartenpforte und waren selbstverständlich bereit, auf Alice aufzupassen. Alices Gebrüll wurde lauter. Arme Alice, von ihrer Mutter wegen einer mysteriösen Missetat angeschrien, jetzt ließ man sie zur Strafe bei zwei alten Weibern zurück, und ihre Mutter ohne ein tröstendes Wort, eine zärtliche Geste auf und davon. Aber Marion, die mühevoll über die Dorfweide dahinstapfte, kümmerte das nicht.

Der große Bottich war noch schwerer zu tragen, als Marion befürchtet hatte. Sie mußte seitlich den Arm ausstrecken, damit er ihr beim Gehen nicht gegen die Beine stieß. Auf der Brücke blieb sie stehen, um Atem zu schöpfen, nachdem sie den Bottich unter größter Mühe die Stufen hinaufgeschafft hatte. Die brennende Hütte war vom Blattwerk der großen Eiche halb verdeckt, aber sie konnte erkennen, daß es die Hütte von Hodge und Cecily war, die letzte auf dem Hochufer, bevor man zum Schafpferch kam.

Sie stand noch da und sah, wie Matt aus dem Hof des Herrenhauses rannte; er hatte das eine Ende der längsten Leiter unter den Arm geklemmt, und sein Sohn Rob rannte mit dem anderen Ende hinter ihm her.

Sie liefen unter der großen Eiche hindurch, riefen Marion zu: »Es ist bei Hodge! Komm sofort hin!« und liefen weiter.

Marion nahm den Eimer und hastete los. Um Hodges Hütte hatte sich eine Menschenmenge versammelt. Die Hütte stand nahe an der höchsten Stelle des steilen Ufers, das von dort etwa drei Meter tief zum Bach abfiel. Direkt am Wasser wuchs eine hohe Erle, ihre knorrigen Wurzeln bildeten eine kleine, vorspringende Plattform über einer tiefen Stelle im Bach. Was im Winter mitten im Bach lag, war jetzt eine schlammige, dick mit Gras und Schilf bewachsene, rutschige Stelle, an der breitbeinig zwei Männer standen, Simkin und einer der Fletcher-Jungen, den einen Fuß auf die Wurzelplattform, den anderen irgendwo zwischen die Schilfhalme gesetzt. Die ausgeleerten Eimer wurden das Ufer heruntergerollt, der Fletcher-Junge tauchte sie an der tiefen Stelle ins Wasser und schob sie hinüber zu Simkin, der sie wieder herauszog und sie mit kräftigem Schwung das halbe Ufer hinaufstemmte, wo Gib sie in Empfang nahm. Gib stand auf halber Höhe, einen bloßen Fuß unter dem Körper eingeknickt und in ein Grasbüschel gestemmt, den anderen nach unten ausgestreckt, wo er auf der nassen, rutschigen Böschung Halt suchte. Mit der linken Hand hielt er sich an einer gegabelten, bereits halb aus der Böschung gezogenen Brombeerwurzel fest. Er nahm Simkin die vollen Eimer aus der Hand und reichte sie unter gewaltiger Anstrengung für Arm und Schultern mit Schwung nach oben weiter, an einen anderen Jungen, der auf dem Hochufer kauerte und sie an eine Kette von sechs Frauen übergab; von dort wanderten die Eimer dann weiter zu Ed-mein-Junge auf der Leiter. Bei jedem Schwung riß Gib die Brombeerwurzel ein Stück weiter aus der aufgeweichten Erde. Die Leiter, auf der Ed-mein-Junge stand, lehnte an den untersten Balken der Hütte. Das halbe Schilfdach war verbrannt, ein Teil qualmte noch immer heftig, aber als Marion eintraf, waren die meisten Flammen bereits gelöscht. Während Ed-mein-Junge eine Pause beim Eimerausleeren machte, war die lange Leiter auf der anderen Seite der Hütte angekommen, und Rollo beorderte die Kette von Eimerträgerinnen dort hinüber. Marion hatte das alles im Nu überblickt. Überall standen Leute herum. Alle riefen durcheinander, die Hunde bellten, und verängstigte Kinder drängten sich in Gruppen zusammen. Cecily, die den ganzen Nachmittag in der Molkerei des Herrenhauses geholfen hatte, lief hin und her und stieß verzweifelte Schreie aus.

»Ich glaube, das wär geschafft«, rief Ed-mein-Junge; die Autorität seiner frisch erworbenen Baßstimme war nicht zu überhören. »Vater, schaff ein paar Harken herbei. Wir müssen das restliche Dach abreißen und auf dem Boden ausstampfen. Damit es nicht wieder anfängt zu brennen.« Und als die lange Leiter und der Kopf des Jungen auf der gegenüberliegenden Seite auftauchten: »Rob! Hol die Harken her, und dann runter mit dem Dach! Der kleinste Windstoß, und es fängt wieder an. Iiih! Seht nur die Ratten – die hatten ein Nest im Dach. Aha, die Hunde haben sie erwischt.« Vom Ufer her ertönte ein Schrei, als die Brombeerwurzel schließlich ganz nachgab und Gib mit einem erdigen Wurzelstrunk in der Hand das Ufer herunterrutschte und um ein Haar auch noch Simkin mit sich in den Bach gerissen hätte.

»Schafft mehr Wasser heran«, rief Sir Hugh. Niemand hatte ihn kommen sehen. Marion hatte auch Peter nicht kommen sehen, aber er war da, in der einen Hand einen kurzen, angespitzten Stecken, den er von einer der Schafhürden gerissen hatte, einen Hammer aus

Ulmenholz in der anderen. Er suchte sich einen Halt für den Fuß und trieb den Stecken an der Stelle, wo vorher die Brombeerwurzel war, mit ein paar kräftigen Schlägen in die weiche Erde. Gib stand noch immer im Wasser, gebückt und keuchend vor Anstrengung. Peter nahm seinen Platz am Ufer ein, hielt sich am neuen Stecken fest, und der Nachschub an vollen Eimern rollte wieder.

Inzwischen bearbeiteten drei oder vier Männer auf Leitern mit ihren Harken das Strohdach. Ein kurzes Aufflackern des Feuers erstickte Ed-mein-Junge mit einem zielsicheren Schwall aus dem Wassereimer. Durch den zischenden Dampf hindurch zogen sie die restlichen Teile des Dachs von den rußgeschwärzten Balken. Die Luft war erfüllt von Qualm und einem grauenhaften Gestank und einem Gewirr von Anweisungen, Warnrufen, Ratschlägen, Flüchen:

»Die meisten Balken sind noch zu retten.«

»Hier drüben sind einige hinüber. Kann man aber ersetzen.«

»Zum Glück war die Kuh auf der Dorfweide.«

»Der First sieht noch ganz stabil aus.«

»Muß man erst abwarten. Er könnte durchgekohlt sein.«

»Hat jemand Hodge Bescheid gesagt?«

»Er ist oben in Rockwell – aber Peter ist inzwischen gekommen.«

»Hodge war im Wald, oberhalb von Rockwell.« Das war Peters Stimme.

»Sie haben einen Jungen zum Spielzeug des Teufels raufgeschickt, um Hodge Bescheid zu sagen.«

»Hoffentlich sorgt er dafür, daß dieses törichte Weib endlich zu schreien aufhört.«

»Sie hat alles verloren.«

»Deshalb braucht sie nicht so zu schreien. Jeder verliert mal was.«

»Nein, Ed, geh nicht rein, sonst fallen dir noch brennende Balken auf den Kopf...«

»Das Feuer ist aus, Vater – uuh, schon wieder 'ne Ratte!«

»Geh nicht rein!« Toms Stimme war voller Angst.

Aber Ed-mein-Junge trat durch die Tür und kam mit einer Decke wieder heraus.

»Das ganze Bett ist verbrannt«, sagte er. »Wahrscheinlich sind Teile vom brennenden Dach draufgefallen. Ein teuflischer Gestank da drinnen.« Er hielt die Decke hoch. Sie war voller Löcher mit brüchigen, verkohlten Rändern, und dazwischen lagen gelbbraun angesengte, entsetzlich stinkende Flächen.

Als Cecily das sah, heulte sie noch lauter. »Meine Decke, meine schöne neue Decke, was soll ich bloß tun? Und die drei großen Käse, frisch gepreßt – wo sind sie?«

»Nein, Cecily.« Sir Hughs Autorität hatte eine beruhigende Wirkung auf sie. »Geh nicht hinein. Da ist nichts mehr zu retten. Die Decke ist unbrauchbar, das siehst du ja, es ist kaum noch ein heiles Stück dran. Wie ist das passiert?«

Nachdem die Löscharbeiten eingestellt, die Männer auf das Ufer hinaufgeklettert waren und die Frauen ihre Eimerkette aufgelöst hatten, blickten alle auf die qualmende, dampfende Ruine und fragten sich, wie das Feuer wohl ausgebrochen war.

Jetzt tauchte Hodge in der Menge auf, er war völlig ausgepumpt vom Dauerlauf über die Felder herunter aus Rockwell und rief: »Mein Haus! Sind die Jungs in Sicherheit? Oh, mein schönes Haus! Wie ist das passiert? Sag, Cecily – wie?«

»Ich weiß es nicht«, jammerte Cecily. »Ich war den ganzen Tag in der Milchkammer.«

»Ja, das stimmt«, bestätigte Dame Margaret, die plötzlich erschienen war. »Und wo sind deine Jungen den ganzen Tag über gewesen?«

Cecily bezwang ihre Erregung und erzählte. Sie war am Morgen von Joan ins Herrenhaus bestellt worden. Den ganzen Tag über hatte sie Quark geschleudert, Käse gepreßt, Molke aufgefangen. Ihre drei Jungen hatte sie zu Hause gelassen – der älteste war acht, er mußte auf die anderen aufpassen. Sie sollten einen großen Haufen gewaschene Schur sortieren – hauptsächlich Ziegenhaar, all die langen Haare …

Sir Hugh fiel ihr ins Wort, weil sie vom Thema abschweifte. »Ja, ja, du hast die Jungen also allein daheim gelassen?«

»Ja, Sir, aber ich habe ihnen Brot dagelassen und eine Menge Arbeit, und die Scheite haben nicht richtig gebrannt, nur warme

Glut, ganz ungefährlich, und ich hab ihnen doch verboten, das Feuer anzurühren und Stroh zu fegen, damit bloß nichts ins Feuer fliegt. Ja, wenn ich ein Mädchen hätte oder zwei, die hätten sich darum gekümmert, aber Jungen…« Ihre Stimme löste sich wieder in unverständliches Schluchzen auf.

Sir Hugh drehte sich um. »Holt die drei Jungen her«, befahl er. Die drei jüngsten Hodge-Kinder, der achtjährige Harry, der sechsjährige Edwin und Hoddy mit seinen vier Jahren, hatten die ganze Zeit auf einem Fleck gestanden und mit fassungslosen Gesichtern der Zerstörung ihres Heims zugesehen.

Sir Hugh wandte sich an Harry: »Wie hat das Feuer angefangen?«

»Weiß nicht, Sir.« Harry machte einen verängstigten, schuldbewußten Eindruck.

»Du warst doch in der Hütte, als es angefangen hat. Joyce sagt, sie hat euch schreiend aus der Hütte laufen sehen, als die Flammen durch das Dach schlugen, und sie ist zu mir gekommen und hat es gemeldet, und ich habe Tom losgeschickt, die Glocke läuten. Also, wie hat es angefangen?«

»Weiß nicht, Sir«, sagte Harry. Ihm schlotterten sichtlich die Knie.

»Edwin, du warst auch dabei, oder?«

»Jawohl, Sir.« Edwins sonst so lautes Organ klang deutlich gedämpft.

»Wie hat es angefangen?«

»Weiß nicht.«

»Was habt ihr gemacht?«

»Wolle sortiert«, sagte Harry.

»Den ganzen Tag? Alle drei?«

»Äh – jawohl, Sir.«

»Habt ihr das Feuer angerührt?«

»Nein.«

»Und wie hat es angefangen?«

»Weiß nicht.«

Marion hörte der Befragung aufmerksam zu und dachte bei sich, daß Sir Hugh die ohnehin verängstigten Kinder nur noch mehr einschüchterte und sicher nichts Brauchbares aus ihnen herausbekommen würde. Noch während ihr das durch den Kopf ging, bahnte Dame Margaret sich einen Weg nach vorne und schob zur Verblüffung der Dorfleute Sir Hugh einfach zur Seite. Sie setzte sich ins Gras und zog Hoddy zu sich heran. Dabei lächelte sie ihn an.

»Du hast heute den ganzen Tag im Haus zu tun gehabt, ja?« fragte sie ihn beinahe im Plauderton.

»Mhm«, sagte Hoddy.

»Du und deine Brüder?«

»Mhm.«

»Was habt ihr denn gemacht?«

Hoddy sah Harry ratsuchend an und bekam ein Handzeichen. »Wolle sortiert«, sagte er, immer noch mit Blick auf Harry.

»Den ganzen Tag lang?«

»Wir haben auch unser Brot gegessen.«

»Ist das nicht langweilig, den ganzen Tag lang Wolle sortieren?« fragte Dame Margaret. Sir Hugh und die Dörfler standen dabei und lauschten dem Verhör. Hoddy wußte keine Antwort, aber Dame Margaret fragte weiter. »Ist doch viel lustiger, ein richtiges Feuer zu machen, oder?«

Hoddy suchte in den Gesichtern seiner Brüder nach einer Antwort, aber die blieben starr vor Angst.

»Man könnte einen Zweig ins Feuer stecken und zusehen, wie er zu brennen anfängt.«

»Ja — ja —« Hoddy hüpfte vor Begeisterung.

»So ein Zweig mit trockenen Blättern brennt wunderbar.«

Hoddy erinnerte sich wieder daran, wieviel Spaß das gemacht hatte, und sein rundes rotes Gesicht erstrahlte in einem Lächeln. »Ja, ja. Harry hat ein' Zweig mit lauter trockne Blätter ins Feuer reingesteckt, und dann hat's ganz doll gebrannt...«

Harry wollte sich auf seinen Bruder stürzen, aber Rollo packte ihn beim Schopf.

»Und dann hat er damit herumgefuchtelt?« fragte Dame Margaret weiter.

»Ja, und da waren ganz, ganz viele Funken.« Hoddy wedelte aufgeregt mit den Händen, so lebhaft erinnerte er sich an den Spaß.

Harry stieß einen wütenden Schrei aus.

»Und, Harry?« fragte Sir Hugh. »Hast du das wirklich getan?« Harry schwieg.

»Edwin, war's so? Antworte mir.«

»Weiß nicht.« Edwin schluchzte verzweifelt, und es lief ihm naß am Bein herunter.

Hodge, der das Verhör mit angehört hatte, ging auf Cecily los, um seine Wut an ihr auszulassen. Tom mußte die beiden trennen, und Hodge ließ sich auf der untersten Sprosse der Leiter nieder und vergrub das Gesicht in den Händen. »Was hab ich nur getan, daß ich solche Verbrecher als Söhne habe?« stöhnte er.

»Schlag sie, Rollo«, ordnete Sir Hugh an. Simkin hielt die beiden älteren Jungen fest, zog ihnen die Kittel nach oben, und Rollo löste den Strick, den er als Gürtel um die Hüfte trug, und versohlte die nackten Hinterteile. Die Jungen brüllten vor Schmerz und vor Angst. Sie wurden gehörig durchgeprügelt.

»Hoddy auch?« fragte Rollo.

»Ja«, antwortete Sir Hugh, »Hoddy auch. Man kann es nicht früh genug lernen.«

Als es vorbei war, wollte Hoddy sich laut schreiend in die Arme seiner Mutter flüchten, die wimmernd über ihrer stinkenden, verbrannten Decke im Gras kauerte. Sie stieß ihn grob von sich.

»Bis eure Hütte wieder aufgebaut ist«, sagte Dame Margaret, »könnt ihr im Herrenhaus wohnen. Aber ihr müßt besser auf eure Jungen achtgeben.«

Am nächsten Tag kam Tom zu Peter in die Werkstatt und erzählte ihm, wie er am Abend zuvor im Herrenhaus die Bänke herausgezogen hatte, um das Stroh für die Nacht zurechtzulegen, und dabei auf Hoddy gestoßen war, der schluchzend und immer noch zitternd unter einer der Bänke gelegen hatte, die Arme fest um Magdas Hund Trover geschlungen.

Auf dem Heimweg über die Dorfweide klagte Peter über den schweren Kübel und seinen unhandlichen Griff. Marion erklärte es ihm, und es schien ihr der rechte Augenblick zu sein, ihn daran zu erinnern, daß sie einen neuen Eimer brauchte. »Ich weiß nicht einmal, womit ich morgen Wasser holen soll«, sagte sie. Er gab zu, daß sie einen neuen brauchte, aber sie spürte, daß er mit den Gedanken ganz woanders war.

Nach einer Weile sagte er: »Was hat sich M'Dame dabei gedacht, sich einfach einzumischen und den Kleinsten auszufragen, wo doch Sir Hugh mit den beiden anderen geredet hat?«

»Sie hat bessere Fragen gestellt als er.«

»Unsinn. So etwas ist Männersache. Die Weiber sollten sich da raushalten.«

»Aber sie hat die Wahrheit herausgefunden. Und er nicht.«

»Es ist nicht recht.«

»Was meinst du damit, nicht ›recht‹? Wir wollten wissen, wie das Feuer ausgebrochen ist, und von Hoddy hat sie's erfahren. Sir Hugh ist nicht weit gekommen bei den beiden Älteren. Er hat sie nur eingeschüchtert.«

»Ich finde, es ist nicht recht«, wiederholte Peter, ohne auf Marions Überlegungen einzugehen. »Es wäre Sir Hughs Sache gewesen, oder Rollos.«

»Rollo hätte es genauso falsch gemacht, er hätte sie eingeschüchtert und verwirrt. Und am Ende wäre er noch weiter von der Wahrheit entfernt gewesen – und hätte es nicht einmal gemerkt.«

»Du mußt wohl immer das letzte Wort haben«, sagte Peter gutmütig und müde, und er fügte hinzu: »Gibt's was zu essen? Hab noch nicht viel gekriegt heute.«

Seine Frage brachte ihr die häuslichen Pflichten in Erinnerung, und mit Schrecken dachte sie an die verdorbene Wolle. Sie erzählte Peter, was passiert war, und beim Erzählen fielen ihr die zerbrochenen Eier ein und das Hühnchen, das der Fuchs getötet hatte.

»Tja – was weg ist, ist weg«, stellte er gelassen fest.

Als sie zu Mollys Hütte kamen, stand Agnes bereits an der Pforte mit Alice auf dem Arm.

»Wir haben euch schon kommen sehen«, sagte Agnes, »nicht wahr, Alice?«

Alice hatte ganz rote Augen, sie schluchzte und zitterte. »Mama – Mama«, rief sie und streckte die Hände nach Marion aus, die sie auf den Arm nahm.

»Hat die ganze Zeit gebrüllt und geweint, das arme kleine Ding«, sagte Agnes ungerührt. »Weiß auch nicht, was mit ihr los ist. Nichts hat sie angerührt, nicht mal ein Honigbrot. Ist das Feuer gelöscht? War die Hütte von Hodge, nicht?«

Marion berichtete ihr kurz von Alices Missetat mit der abgewickelten Wolle und ihrem Zorn auf die Kleine.

Agnes ging gar nicht darauf ein; sie tätschelte Alice am Kopf und sagte: »Siehst du, jetzt, wo die Mama da ist, bist du wieder ein braves Mädchen.«

Zu Hause in ihrer Hütte nahm Marion Alice auf den Schoß und fütterte sie mit Brotstückchen, die sie in die frische Milch in dem kleineren Eimer tunkte, und kaum hatte Alice den letzten Bissen verschluckt, schlief sie auf Marions Schoß ein.

»Arme kleine Maus«, meinte Peter. »Hat wohl gedacht, du hättest sie weggegeben und würdest nie wiederkommen. Leg sie in die Wiege, damit wir endlich was zu essen kriegen.«

Marion beugte sich über die Wiege, legte Alice hinein, deckte sie zu und betrachtete ihr schlafendes Gesicht. Wie still, dachte sie, wie still und friedlich es in der Hütte war: Tibtab, ein geflecktes Bündel Fell, das zusammengerollt neben den Krügen auf dem Wandbrett lag; das abgesägte Ende des Baumstamms gleich neben ihrer linken Hand mit seinem Muster aus sternenförmigen Rissen; das Dach der Wiege, glatt und dunkel von den vielen Spuren fettiger Hände, die sich darauf abgestützt hatten, jedesmal wenn sie ein Kind in die Wiege legten. Die Kufe am anderen Ende der Wiege war blank gewetzt von ihrem Fuß, mit dem sie die kleine Alice schaukelte, so wie sie alle ihre anderen Kinder geschaukelt hatte, und wohl auch vom Fuß ihrer Mutter, die Marion geschaukelt hatte, und dem Fuß ihrer Großmutter. Die Herkunft dieses unentbehrlichen Möbelstücks, solide gezimmert, damit es Generationen überdauerte, war nicht mehr zu ergründen. Marion fragte sich, wer die Wiege wohl gebaut hatte, wie alt sie sein mochte. Jedem Stück, das älter als die älteste lebendige Erinnerung im Dorf war, haftete ganz von selbst der Hauch des Ewigen an. Bei ihrem nächsten Besuch in der Mühle würde sie ihren Vater fragen, aber womöglich wußte auch er das nicht mehr.

Während sie den Blick durch die düstere Hütte schweifen ließ, erinnerte sie sich mit Schrecken daran, wie es in Cecilys ausgebranntem Heim ausgesehen hatte. Da das Dach teils abgebrannt, teils heruntergerissen war, hatte sich das Innere in einem seltsam hellen Licht und ungewöhnlicher Klarheit gezeigt: das halbverbrannte Bettstroh, die beiden verkohlten Speckseiten, die auf dem Boden lagen, weil die Fäden, an denen sie unter den Dachbalken hingen, durchgebrannt waren, und gleich daneben die Bruchstücke einer tönernen Schale – vielleicht war sie voll Milch gewesen –, die von den abgestürzten Speckseiten zertrümmert worden war. Von irgendwoher war weißer Käse, den die Hitze geschmolzen hatte, heruntergelaufen und hatte sich als große Lache über der Bettkante ausgebreitet, an einer Seite von den Flammen verkohlt und übersät mit Asche und verbranntem Stroh – ein übelriechender Fleck verdorbener Nahrung. An den Gestank konnte sich Marion am lebhaftesten erinnern, an den grauenhaften Gestank nach verbranntem Speck, verbranntem Käse, verbranntem Strohdach und verbrannter, nasser Wolle.

Plötzlich durchströmte sie ein Gefühl der Dankbarkeit für das Glück, das ihre Hütte verschont und eine andere zerstört hatte. Als sie die Hand auf das Dach der Wiege stützte und sich erhob, gab sie dieser Dankbarkeit Ausdruck, indem sie zu Peter sagte: »Arme Cecily. Wie schrecklich muß das für sie sein – die viele Arbeit, und alles umsonst.« Und dann kümmerte sie sich um das Abendessen. Dabei kam ihr die fast leere Spule unter die Augen, Alice und die verheddeerte Wolle fielen ihr wieder ein, und sie wiederholte leise für sich: »Die viele Arbeit, und alles umsonst.«

Sie waren gerade mit dem Essen fertig, als ein schleifendes Geräusch Peterkins Heimkehr ankündigte. Der Strick, mit dem er aufgebrochen war, hielt jetzt ein großes Bündel toter Äste zusammen, manche beinahe schon kleine Bäume, die er hinter sich hergezogen hatte.

»Seht her«, sagte er voller Stolz und zeigte seinen Eltern das Bündel. »Wir haben Unmengen. Wir haben eine Eiche mit ganz vielen toten Ästen gefunden, ein paar waren schon abgebrochen und lagen auf dem Boden. An die ganz oben sind wir nicht drangekommen, aber es waren auch viele in der Mitte, und da hab ich einen Stein in meinen Brotbeutel gesteckt, weil, gegessen hatten wir nämlich schon, und ich hab den Strick an den Beutel gebunden und ihn über die Äste geworfen, und wir haben gezogen, und als der Ast abgebrochen ist, hat Kit sich auf den Hintern gesetzt...« Großes Gelächter unterbrach den triumphalen Bericht. »Dann haben wir noch einen Baum mit toten Ästen gefunden, eine Eibe, bei der haben wir's genauso gemacht – aber die Äste haben wir nicht abgekriegt, nicht mal, als wir zu dritt gezogen haben. Krieg ich was zu essen?«

»Habt ihr das Holz auch gerecht geteilt?« fragte Peter und gab ihm ein Stück Brot.

»Ja, als wir wieder auf der Dorfweide waren, haben wir alles ausgebreitet, und immer der Reihe nach durfte sich jeder den größten Ast aussuchen, wie du es mir gezeigt hast.« Peterkin kaute mit vollen Backen und lächelte über seine Heldentat und seine Klugheit.

»Aber dann habt ihr es ja durch drei geteilt«, sagte Peter. »Ihr habt für zwei Familien Holz gesammelt, für unsere und für Nicks Familie, und nicht für euch selber.«

Peterkin lächelte nicht mehr und machte ein verdutztes Gesicht.

»Aber Vater, du hast doch gesagt, man muß alles gerecht teilen, und das haben wir getan. Wir haben uns immer schön der Reihe nach die besten Stücke rausgesucht, bis nur noch Zweige übrig waren, mit denen man nichts anfangen konnte.«

»Bei dem, was ich gesagt hab, ging's um das Teilen zwischen Leuten. Aber ihr hättet das Holz zwischen Feuerstellen aufteilen müssen, der Feuerstelle in unserer Hütte und der in der Hütte von Nick und Martha. Begreifst du das nicht?«

Peterkin war sehr niedergeschlagen; das, was sein Vater da sagte, war ihm gar nicht in den Sinn gekommen.

Peter ließ nicht locker, hämmerte es ihm ein: »Nicks Familie hat jetzt doppelt soviel Holz wie unsere Familie. Ihr hättet es gerecht aufteilen müssen. Wenn ihr morgen zurückkommt, sorgst du dafür, daß es gerecht aufgeteilt wird.«

Zerfahren erklärte sich Peterkin dazu bereit, auch wenn er nicht recht wußte, wie er Steve und Kit die neue Aufteilung der Ausbeute beibringen sollte, vor allem, weil ihnen das nur Nachteile brachte. Marion dachte, daß Peter einen strengen Verwalter abgeben würde, wäre er von höherer Geburt – so streng wie Rollo, und daß er sich, genau wie Rollo, jede Kleinigkeit merken würde.

»Jetzt ist nichts mehr dran zu ändern«, sagte sie. »Bring das Holz hinters Haus und mach den Strick ab. Und morgen geht ihr los und holt noch mehr, solange das trockene Wetter hält.« Sie wußte genau, wie schwierig es für ihn sein würde, den beiden anderen die neue Aufteilung der Ausbeute begreiflich zu machen, und im Augenblick hatte sie noch keine Ahnung, was sie ihm antworten sollte, wenn er sie morgen um Rat bitten würde – natürlich erst, wenn Peter aus dem Haus war.

Ach je, dachte sie, wieder eine Sorge, auf die wir gut hätten verzichten können. Nun ja, morgen sehen wir weiter.

Sie war sehr müde. Aber Peter war noch nicht fertig für heute.

»Ich muß bei Sonnenaufgang oben in Rockwell sein«, sagte er. »Pack mir was zu essen in den Beutel. Dieses dumme Feuer hat uns von der richtigen Arbeit abgehalten. Eine halbe und eine ganze Wand müssen wir noch machen.« Und so mußte Marion ihm den Lederbeutel noch mit Brot und Käse füllen, bevor sie sich auf das Bett fallen lassen konnte.

Bald ist Michaelitag, tröstete sie sich, dann wird im Herrenhaus ein großer Hirsch gebraten, und jeder darf soviel warmes Fleisch essen, wie er kann. Ach, das ist mal wieder eine Abwechslung.

Oktober

s hatte geregnet. Drei Tage lang hatte es ununterbrochen geregnet, Tag und Nacht war der Regen mal heftiger, mal weniger heftig aus einem gleichmäßig grauen, dunklen Himmel gefallen. Die Kleider waren naß. Die Stiefel, die umgekehrt auf dem Ständer steckten, wollten nicht trocknen. Die Bettdecke war steif vor Feuchtigkeit. Die beiden krummen Dachbalken über der Tür hatten sich unter dem Gewicht des vollgesogenen Strohdachs noch weiter gebogen, weil das Wasser an dieser Stelle wegen der Mulde im Dach nicht ablaufen konnte. Im Sommer hatte Peter mehr Stroh draufgepackt, um die Vertiefung auszugleichen; genützt hatte es nichts, und jetzt kam noch das Gewicht des zusätzlichen Strohs hinzu, das sich ebenso vollgesogen hatte wie das alte. Gleich neben der Tür war eine Pfütze auf dem Boden, und Tag und Nacht hörte Marion das gleichmäßige Dipp-dapp-dappi-dapp, Dipp-dapp-dappi-dapp der Tropfen, die in die Pfütze fielen.

Vor dem Dauerregen waren heftige Stürme aufgekommen. Der Wind war durch das Tal gefegt und hatte mit seiner ganzen im Westen gesammelten Kraft – so war es Marion vorgekommen– auf die Hütten des Weilers eingepeitscht. Eine Nacht lang hatte sie ihm zugehört, wie er durch das spärlicher gewordene Laub der Esche gerauscht war und am Efeu gerüttelt hatte. Vielleicht war die Hütte von Lisa und Martin noch mehr in Mitleidenschaft gezogen worden, aber Stunde um Stunde hatte sie mit anhören müssen, wie die Hüttenwände unter den Windstößen knarzten und ächzten, und bis zum Morgen war der Großteil des getrockneten Mooses, das sie unter vielen Mühen zum Schutz vor dem Wind in das Flechtwerk gestopft hatten, in die Hütte geweht und lag in dunklen Büscheln über ihre Decke verteilt.

Und als wäre diese elende Feuchtigkeit nicht genug, wurde Marion seit ein paar Tagen von einer Erkältung geplagt. Das Schlimmste war überstanden, aber sie wußte, daß sie auch in den kommenden Tagen ihren ganzen Lebensmut benötigen würde. Sie lag im Bett, lauschte unruhig dem unablässigen Tropfen, drehte den Kopf, um den schmerzenden Nacken zu entlasten, und zog sich die Decke über das Gesicht. Auch im Dunkeln schmerzten die Augen, ein Nasenloch brannte wie Feuer, und doch lief ihr eine kalte Flüssigkeit über die Wange und tropfte in die Hand, mit der sie den Kopf abstützte. Ihre Lippen waren trocken und rissig, obwohl ihr der Speichel nur so aus dem Mund lief, und bei jedem Schlucken kratzte der Kloß in ihrem Hals wie ein kleiner Stachel. Sie lag da und litt.

Jetzt hätte sie das lose gestrickte, wollene Unterkleid unter dem Bett hervorziehen sollen, das sie letzten Winter getragen und mit dem sie Peter so verärgert hatte. Eines der Rockwell-Mädchen, das heruntergekommen war, um Joan im Webschuppen des Herrenhauses zu helfen, hatte ihnen von einem Stoff erzählt, den sie oben in Rockwell herstellten; er war aus lose gesponnener Wolle, die Fäden gerade so fest verzwirbelt, daß sie die Gewichte hielten, den Kettfaden führten sie in viel größerem Abstand als üblich, und den Webschützen ließen sie vorwärts und rückwärts laufen, ohne dabei den Schuß zu straffen, so daß ein netzartiges Gewebe entstand. Wenn sie anschließend beide Seiten mit der Karde bürsteten, wurde daraus ein weicher, flauschiger Stoff, und der verfilzte Flaum hielt die Fäden zusammen. Marion und Joan hatten es ausprobiert, und Marion hatte sich aus dem entstandenen Material ein Unterkleid genäht. Es reichte nur bis zu den Knien und hatte keine Ärmel, aber sie war erstaunt, wie warm es hielt und wie bequem es war, wenn man sich an das Kitzeln gewöhnt hatte. Sie hatte es Peter zeigen wollen, hatte eigens ihr Kleid ausgezogen, um ihm die Beschaffenheit des neuen Unterkleids vorzuführen.

»Aber da ist ja so gut wie keine Wolle drin«, hatte er gesagt und es mit den Fingern befühlt. »Sind ja fast nur Löcher. Wie soll denn das warm halten?«

»Tut es aber.«

»Unmöglich. Sieh mal, Wolle hält dich warm, oder? Also hält mehr Wolle dich wärmer als weniger Wolle.«

Widerstrebend mußte sie ihm recht geben.

»Und daraus folgt, daß weniger Wolle dich weniger warm hält. Das leuchtet doch wohl ein, Frau.« Mit »Frau« redete er sie immer dann an, wenn er sie für dumm hielt.

»Aber mir ist wärmer in dem lose gestrickten, viel wärmer sogar«, widersprach Marion. »Du solltest es mal anziehen, Peter, dann würdest du den Unterschied spüren.«

»Es ist unmöglich«, wiederholte er. Aber als er in der Nacht zu ihr kam, mußte er eingestehen, daß sie sich besonders warm anfühlte. Der Körper einer Frau, sagte er sich, ist zweifellos ebenso unvernünftig wie ihr Verstand – schließlich war es nur natürlich, daß die Unvernunft vom Kopf in den Körper sickerte. Peter zog es vor, weiterhin sein dicht gewobenes, wollenes, klammes Unterhemd zu tragen und zu frösteln.

Jetzt aber, in dieser nassen Oktobernacht, war es Marion, die fröstelte und schnaufte, bevor sie schließlich doch einschlief, trotz des Dippi-dapps der Tropfen. Sie erwachte von nagenden Geräuschen. Marion befand sich im ständigen Krieg gegen Mäuse und Ratten. Sie hatten es auf die Nahrungsmittel ihrer Familie abgesehen, das Leben der Familie stand gegen das Leben dieser Schmarotzer. Ein Krieg ohne Ende. Sie streckte eine Hand aus dem Bett, tastete auf dem Boden nach einem Stein und schleuderte ihn in die Richtung, aus der die Geräusche kamen. Etwas Unruhe kam auf, aber die Familie schlief weiter. Marion hörte einen leisen Plumps – Tibtab war von seinem Schlafplatz auf dem Wandbrett gesprungen. Er gab ein leises, wachsames Maunzen von sich, und sie hörte ihn in der Hütte herumschleichen. Bald darauf ertönte sein triumphierendes Miauen. Er wollte ihr zeigen, was er vollbracht hatte. Sie vermutete, daß er die lebendige Maus im Maul hielt. Wie er mit einer Maus im Maul so laut miauen konnte, war ihr ein Rätsel. Es bestand die Gefahr, daß er sie wieder laufen ließ, vielleicht sogar ins Bett, wo sie sich bis zum Morgen im Stroh verstecken konnte, um dann still und leise durch eine Lücke in der Wand zu verschwinden. Marion streckte noch mal die Hand aus. »Brav, Tibtab, kluger Kater«, flüsterte sie. Er war zu ihr hergekommen und machte unter ihrer Hand einen Buckel. Sie schob ihn fort in der ständigen Furcht, er könnte in die Wiege springen, um auf dem warmen Körper von Alice zu schlafen, und sie dabei ersticken. Nie würde sie vergessen, daß eines ihrer Kinder auf diese Weise gestorben war.

»Los, friß sie auf«, flüsterte sie, und ein paar Augenblicke später hörte sie, wie er die Maus fein säuberlich zwischen den Kiefern zerknackte, und dann das leise Plumpsen, als er sich wieder auf sein Lager auf dem Wandbrett fallen ließ. Marion schlief wieder ein.

Es war grauer Morgen, als sie sich mühsam erhob. Sie stieß die obere Türhälfte auf und blickte hinaus in den Garten. Es regnete nicht mehr. Der Boden vor der Hütte war übersät mit den bleichen Blättern der Esche, doch als sie hinauf in die Äste schaute, erschienen sie ihr so dicht belaubt wie im Sommer. Marion schlüpfte in die Ärmel ihrer Schaffelljacke, aber sie war zu feucht und zu klamm. Ich muß Feuer machen, dachte sie, weckte den unwilligen Peterkin und schickte ihn mit dem kleinen Tontopf aus Rutherford und der Bitte um einen glühenden Holzscheit hinüber zu Molly.

Peter machte sich auf den Weg; er murrte über die nassen, kalten Stiefel, aber Marion wußte, daß er zur Mühle ging, um ein paar Reparaturen für Simon durchzuführen, und Betsy hatte sicher längst Feuer gemacht und würde ihn mit einem Krug heißen Biers mit süßem Myrrhenkerbel begrüßen. Peterkin kam mit dem glühenden Scheit zurück und kippte ihn über der Feuerstelle aus.

Am Abend zuvor hatte Peter sich die Zeit genommen, seinem Sohn genau zu erklären, wie die beiden Weiden an der Wasserstelle beschnitten werden mußten.

»Ich habe einen der Hunter-Jungen gebeten, dir zu helfen, und er bringt sein eigenes Messer mit. Du kriegst mein Messer. Es hängt an einer langen Schnur, die mußt du immer um den Hals tragen – hast du verstanden? Ich hab das Messer, seit ich ein Junge war; der knorrige Holzgriff ist aus Baumheidenwurzel, glatt wie ein Apfel, und er paßt mir genau in die Hand. Ich hab die Klinge geschärft, aber steck dir für alle Fälle den Wetzstein in die Tasche. Der junge Hunter soll dir auf den Baum helfen, er ist groß genug, um alleine raufzuklettern, und dann schneidet ihr alle Schößlinge ab. Schneidet sie ganz unten ab. Laßt nichts heraussstehen, sonst sieht der Baum aus wie ein zusammengerollter Igel, und wenn ihr nächstes Jahr draufklettert, tun euch die Füße weh – na ja, ihr habt den Männern ja jedes Jahr beim Beschneiden zugesehen. Und daß du mir die Schnur um den Hals trägst, und wenn ihr mit beiden Bäumen fertig seid, dann legt ihr die Ruten auf drei Haufen, lange, mittlere und kurze – und immer schön mit den Schnittflächen auf einer Seite. So, hast du alles verstanden?«

Ja, hatte Peterkin gesagt.

Marion fragte sich, wie Peterkin das alles schaffen sollte, mit seinem krummen Fuß und der verkrüppelten Hand. Manchmal schien es ihr, als würde Peter über die Behinderung seines Sohnes einfach hinwegsehen, so versessen war er darauf, daß alle Arbeiten ordentlich erledigt wurden. Peterkin ist jetzt acht, dachte sie, wir müssen endlich herausfinden, was er wirklich tun kann, und ihm diese Arbeiten beibringen. Es gibt so vieles, was er niemals können wird.

Gott sei Dank hatte es aufgehört zu regnen, und Peterkin hängte sich das kleine gekrümmte Messer um den Hals, steckte den Wetzstein in die Tasche seiner Kutte und lief los zum Bachufer, wo er mit dem Hunter-Jungen verabredet war.

Nachdem Ehemann und Sohn aufgebrochen waren, überlegte Marion, was an diesem Tag zu tun war. Dann machte sie Feuer und setzte sich erschöpft auf den Baumstamm. Das Schlucken tat weh, die Nase war verstopft, sie hatte Kopfschmerzen. Im Herbst hörte die Arbeit einfach nicht auf. Nach dem Schneiden des Korns, bei dem alle auf dem Feld mithelfen mußten, blieben noch das Einbringen der Garben, das Schneiden der Ähren, das Dreschen und Worfeln in der großen Scheune hinter der Kirche, das scheinbar endlose Aussieben des Korns und das Einsammeln der Spreu und des Kehrichts, den man Hühnern und Schweinen zum Fraß vorwarf.

Und dann war da noch der eigene Garten: Lauch und Zwiebeln stechen, Bohnen und Erbsen, wenn sie hart genug waren, ernten, aus den Hülsen schälen und in Säcken lagern, die Säcke unter den Dachbalken aufhängen, wo sie vor Mäusen sicher waren, die reifen Äpfel vom Apfelbaum am Zaun ernten – die schweren, ermüdenden Arbeiten wollten kein Ende nehmen. Und jeden Tag mußte sie ihrer Familie etwas zu essen auf den Tisch stellen, mußte weitermachen, trotz aller Müdigkeit. So war es immer gewesen, und was aus einem wurde, wenn man sich dem Müßiggang hingab, führte die Plowright-Familie ihr tagtäglich vor Augen: die einfältige, jämmerliche Sarah, die den ganzen Tag lang die Füße in die Asche der Feuerstelle steckte, manchmal weinend, aber immer arbeitsscheu, zu nichts nutze, umringt von der Schar ihrer arbeitsscheuen, nichtsnutzigen, halbverhungerten Kinder.

Marion hörte das Feuer tröstliche kleine Geräusche von sich geben und raffte sich auf. Sie mußte einen der beiden Lastkörbe aus Rutherford, dessen gerissenes Innenfutter sie mit ein paar Lederstreifen geflickt hatte, ins Herrenhaus zurückbringen. Aber vorher wollte sie den letzten Haufen Erbsenkraut durchsehen, der auf dem Baumstamm unter dem Vordach lag, die Hülsen, falls sie richtig trocken waren, in Säcke tun und das Kraut hinunter zu Molly bringen, zu ihrem gemeinsamen Schwein am Ende des Gartens, das dort für die Schlachtung im Winter gemästet wurde.

Alice saß neben der Feuerstelle, die dicken Beinchen von sich gestreckt, und war ungewöhnlich still – so still, daß Marion schon befürchtete, sie könnte sich angesteckt haben. Während Marion das trockene Erbsenkraut absuchte und die harten Hülsen im Schoß sammelte, mußte sie ständig den Kopf drehen und die Schulter nach vorne ziehen, um sich am rauhen Leder der Jacke die laufende Nase zu wischen. Das war schmerzhaft, denn Nase und Oberlippe waren rot und spröde. Sie hatte es mit Hochziehen versucht, aber das allein reichte nicht. Der Stachel im Hals schien größer geworden zu sein; sie mußte häufiger schlucken, und es schmerzte heftiger.

Sie stopfte das trockene Erbsenkraut in den geflickten Lastkorb, zog die widerwillige Alice vom Feuer weg und gab sie bei Lisa in Obhut, bevor sie weiter zu Molly ging. Auf dem Weg dorthin sah sie eines der unglückseligen Plowright-Kinder – halb angezogen und ungewaschen stand es auf nackten, spindeldürren Beinchen da und kaute auf einem Kohlstrunk herum. Bei diesem Anblick regte sich wieder einmal Marions Gewissen. Eigentlich müßte sie mehr für diese armseligen, erbärmlichen Kinder tun – aber nicht gerade heute. Wir anderen, sagte sie sich, Peter und ich, Lisa und Martin, Molly und die alten Frauen, wir geben unsere Kohlstrünke dem Schwein, und wenn es dann geschlachtet wird, bekommen wir unseren Anteil, aber die Plowrights – ich glaube nicht, daß sie jemals etwas für die Mast hergegeben haben, und trotzdem erwarten sie ihren vierten Teil, wenn das Schwein geschlachtet ist.

Bei Molly war niemand zu Hause, also ging Marion durch den Garten, wobei ihr langes Kleid noch nasser wurde, und warf das Erbsenkraut über den Zaun in den Schweinepferch. Das Schwein kam unter seinem Schutzdach hervor, um daran zu schnüffeln. Es hatte hübsch Fett angesetzt.

Der nasse Untergrund war kalt, und auf dem Weg standen viele Pfützen. Marions bloße Füße waren rot und blau vor Kälte, als sie beim Herrenhaus ankam. Sie war froh, daß der Backofen rauchte und Milly im Schuppen stand und Teig knetete. Marion stellte den Lastkorb ab, ging zu Milly, setzte sich neben sie auf die Bank und lehnte die Füße gegen die warme Rückwand des Ofens.

»Wir haben großen Ärger«, sagte Milly und seufzte, obwohl sie den Ärger auskostete. »M'Dame ist fuchsteufelswild.«

»Was ist denn passiert?« fragte Marion und setzte einen Fuß an eine wärmere Stelle.

»Eine Speckseite ist vom Balken gefallen.«

»Ins Feuer?«

»Nein. Keiner hat's gehört oder gesehen. Muß wohl ins Stroh gefallen sein, und dort haben die Hunde sie gefunden. M'Dame hat ihre Hündin und die Welpen damit erwischt. Sie war schon ganz zerkaut, nicht mehr viel mit anzufangen. Die Köter haben alles wieder ausgekotzt, aber da hatte M'Dame sie schon aus dem Herrenhaus geworfen.«

Marion seufzte und fragte, wie das passieren konnte.

»Keine Ahnung. Ein Stück Schnur hing noch am Knochen, vielleicht hat ein Funken sie langsam durchgekohlt. Das kann dir bei Leder auch passieren. Ed-mein-Junge hat die lange Leiter aus dem Obstgarten holen und nachsehen müssen, ob die anderen Speckseiten auch alle ordentlich aufgehängt sind.«

»Eine Eisenkette wäre das sicherste«, meinte Marion.

»Eisenkette? Und woher sollen wir die vielen Eisenketten für das ganze Fleisch nehmen? Es ist ein schlimmer Verlust, und die ganze Arbeit, die drinsteckt, und das viele Salz – es war eine der größten Seiten. Na ja, was weg ist, ist weg. Deshalb muß sie noch lange nicht so herumbrüllen und Joan und mir die Hölle heiß machen, weil das Ding runtergefallen ist. Es waren schließlich ihre Köter, die es aufgefressen ...«

Milly verstummte, als Dame Margaret und Tom vom Herrenhaus direkt auf sie zukamen. Marion fiel auf, daß Dame Margarets Kleid – es war das alte graue, den prächtigen roten Stoff aus Rutherford hatte sie noch nicht verarbeitet – sich über dem Bauch spannte. Arme Frau, dachte sie, wenn einem so viele Totgeburten auf der Seele liegen.

Marion begrüßte Dame Margaret höflich, wie der Brauch es verlangte, dann wandte sie sich an Tom und deutete auf den reparierten Korb.

»Jetzt hindert deinen Ed nichts mehr daran, die beiden Körbe nach Rutherford zu bringen«, sagte sie. »Ich hab auch gesponnene Wolle, aber nicht viel – ich hatte zu viel zu tun.«

»Wir sollten lieber noch warten, bis genug Wolle beisammen ist«, erwiderte Tom und blickte Dame Margaret an in der Hoffnung auf ihre Zustimmung, aber Marion wußte, daß er nur Eds Abreise hinauszögern wollte. Dame Margaret kam ihm nicht zu Hilfe.

»Nein, Tom«, sagte sie, »je eher, desto besser, der Winter steht vor der Tür. Er soll mitnehmen, was an gesponnener Wolle da ist. Sie haben mehr als genug für ihr Salz bekommen, und mehr kriegen wir dieses Jahr nicht, ganz egal, wieviel Wolle wir ihnen bringen. Ed kann Heart-of-Oak auf dem Hinweg am Riemen führen, und wenn die Körbe abgeladen sind, reitet er am nächsten Tag zurück. Ich frage Sir Hugh, wann er das Pferd entbehren kann.« Sie ging zurück ins Haus. Tom mußte sich mit einer weiteren Abwesenheit seines Sohnes abfinden, und was noch schlimmer war, diesmal würde Ed-mein-Junge ganz auf sich gestellt sein.

Tom konnte nicht verstehen, warum der Junge so versessen darauf war, sich noch einmal auf die lange Reise zu machen. Tom war immer froh gewesen, wenn er im Dorf bleiben konnte. Ed hatte seinem Vater allerdings etwas verschwiegen: Als er im August in Rutherford war, hatte er Annie kennengelernt, die Tochter eines Müllers aus der Gegend, ein Mädchen mit einem Gesicht wie eine Heckenrose; und noch nie hatte er solche Augen gesehen, alle anderen Augen erschienen ihm seither stumpf wie erloschene Glut.

Milly vertrieb Marion von ihrem warmen Platz, weil sie an den Teig mußte, der in einem großen Kübel unter einem alten Stofflappen aufging.

»Deine Stimme klingt seltsam«, sagte sie. »Bist du erkältet?«

»Ja, seit Tagen schon.«

»Geh zu M'Dame und laß dir Beinwell und Kamille geben. Hinten im Herrenhaus hat sie alle möglichen Kräuter zum Trocknen aufgehängt. Sie macht das mit dieser Hilda zusammen. Hilda versteht eine Menge von solchen Pflanzen, sagt M'Dame. Hilda ist hinten im Hof, im Webschuppen, glaub ich, bei Joan.« Marion wollte nicht durch den schmutzigen, morastigen Hof stapfen. Um die Tränke herum, wo der Boden von den Hufen der Kühe und Pferde aufgewühlt war, stand eine riesige Schlammpfütze. Außerdem hatte sie heute keine Lust auf Hildas seltsame Schwermut. Sie fand, daß sie selber genug Sorgen hatte.

Dame Margaret kam mit einem Stapel zusammengefalteter Säcke aus dem Herrenhaus, gefolgt von Mary und Meg mit ihren feuerroten Haarschöpfen. Sie wirkten bedrückt; das waren nicht mehr die lebhaften, lustigen Mädchen, wie Marion sie kannte, als sie noch ihre Nachbarskinder waren. Vor dem Herrenhaus hatte sich eine

Gruppe von Kindern versammelt, eines von ihnen führte einen Esel am Strick, der vor einen Schlitten gespannt war. Dame Margaret gab ihnen Anweisungen.

»Also, Andy Fletcher, du bist verantwortlich. Hier sind zehn Säcke, und die macht ihr mir voll mit Bucheckern, nur mit Bucheckern, nicht mit altem Moos und Blättern und oben drauf vielleicht eine Handvoll Bucheckern – hörst du auch zu, Harry? Ja, du bist gemeint – ihr sollt arbeiten, nicht spielen. Ihr geht durch den Obstgarten und dann in den Wald hinauf, dort stehen die meisten Buchen. Loppy nehmt ihr mit, und daß ihr mir ja auf ihn aufpaßt – ja, nehmt Hoddy auch mit, sonst macht er doch nur Dummheiten – nein, nicht noch mehr kleine Kinder. Die stehen euch bloß im Weg herum. Das ist Arbeit und nicht Kinderhüten – wenn es richtig zu regnen anfängt, stellt ihr euch unter eine Eibe. Izzy Fletcher, daß du mir gut auf den Brotbeutel achtgibst. Und kommt mir nicht zurück, bevor die Säcke voll sind. Es sind kleine Säcke, die könnt ihr auch noch gut tragen, wenn sie voll sind. So, und nun geht los.«

Der Zug der Kinder setzte sich in Bewegung, er folgte Andy, der den Esel am Zaumzeug führte, und dem Schlitten, der über das unebene Gelände holperte – schweigsame, bedrückte Kinder in feuchten, schweren Kitteln; die Gesichter spähten unter feuchten, schweren Kapuzen hervor, nackte Füße schleppten sich durch das regenschwere Gras, hin und wieder kam unter einem Mantel eine schmutzige rote Hand hervor, um den Stapel Säcke auf dem wackligen Schlitten festzuhalten. Ein zu alltäglicher Anblick, um Marions Mitleid zu erregen. Jeden Herbst mußten die Kinder Eicheln und Bucheckern für die Schweine sammeln. Es war ungelernte Arbeit – und was hätten sie sonst tun sollen?

Dame Margaret wollte gerade zurück ins Herrenhaus gehen, da bat Marion sie um ein Mittel gegen die Erkältung. Sie durfte mit hinein und folgte M'Dame auf das Podium. An der rückwärtigen Hauswand, zwischen den beiden Betten mit den schweren Ledervorhängen, hingen ordentlich aufgereiht die getrockneten Kräuter.

»Das hat alles Hilda gemacht«, sagte Dame Margaret. »Sie versteht eine Menge davon. Die Bündel sind so geordnet, daß wir uns beide

zurechtfinden – oje, hier ist eins verschimmelt. Die feuchte Stein-
wand macht es nicht besser. Ich werde es ihr bei Gelegenheit zeigen müssen – sieh her, hier ist Beinwell. Davon nimmst du ein paar
Blätter und läßt sie in kochendem Wasser ziehen. Habt ihr schon ein
Feuer gemacht? Gut – du mußt es so heiß wie möglich trinken, und
tu ein bißchen Honig hinein, falls ihr welchen habt.« Marion
dankte ihr und steckte die Blätter in die Tasche. Sie warf noch einen
Blick auf die Wand mit den getrockneten Heilkräutern; die Auswahl
war bedeutend größer, und sie waren auch ordentlicher sortiert als
zu der Zeit, als Dame Margaret allein dafür verantwortlich war.
Vielleicht hatte das ganze Dorf etwas davon, daß Hilda jetzt im Herrenhaus lebte.

»Und bitte, M'Dame«, sagte sie, »ich brauche noch Schur zum
Spinnen. Meine Kleine hat eine ganze Spule abgewickelt und verdorben.«

Dame Margaret runzelte mißbilligend die Stirn, aber dann ging
sie zu einer langen Kiste an der Wand. Marion mußte ihr helfen, den
massiven, schweren Deckel hochzuklappen, unter dem stapelweise
die weiche Unterwolle vieler Schafe zum Vorschein kam.

»Alles gewaschen und sortiert«, sagte M'Dame. »Nimm dir ein
ordentliches Bündel. Es ist kurzfasrige Wolle für das lose Spinnen
von Schußfaden. Die langen Fasern hab ich ein paar alten Frauen
gegeben, damit sie mir Kettfaden davon machen; sie spinnen recht
fest und kräftig, die alten Frauen. Mit einer solchen Erkältung solltest du Stiefel tragen. Aber was nützen schon nasse Stiefel, wenn sie
die Füße nicht warm halten. Gar nicht so leicht, bei diesem Wetter
überhaupt etwas trocken zu halten. Versuch's mit dem Beinwell,
wenn du zu Hause bist.«

Etwa neun Fuß Leiter kamen waagerecht durch die Tür, dann
Ed-mein-Junge, der sie auf der Schulter balancierte, und dann die
restlichen neun Fuß.

»Aha, Ed-mein-Junge«, sagte Dame Margaret, »stell die Leiter
dorthin, gegen den Balken – so ist es gut –, und jetzt kletterst du
hinauf und überprüfst an jeder Speckseite die Schnur. Damit nicht
noch so ein Unfall passiert. Nach der nächsten Schlachtung müssen

wir noch mehr aufhängen.« Dame Margarets Aufmerksamkeit war von der neuen Arbeit in Anspruch genommen, sie nahm keinerlei Notiz mehr von Marion, die sich mit ihrem dicken Bündel Wolle unterm Arm auf den Heimweg machte.

Von der Dorfweide aus konnte sie die Stelle am Fluß einsehen, wo Peterkin und Paulo Hunter die Weiden beschnitten. Zwei Weiden standen dort über das Wasser gebeugt – dicke, alte Stämme mit großen Kronen sprießender Weidenruten, die seit Jahrzehnten in jedem Herbst gestutzt wurden zum Körbeflechten. Paulo, ein schlaksiger Zwölfjähriger, saß auf dem bereits halb geschorenen größeren Baum, Peterkin kauerte auf dem kleineren und schnitt fleißig vor sich hin, war aber immer noch von einem dichten Gestrüpp aus Weidenruten umgeben. Sie sah, daß ihnen beim Abschneiden so manche Rute in den Bach fiel, der nach den heftigen Regenfällen wieder schneller floß.

Wenn er das alles aus dem Wasser holt, dachte sie, kommt er völlig durchnäßt nach Hause. Das ist nicht die richtige Arbeit für ihn. Der flinke Paulo hat in derselben Zeit viel mehr geschafft.

Die Jungen bemerkten Marion nicht, so vertieft waren sie in ihre Arbeit, und sie ging weiter, die Böschung hinauf und durch die Pforte. Sie war froh, als sie aus dem Abzug im Dach der Plowrights eine schmale Rauchsäule aufsteigen sah. Wo ein Feuer brannte, war auch ein bißchen Wärme, und wenn Sarah vernünftig war, was Marion allerdings bezweifelte, dann buk dort jetzt ein Brot neben dem Feuer, oder es köchelte ein Topf mit Bohnen vor sich hin. Diese stumpfsinnigen Nachbarn ließen ihr keine Ruhe, auch wenn sie insgeheim wußte, daß Sarah längst aufgegeben hatte – ich kann von Glück sagen, dachte sie, daß ich nicht so arm dran bin.

Sie ging zu der Hütte, die für sie noch immer die Hütte der Shepherds war, und schaute zur oberen Türhälfte hinein. Das Feuer knisterte leise vor sich hin, Lisa hockte daneben und mahlte Gerste in ihrer runden Steinmühle. Alice saß zu ihren Füßen und spielte mit Kiefernzapfen. Der Fußboden, knochentrocken selbst bei diesem Wetter, war sauber frei gefegt von Strohhalmen und Zweigen, und der Federbesen lehnte unter dem mit Töpfen und kleinen Kübeln vollgestellten Brett an der Wand. Hier war alles so ordentlich wie in der Mühle. Lisa kam zweifellos nach ihrer Mutter, und Marion war ein bißchen stolz auf ihre Nichte.

»Alice war ganz artig, aber sie muß viel niesen und ihr läuft die Nase«, sagte Lisa, legte den Stock beiseite, mit dem sie den Mühlstein gedreht hatte, und nahm Alice auf den Arm.

»Hoffentlich kriegst du nicht auch einen Schnupfen, Schatz«, sagte Marion, als sie Lisa die teilnahmslose Alice abnahm. »Komm, wir gehen heim und schauen zu, daß wir es warm kriegen.«

»Deine Stimme klingt heiser, Tante. Möchtest du etwas Honig? Mutter hat mir letzte Woche einen Topf vom neuen Honig mitgegeben.«

»Ich habe von M'Dame Beinwell gegen den Schnupfen bekommen«, sagte Marion, froh über die Rast in der warmen Hütte.

»Ich habe heißes Wasser. Gib mir die Blätter, dann tu ich etwas Honig hinein, und du kannst es gleich hier trinken.«

Welche Wohltat, einmal so verwöhnt zu werden. Marion setzte Alice ab und machte es sich auf dem Hocker bequem, während Lisa sich um das Getränk kümmerte. Sie reichte Marion einen Becher mit dem süßduftenden, heißen Aufguß – wie gut tat doch so ein heißer Trank. Zufrieden genoß Marion jeden einzelnen Schluck. Sie bedankte sich bei Lisa und erkundigte sich noch nach Martin, bevor sie Alice auf den Arm nahm und nach Hause ging.

Die drei noch grünen Scheite, die sie am Morgen auf die Feuerstelle gelegt hatte, schwelten vor sich hin. Sie steckte ein frisches Stück hohlen Wiesenkerbel in den Hals des Blasebalgs, drückte den Balg vorsichtig zusammen und entfachte ein kleines Feuer. Dann stellte sie den dreifüßigen Eisentopf, der bereits halb voll mit eingeweichten Bohnen war, auf die Feuerstelle. Sie zog ein paar Stangen frisch gestochenen Lauch aus einem Bündel vor der Tür, schnitt die Wurzeln und die verschmutzten Spitzen ab und warf sie zu den Bohnen im Topf. Jetzt war genug zu essen da, wenn die anderen nach Hause kamen.

Marion ließ sich auf den Stamm vor der Feuerstelle fallen. Ihr Kopf war heiß und schwer, Nase und Oberlippe fühlten sich wund an. Von der Wohltat des heißen Tranks war nichts übriggeblieben, aber sie redete sich ein, daß die Medizin bald ihre Wirkung tun würde. Sie saß noch nicht lange, da erschien Peterkins Kopf in der Tür, die verkrüppelte, sehr schmutzige Hand schob den Riegel zurück, stieß die Tür auf, und tropfnaß und zitternd betrat er die Hütte. Sie sah ihm an, daß etwas nicht stimmte, und fragte, was passiert sei.

»Ich habe Vaters Messer verloren«, antwortete er und fing beinahe an zu weinen.

»Oh, Peterkin – wo denn?«

»Ich stand oben auf dem Baum, und da ist es mir runtergefallen.«

»Aber du hattest es doch um den Hals gebunden.«

Peterkin sah schuldbewußt und beschämt und verzweifelt aus.

»Es konnte doch gar nicht runterfallen, außer die Schnur ist gerissen – oder hast du es etwa abgenommen?« Marion gab der Beschuldigung Nachdruck: »Also?«

»Ich mußte es doch abnehmen«, jammerte Peterkin. »Die Schnur war nicht lang genug. Und wie sie sich in den Weidenruten verheddert hat, hab ich sie aufknoten müssen, und da ist sie mir aus dem Griff gerutscht, aus dem Loch, das da drin ist, und das Messer ist runtergefallen.«

»Ins Wasser oder auf das Ufer?«

»Ins Wasser. Ich hab's platschen hören.«

»Das ist schlimm. Was wird Vater dazu sagen?«

»Weiß nicht. Wir haben eine Ewigkeit im Schlamm gewühlt, unter Wasser, aber wir haben es nicht gefunden. Paulos Messer war spitz, er konnte es in die Rinde stecken, wenn er's nicht gebraucht hat. Wir haben gesucht, Mama, ganz ehrlich. Und scheußlich kalt ist es gewesen. Er war mit seinem Baum fertig, aber ich noch nicht mit meinem, und da ist er auf meinen Baum geklettert und hat da weitergemacht. Wir haben die Weidenruten auf drei Haufen ans Ufer gelegt, wie Vater gesagt hat, und dann haben wir weitergesucht. Ich dachte, vielleicht ist das Wasser wieder klarer geworden und wir können das Messer sehen, aber am Rand steht das Wasser fast still, und wir konnten nichts sehen, und der Schlamm war ganz weich und tief

– er ist mir bis da hin gegangen – und Paulo ist drin herumgewatet, weil er dachte, er kann das Messer vielleicht mit den Füßen spüren, aber es ging nicht…« Peterkin brach in Schluchzen aus.

»Was passiert ist, ist passiert«, sagte Marion. »Ich weiß bloß nicht, was dein Vater sagen wird.« Dabei wußte sie nur zu gut, was Peter sagen würde, und als er kurz darauf nach Hause kam und ihm vom Schicksal seines Messers berichtet wurde, sagte er genau das, was Marion vorhergesehen hatte.

»Du dummer Junge, warum hörst du nicht auf mich! Ich hab dir doch gesagt, du sollst es um den Hals binden – von wegen zu kurz, so ein Unfug, die Schnur ist lang genug gewesen, auf dem Baum hast du doch eh hocken müssen. Wieso hast du nicht auf mich gehört? Ich hab das Messer, seit ich ein Junge war, und nicht ein einziges Mal hab ich's verloren. Der Griff war so schön glatt und rund und hat genau in meine Hand gepaßt – ich hab es die ganzen Jahre gehabt und du nicht mal einen halben Tag, und schon hast du's verloren! Von wegen du weißt, wo es hingefallen ist und gehst noch mal suchen, daß ich nicht lache, der Schlamm ist viel zu tief, und wahrscheinlich hat Paulo alles aufgewühlt, als er drin rumgetrampelt ist. Das Messer kann weiß Gott wo sein! Nein, du bist ein leichtsinniger, nichtsnutziger…«

Peter stand genau vor Marion, die auf dem Baumstamm saß, und sie spürte, wie sein Körper sich spannte; gleich würde er den Jungen schlagen. Nur noch ein schwacher Schimmer der Abenddämmerung schien durch die Tür. Sie sprang auf, warf ihre Arme um Peter, hielt ihn umklammert. Er machte keinen ernsthaften Versuch, sich zu wehren. Sie wußte, und jeder wußte es, weil es einem von Kindesbeinen an eingehämmert wurde, wie gefährlich ein Kampf in einer engen Hütte war, wie leicht ein unkontrollierter Schlag einen von der Decke herabhängenden Sack mit Bohnen traf, und schon rieselte der kostbare Inhalt ins Stroh – wie leicht ein strampelndes Kind gegen einen brennenden Scheit stieß, und schon stoben Funken in das leicht entflammbare Bettstroh – wie schnell ein Milchtopf umgestoßen war, und schon versickerte wertvolle Kindernahrung im Schmutz des Fußbodens.

»Keine Prügel im Haus«, sagte sie so energisch, wie ihre heisere Stimme es erlaubte, »schon gar nicht im Dunkeln.« Noch während sie das sagte, entspannte sich sein Körper, aber mit seinem Zornesausbruch war er noch lange nicht fertig.

»Du leichtsinniger, ungehorsamer Junge. Wir finden es ganz bestimmt nicht wieder. Was soll aus dem Dorf werden, wenn alle Jungen zu so leichtsinnigen Dummköpfen heranwachsen, wie du einer bist, die alles wegwerfen, was ihre Väter gemacht haben und worauf sie die ganzen Jahre achtgegeben haben…« Und so ging es immer weiter mit der wütenden Litanei, und Peterkin kauerte schluchzend vor der Feuerstelle, den verkrüppelten Fuß auf das schlammverkrustete, gesunde Schienbein gestützt, und wischte sich mit schlammverkrusteten Fingern die Augen.

Marion stimmte mit allem überein, was Peter zu ihm sagte. Es waren so grundlegende Dinge, daß sie sich eigentlich von selbst verstanden. Sie war der unerschütterlichen Überzeugung, daß das Dorf weiterleben mußte, gleichgültig was einem einzelnen wie Dick widerfuhr, und daß es die oberste Pflicht jeder Generation war, dafür Sorge zu tragen. Das ewige Leben ihrer eigenen Seelen, und mochte Pater John sich noch so sehr darüber auslassen, war von lächerlich geringer Bedeutung, stellte man es neben das ewige Leben der Dorfgemeinschaft. Die Männer mußten Herrenhäuser und Mühlen und Brücken für zukünftige Generationen bauen und Jahr für Jahr die Erträge des Bodens zusammenkratzen, um die derzeit Lebenden zu ernähren, und es war die Aufgabe der Frauen, das dem Boden mühsam abgerungene Getreide zuverlässig zu Lebensmitteln zu verarbeiten und so viele gesunde Kinder wie möglich auf die Welt zu bringen. Das war das ungeschriebene Gesetz ihres Zusammenlebens. Aber wenn die neue Generation das nicht begriff?

Peter war noch nicht fertig, auch wenn er sich ein wenig beruhigt hatte.

»Habt ihr die Ruten so hingelegt, wie ich es euch gesagt habe?« fragte er. »Auf drei Haufen?«

»Ja.«

»Und wo sind sie?«

»Wir haben sie ans Ufer gelegt, bei der Wasserstelle.«

»Gut, dann nimmst du morgen den Strick mit hinunter, der auf dem Holzstapel liegt, und verschnürst die langen Ruten damit zu einem Bündel. Du schnürst sie an drei Stellen zusammen, so fest, daß keine herausrutschen kann, und dann lädst du sie dir auf den Buckel und trägst sie hinauf nach Rockwell. Geh nicht durchs Dorf. An der seichten Stelle bei der Hütte der Shepherds überquerst du den Bach und nimmst den Weg über die Felder, immer nah am Wald entlang. Damit dich keiner sieht.«

»Aber das ist viel weiter als durch das Dorf, und das Bündel ist schwer«, wandte Marion ein.

»Ja, ich weiß, aber ich will nicht, daß Rollo oder sonst einer ihn mit dem Bündel sieht und ihn womöglich noch fragt, wohin er damit will. Das ist eine Privatsache, ich hab das mit Edward Rockwell besprochen, als ich ihm die Wände gemacht habe. Ich hab ihm ein Bündel frisch geschnittene Ruten versprochen, damit er seinen Kuhstall reparieren kann – das geht Rollo und das Herrenhaus nichts an. Die scheinen zu denken, zumindest denkt es Rollo, daß ihnen alles gehört, was irgend jemand im Dorf macht. Rollo hat mich da raufgeschickt, damit ich ihnen die Wände mit Brettern vernagle, und ich möchte wetten, die Rockwells mußten dem Herrenhaus ein paar riesengroße Käse für meine Arbeit bringen. Mag sein, daß das Gesetz es so will, aber ich habe ein paar zusätzliche Arbeiten für sie gemacht, Tischböcke für Nancy und eine neue Seitenwand für die Mehlkiste, weil die Ratten die alte durchgenagt hatten. Dafür haben sie mir eine Speckseite gegeben, und ich habe ihnen ein Bündel Ruten versprochen. Das ist unsere Angelegenheit, da müssen Rollo und Sir Hugh ihre Nasen nicht reinstecken.«

»Und deshalb soll ich den ganzen Umweg am Wald entlang machen? Die Speckseite hast du doch ganz offen durchs Dorf getragen.«

»Nicht offen, Junge. Ich hatte den langen Lederbeutel für die Säge dabei, und ein paar andere Werkzeuge – da hat sie noch mit reingepaßt, und keinem ist was aufgefallen. So ein Werkzeugbeutel ist nun mal schwer. Nein, diesmal machst du es so, wie ich es dir sage, und daß du mir mit niemandem darüber redest, verstanden? Du darfst ruhig eine Weile oben bei Edward bleiben, und wenn die Rote Mary dir etwas mitgibt, einen Schlegel oder einen halben Käse, dann bringst du das auf der Stelle hierher. Es war nicht vereinbart, aber es könnte ja sein. Und du gehst nicht durchs Dorf, sondern wieder über die Felder, und gibst es deiner Mutter. Und zu niemandem ein Wort.«

»Ja, Vater.«

»Und den Strick bringst du wieder mit. Schnür das Bündel auf, wenn du angekommen bist. Ich habe ihnen Ruten versprochen, aber keinen Strick.«

»Und warum können die in Rockwell sich nicht ihre eigenen Ruten schneiden?« fragte Peterkin. Er spürte, daß der väterliche Zorn nachgelassen hatte.

»Weiden wachsen nur am Wasser, Dummkopf, nicht oben in den Hügeln in Rockwell. Sind die Bohnen fertig?«

Auch Marion hatte gespürt, daß Peters Zorn verraucht war, aber sie kannte ihn und wußte, wie sehr der Verlust des Messers ihn schmerzte und daß der Zorn darüber wieder auflodern würde.

Sie schob einen Zweig in die Glut, und als er brannte, hielt sie ihn an den Docht der kleinen Kerze auf dem Wandbrett. Im Lichtschein spähte sie in den Topf, fischte mit dem Griff der Kelle eine Bohne heraus und probierte sie. Sie erschien ihr weich genug. Also nahm sie die hölzernen Schüsseln vom Wandbrett und teilte mit der Kelle Bohnen und Lauch aus. Es gab nur zwei Löffel, und gewöhnlich wartete sie, bis ihr Mann und ihr Sohn gegessen hatten, bevor sie selber aß und Alice mit dem Löffel fütterte, der als erster zur Verfügung stand. Diesmal ließ sie Peterkin warten, zum Zeichen dafür, daß er noch in Ungnade war. Da fiel ihr ein, daß sie Alice ganz vergessen hatte, die neben ihr auf dem Boden saß und schlief, den Kopf gegen den Baumstamm gelehnt. Im schwachen Lichtschein sah Marion, daß ihr der Mund offenstand und zwei glitzernde Streifen Schleim, die an den Rändern bereits trockneten, ihr aus den winzigen Nasenlöchern liefen.

»Möchtest du Suppe, Schatz?« fragte Marion. Alice bewegte den

Kopf und sperrte den Mund auf, als Marion ihr den Löffel hinein-
schob. »Noch ein bißchen?« Leise wimmernd wandte Alice sich ab
und lehnte sich zurück. Der Schreck fuhr Marion in die Glieder.
Kein Zweifel, Alice hatte sich bei ihr angesteckt, und Marion wußte
aus leidvoller Erfahrung, wie schnell ein Kind, auch ein kräftiges
Kind, in ein paar Tagen dahinschwinden und sterben konnte. Sie
stand auf, beugte sich über die Trennwand zum Ziegenstall, zog
etwas Heu aus der Krippe, legte es über das feuchte Stroh in der
Wiege und schob unter dem Dach ein kleines Häuflein als Kopf-
kissen zurecht. Peter hatte Alice auf den Arm genommen und versuchte, sie aus seiner Schüssel zu füttern. Alice aß ein paar Löffel,
dann mußte sie husten und wandte sich ab.

»Arme kleine Maus«, sagte er, auf einmal sehr liebevoll. »Der
Schnupfen macht ihr schwer zu schaffen. Du mußt sie in die Wiege
legen und gut zudecken, sie mag keine Suppe mehr – und dann
kannst du mir noch etwas geben.«

Als sie ihre Schüssel für Peterkin füllte, kam sie mit der Hand an
sein mageres Knie; es fühlte sich feucht und kalt an. Er zitterte. »Iß
das schnell auf«, sagte sie, »und dann ziehst du dir den Kittel aus,
wickelst dich fest in deine Decke und legst dich ins Bett. Nicht, daß
du dir auch noch einen Schnupfen holst.« Wie weiß und geisterhaft
erschien ihr sein magerer Körper in diesem trüben Licht, als er sich
den Kittel über den Kopf zog. Ob er überhaupt kräftig genug war,
um das Bündel ganz nach Rockwell hinaufzutragen? Aber sie sagte
nichts.

Sie zog den halbleeren Topf von der Feuerstelle und schob zur
Sicherheit die glühenden Scheite zusammen. Dieser Tag hatte ihr
gereicht. Sie schlurfte zur Tür und trat ins Freie. Im Westen war über
den Bäumen zwischen den horizontalen Schichten bräunlicher
Wolken noch etwas Licht am Himmel zu sehen. Es war kalt, und
auf dem nassen Boden waren die Füße im Nu wieder durchgefroren. Sie ging nicht ganz bis zum Misthaufen, um ihre Notdurft zu
verrichten, und machte, daß sie wieder hineinkam. Die Kerze war
erloschen, und bis auf das rötliche Glühen der Feuerstelle war es
dunkel in der Hütte. Sie setzte sich, klaubte etwas Stroh zusammen,

um weicher zu sitzen, lehnte sich an den Baumstamm und versuchte, sich an den Steinen die Füße zu wärmen.

Sie war sterbensmüde. Jeder Atemzug quälte sich mühsam durch die schmerzende Kehle; jetzt war es eine heiße Flüssigkeit, die aus einem brennenden Nasenloch auf die spröden Lippen tropfte, ihre Augen, ob offen oder geschlossen, schmerzten unter der schweren Stirn, und ein heftiger Druck pochte ihr in den Ohren. Alle ihre Empfindungen schienen ihren Mittelpunkt im schmerzhaft verstopften Kopf zu haben. Ihr war, als hätte sich die Müdigkeit ihr wie ein schweren Lappen um die Beine gelegt. Ich kann nichts mehr tun, dachte sie. Hoffentlich haben sie ihren Streit beendet, doch selbst wenn es wieder losgeht – ich kann nichts tun.

Einige Zeit später, vielleicht Stunden, vielleicht nur Minuten, spürte sie Peters Hand auf der Schulter. »Willst du nicht ins Bett kommen?« flüsterte er.

Mit größter Mühe antwortete sie ihm leise: »Es ist wärmer hier«, und sank zurück in einen quälenden Schlummer.

Ich darf nicht vergessen, ihn zu fragen, was mit den beiden anderen Rutenbündeln geschehen soll, dachte sie, als sie elend und mit steifem Hals in der stockfinsteren Stille der Nacht erwachte. Sie kroch das kurze Stück hinüber zum Bett, schmiegte sich so nah wie möglich an den schlafenden Peter, zog sich die feuchte Decke bis zum Kinn und versuchte, wieder einzuschlafen.

November

arion erwachte mit dem seltenen und wunderbaren Gefühl, lange und tief geschlafen zu haben und aufgewacht zu sein, nicht etwa weil ein Kind brüllte oder Peter nach seinem Frühstück verlangte, sondern weil sie einmal richtig ausgeschlafen war. Das Bett war herrlich bequem. Das Stroh war ganz neu, trocken und frisch von der Ernte, jeder Halm noch biegsam, ein Gefühl, als wäre man auf Luft gebettet. Sie hatte außerdem – weil sie an der Reihe war – eine neue große Decke aus Joans Webschuppen erhalten. Marion hatte sie sorgfältig rundherum mit der alten Decke vernäht und den Zwischenraum mit all den Federn von Hühnern und Hähnen und Tauben gefüllt, die sie in den letzten zwei Jahren gesammelt hatte. (Die Flügel- und Schwanzfedern, zu steif für Bettzeug, hatte sie bündelweise an hölzernen Stielen festgeschnürt und Besen für das Haus daraus gemacht.) Ein dickes, warmes Federbett war entstanden, viel wärmer als das alte. Damit und mit ihrem lose gewebten Unterkleid hatte Marion es nachts immer warm gehabt, selbst wenn es draußen frostig war.

Es ging ihr besser. Den Schnupfen war sie los, und Alice ihren auch. Gestern hatten sie ein reichhaltiges Abendessen gehabt: Hähnchen, geschmort mit Bohnen und Lauch – eine warme, saftige Mahlzeit. Wärme, Behaglichkeit und gutes Essen, das alles hatte zu diesem erholsamen Schlaf beigetragen.

Sie lag wach im Bett und dachte zufrieden an die Vorräte an Lebensmitteln, die jetzt in ihrer Hütte lagerten. Das Schwein war geschlachtet und geviertelt. Dieses Jahr bestand Marions Viertel aus einer Schulter und der vorderen Rückenhälfte. Lisa hatte die andere

Schulter mit der dazugehörigen Rückenhälfte bekommen, Molly einen Schinken und ein hinteres Rückenstück, die Plowrights (obwohl es wahrscheinlich Vergeudung von gutem Fleisch war) den anderen Schinken samt Rückenstück. Nach der sorgfältigen Aufteilung hatten die vier Familien sich einen Festschmaus aus den Stücken gekocht, die man nicht so gut haltbar machen konnte, dem Kopf, den Füßen und der Leber; das Blut und die übrigen Abfälle hatte Molly zu Wurst verarbeitet. Und dann hatten sie die Haut an der Wand von Mollys Hütte aufgespannt, damit Wind und Sonne sie trocknen könnten; Molly würde sie dann so lange mit Schafsfett und Bienenwachs einreiben, bis sie geschmeidig und wasserdicht war. Sie war groß genug für ein Paar Stiefel für Erwachsene, und mit etwas Sorgfalt ließe sich auch noch ein Paar Kinderstiefel daraus machen. Über die würdigsten Empfänger für die Stiefel hatten sie noch nicht gesprochen. Marion fürchtete, daß es darüber zum Streit kommen könnte.

Marions vorderes Schweineviertel hing jetzt, ausreichend gesalzen, an einem Balken über dem Feuer, wo es langsam vom Rauch getrocknet wurde. Sie mußte darauf achten, daß bei Regen der Rauchabzug geschlossen blieb, denn so ein halbgeräucherter Schinken war schnell verdorben, wenn er naß wurde. Auf halber Höhe der geflochtenen Lederschnur, an der er aufgehängt war, befand sich eine große, dünne Holzscheibe mit einem Loch in der Mitte, durch das die Schnur lief. Sie hinderte die Mäuse daran, die Kordel entlangzuklettern und den Schinken anzufressen, denn wenn die Maus auf die Scheibe trat, gab sie nach und kippte das gefräßige Tier ins Feuer. Ja, da hing er, der Schinken, Ertrag monatelangen Päppelns, Verheißung vieler schmackhafter, salziger Mahlzeiten an den bevorstehenden Wintertagen, und im Geflügelkäfig wurden zwei Gockel gemästet, für die jedoch nicht mehr viele Körner geopfert werden mußten, denn sie waren zum baldigen Verzehr bestimmt. Außerdem lagen auf dem Wandbrett neben dem Getreidetopf noch ein paar Käse, die sie aus ihrer Ziegenmilch gemacht hatte. Es war eine Freude, sich das alles vorzustellen.

Die Regenfälle des Oktobers hatten den Mühlteich wieder aufgefüllt, Simon hatte den halben Sack Korn gemahlen, den sie ihm im Juli gebracht hatte, und die Eichentruhe war gut gefüllt mit Mehl. Auf den Wandbrettern über dem Ziegenverschlag standen mehrere Säcke mit Weizen und Gerste aus der neuen Ernte, dazwischen, auf ein wenig Heu gelagert, lagen Dutzende von süßen Äpfeln mit rauher Schale. Noch mehr Säcke, an Schnüren unter den Balken aufgehängt und mit Holzscheiben gegen Mäuse versehen, waren prallvoll mit getrockneten Bohnen und Erbsen, und draußen unter dem Vordach hingen bündelweise rotgoldene Zwiebeln. Gleich darunter, in handlichen Scheiten gegen die Hauswand geschichtet, das Feuerholz, um die Ecke ein noch höherer Stapel, der fast bis unter die Dachtraufe reichte, ein zusätzlicher Schutz gegen Wind und Regen an der Wetterseite der Hütte. Mit Peterkins Hilfe hatte Marion den größten Teil des Mooses ersetzt, das der Sturm aus den Zwischenräumen im Weidengeflecht der Wand gerissen hatte.

Peter hatte Sir Hugh um ein paar freie Tage gebeten, um seine Hütte herzurichten, und er hatte eine trockene Periode dazu genutzt, mit Ned Fletchers Hilfe über der Tür das durchweichte Stroh vom Dach zu ziehen, die beiden krummen, modernden Balken herauszureißen (die jetzt unter dem Vordach zu Feuerholz trockneten) und durch zwei neue zu ersetzen. »Du mußt es nicht gar so genau nehmen, Ned«, hatte Marion ihn sagen hören. »Solange sie fest sitzen, dürfen die Balken ruhig ein bißchen dichter beieinander liegen als im alten Dachstuhl.« Sie hatten das Dach mit frischem Stroh gedeckt, und es war eine Menge für ihr Bett und den Ziegenstall übriggeblieben – für den bevorstehenden Winter.

Für alles war so gut wie möglich gesorgt – Lebensmittel, Wärme und Brennmaterial für den bevorstehenden Winter. Diese Worte schlichen sich immer wieder in Marions Gedanken – »für den bevorstehenden Winter«. Marion wußte, daß dieses Gefühl der Zufriedenheit über das Erreichte sie jeden Herbst aufs neue die wahren Schrecken des Winters vergessen ließ. So wie man die Schmerzen der letzten Niederkunft vergißt, wenn man sich auf die nächste vorbereitet. Aber war sie denn für diesen Winter nicht wirklich besser gerüstet, war sie nicht klüger und auch widerstandsfähiger als in den Wintern davor? Außerdem hatte sie dieses Jahr nur zwei Kinder, um die sie sich kümmern, die sie durch den Winter bringen mußte. »Ja«, sagte sie sich, »so zufrieden hast du dich jeden Herbst gefühlt, und war erst der Februar gekommen, hast du doch wieder gemeint, am Ende deiner Kraft zu sein.« Diese Selbsterkenntnis vermochte jedoch an ihrer momentanen Zuversicht nichts zu ändern.

Sie waren alle auf den Beinen und hatten gegessen. Marion hatte Feuer gemacht und den gesprungenen Tonkrug zum Aufwärmen auf die Steine gestellt. Sorgfältig fegte sie mit einem der neuen Federbesen den Boden um die Feuerstelle herum sauber, und Alice folgte ihr mit einem winzig kleinen Besen, den Marion eigens für sie gemacht hatte. Sie erklärte Alice, wie wichtig es war, kein Stroh in der Nähe des Feuers herumliegen zu lassen, denn wie leicht konnte sich ein kleines Flämmchen an den Halmen entlangschlängeln und das Weidengeflecht der Wände in Brand setzen – und wie schnell war so eine Hütte abgebrannt. Alice hörte nicht zu; das Ausfegen mit dem kleinen Besen war viel interessanter.

Es wurde dunkler im Raum, und als Marion hochschaute, stand Lisa in der Türöffnung. Ihr kupferfarbenes Haar war nicht von einer Haube verdeckt, und Marion fand, daß sie sehr hübsch aussah. Es gab fast keine hübschen Frauen im Dorf. Schlechte Zähne, schmutzige Haut, unbehandelte Wunden und fettige Haare, an denen sich der Staub der Holzasche festsetzte, ließen auch bei gesunden Frauen die Blüte der Jugend schnell dahinwelken.

»Ich bin gestern in der Mühle gewesen, Tante«, sagte sie. »Mutter hat mir diesen Topf Honig für dich mitgegeben. Die Jungen haben letzte Woche die Bienenstöcke geholt, und sie sind nicht einmal gestochen worden, aber ich denke, die meisten Bienen waren tot oder todmüde. Also, hier hast du ihn, aber sie möchte bitte den Topf wiederhaben, wenn ihr den Honig aufgegessen habt.« Sie gab Marion den kleinen, hölzernen, mit einem Stück Sackleinen verschlossenen Topf.

»Haben sie denn genug übrig? Und was ist mit dir und Martin?«

»Mutter hat uns auch einen gegeben. Sie sagt, die Stöcke waren randvoll dieses Jahr – sie glaubt, daß die Bienen im September, als die warmen Tage waren, in die Heide über den Schafweiden geflogen sind, und während der gesamten Apfelblüte ist es warm gewesen. Ja, kleine Alice, ich hab dir leckeren Honig gebracht – der wird dir schmecken, was? Martin hat aus Rockwell welchen von seiner Mutter mitgebracht, aber der ist blasser und dünnflüssiger, und wir finden beide den Honig aus der Mühle besser, aber das darfst du oben in Rockwell nicht erzählen. Mutter hat ein Faß Met angesetzt. Vater mag ihn so gerne, und Großvater kann damit besser schlafen im Winter, sagt sie.« Marion erkundigte sich noch nach Simon und ihrem Vater, dann verstaute sie den Honig, und Lisa ging wieder.

Peter war mit der wollenen Kapuze an einem Zweig hängengeblieben und hatte Marion gebeten, den Riß zu stopfen. Marion nahm die Kapuze vom Baumstamm und besah sich den Schaden. Auf dem Wandbrett lag, wie ein ausgedientes Vogelnest, ein verworrenes Knäuel, die Überreste der gesponnenen Wolle, die Alice ruiniert hatte – vielleicht eigneten sie sich zum Stopfen. Marion zupfte einen dunklen Faden heraus und zog die glatte Nadel aus Stechpalmenholz aus dem kleinen Loch im Wandbrett, in dem sie sie aufbewahrte. Durch das Öhr hatte sie die blaugefleckte Feder eines Eichelhähers gesteckt, um die Nadel von den vielen glatten Holzstückchen unterscheiden zu können, die überall in der Hütte herumlagen. Sie betrachtete die Feder, erfreute sich an der leuchtenden Farbe. Solch ein Blau gab es nirgends sonst zu sehen, nicht einmal auf den winzigen Blüten der Vergißmeinnicht, die im April am Bachufer wuchsen. Sie setzte sich auf den Baumstamm, um sich die Füße an den Steinen der Feuerstelle zu wärmen, und vernähte den Riß. Dann schob sie die Feder vorsichtig wieder durch das Nadelöhr und ging hinaus, um Peter die Kapuze zu bringen.

Wie sie vermutet hatte, knieten er und Peterkin unter dem Vordach auf dem Boden, inmitten von Bündeln kurzer Weidenruten. Peter, der auch heute zu Hause bleiben konnte und damit für Rollo außer Sichtweite war, hatte schon am Morgen angekündigt, daß er Peterkin das Korbflechten beibringen wollte. Marion war nicht wohl dabei, denn sie zweifelte an Peters Geduld mit einem Jungen, dem nur anderthalb Hände zur Verfügung standen.

»Vergiß nicht«, hatte sie ihm eingeschärft, als Peterkin zum Misthaufen gegangen war, »daß er links keinen Daumen hat, jedenfalls keinen, mit dem er was anfangen kann.« Marion wußte, wieviel Fingerfertigkeit das Flechten von Weidenkörben erforderte.

»Ja, ja, ich weiß schon«, hatte Peter geantwortet, doch sie fürchtete, er könnte es vergessen haben. Es war noch nie seine Stärke gewesen, sich in die Lage anderer Menschen zu versetzen.

Vater und Sohn waren in die Arbeit vertieft. Peter gab Anweisungen.

»Ja, und jetzt legst du den langen darüber – und ziehst ihn unten durch, genau so, und jetzt kommt der nächste dran. Zuerst machen wir einen flachen Boden, etwa so groß wie ein kleiner Käse, und dann arbeiten wir uns nach oben – nein, nicht über den Strang, über den nächsten – da, erkennst du das Muster? So, und jetzt drückst du es runter und hältst es fest – nein – laß mich lieber drücken.«

»Deine Kapuze«, sagte Marion.

»Leg sie auf den Baumstamm. So, Junge, und jetzt steckst du die nächste Rute hinein. In einer Reihe mit den anderen – nein, nein, die anderen mußt du mit dem Daumen nach unten drücken – gut, dann versuch's mit den Knöcheln – nein, das ist nicht fest genug, versuch's noch mal, das reißt bei der ersten Belastung wieder auf, drück doch fester – komm, laß mich mal …« Und so ging es weiter.

Marion sah Peterkin an, daß er bekümmert war; er gab sich alle Mühe, aber er war nicht geschickt genug, um das nachzumachen, was sein Vater ihm vormachte. Es würde allenfalls ein schiefer, wackliger Korb dabei herauskommen.

Marion ging wieder hinein. Sie klappte die Kiste auf und löffelte etwas Mehl auf die flache Sitzfläche des Baumstamms, schöpfte Fett aus dem Eisentopf, in dem sie gestern den Hahn gedünstet hatte, vermischte beides mit saurer Milch und knetete einen steifen Teig. Der alte, gesprungene Tontopf, dem etwa ein Drittel der Seitenwand fehlte, war inzwischen sehr heiß geworden in der Glut. Sie legte den Teigklumpen auf den flachen, aschgrauen Stein in der

Mitte der Feuerstelle und stülpte den heißen Topf umgekehrt darüber, die herausgebrochene Seite dem Feuer zugewandt. So wurde aus dem heißen Topf ein kleiner Backofen, in dem der Teig bei einigermaßen gleichmäßiger Hitze garen konnte. Sie wischte sich die Hände am Kleid ab, eine unbewußte Geste, mit der sie zum Ausdruck brachte, daß eine Arbeit erledigt war. Alice kam zur Tür herein, trampelte wieder hinaus und hielt dabei Selbstgespräche. Marion fand, daß Alice wirklich ein liebes kleines Mädchen war.

Das Korbflechten schien leichter von der Hand zu gehen, denn Peter und Peterkin unterhielten sich bei der Arbeit.

»Vater, sind Eulen wirklich die Vögel des Teufels?«

»Was ihr Kinder für einen Unsinn redet. Wer hat euch denn das erzählt? Natürlich nicht. Denk doch mal nach, was fressen Eulen?«

»Ratten und Mäuse.«

»Richtig, und was fressen Ratten und Mäuse?«

»Körner.«

»Und wessen Körner? Denk nach.«

»Unsere?«

»Na sicher, unsere. Also sind Ratten und Mäuse unsere Feinde, und Eulen sind unsere Freunde, weil sie unsere Feinde fangen und auffressen. Nein, die nicht, die ist zu kurz. Du mußt immer überlegen, wer was frißt.« Peter wartete, bis die Lektion verstanden war, dann fuhr er fort: »Und wer sind noch unsere Feinde?«

Peterkin hatte gleich eine Antwort parat. »Krähen«, sagte er.

»Warum? Du mußt sie zu dir hinziehen … ein Stück weiter noch — so.«

»Weil sie das Korn fressen, das wir säen.«

»Unser Korn«, betonte Peter. »Richtig, und wer noch?«

»Weiß nicht«, sagte Peterkin, nachdem er sich vergebens nach einer Anregung umgesehen hatte.

»Was fressen die Füchse?« fragte Peter.

»Karnickel?«

»Ja, und …?«

»Hühner.«

»Unsere Hühner, und deshalb sind die Füchse unsere Feinde.

Und vergiß nicht, daß die, die unsere Feinde fressen, unsere Freunde sind. Wir müssen uns ganz schön schinden für unsere Nahrung, und da wollen wir nicht, daß sie von unseren Feinden vernichtet oder aufgefressen wird ... du mußt fester drücken – oder vom Teufel, der uns böse Geister schickt, die sich als unsere Feinde verkleiden – so, und jetzt dreh es noch etwas weiter herum –«

Wir müssen uns alle für unsere Nahrung schinden, dachte Marion, wir und die Mäuse und die Eulen und die Füchse – aber solche Gedanken sprach sie niemals laut aus.

Nach einer Pause redete Peter weiter. »Was meinst du, warum ich in der großen Scheune das Loch in der Wand gelassen habe? Damit die Eulen rein- und rausfliegen können, damit sie dort Nester bauen und für ihre Jungen auf Mäusejagd gehen, und damit bleibt unser Korn verschont. So, und jetzt drückst du sie fest runter, damit ich sie straffer verschnüren kann – ach, du Tolpatsch – fest drücken, ja, so ist es besser.«

Marion hatte immer noch in der Hütte zu tun. Sie wickelte einen alten Lappen um den Griff des gesprungenen Topfes, hob ihn etwas an, wendete den halbgaren Teig und setzte den Topf wieder darüber. Dann suchte sie ein paar reife Äpfel aus und einen runden Ziegenkäse und bettete sie auf etwas Heu in ihren breiten Korb. Der Käse sollte dieses Jahr ihr letzter Beitrag zu den Lagerbeständen des Herrenhauses sein, aber dazu mußte Rollo ihn offiziell entgegennehmen. Die Äpfel waren für Hilda und ihre kleinen Mädchen bestimmt. Als sie noch nebenan wohnten, hatten sie die rotbraunen immer gerne gegessen.

Plötzlich stand Peter in der Tür. Er war verärgert.

»Es geht nicht«, sagte er zu Marion. »Er schafft es nicht. Alles schief und krumm – überhaupt keine Form.«

»Er hat es noch nie gemacht«, bat Marion um Nachsicht. »Er muß erst lernen, wie das alles geht.«

»Ach, er lernt schnell genug«, sagte Peter. »Er weiß, wie's geht, er hat doch sein Leben lang gesehen, wie man Körbe macht, aber er drückt nicht fest genug.«

Hinter seinem Vater erschien Peterkin mit einem unförmigen

Korb, aus dem in allen Richtungen die Ruten heraustanden. Er sah todunglücklich aus.

»Ich würde es hinkriegen, Mama, mir müßte bloß einer helfen.«
Wahrscheinlich hatte er recht, aber sie wußte, daß Peter da nicht mitspielte.

»Das hat doch keinen Sinn. In der Zeit, in der ich dir helfe, einen Korb zu machen, kann ich selber zwei machen und jeder andere auch. Außerdem sind vier Hände zuviel für einen Korb, weil man ihn ständig drehen muß. Was hab ich davon, wenn einer weiß, wie es geht, und er kriegt es trotzdem nicht hin? Nein, Junge, sieh zu, wie du dich heute allein beschäftigst. Als erstes kannst du mal das Anzündholz aufstapeln – ich hab die Nase voll.«

In diesem Augenblick erschien Alice mit roten, strahlenden Bäckchen und breitem Lächeln in der Tür.

»Guck mal«, sagte sie, hielt sich mit einer dreckverschmierten Hand ein leuchtendrotes Birnenblatt auf den Kopf und mit der anderen ein zweites unter das Kinn. »Alice ist ein Hahn.« Und dann ließ sie ein originalgetreues Kikeriki folgen. Sie mußten alle lachen, ein Lachen, das Erleichterung brachte. Alice war glücklich über ihren Erfolg. Wieder spürte Marion, was für ein außergewöhnliches Kind sie war. Keines ihrer anderen Kinder hatte sich solch phantasievolle Spiele ausgedacht, keines hatte je versucht, sich selber zum Lachen zu bringen. Alice schien tatsächlich etwas Besonderes zu sein, und trotzdem bedauerte Marion es nicht einen Augenblick lang, daß auch ihre Zukunft von unaufhörlichen häuslichen Mühen und Schwangerschaften geprägt sein würde – denn mehr hatte so ein Leben nicht zu bieten. Das war das Leben.

»Ihr solltet es noch mal versuchen und den Korb fertigmachen, wo ihr schon mal angefangen habt«, forderte sie ihren Mann und ihren Sohn auf. »Paßt gut auf Alice auf, und den Laib unter dem Topf müßt ihr bald von der Feuerstelle nehmen. Ich geh rüber ins Herrenhaus, die kriegen noch einen Käse von uns.« Sie nahm den großen flachen Korb zur Hand und ging los. Alice merkte gar nicht, daß ihre Mutter sie allein ließ, so sehr war sie damit beschäftigt, bunte Blätter auf den Boden zu patschen.

Für Mitte November war es kein schlechter Tag, kühl, aber nicht frostig, der Wind böig und viel blauer Himmel zwischen weißen und grauen Wolken. Marion blickte hinauf in die bewaldeten Hügel; das Unterholz aus Haselsträuchern und Hornbäumen war jetzt kahl, und so konnte man den steil ansteigenden, dicht mit totem Laub bedeckten Waldboden sehen. Die hellen, glatten Buchenstämme standen heraus, vereinzelt sah man dazwischen die dunklen, pelzigen Stämme der Eiben. Ein Stück weiter den Hügel hinauf standen Eichen, die noch ihr dichtes, ockerfarbenes Laub trugen, und alle weiter entfernten Bäume waren nur ein bläuliches Gewirr aus Ästen und Zweigen vor den langsam dahinziehenden Wolken.

Sie ging über die Dorfweide, der Weg war kahlgetrampelt von unzähligen Schritten. Zu beiden Seiten schoß das Gras, das den Sommer über abgefressen worden war, in frischem, leuchtendem Grün hervor, und träge grasten dort ein paar Kühe von Dorfbewohnern, die hofften, ihre Tiere lebend über den Winter zu bekommen. Die Weißdornsträucher vor Mollys Hecke wirkten jetzt dunkel und kahl, waren aber immer noch mit Dolden roter Beeren geschmückt; zwischen ihnen wuchsen glatte, silbergraue Eschenschößlinge mit schwarzen Knospen, um die herum ein Urwald aus alten Nesseln, rostfarbenem Ampfer, geknickten Disteln und flauschigen Weidenröschen wucherte, und alles faulte vor sich hin, scheinbar zusammengehalten von einem Netz aus Waldrebe, das sich wie grauer Zuckerguß über die dunklen Stiele gelegt hatte.

Da im offenen Backschuppen niemand zu sehen war, ging Marion gleich ins Herrenhaus. Sie fand Dame Margaret dort inmitten einer Gruppe von Mädchen, die sie zur Arbeit einteilte.

»Also gut, Nelly«, sagte sie gerade, »wenn du es deiner Mutter versprochen hast, dann geh jetzt heim, aber beim nächsten Mal soll sie erst mich um Erlaubnis bitten. Und du, Sal Fletcher, gehst in den Hof und hilfst Milly mit den neuen Schinken.«

»Geht nicht, M'Dame«, sagte Sal und kicherte triumphierend. »Ich blute.«

»Unsinn«, erwiderte Dame Margaret, »immer zur Schinkenzeit fängst du zu bluten an.«

»Ehrlich, M'Dame, ich blute.« Sal sah sich um, ob Ed-mein-Junge in der Nähe war, dann trat sie ein wenig ins Licht, hob den Rock und zeigte die blutverschmierte Innenseite ihrer Schenkel.

Dame Margaret schnalzte verärgert mit der Zunge und sagte: »Also gut, Sal, dann geh in den Webschuppen und sortiere mit Joan die Wolle aus, oder was sie sonst für dich zu tun hat.« Sal suchte nach Widerworten, aber Dame Margaret stieß sie hinaus.

Tom tauchte aus dem Dunkel auf, unter jedem Arm einen riesigen Holzklotz, und begrüßte Marion. Er deutete mit dem Kopf hinter Sal her.

»Kleine Schwindlerin«, murmelte er. »Ich glaube ihr nicht, daß sie blutet. Käme ja wie gerufen. Rob hat heute morgen Hähne geschlachtet. Ich möchte wetten, sie hat sich das Blut an die Beine geschmiert.«

In diesem Augenblick betrat Sir Hugh das Herrenhaus, den langen, zweischößigen Rock hochgeschlagen, was erkennen ließ, daß er soeben vom Pferd gestiegen war. Nach ihm kam Rollo herein.

»Tom«, sagte Sir Hugh, »hilf mir aus den Stiefeln und bring mir das andere Paar.« Flüchtig nahm er Marions Anwesenheit zur Kenntnis, während Tom die Holzklötze ablegte und der Aufforderung nachkam. Marion stellte sich vor, was für ein unglaublicher Genuß es wäre, zwei Paar Stiefel zu besitzen, die nassen, dreckverschmierten auszuziehen, vor das Feuer stellen und ein Paar warme, trockene und wahrscheinlich sehr weiche Stiefel anziehen zu können. Wie gerne hätte sie selber ein neues Paar – aber jetzt hatte sie Geschäftliches mit Rollo zu erledigen.

»Ich habe einen großen Ziegenkäse mitgebracht, Sir. Wie Ihr mir letzte Woche aufgetragen habt.« Er sah sie an mit seinen dunklen Augen, die unter dichten, überhängenden Brauen hervorspähten; wie immer blieb sein Gesicht dabei ausdruckslos.

»Komm mit zur Wand«, sagte er nur.

An der Wand in der Nähe des Podiums hing eine lange Reihe von Stöcken, einer für jeden Haushalt im Dorf. Rollo wußte genau, welcher zu wem gehörte. Kerben von unterschiedlicher Breite dienten als Quittung für Getreide, Schweine, Geflügel, Eier, Käse,

Arbeitstage und so fort, alles Dinge, die jeder Dorfbewohner nach altem Brauch – so alt, daß keiner mehr danach fragte – dem Herrenhaus schuldig war.

Rollo nahm ihr den Käse ab, drückte hier und da einen prüfenden Daumen hinein, wog sein Gewicht auf der Hand und sagte knapp: »Halt mal, solang ich die Kerbe mache.« Sie sah ihm dabei zu, wie er das Messer vom Gürtel nahm und sorgfältig eine Vertiefung in das Kerbholz schnitt, gleich unterhalb der Kerbe, die er vor einem Monat gemacht hatte, als sie ihm den letzten Käse brachte. Er nahm ihn ihr wieder aus der Hand.

»Ist das jetzt alles, was ich für dieses Jahr schuldig bin?« fragte sie. Für ihren Seelenfrieden brauchte sie seine Bestätigung. Er führte den Finger über die Kerben, bevor er den Stock wieder aufhängte, dann sagte er: »Ja.« Unleidlich, griesgrämig und einsilbig wie immer, aber alle waren sich einig, daß er im großen und ganzen ehrlich war, und dafür mußte man dankbar sein. Manchmal fragte sich Marion, ob es nicht doch Toms allgegenwärtigem, scharfem Blick, seinem ausgezeichneten Gedächtnis und seiner leidenschaftlichen Gerechtigkeitsliebe zu verdanken war, daß Rollo nicht versuchte, die ärmeren Dorfleute zu betrügen. Niemand konnte Rollo leiden.

Marion verließ das Herrenhaus und ging hinter in den Hof. Nach den Regenfällen im Oktober war es hier sehr schmutzig. Die schweren Wagen, die mit Getreide und Stroh hin und her gefahren waren, von der Scheune zur Mühle, von der Mühle in den Hof, hatten den Boden gründlich aufgewühlt, und jetzt war er ein Meer aus Morast, vermischt mit Pferde- und Kuhmist, heruntergefallenem Stroh und toten Blättern. Marion zwängte sich so nah wie möglich an der Hauswand entlang, um den schlammigsten Stellen aus dem Weg zu gehen, kam an den Webschuppen und schaute hinein. Von einem Balken hing eine breite Reihe von Kettfäden, Hilda kauerte darunter auf dem Boden und befestigte sorgfältig kleine Steingewichte an ihren Enden. Hilda hatte sie nicht kommen hören und arbeitete weiter; die schlanken, sommersprossigen Finger sortierten, zogen, knoteten mit flinken, sicheren Bewegungen.

Marion stellte verwundert fest, daß sie ihren ganzen Mut sammeln mußte, um zu sprechen – obwohl es doch ganz gewöhnliche Worte waren.

»Ich habe dir Äpfel mitgebracht, Hilda, es sind nur ein paar. Du und die Mädchen« – Dicks Namen brachte sie nicht über die Lippen –, »ihr habt unsere Äpfel um diese Jahreszeit immer so gerne gegessen.«

Hilda stand auf, kam auf Marion zu, warf einen Blick auf die Äpfel und dankte ihr mit sehr leiser Stimme. Marion fand, daß ihr schmales, sommersprossiges Gesicht noch hagerer aussah als sonst. Sie fragte, wie es ihr ginge.

»Ich lebe«, antwortete Hilda mit einem kleinen, sehr kurzen Lächeln. »Ich bin nicht gerne hier. Die Mädchen werden von Magda ständig zur Arbeit angehalten. Ich darf nicht mal mit ihnen spielen. Den Armen und den Vaterlosen steht es offenbar nicht an zu spielen.«

Marion war verdutzt, wie so oft, wenn Hilda etwas sagte.

»Behandeln sie dich wenigstens gut?« fragte sie. Sie wußte, wie schnell manche Leute bereit waren, die Armen und ihre Witwen zu Sklaven zu machen.

»Ganz gut – auf ihre Art. Vor ein paar Tagen sind Sir Hugh und Pater John zu mir in den Webschuppen gekommen. Sie haben Joan hinausgeschickt, und dann haben sie gesagt, ich soll doch wieder heiraten, Tom wäre ein geeigneter Ehemann für mich, ich soll mal drüber nachdenken.«

»Und, hast du drüber nachgedacht?«

»Da gibt es nichts nachzudenken. Erstens will Tom gar nicht wieder heiraten, und seine Frau ist immerhin schon sechzehn Jahre tot oder noch länger – und ich könnte sowieso niemanden heiraten, wo ich doch mit allen meinen Gedanken bei Dick bin, Tag und Nacht. Aber das begreifen sie nicht. Sir Hugh sagt, daß es meine Pflicht ist. Wem gegenüber? Nicht Dick gegenüber oder sonst einem aus dem Dorf – und wem könnte ich als Eheweib schon taugen, eine, die ihr Leben lang um Dick trauert?«

»Der Tag könnte kommen«, traute Marion sich zu sagen, »wenn du einmal genug um Dick getrauert hast – so etwas gibt es, und vielleicht haben Sir Hugh und Pater John gedacht, daß es schon soweit ist.«

»Nein, ist es nicht, und was sie auch sagen, oder was sonst irgend jemand sagt, es wird nie soweit sein, das weiß ich. Ich wollte, sie würden mich in Ruhe lassen. Danke für die Äpfel.« Hilda drehte sich um und kniete sich wieder auf den Boden; Marion, die einen Moment lang betreten gewartet hatte, ging hinaus. Auf der Schwelle begegnete ihr eine mißmutige Sal.

Als sie zu Hause ankam, saßen Peter und Peterkin friedlich vor einem schwankenden, ziemlich windschiefen Korb, den sie mit ihren dreieinhalb Händen fabriziert hatten. Sie fragte, ob etwas passiert sei, und man erklärte ihr, beide Kinder hätten Durst gehabt, deshalb habe Peter, obwohl er ein Mann war, die restlichen rotbraunen Äpfel auskippen und hinunter zum Bach gehen müssen, um einen Eimer voll Wasser zu holen.

Da schwang der Vorwurf mit, Marion hätte das vor ihrem Aufbruch erledigen müssen, doch als Peter hinzufügte: »Sieht so aus, als würden wir einen neuen Eimer brauchen, ich kümmere mich drum«, war sie froh, daß er auf diese Weise daran erinnert worden war.

»Ich hab Pater John auf der Dorfweide gesehen«, fuhr Peter fort, »er ist an unserer Hecke entlanggegangen und hat dort etwas gepflückt. Er hatte einen schönen neuen Korb.«

»Er hat sich Schlehen für seinen roten Meßwein geholt«, meinte Marion. »Soll er ihn nur selber trinken, das Zeug ist so sauer, da kringeln sich einem die Zähne.« Bei dem Ausdruck mußte Peterkin kichern. Aber Marion wurde plötzlich klar, was Peter da eben gesagt hatte. »Woher weißt du eigentlich, daß es Pater John war?« fragte sie.

»Ich hab ihn an der rostroten Kapuze mit der weißen Quaste erkannt, die Joan ihm gemacht hat – mit der läuft er doch immer herum.«

»Und wie konntest du sehen, daß es ein neuer Korb war? So nah kann er nicht gewesen sein, wenn du nicht zu ihm an den Zaun gegangen bist.«

»Na ja, ich hab ihn eben gesehen, und dann hab ich den Korb gesehen.«

»Früher hättest du das alles nicht sehen können.« Sie blickten sich erstaunt an.

»Nein, früher wohl nicht«, mußte er zugeben.

»Meinst du, deine Augen sind besser geworden?«

»Vielleicht. Ist mir noch gar nicht so aufgefallen, aber jetzt, wo du's sagst. Stimmt, ich kann besser sehen. Ich kann quer durch das Herrenhaus gucken, und wenn die Läden offenstehen, kann ich deutlich erkennen, wer auf der anderen Seite steht.«

»Ob du wohl einen Pflug führen könntest?«

»Unwahrscheinlich, in meinem Alter, wo ich es als Junge nicht gelernt habe. Wer sollte mir seinen Ochsen schon anvertrauen?«

Marion war verblüfft. Sie hätte niemals geglaubt, daß Peters Kurzsichtigkeit sich bessern könnte.

Er war kurzsichtig auf die Welt gekommen. Seine Mutter hatte es gemerkt, als er noch ein kleiner Junge war, und der Vater hatte es schließlich einsehen müssen, als er seinem fünfjährigen Sohn auftrug, in sechs Fuß Entfernung einen Zaunpfosten in der Flucht aufzurichten und die Stelle zu markieren, wo er in den Boden gerammt werden mußte. »Was für einen Pfosten?« hatte Peter gefragt, und als man ihn mit der Nase darauf stieß: »Den? So weit kann ich nicht sehen.« Die Eltern hatten den Kopf geschüttelt und sich gefragt, was aus dem Jungen werden sollte – ihrem einzigen Kind, das am Leben geblieben war. Peter war mit dem ererbten Recht auf ein paar Streifen Land geboren worden, aber alle waren sich einig, daß er auch mit den einfachsten bäuerlichen Tätigkeiten nicht fertig werden würde. Nach dem Tode seines Vaters nahm das Herrenhaus die Rechte an seinem Land wahr, und Peter wurde zum Zimmermann des Dorfes ausgebildet unter der Bedingung, daß er seine Dienste dem Herrenhaus zur Verfügung stellte und alle dort anfallenden Arbeiten verrichtete; als Gegenleistung ließ das Herrenhaus sein Land bearbeiten und versorgte ihn mit soviel Getreide, wie sein ursprünglicher Besitz abwarf. Auch die Zukunft hatte in dem Abkommen Berücksichtigung gefunden: Sollte Peter einen Sohn bekommen, der des Pflügens mächtig war, dann würden die Rechte an den Streifen Land und ihren Erträgen auf diesen Sohn übergehen. Das alles war vor vielen Jahren mit Sir Hugh und Rollo abgemacht worden, der Priester war Zeuge, und niemand hatte auch nur eine Silbe dieses Abkommens vergessen.

So also hatte Peters Leben seit seiner Heirat mit Marion ausgesehen, und alle waren sich einig, daß er von Glück sagen konnte, die einzige Tochter des Müllers bekommen zu haben. Das Abkommen war eingehalten worden. Alljährlich bekamen sie ihren Vorrat an Getreide geliefert, vielleicht sogar regelmäßiger, als es der Fall gewesen wäre, wenn sie ihn selber hätten erzeugen müssen; zudem besaßen sie alle üblichen Weiderechte auf der Dorfweide und bekamen ihren Anteil an der Heuernte des Sommers, und Peter verrichtete seine Arbeit und stand als tüchtiger, geschickter Zimmermann in hohem Ansehen. In der Werkstatt neben dem Herrenhaus konnten ihn alle seinem Tagwerk nachgehen sehen und sich davon überzeugen, daß er weder ein Müßiggänger noch ein Stümper war.

In den letzten Jahren war Marion beim Anblick von Peterkins hinkendem Gang, seiner verkrüppelten Hand immer klarer geworden, daß die Rechte an den Ackerstreifen niemals auf ihn übergehen würden. Nollys früher Tod und die Tatsache, daß Alice ein Mädchen war, hatten ein übriges getan und ihr jede Hoffnung genommen, daß sie und ihre Familie einmal mehr sein könnten als Abhängige des Herrenhauses. Als sie jetzt auf einmal feststellte, daß Peters Augen soviel besser geworden waren, hatte sie einen Augenblick lang gedacht, ob er nicht vielleicht in den angeseheneren Beruf des Feldarbeiters mit eigenen Rechten wechseln könnte, aber dieser Traum war nur von kurzer Dauer. Er war zu alt, um jemals etwas anderes als der Zimmermann des Dorfes zu sein, und wenn er jetzt weiter und deutlicher sehen konnte, um so besser. Vielleicht würde sie noch einen Sohn bekommen, der zu einem großen, kräftigen Mann heranwachsen würde – vielleicht aber auch nicht. Und Peterkin? Der arme, mißgestaltete Peterkin mit seinem schlappen, mißgestalteten Korb – was hatte er wohl für eine Zukunft vor sich?

Es war bedauerlich, wie früh es dunkel wurde. Marion blieb auf dem Rückweg vom Misthaufen kurz stehen und blickte in den Himmel hinauf, denn eine Wettervorhersage war wichtig für alle. Über der Dorfweide und dem Dorf war der Himmel jetzt graublau und völlig klar, aber gegen Westen, über dem Tal, wo er sich in reinem Aquamarin zeigte, hatten sich ein paar graue, wollige Wolkenbänder darübergelegt. Die Luft war still, kalt und klamm. Die kahlen Zweige der Bäume auf dem Hügel hinter der Hütte der Plowrights zeichneten sich deutlich gegen den Himmel ab, und Marions Überraschung war groß, als sich unter den schwarzen Ästen die riesige, orangerote Scheibe des Mondes emporschob.

Der Mond ist heute sehr groß, dachte sie, aber sie konnte sich nicht erinnern, was das für das Wetter zu bedeuten hatte.

Wie wohl taten nach der schneidenden Luft das kleine flackernde Feuer in der Hütte und die heiße Hühnersuppe, die im eisernen Topf vor sich hin köchelte.

Sie lagen schon im Bett, als Peter noch einmal auf Peterkins Behinderung zu sprechen kam, ein untrügliches Zeichen dafür, daß er gründlich darüber nachgedacht hatte und sich Sorgen machte. Sie flüsterten, denn sie lagen mit den Köpfen nah beieinander und wollten Alice nicht wecken und von Peterkin nicht belauscht werden, falls er noch wach war.

»Weißt du, Marry«, sagte Peter, »als ich Peterkin mit den Weidenruten gesehen habe – er schafft es einfach nicht, und nicht nur die Hand, der ganze linke Arm ist schwach, weil er die Hand nie benutzt. Ich glaube nicht, daß er jemals einen Pflug führen kann.«

Sie war erstaunt darüber, daß Peter das überhaupt in Erwägung gezogen hatte. »Mir war das schon immer klar«, antwortete sie. »Mit der linken Hand kann er nichts richtig festhalten. Hast du das nicht gewußt?«

»Ich hab immer gehofft, es wird besser, je größer er wird, und daß er die Hand öffnen kann, wenn er älter ist. Inzwischen glaube ich nicht mehr daran. Ich habe die Hoffnung aufgegeben, du nicht?«

»Ich hab sie nicht aufgegeben. Ich hab diese Hoffnung nie gehabt. Sein Daumen ist fest in die Hand eingewachsen, ich glaube nicht einmal, daß Haut dazwischen ist; ich vermute, das Fleisch ist zusammengewachsen.«

»Er wird niemals pflügen können, und eine Menge andere Dinge auch nicht«, wiederholte Peter, als müßte er sich selber überzeugen.

Marion fand es seltsam, daß Peter nun seit sechs Jahren den Anblick von Peterkins entstellter Hand vor Augen hatte und erst jetzt zu begreifen schien, was das für die Zukunft des Jungen bedeutete. Als hätte er sich niemals Gedanken über die Zukunft gemacht, sondern immer nur das getan, was im Moment zu tun war, was er greifbar vor Augen hatte. Während sie auf dem bequemen Stroh lag und über seinen seltsam begrenzten Verstand nachdachte, hörte sie, wie sich der Rhythmus seines Atmens veränderte, langsamer wurde, und an den langen, etwas zittrigen Atemzügen erkannte sie, daß er eingeschlafen war.

Die Zukunft des Jungen scheint ihn zur Zeit nicht sonderlich zu kümmern, dachte sie. Ein eigenartiges Gefühl muß das sein, so wenig von dem mitzubekommen, was um einen herum vorgeht.

Gleich würde auch sie eingeschlafen sein, auf diesem herrlichen Stroh, unter der warmen Decke, die noch ein wenig nach Hühnern roch. Sie streckte die linke Hand nach der Wiege aus und berührte Alices kalte Nase. Eine Eule rief ganz nah am Haus, vielleicht in der Esche, und von weiter weg antwortete ihr eine andere. Sie fangen unsere Feinde, dachte Marion, und beim Gedanken an die Lektion, die Peter seinem Sohn an diesem Tag erteilt hatte, mußte sie lächeln. Die Eule rief noch einmal, und der dünne Klang in der eisigen Mondnacht ließ ihr das Bett noch behüteter und behaglicher erscheinen.

Dezember

ie Nächte waren sehr lang und sehr kalt. Oft war es trotz des Federbetts zu kalt zum Schlafen und zu dunkel, um aufzustehen und etwas zu tun. Zeit ihres Lebens hatte dieses stundenlange Wachliegen in der Kälte für Marion zu den Dezembernächten dazugehört. Ihre Nichten Lisa, Ellen und Kate hatten ihr einmal erzählt, daß sie sich als kleine Mädchen in der Mühle eng aneinandergekuschelt und sich im Flüsterton Geschichten von Feen, Drachen und Hexen erzählt hatten, die bekannten Sagen, ausgeschmückt mit der eigenen Phantasie; und so hatten sie sich teils vergnügt und teils gefürchtet, sich jedenfalls aber die langen Stunden vertrieben. Marion hatte keine Schwestern zum Geschichtenerzählen, und ihre Brüder, beide viel älter als sie, hätten es unter ihrer Würde gefunden, einem kleinen Mädchen Märchen zu erzählen. Und so hatte sich Marion an die Langeweile gewöhnt. Hin und wieder schlug sie die Augen auf, aber noch immer umgab sie undurchdringliche Finsternis. Manchmal knackte es im Feuer, wohl nur das Aufplatzen eines verkohlten Scheits, aber immerhin ein Hinweis, daß die Glut nicht völlig erloschen war. Sie rückte näher an Peter heran, um etwas von seiner Wärme abzubekommen, doch ihre Füße blieben Eisklötze, und die Kälte kroch bis in die Waden hinauf. Irgendwo über dem Wald klagte eine Eule, ganz nah antwortete eine andere, dann war es wieder still. Die langen Stunden krochen dahin. Sie seufzte. Sie hielt aus.

Später drückte die Blase; sie stieß die Decke beiseite und schlich mit hochgezogenen Schultern hinaus. Der Himmel war von grauen Wolken überzogen. Ringsherum herrschte Totenstille. Das Gras war mit grauem Reif bedeckt, es knirschte, als sie das Unterkleid hochzog. Sie beeilte sich, wieder ins Bett zu kommen, und schmiegte sich ganz dicht an Peters Körper.

Schließlich schlief sie wieder ein. Als sie erwachte, war die Decke vor ihrem Mund steif gefroren von der Atemluft. Es ist richtiger Winter, dachte sie, kälter als Schnee. Wie froh machte sie der Gedanke an das große Weihnachtsfest, das heute im Herrenhaus stattfinden würde, eine der großen Festlichkeiten des Jahres, dem Fest der Schafschur beinahe ebenbürtig – auch wenn das natürlich, weil es im Sommer stattfand, sehr viel länger dauerte.

An diesem Morgen brach Peter früh zu seiner Werkstatt auf. Sie hatte ihn gebeten, zu warten und ihr zu helfen, die widerspenstige Alice ins Herrenhaus zu bringen, aber Peter mußte bis zum Festmahl noch einen Schemel für M'Dame fertigmachen.

Die letzten Tage über war Alice unausstehlich gewesen, nichts konnte man ihr recht machen, beim geringsten Anlaß hatte sie zu heulen angefangen und jegliche Mitarbeit verweigert. Marion kannte den Grund, Verstopfung, und das war kein Wunder, denn Alice hatte entschieden, daß sie schon zu groß war, um noch »abgehalten« zu werden; sie wollte sich selber hinhocken wie alle anderen auch, aber der dicke Reif auf Gras und totem Laub tat den kleinen Füßchen so weh, daß sie sich schreiend dagegen sträubte, ins Freie geschickt zu werden. Marion hatte keine Stiefel für die Kleine. Sie hatte erwogen, Alice in Margerys Stiefel zu stecken, aber die waren viel zu groß, und Alice würde sie beim Verrichten der Notdurft beschmutzen. Marion hatte Lisa ihr Leid geklagt, und da Lisa ohnehin ins Herrenhaus mußte, hatte sie ihr von Hilda etwas Marienblatt mitgebracht, und Marion hatte daraus einen Abführtee gebrüht. Die Wirkung war wider Erwarten schnell eingetreten, Alice hatte sich gleich neben die Tür gehockt. Die Erleichterung über die rasche Heilung hielt Marion davon ab, der Kleinen Vorwürfe zu machen, weil sie nicht nach draußen gegangen war.

»Großen Haufen gemacht«, hatte Alice verkündet, woraufhin sie aufgestanden war und zufrieden hinter sich geblickt hatte. In der Tat, ein eindrucksvoller Haufen, und Marion mußte alles wegschaffen, aber von diesem Augenblick an war Alice wieder fröhlich und unternehmungslustig gewesen.

Wieviel Zeit man als Mutter den Ausscheidungen der Kinder widmen muß, dachte Marion. Als Jüngste war sie selbst nicht mit kleineren Geschwistern zusammen aufgewachsen, deshalb war ihr erst nach Margerys Geburt so richtig klar geworden, welch beständige Sorge einer Mutter die Verdauung ihrer Kinder bereitet.

Mochte es auch ein Feiertag sein, ein arbeitsfreier Tag für alle Männer bis auf Peter mit seinem Schemel – auf Marion warteten heute alle möglichen Arbeiten, Feiertag hin oder her. Wasser mußte geholt werden, und sie hatte das Glück, daß bereits jemand – wahrscheinlich Lisa – bei der Wasserstelle gewesen war und das Eis aufgebrochen hatte. Dann mußte die Ziege gefüttert werden, und die wenigen Hühner, die sie über den Winter zu bringen hoffte, damit sie im Frühling Eier legten, bekamen noch ihre Körner.

Die Bewohner des Weilers hatten verabredet, sich gemeinsam auf den Weg zum Herrenhaus zu machen – Marion mit ihren beiden Kindern, Lisa und Martin und Molly. Mit den Plowrights hatte man so wenig Austausch, daß man davon ausging, sie würden alleine aufbrechen, wenn ihnen danach war. Molly mußte ihre alte Mutter und ihre Tante zu Hause zurücklassen. Martin hatte angeboten, eine von ihnen mit dem Schubkarren zu fahren, und Peter wäre bereit gewesen, die andere mitzunehmen; doch als die alten Frauen hörten, daß sie an der Brücke aussteigen, zu Fuß die vereisten Stufen hinaufklettern und die spiegelglatten Bohlen überqueren müßten, verloren beide den Mut. Molly sollte ihnen etwas mitbringen; gewöhnlich sorgte M'Dame dafür, daß auch die Alten und die Kranken etwas vom Festschmaus bekamen. Marion wußte, daß Roger oder Gib ihren alten Vater mit dem Schubkarren herunterbringen würden; der alte Müller war noch gebrechlicher als Agnes und Marge, aber wenn sie die Mühle aus dem obersten Stock über die Schützbrücke verließen, dann konnten sie den Großvater den ganzen Weg am Nordufer des Baches entlangkarren – ein holpriger Weg, gewiß, aber einer ohne Stufen.

Nachdem Marion und ihre Begleiter die Bohlen der Brücke überquert hatten, die sehr glatt waren, schickte sie Peterkin mit Alice voraus zum Herrenhaus und machte selber einen Umweg über die Werkstatt, um Peter abzuholen. Sie hoffte, daß er mit dem Schemel fertig war. Er stand vor seinem Schuppen mit dem Rücken zu ihr und blickte auf Paulo Hunter herunter, der zwischen Spänen und Holzstückchen auf dem steinigen Boden vor der Werkbank herumkroch. Mit erregter, zorniger Stimme redete Peter auf ihn ein.

»Es waren siebzehn Nägel in der Schale. Ich hab dir gesagt, du sollst sie nicht so dicht an den Rand stellen. Jetzt suchst du sie mir alle wieder zusammen. Wie viele hast du da?«

Paulo streckte ihm die hohlen Handflächen entgegen, auf denen ein paar Nägel lagen.

»Wie viele?« wiederholte Peter die Frage.

»Nur diese hier.«

»Wie viele?« Paulo blickte ihn verdutzt an. »Zähl sie mir in die Hand.«

»Eins, zwei, drei, vier, sechs...«

»Fünf«, sagte Peter.

»Vier, sechs, fünf, sieben«, fuhr Paulo fort, seine Kopflosigkeit machte die Zählschwäche nur noch schlimmer.

»Dummkopf. Fang noch mal von vorne an.«

»Eins, zwei, drei, vier, sechs, fünf, acht, zehn...«

Peter seufzte vernehmlich. »Sperr die Ohren auf, du Narr: eins, zwei, drei, vier, fünf, sechs, sieben, acht, neun, zehn, elf, zwölf, dreizehn, vierzehn... sind das alle?« Paulos Hände waren leer. »Wie viele sollst du finden? Es waren siebzehn Nägel.« Paulo blickte ihn immer noch verdutzt an. »Du lieber Himmel, kannst du nicht mal zählen? Was tun diese Mütter den ganzen Tag lang, daß sie ihren Kindern nicht mal das Zählen beibringen?«

Den Vorwurf mütterlichen Müßiggangs nahm Marion ihm übel, aber so war es nun mal: nichts leichter, als die Frauen für die Fehler der Kinder verantwortlich zu machen.

»Irgendwo müssen noch drei Nägel herumliegen.« Peter gab

keine Ruhe. »Such den Boden nach ihnen ab. Oder hast du schon welche in das Ding da genagelt?«

»Ja. Den einen hier.«

»Dann fehlen noch zwei. Du bleibst da, bis du sie gefunden hast. Ach, Marion – was gibt's?«

»Wir gehen alle ins Herrenhaus«, antwortete sie. »Hast du den Schemel für M'Dame fertig?«

»Ja. Paulo hat ihn schon rübergebracht, und dann wollte er das hier noch fertigmachen, und dabei hat der dumme Junge alle Nägel auf den Boden gekippt.«

»Ich hab sie gefunden, Herr.« Man durfte es als Zeichen seiner Reue ansehen, daß er Peter mit »Herr« anredete. Noch auf den Knien streckte er Peter die beiden Nägel entgegen.

»Ja, das sind sie. Gut, leg sie zu den anderen in die Schale, und dann hängst du die Werkzeuge auf, jedes an seinen Haken, vorher kommst du mir nicht auf das Fest. Laß uns gehen, Marion.«

Es war wunderbar warm im Herrenhaus. In diesen winterlichen Tagen wurden die Läden vor den Fenstern nur selten geöffnet, und heute waren sie fast den ganzen Vormittag über geschlossen geblieben. Nur das trübe Licht des Dezembertags, das durch die große Eingangstür drang, ein paar kleine Kerzen auf dem Podium und das Glimmen der Feuerstelle in der Mitte des Raums erleuchteten das Herrenhaus. Im Augenblick bestand das Feuer aus zwei riesigen glühenden, aber nicht brennenden Scheiten, und Rob sorgte mit dem großen Blasebalg dafür, daß es so blieb. An eisernen Stangen über dem Feuer brieten gewaltige Stücke Kalbfleisch; hin und wieder legte Rob den Blasebalg beiseite, nahm den fünf Fuß langen Schöpflöffel zur Hand, schöpfte etwas Fett aus einer tönernen Schale, die auf den Steinen der Feuerstelle stand, und goß es über das Fleisch.

Sir Hugh hatte berichtet, in Rutherford hätten sie ein ganzes Kalb in einem Stück gebraten, aber Tom war dagegen gewesen. Solch ein großes Feuer sei viel zu gefährlich, und das Fleisch würde außen verbrennen und innen roh und zäh bleiben, hatte er zu Sir Hugh gesagt, und M'Dame war seiner Meinung gewesen. Also hatte man beschlossen, das Kalb zu zerteilen und die Stücke einzeln zu braten. Hin und wieder flammte ein Tropfen Fett im Feuer auf und beleuchtete kurz die Szenerie.

Das Herrenhaus war bereits voller Menschen, so schien es jedenfalls, denn alle drängten sich um das Feuer. Die langen Tische auf den Böcken hatte man entlang der Seitenwände aufgestellt, und einen quer dazu, gleich unterhalb des Podiums. Um das Feuer herum war also nicht mehr allzuviel Platz geblieben, und seine glühende Hitze erlaubte es ohnehin nicht, daß man ihm zu nahe kam. Auf dem Podium war der Tisch für die Herrschaften aufgestellt, und Magda stand mit den beiden Shepherd-Mädchen davor. Sie hatten zwei große Holzschalen mit roten Äpfeln vor sich, und Magda zeigte den Kindern, wie man auf die Äpfel spuckte und sie mit dem Kleidersaum so blank polierte, daß das Licht der Kerzen sich in ihnen spiegelte. Ihr eigenes Kleid gab Magda zum Polieren nicht her, denn sie trug ein loses Hängekleid aus dem wundervollen roten Tuch, das Sir Hugh im August aus Rutherford mitgebracht hatte. Die kleinen Flämmchen der Kerzen beschienen die roten Äpfel, brachten das tiefe Rot von Magdas Kleid zum Glühen und beleuchteten die hüpfenden hellroten Locken der Kinder, die mit ernsten Gesichtern spuckten und polierten. Dieses warme rote Bild in der Düsternis des Herrenhauses nahm Marions Aufmerksamkeit gefangen. Sonst war alles in ihrem Leben, das sich unter Dach abspielte, ob in ihrer Hütte, im Herrenhaus oder einem der Schuppen, von braunem, grauem oder schwarzem Farbton oder eine schmutzige Mischung aus allem. Der Anblick dieser verschiedenen Schattierungen von Rot und der kleinen zitternden Flämmchen bereitete ihr Freude. Ein wunderbarer Duft nach gebratenem Kalbfleisch lag in der Luft und verband sich in ihren Gedanken mit den schönen Farben.

»Sieh nur, die Köpfe der kleinen Mädchen«, sagte Milly, die plötzlich neben Marion stand: »Die Farbe ihres Haars, man könnte glauben, es wäre ein Feuer, an dem man sich die Hände wärmen kann.« Sie lachte. »Sehr natürlich sieht das nicht aus.«

»Dick hatte dieselbe Haarfarbe«, sagte Marion und dachte traurig an Dick und das Fest letzten Sommer.

»Was verbrennst du da eigentlich, Tom?« fragte Peter und deutete auf das Feuer.

Tom sah ihn vielsagend an und sagte: »Das ist der alte Apfelbaum, der in der Ecke vom Obstgarten stand – er hat seit Jahren nicht getragen.«

»Apfel? Das Holz hätten sie in der Mühle gebrauchen können.«

»Dein Peter«, wandte Tom sich an Marion, »der hat für alles eine Verwendung, für jedes Stück Holz im ganzen Dorf, bloß nicht für das Feuer. Irgendwas müssen wir ja verbrennen, alter Miesepeter. Du wärst der erste, der sich über rohes kaltes Fleisch beklagen würde.« Mit solchen Hänseleien über den Umgang mit Holz vertrieben Tom und Peter sich regelmäßig die Zeit, aber sie schätzten einander sehr. Viele Anlässe zu solchen Späßen hielt das Leben ohnehin nicht bereit.

Es war ein förmliches Festmahl, das einzige Fest im ganzen Jahr, bei dem jeder mit dem Teller vor sich an seinem Platz am Tisch saß, und das Bier wurde einem gebracht. Beim Michaelifest standen sie alle im Herrenhaus herum, die Männer schnitten sich große Stücke aus dem Hirschbraten heraus und trugen sie auf den Spitzen ihrer Messer zu ihren Familien. Bei dem Fest, das die Fastenzeit einleitete, gab es gewöhnlicheres Essen, und weil die Nahrungsvorräte des Dorfes dann schon knapp waren, war es auch kein sonderlich fröhliches Fest, sondern jeder aß einfach, solange es noch etwas gab. Zu Weihnachten jedoch war das Festmahl ein feierliches Ereignis, an dem alle ihre Freude haben sollten, und es war vor allem Dame Margaret zu verdanken, daß es so ordentlich und gemütlich zuging und es reichlich zu essen gab. Außerdem sorgte sie dafür, daß auch die Alten und Kranken, die nicht anwesend sein konnten, ihren Anteil an Brot und Fleisch und andren Leckerbissen bekamen.

Es wurde dunkler im Herrenhaus, als man die große Tür schloß, um die Kälte draußen zu halten. Und es wurde noch enger, weil ständig Neuankömmlinge zum Feuer drängten und so nah wie möglich davor stehenblieben. Ihre Kutten dampften, und ein Geruch nach feuchter Wolle und ungewaschenen Körpern stieg von ihnen auf. Mit feuerroten Gesichtern, die Kapuzen zurückgeschlagen, traten sie dann ein wenig beiseite, um dem nächsten Schwung düsterer, unter Kapuzen versteckter Dörfler Platz zu machen.

Marion stand auf der anderen Seite des Feuers hinter Rob, der den Blasebalg bediente, den Braten begoß und vor Anstrengung schwitzte, und blickte den Leuten in die rotglühenden Gesichter. Dobbin und Jill standen dort drüben, bedrückt und verdrießlich alle beide, denn seit dem Tod seines Kindes hatte mit Dobbin keiner mehr ein Wort gesprochen, obwohl er wie gewöhnlich mit den anderen zusammen seiner Arbeit nachging. Bei ihnen befand sich der einäugige Wat, der sich das dunkle Haar sorgfältig über die vernarbte Augenhöhle gekämmt hatte und den Blick seines gesunden Auges ängstlich hin und her schweifen ließ. Um ihn herum standen ein paar schweigsame Kinder, ebenfalls aus Dobbins erster Ehe.

Welch ein Gegensatz zur Hunter-Familie in ihren molligen Kutten. Mit einem Lächeln auf den roten Gesichtern waren sie hereingekommen und vertrieben sich die Kälte dadurch, daß sie sich in die Hände hauchten und mit den Füßen stampften; sie grüßten Sir Hugh und Dame Margaret, winkten auch Peter und Marion kurz zu. Ihre drei halbwüchsigen Kinder hatten die Kapuzen zurückgeschoben, und der Feuerschein spiegelte sich in den breiten, strahlenden Gesichtern. Paulo, ihr Jüngster, war mit dem Aufräumen von Peters Werkstatt fertig und hatte sich zu ihnen gesellt, um sich unter der Kutte seiner Mutter ein wenig aufzuwärmen. Die Verlegenheit darüber, daß Peter der Zimmermann jetzt wußte, wie schwach er im Zählen war, war ihm immer noch anzumerken. Die Kinder blieben stumm – nach dem anstrengenden Marsch durch die Kälte mußten sie erst einmal Luft schnappen, die ungewohnte Wärme, die Dunkelheit im Gebälk über ihren Köpfen und die vielen Menschen verwirrten sie, verschlugen ihnen die Sprache.

Eine Gruppe aus Rockwell traf ein: der alte Wat, dem der gewaltige, schwarz und grau melierte Bart bis auf die Brust fiel, als er die Kapuze nach hinten schlug; Nancy, seine Frau, die gleich zu ihrer Schwester Molly ging und sie in eine dunkle Ecke zog, um ein Schwätzchen mit ihr zu halten; Stephen, der, wie Marion hoffte, eines Tages vielleicht Ellen heiraten würde, und ein paar ihrer halbwüchsigen Kinder. Zu ihnen gesellte sich die andere Familie aus Rockwell: Edward und seine Frau, die Rote Mary, ihr Sohn Tim, der jeden Sonntag bei der Messe half, und dessen Augen selbst hier im Dunkeln himmelblau wie Ehrenpreis leuchteten, und noch ein paar andere Kinder; auch der alte Lambert – gebückter, verhärmter und abgezehrter denn je – war mit ihnen gekommen. Die Rockwells hatten bei weitem den längsten Weg über die Felder hinunter zum Herrenhaus hinter sich, und doch schienen sie von allen die Lebhaftesten zu sein und steckten mit ihrem Geschwätz und ihrem Lachen die anderen an. Behutsam wurde der alte Lambert von einem seiner Neffen durch das halbe Herrenhaus zu seinem Sohn Loppy geleitet, der an einer Wand lehnte, den Kopf in den Nacken gelegt, ein stilles Lächeln auf dem langen, stoppeligen Gesicht, den roten Feuerschein auf der knolligen Nase. Der alte Lambert klopfte ihm zur Begrüßung auf die Schulter, aber Loppy schien ihn nicht zu erkennen und lächelte weiter geheimnisvoll vor sich hin.

Sir Hugh, in selten guter Stimmung, machte sich nützlich und gab Anweisungen. Für den festlichen Anlaß hatte er sein leutseligstes Gesicht aufgesetzt.

»Nein, alle Hunde raus, ich hab's euch gesagt. Heute abend keine Hunde im Herrenhaus. Binde ihn an der Eiche fest – die werden sich schon warm halten da draußen, und wenn sie miteinander raufen müssen. Warum habt ihr sie nicht zu Hause gelassen? Mir reicht der Ärger mit den Kötern meiner Familie. Aha, Wat – und Nancy! Gesegnete Weihnachten – wie steht's bei euch oben in Rockwell? Ist das Wasser gefroren? Stephen, bald mußt du auf die Dachbalken aufpassen, wenn du weiter so in die Höhe schießt – die Schinken hängen dir jetzt schon im Weg. Das Haar eines großen Mannes riecht nach geräuchertem Schinken, heißt es, na ja, es soll Schlimmeres geben. Sind die Mädchen wohlauf? Pater John, Euer Platz ist an unserem Tisch. Ich glaube, Magda ist schon oben. Sarah, komm her und wärm dich auf. Wo ist eigentlich Dame Margaret? Ach, immer noch im Backschuppen? Magda, sorg dafür, daß dein Hund endlich still ist ...« Und so ging es weiter in ganz ungewohnter Aufgeschlossenheit, als wären alle Ängste mit einem Mal verflogen.

Währenddessen war Ed-mein-Junge, der die Hoffnung auf Lop-pys Hilfe aufgegeben hatte, noch immer damit beschäftigt, die niedrigen Bänke vor den Tischen aufzustellen. Er war fleißig wie immer, aber sein Mund blieb verschlossen, und er sagte kein Wort. Seit jenen verhängnisvollen Tagen im Herbst war das so, als er plötzlich verschwunden war. Man hatte ihn mit einer Sichel losgeschickt, damit er die Bienenkörbe des Herrenhauses, die unter einem Vordach an der Rückwand der Kuhställe aufgestellt waren, vom Unkraut befreite. Als er zum Abendessen nicht wieder aufgetaucht war, hatte Tom es mit der Angst bekommen und nach ihm gerufen, und dann hatten sie Rob zu den Bienenkörben geschickt; alles Unkraut lag ordentlich abgemäht auf einem Haufen und die Sichel auf einem der Bienenkörbe, aber von Ed-mein-Junge war nichts zu sehen gewesen. Drei Tage lang hatten sie gesucht, wie von Sinnen war Tom umhergelaufen. War der Junge in einem Graben ertrunken? Sie suchten alle Gräben ab. Hatte er sich im Wald verlaufen? Aber warum hätte er in den Wald gehen sollen? War er aus irgendeinem Grund hinauf nach Rockwell marschiert? In Rockwell hatte ihn niemand gesehen. Am dritten Abend kam er aus strömendem Regen ins Herrenhaus gestolpert und ließ die große Tür hinter sich zukrachen, durchnäßt bis auf die Haut, weinend und mit den Kräften am Ende. Hätte er ein gemästetes Kalb besessen, Tom hätte es geschlachtet wie der Vater bei der Heimkehr des verlorenen Sohns. So mußte er sich damit begnügen, Ed-mein-Junge gleich neben der Feuerstelle ein Bett aus frischem Stroh zu bereiten, ihm den durchnäßten Umhang und die Stiefel auszuziehen und ihn in seinen eigenen Mantel zu hüllen. Dann brachte er ihm einen Teller warme Suppe aus Joans Topf und hielt sämtliche Fragen nach seinem Verbleib von ihm fern.

Später war dann Stück für Stück herausgekommen, daß der Junge um jeden Preis Annie wiedersehen wollte, die bildhübsche Müllerstochter aus Rutherford. Nachdem er die Bienenkörbe mit der Sichel vom Unkraut befreit hatte, war er quer durch den Obstgarten davongelaufen und hatte den ihm inzwischen wohlbekannten Weg nach Rutherford eingeschlagen, wo er während der Nacht angekommen war. Ein unglückseliger Besuch. So genau wußte es niemand, was damals, als er die leeren Lastkörbe zurückbrachte, zwischen ihm und Annie vorgefallen war, aber diesmal wurden ihm alle Hoffnungen auf eine Fortsetzung der Liebesgeschichte mit einem Schlag zunichte gemacht. Er hatte in der Mühle von Rutherford seine Aufwartung gemacht, Annie war nach oben auf den Dachboden geschickt worden, und dann hatte der Müller zu Ed-mein-Junge gesagt, er solle sich gefälligst nach Hause scheren, er denke nicht im Traum daran, seine hübsche Tochter dem halb-wüchsigen Sohn eines Bediensteten in irgendeinem Herrenhaus unten im Tal zur Frau zu geben – das hatte er gesagt –, und außer-dem sei Annie längst einem ordentlichen jungen Mann mit eige-nem Acker und der Aussicht auf ein Ochsengespann versprochen. Schließlich hatte man Annie vom Dachboden geholt, damit sie alles in Gegenwart des Vaters bestätigte: Ja, vielleicht hätte sie es Ed-mein-Junge schon beim letzten Besuch sagen sollen, aber sie habe es nicht übers Herz gebracht, vielleicht auch, weil er sie gar nicht recht zu Wort kommen ließ – aber immerhin hatte Ed-mein-Junge bei dieser Zurückweisung Tränen in ihren wunderschönen Augen glitzern sehen. Und so war er den ganzen Weg zurückgegangen, im strömenden Regen und mit gebrochenem Herzen, und es war seit-her nicht besser geworden, und die unverfrorenen Annäherungs-versuche von Sal Fletcher, dieser Schlampe, hatten es nur noch schlimmer gemacht.

Wieder öffnete sich die große Eingangstür, und herein kamen ein Schwall eisiger Luft, ein trüber Rest Dezemberlicht und eine hei-ser krächzende Männerstimme. Marion schirmte die Augen gegen das Licht des Feuers ab und erblickte ihren Vater; zurückgelehnt in einen Schubkarren, die mehligweißen Sohlen seiner Stiefel in die Höhe gestreckt, wurde er von Roger hereingekarrt, gefolgt von Si-mon und dem Rest der Familie. Er schien blendender Laune zu sein.

»Hab das Fest nicht verpassen wollen, auf gar keinen Fall«, ver-kündete er allen Anwesenden. »Hebt mich raus, Jungs – ja, ja, schön langsam.«

»Nicht die Füße, Gib, du mußt ihn unter den Knien fassen«, kommandierte Simon. »So, da wären wir. Marion, hast du einen Platz für deinen alten Vater? Ah, Tom hat ihm einen richtigen Stuhl hingestellt – hast du's aber gut, Vater.« Unter vielen beschwichtigenden Worten wurde der alte Müller auf einen Stuhl mit geflochtener Rückenlehne gesetzt, der den Stühlen auf dem Podium ähnelte, auf denen Sir Hugh und seine Familie saßen. Sie trugen den Alten mitsamt dem Stuhl vorsichtig zur Stirnseite eines der Tische unterhalb des Podiums. Marion setzte sich neben ihn auf die Bank und nahm Alice auf den Schoß. Sie sah ihn froh und stolz lächeln, aber sie sah auch, daß die Venen an seinen Schläfen bläulich hervorstanden und wie durchsichtig die Haut dort war.

Dame Margaret trat aus der Dunkelheit hervor; sie trug einen großen flachen Korb mit kleinen Brotlaiben vor sich her.

»Großvater Miller! Du bist also tatsächlich gekommen!« rief sie.

»Wozu hat man Enkel, M'Dame«, krächzte er, noch immer lachend. »Haben mich mit dem Schubkarren heruntergefahren. Sie sind mit dem Karren über die Schützbrücke gerumpelt – das war kein Zuckerschlecken, und vorher haben sie mich nach oben bringen müssen, bis unters Dach. In einen Sack haben sie mich gesteckt und nach oben gezogen wie 'nen Zentner Korn! Darfst nicht so lachen, Großvater haben sie gerufen, sonst springt uns noch das Seil von der Rolle!« Er gluckste vor Begeisterung über dieses Abenteuer. »Gibt's wenigstens was Ordentliches zu essen, M'Dame, nach dem langen Weg?«

»Er hat's leicht gehabt«, sagte Gib, der aus dem Dunkel aufgetaucht war und sich die langen, roten Hände rieb. »Roger und ich brauchen was Ordentliches. Hab schon Angst gehabt, mir frieren die Finger am Schubkarren fest.«

»Jetzt noch nicht«, sagte Dame Margaret und zog ihnen den Korb vor den Händen weg. »Hier, Großvater, hier hast du etwas Feines.« Sie stützte den Rand des Korbes auf seiner Stuhllehne ab und fischte einen kleinen Laib heraus, in den Honig und Haselnüsse eingebacken waren. »Du darfst ihn jetzt schon essen. Wir kriegen unsere erst nach dem Fleisch.«

Magda kam neugierig herbeigelaufen. »Ach, Mutter, das solltest du nicht tun. Jetzt wollen sie alle ihr Brot vorher haben. Weißt du, Großvater Miller, Mutter hat nämlich die Leber aufgehoben. Sie haben sie neben dem Feuer gekocht. Sie ist für dich, und Sarah bekommt auch was, und Molly soll ihrer Mutter und ihrer Tante was davon mitbringen. Weil die nämlich keine Enkelkinder haben…«

»Sie hatten Angst vor den Stufen zur Brücke«, erklärte Marion. »Peter und Martin hätten sie sonst hergebracht.«

Der Alte hob die Augen nur halb von seinem Honigbrot — die Nüsse waren zu hart für ihn, aber er leckte wohlgefällig den Honig ab. Sein Blick fiel auf Alice, die unter Marions Mantel hervorspähte.

»Guck an, meine kleine Allikin, kleine dicke Allikin, komm her und setz dich auf Großvaters Schoß.« Alice versteckte das Gesicht wieder unter dem Mantel.

»Sie ist noch ein bißchen schüchtern, Vater«, sagte Marion. »Aber sie erinnert sich bestimmt bald an dich. Alice, setz dich hin und wünsch dem Großvater fröhliche Weihnachten.«

Alice senkte den Blick und schüttelte den Kopf.

»Komm, setz dich bei Großvater auf den Schoß, dann kriegst du auch Honigbrot.«

Alice stemmte ihren pummeligen Ellenbogen gegen Marions Brust, um sich aufzurichten, und sah ihren Großvater, der ihr ein Stück Honigbrot hinhielt, mit großen Augen an. Sie nahm es mit spitzen Fingern, dann blies ein vorsichtiges Lächeln ihr die Bäckchen auf.

»Mehr«, sagte Alice, und der alte Mann lachte vergnügt.

»Nicht so ein großes Stück, Vater, sie verschluckt sich ja.«

»Ach, das schafft sie schon.« Er grinste wieder, entblößte sein rosarotes Zahnfleisch, in dem vereinzelte Zahnstummel steckten wie eingefallene, mit schwarzem Gift gefüllte Ziehbrunnen. Sein Atem roch säuerlich und bitter. »Komm schon, setz dich bei Großvater auf den Schoß«, wiederholte er, doch obwohl Marion ihm Alice sehr behutsam auf die Knie setzte, verursachte das Gewicht des Kindes ihm Schmerzen; er wurde ganz still, und Alice war froh, daß sie zurück in Marions Arme durfte.

Über dem Feuer ertönte ein lautes Zischen, eine Flamme tanzte an einem der Kälberbeine empor, und in dem kurzen Aufflackern sah Marion, daß Molly sich ihr näherte. Sie sprach leise und vertraulich.

»Die Plowrights sind gekommen.«

»Dacht ich's mir doch. Die lassen kein Fest aus.«

»Wie viele Kinder haben die eigentlich?« Mollys Stimme klang verschwörerisch.

»Fünf, glaube ich, mit ihrem Jüngsten, und der muß auch schon über zwei sein. Ihr Neugeborenes ist letztes Jahr kurz vor Weihnachten gestorben.«

»Das dachte ich eben auch«, fuhr Molly fort, »aber es sind nur vier Kinder gekommen, und da ist das Kleine schon mitgezählt.«

»Vielleicht ist eines krank«, sagte Marion.

»Aus dieser Sarah war nur das übliche Genuschel herauszubekommen, aber sie sah verängstigt aus − als ob sie was zu verbergen hätte.«

Marion verspürte wenig Lust, ihre Nase in anderer Leute Unglück zu stecken.

»Warum fragst du nicht einfach Jack? Er muß schließlich wissen, wie viele Kinder er hat.«

»Hab ich ja«, triumphierte Molly, »und er hat gesagt, vier, das weißt du doch, warum fragst du, und dann hat er auf die vier gezeigt, wie sie da standen, dicht zusammengedrängt und stumm wie die Fische.«

»Na also«, sagte Marion.

»Aber ich bin sicher, daß es fünf waren. Ich weiß nicht, ob Jungen oder Mädchen, aber es waren fünf. Wenn eins von ihnen krank zu Hause geblieben wäre, hätte er es ja ruhig sagen können, und deshalb will ich wissen, wo das fehlende Kind geblieben ist. Meinst du, es ist tot und sie haben es keinem erzählt?«

Marion hielt das nicht für unwahrscheinlich. Ein armseliges kleines Hungerleben, verloschen in einer kalten Winternacht, und weder Vater noch Mutter tun das einzig Richtige und holen Pater John, damit er für ein ordentliches Begräbnis sorgt. Wahrscheinlich haben sie sich geschämt und den Leichnam im Misthaufen verscharrt.

»Du solltest M'Dame Bescheid sagen, wenn du wirklich glaubst, daß es fünf Kinder waren«, sagte sie. Aber eigentlich glaubte sie ja selber, daß es fünf waren.

Es herrschte allgemeine Unruhe. Die Leute suchten sich ihren Platz auf den Bänken. Tom und Rob hievten das gebratene Fleisch von den Haken und legten es in riesige, hölzerne Schalen. Wetzsteine schabten an Messerklingen entlang. Joan lief geschäftig herum und warf dicke Scheiben Brot auf die Tische. Sir Hugh und seine Familie und Pater John standen in einer Reihe hinter dem Tisch auf dem Podium, Rollo machte sich an ein paar tönernen Krügen und einem großen Kübel zu schaffen, der bis zum Rand mit Bier gefüllt war. Ed-mein-Junge ging an den langen Tischen entlang, zog aus einem Bündel unter seinem Arm Kerzen hervor, zündete eine an der anderen an und steckte sie in die dafür vorgesehenen, länglichen Holzblöcke. Viele Augenpaare folgten ihm aufmerksam. Ein solcher Überfluß an Kerzen hatte etwas Faszinierendes.

Sir Hugh, der in der Mitte des Tisches auf dem Podium saß, ließ den Knauf seines Messers ein paarmal auf die Platte knallen, und als endlich alle still waren, kündigte er an, daß Pater John, Tim Rockwell und drei andere Jungen jetzt den weihnachtlichen Segen singen würden. Pater John, der die Messe stets in einem monotonen, unverständlichen Singsang herunterleierte, bestand auf einem gesungenen Segen, so wie er es als junger Mann in Rochester gelernt hatte. Musikalisch war er nie gewesen, und im Lauf der Jahrzehnte war auch die letzte Erinnerung verblaßt, aber das weihnachtliche Ritual mußte befolgt werden. Die vier Jungen nahmen also wie an jedem Weihnachten in einer Reihe vor dem Podium Aufstellung, und als Pater Johns erhobene Hand herunterfiel, intonierten sie, nicht ganz im Einklang, das *Non nobis, Domine, non nobis*, ohne auch nur eine Silbe davon zu verstehen.

Alle waren fassungslos, als Jo Hodge, der ihnen doppelt so groß erschien wie noch beim Fest der Schafschur, mit lauter Stimme sagte: »Nein, so geht das nicht«, und mit seinem neuerworbenen, kräftigen Tenor, der sie alle in Staunen versetzte, in das Lied einstimmte. Eine Unterbrechung durfte jedoch nicht geduldet werden, und so riefen ein paar Stimmen: »Halt's Maul, Jo«, oder: »Das ist das Lied vom Priester – er wird schon wissen, wie es geht.« Also fingen die Jungen von vorne an, noch weniger im Einklang als zuvor, während Jo verärgert und befangen Platz nahm und der jüngste der Sängerknaben in einen Lachanfall ausbrach. Pater John war sichtlich erleichtert, als es vorbei war und das Festmahl beginnen konnte.

Tom bediente auf dem Podium, legte Scheiben gebratenen Kalbfleischs auf die Brotschnitten, die am oberen Tisch – weil dort Edelleute saßen – auf großen hölzernen Schalen lagen, in denen sich das Fett sammeln konnte, das nicht vom Brot aufgesogen wurde. Joan folgte ihm mit einem großen Tontopf, in den sie das heiße Fett und den Bratensaft geschüttet hatten, die in die Bratpfanne getropft waren. Die Soße war mit Thymian und Salbei gewürzt, und der heiße Duft mischte sich unter die Gerüche nach Bratenfleisch, dampfender, wollener Bekleidung und dem Talg der Kerzen. Matt, der Pflüger, der wie immer seinen Stallgeruch mitgebracht hatte, füllte das Bier aus dem Eimer, der neben Rollo stand, in Krüge um und reichte sie weiter an die, die in der Nähe des Podiums saßen.

Joan, die jetzt einen anderen großen Tontopf in der einen und eine hölzerne Schale samt Löffel in der anderen Hand hielt, ging zu Großvater Miller und füllte die Holzschale mit Kalbsleber, Brotkrumen und Bratensaft. Marion verrührte das alles für ihn, und er widmete sich gierig, mit schmatzenden Geräuschen und zittriger Hand, die so manchen Bissen in den Bart kullern ließ, der wichtigsten Mahlzeit des Jahres.

Marion nahm ihr Stück heißes Kalbfleisch und biß hinein; es war saftig, fett, wohlschmeckend und sättigend. Der Bierkrug kam bei ihr an, und sie hielt ihn dem Vater an die Lippen; er schluckte heftig, aber sie wußte nicht, wieviel von dem Bier ihm tatsächlich durch die Kehle lief. Dann nahm sie selber einen tiefen Zug des erfrischenden, nahrhaften, belebenden Getränks. Auch Alice bekam einen Schluck, und Marion fütterte sie mit kleinen Stücken Fleisch und Brot von ihrer eigenen Schnitte. Sie blickte zum anderen Ende des Tisches, wo Peterkin mit ein paar der Fletcher-Jungen saß – still und ernst kauten sie an langen Kalbsrippen, der Kerzenschein schimmerte auf fettglänzenden Backen und in andächtigen Augen. Ein solches Essen war eine große Sache.

Wieder machten Krüge mit Bier die Runde, immer häufiger mußte aus dem Kübel nachgefüllt werden. Joan brachte frische Brotschnitten, und Tom servierte das Fleisch – nicht mehr so ordentlich in Scheiben geschnitten wie zuvor – auf der Spitze seines Messers. Die Wärme drang nach innen, das heiße Fleisch sättigte, das Bier lockerte die Zungen. Es wurde mehr geredet. Am lautesten tönten die Stimmen der Rockwells vom anderen Ende des Saals herüber, und eine von ihnen sprach gerade von einer Getreideknappheit. Marion merkte, daß ihr Vater den Satz aufgeschnappt hatte, ohne den Zusammenhang zu kennen. Er hatte den Kopf gehoben.

»Getreideknappheit?« wiederholte er, ein Wort, das durch seine Schwerhörigkeit gedrungen war. »Getreideknappheit? Ihr jungen Burschen habt doch keine Ahnung, was das heißt.« Ein Kind kicherte, weil sein Vater soeben als »junger Bursche« bezeichnet worden war, und lenkte damit sogleich die Aufmerksamkeit des alten Müllers auf sich. »Ja, auch du – hast doch alles gekriegt, was du brauchst, seit du nicht mehr an der Mutterbrust nuckelst. Brot, jeden Tag, und alles von meiner Hand in der Mühle gemahlen.« Verwundert sah Marion, wie ihr Vater sich erhob, damit er sein Publikum besser überblicken konnte. »Und guten, fetten Speck, den ganzen Winter über. Du Grünschnabel«, er spuckte das Wort aus wie einen Fluch, »von September bis Weihnachten und noch drüber hinaus geht kein Monat vorbei ohne irgendein Fest, bei dem ihr euch nicht auf Sir Hughs Kosten die Bäuche vollstopft. Ihr Jungen wißt ja gar nicht, wie das ist, hungrig…«

»Wissen wir doch«, fiel ihm eine heisere, brüchige Stimme ins Wort. Der Sprecher mußte erkannt haben, daß sich eine bessere Gelegenheit zur öffentlichen Rede nicht so leicht bieten würde. »Wir haben alle Tage Hunger, wir Jungen. Du sitzt ja bloß den ganzen Tag herum und fängst Fliegen, deshalb hast du keinen Hunger.« Der Alte schien ihn gar nicht gehört zu haben und redete weiter, während die letzte Bemerkung des Jungen: »Und hast du doch mal Hunger, dann fehlen dir die Zähne zum Beißen!« ihm das Gelächter seiner Kameraden einbrachte.

»Ich hab nicht vergessen, wie das war, als wir knapp mit Korn waren, ach, was heißt knapp mit Korn, nichts mehr haben wir gehabt.« Der alte Müller stützte sich auf seine Hand wie auf eine Adlerklaue, wie Krallen umklammerten die ungeschnittenen Nägel Simons Schulter. »Nichts mehr!«, wiederholte er und ließ den Blick über die schummrig beleuchteten Gesichter seiner Zuhörer wandern. Marion blickte hinauf auf das Podium, um zu sehen, wie Sir Hugh diesen Ausbruch nahm, aber der saß ruhig dort oben, das lange Gesicht auf die schmale Hand gestützt, und betrachtete den alten Mann mit kummervollen Augen. Marion schaute wieder auf ihren Vater. Die nahe Kerzenflamme beleuchtete jede einzelne weiße Bartstoppel auf seinem Gesicht und glitzerte in der Träne, die zwischen oberem und unterem Augenlid klemmte und beim Sprechen zitterte, aber nicht herunterfallen wollte. »Nichts mehr. Es war Mai, damals, in dem Jahr, als wir die Plage zum ersten Mal bemerkt haben. Das Korn, der Weizen, stand hoch im Halm – kräftiger Regen im April, feuchte Wärme im Mai, ja, wir durften auf eine großartige Ernte hoffen, bis dann der alte Oz gekommen ist – ich glaube, es war Osbert, Ihr werdet ihn nicht mehr kennen, Sir.« Er hatte den Kopf ein wenig gedreht und sprach Sir Hugh auf dem Podium an. »Er hatte es als erster entdeckt, auf dem Herrenhofacker oben am Wald. Sein Weizen ließ die Köpfe hängen, und auf jeder Ähre war so ein bräunliches Zeugs, eine Art Flaum, und wenn man mit den Fingern drangekommen ist, sind alle kleinen Samen herausgefallen. War nur ein kleines Stück Land, aber wir haben uns alle Sorgen gemacht und sind hinaufgegangen. Ich war noch ein kleiner Junge damals. Alle haben zu Oz gesagt, er muß sein Stück abmähen und das Korn verbrennen, und wir wollten ihm auch was von unserem abgeben. Er hat sich natürlich geweigert, aber sie haben ihn gezwungen, und alles ist abgemäht und verbrannt worden, aber wie's der Teufel wollte, nächste Woche war noch viel mehr von dem schwarzen Zeugs auf den Ähren, nicht nur neben Osberts Streifen, auch oben in Rockwell, und der alte Humph Cartman hat es auf seinem Acker auch gehabt, und alles mußte geschnitten und verbrannt werden. Und dann haben wir etwas auf Eurem Land gefunden, Sir. Das muß zur Zeit Eures Vaters gewesen sein...«

»Seines Großvaters«, rief eine Stimme aus dem Dunkel dazwischen, aber der alte Müller hörte sie nicht und fuhr fort: »Und während wir das Korn gemäht haben, kam die alte..., wie hieß sie noch gleich? War noch 'n junges Mädchen damals, sie ist angelaufen gekommen und hat gesagt, das schwarze Zeug ist überall auf dem Korn bei der Mühle. Ja, Sir, da sind wir alle losgezogen, Euer Vater voraus. Es war schlimm – überall dieser Flaum, und wenn man mit den Fingern drangekommen ist, sind die Weizenkörner einfach so auf den Boden gerieselt. Ach, was war das für ein Gejammer an dem Abend. Niemand war verschont geblieben. Jeder wußte, was das zu bedeuten hatte. Ich kann mich noch gut erinnern, Sir, wie Euer Vater...«

»Großvater«, rief dieselbe Stimme, ein bißchen lauter diesmal.

»...auf dem unteren Stück des Mühlenackers stand und uns einfach nur angestarrt hat. Keiner hat ein Wort gesagt, und sein Gesicht ist weiß gewesen wie ein neugeborenes Lamm. Wir wußten ja noch nicht, daß er ein kranker Mann war, und vielleicht war es dasselbe Gift wie im Weizen, das ihm die Lebenskraft geraubt hat...«

»Ach, so 'n Quatsch«, lallte eine angetrunkene, streitlustige Stimme aus dem Dunkel.

»...aber wir haben gemäht und verbrannt und gemäht und verbrannt. Er hat uns nichts gelassen für Schweine und Kühe, aus Angst, der braune Flaum könnte sich weiter ausbreiten, er hat immer nur gesagt, schneidet es ab und verbrennt es gründlich, denkt an eure Gerste. Doch an die Gerste ist er nicht gegangen, der Flaum, auch später nicht, aber woher sollten wir das damals wissen? Überall nur verzweifelte Gesichter, und er, Euer Vater, Sir, hatte seine Lebenskraft verbraucht, immerzu mußte er spucken, und er hat nicht mehr richtig pinkeln können, und sein Gesicht ist so gelb gewesen wie eine Butterblume. Ich seh ihn noch vor mir, wie er zur Tür des Herrenhauses reinkommt... ja, zu der Tür ist er reingekommen – weil er ein paar Anordnungen geben wollte, und am Türpfosten hat er sich festhalten müssen, damit er nicht umkippt, und die Hände waren so mager wie die Hände von einem Toten und quittengelb. Ein paar Tage später war er dann wirklich tot, und das nur ein paar Wochen, nachdem die Plage entdeckt worden ist. Dabei war er noch jung – keine vierundzwanzig, glaub ich – und Eure Mutter, Sir...«

»Großmutter«, rief die hartnäckige Stimme.

»...eine stattliche junge Frau und noch gar nicht lang verheiratet, sie stammte wohl aus dem Weald, soviel ich weiß, und damals war sie schon guter Hoffnung, aber das hat man noch nicht sehen können.«

Der alte Mann machte eine Pause und trank einen Schluck Bier aus dem Krug, den Ed-mein-Junge ihm unbemerkt aus dem Dunkel heraus gereicht hatte. Er wischte sich mit dem Handrücken über den Bart, aber während der Unterbrechung hatte er vergessen, wo er in seiner Erzählung stehengeblieben war. Sein Publikum schwieg. Im schwachen Kerzenschein sah Marion die Reihen der rosigen Gesichter, und alle waren sie ihrem Vater zugewandt. Simon war sichtlich erfreut über die andächtige Aufmerksamkeit. Sir Hugh saß hinter zwei Kerzen; die Flammen brannten auf Höhe seines Gesichts, das er schräg auf eine Hand gestützt hatte, und der Blick seiner Spürhundaugen war auf den alten Müller gerichtet. Dame Margaret, die neben ihm saß, hatte die Schnüre ihrer Haube aufgebunden und nach hinten über die Schulter geworfen, ein Zeichen dafür, wie warm es im Herrenhaus war. Auch sie blickte auf den alten Müller. Ihr neues, rotes Kleid, so großzügig es auch geschnitten war, spannte bereits über dem Bauch. Marion fiel auf, wie dünn ihr Hals war; lange, straffe Sehnen führten von den Ohren herab bis unter die purpurrote Wolle, als wäre der mächtige Bauch mit Strängen am Hals aufgehängt, und jede ihrer Bewegungen offenbarte, wie schwer sie an ihrer Schwangerschaft trug.

Das Bier hatte den Alten belebt, und er nahm den Faden seiner Geschichte wieder auf, wenn auch nicht dort, wo er aufgehört hatte.

»Kurz danach ist er gestorben, war nichts dran zu ändern, er hat ja nichts mehr bei sich behalten können, nicht mal ein Stück weiches Brot, dabei hat sie ihn gefüttert wie einen Waisenknaben, die Geduld in Person war sie, aber er hat's wieder ausgespuckt und war gelb wie...«

»Wie 'ne Butterblume«, höhnte eine Stimme und löste Gelächter aus, aber der alte Müller schien es nicht zu hören.

»Aber als sie ihn zu Grabe getragen haben – Ihr kennt ja das Grab, Sir –, da ist er nicht mehr gelb gewesen, da ist er so bleich gewesen wie jede andere Leiche. Ach, es war eine traurige Zeit, und er war noch so jung und so ein kräftiger Mann, und sie noch keine zwanzig und schon eine Witwe. Ja, sie war eine Frau, auf die ein Mann stolz sein konnte, Eure Mutter, Sir... halt... nein, sie muß Eure Großmutter gewesen sein.«

»Sag ich doch die ganze Zeit«, triumphierte die Stimme aus dem Dunkel.

Alice war auf Marions Schoß eingeschlafen. Sie streifte sich den Umhang von den Schultern, weil ihr die Hitze auf den Rücken brannte, schlug die Füße übereinander und öffnete die Beine ein Stück, damit Alice im Rock zwischen ihren Schenkeln wie in einer Hängematte liegen konnte.

»Sie hat sich ihren Kummer nicht anmerken lassen. Als Pater Stephen – der ist vor Euch hier gewesen, Pater John, lange vor Euch –, als er am offenen Grab gesagt hat, es war die Strafe für seine Sünden, daß er so jung gestorben ist, da hat sie kein Wort gesagt, solange sie auf geheiligtem Boden waren, aber beim Leichenschmaus hier im Herrenhaus, da hat sie Pater Stephen die Meinung gesagt. Was habt Ihr damit gemeint, für seine Sünden? hat sie ihn angebrüllt. Er hat ein achtbares Leben geführt, jeden Sonntag ist er zur Messe gegangen, er hat nicht gestohlen und nur genommen, was sein Recht war, und von den Witwen hat er nichts genommen, obwohl es sein Recht gewesen wäre, ein guter Ehemann ist er gewesen und nicht irgend so ein Hurenkerl. Von was für Sünden redet Ihr, warum nehmt Ihr einem Mann seinen guten Namen, sobald er sich nicht mehr wehren kann? Und der Alte Heilige, so wir haben Pater Stephen genannt, wir Jungen jedenfalls, der Alte Heilige hat ganz schön verdutzt dreingeschaut. So war er noch nie zur Rede gestellt worden, so vor allen Leuten, schon gar nicht von einer jungen Frau. Von Gott hat er was gestammelt, daß Gott allen Menschen in die Herzen schaut, aber sie hat ihn angeschnauzt, daß Gott ihm bestimmt nicht auf die Nase gebunden hat, wie es im Herzen ihres Mannes aussah, und wenn er tausendmal Priester war, und daß er seine verderblichen Reden über die Sünden gefälligst bleiben lassen soll – schließlich hatte ihr Mann die Letzte Ölung bekommen und war drei Tage vorher noch beim alten Heiligen zur Beichte gewesen... und... und der Alte Heilige wußte nicht recht, was er sagen sollte, und hat was über Evas Töchter vor sich hin gemurmelt, und daß sie nicht genug Ehrfurcht haben vor ihm und der heiligen Kirche. Aber guten Käse hat's gegeben und ein Faß gutes Bier zum Leichenschmaus, und weil ich Küchenjunge im Herrenhaus war, bevor meine beiden Brüder gestorben sind, hab ich dafür gesorgt, daß der Alte Heilige nur einen schimmligen Kanten gekriegt hat und einen kleinen Schluck Bier, und dann hab ich noch den Krug umgekippt, damit er gar nichts mehr kriegt...« Der alte Müller konnte sich die Freude und ein schallendes Gelächter über die Streiche seiner Kindheit nicht verkneifen. »Dann hat sie sich wieder beruhigt, und sie hat sogar ein bißchen geweint – ja, ja, sie ist eine tapfere Frau gewesen, und wir Jungen haben den Alten Heiligen aus dem Herrenhaus gedrängt, damit er sie endlich in Frieden läßt.«

Es schien immer wärmer im Herrenhaus zu werden. Das viele gebratene Fleisch und das frische, starke Bier hatten die Dorfleute schläfrig gemacht. Plötzlich lief es Marion warm an den Beinen herunter. Alice hatte im Schlaf reichlich Wasser gelassen. Vom anderen Ende hörte man den Lärm streitender Kinder, das Knallen väterlicher Ohrfeigen, mütterliche Ermahnungen: »Nun seid endlich still« und geflüsterte Rechtfertigungen: »Er hat zuerst geschlagen« – die meisten aber lauschten andächtig der Erzählung des alten Müllers. Viele kannten die Geschichte von der großen Hungersnot, aber ihr Leben verlief so eintönig und geradlinig, daß jede Erzählung ihre Phantasie zu fesseln vermochte. Die Kerzen waren heruntergebrannt und ließen die Augen des Alten nicht mehr leuchten. Nur die weißen Bartstoppeln, die Betsy ihm grob gestutzt hatte, und die klauenartige Hand, die er gestikulierend hin und her schwenkte, fingen sich noch im Licht. Marion merkte ihm an, daß die Erinnerungen ihn überschwemmten und daß ihm dabei jede Einzelheit eine Fülle anderer Erlebnisse ins Gedächtnis brachte. Er war nicht mehr zu bremsen, das wußte sie, und niemand wollte ihn bremsen. Auch wenn sie noch so schläfrig waren, die Dorfleute lauschten dem Fluß der Worte und der Ereignisse, von denen sie erzählten, mit andächtiger Aufmerksamkeit. Der alte Müller hatte seine Gedanken wieder gesammelt; ein derart aufmerksames Publikum wirkte wunderbar anregend. Joan teilte kleine Laibe Brot mit Honig und Haselnüssen aus und forderte die Leute mit leiser Stimme auf, sich eins zu nehmen und den Korb weiterzugeben.

»Und während seiner Krankheit hat sie immer wieder zu den Männern gesagt, seht nach eurem Weizen, und wenn das schwarze Zeug dran ist, schneidet ihn ab und verbrennt ihn, und die Männer haben auf sie gehört. Sie haben den Weizen gemäht und alles in den brachen Winkel beim Nußbaum getragen...«

»Da steht schon lange kein Nußbaum mehr«, rief die Stimme des Besserwissers.

»...und ihn dort verbrannt, damit das Feuer nicht auf die Gerste übergreifen konnte, die hoch im Halm stand. Der Gerste hat nichts gefehlt, die Teufelsplage hat die Gerste nicht angerührt, aber vom Weizen ist nichts übriggeblieben, nirgends, und weil sie gesagt hat, die Stoppelfelder müssen abgebrannt werden, haben sie auch die Stoppelfelder abgebrannt – soweit man grüne Stoppeln überhaupt abbrennen kann. Ja, überall hat man nur betrübte Gesichter gesehen, die ganze Arbeit war beim Teufel, und die Kinder haben große Augen gemacht und gefragt warum, und keiner von uns wußte mehr weiter... keiner...« Seine Stimme verebbte zu einem Murmeln, als die Erzählung sich im Dickicht der Erinnerungen verlor.

»Erzähl uns von der Herrin«, forderte Simon ihn auf.

Der alte Müller hob den Kopf. »Dort ist sie gestanden.« Er deutete auf den Platz, an dem Sir Hugh saß. »Ein, zwei Tage nach dem Begräbnis – geschüttet hat es wie aus Kübeln, der Himmel war voller Wasser und pechschwarz, kein Windhauch, nicht die kleinste Lücke in den Wolken – ihr wißt, wie's im Juni manchmal ist. Trotz der Mittagsstunde war es dunkel im Herrenhaus, die Läden waren fast geschlossen«, er deutete hinauf, »und auf beiden Seiten hat's reingeregnet, und sie hatte alle Männer zu sich gerufen, und ich bin auch dabeigewesen, als kleiner Junge, noch keine zehn, und sie hat geredet und geredet, klar und vernünftig, und niemand hat widersprochen, obwohl sie eine Frau war. Wir sind in großer Not, hat sie gesagt, wir alle miteinander, in diesem Herbst wird es keinen Weizen geben, nicht ein einziges Korn, und das heißt, den ganzen Winter kein Brot, nichts als unsere Gerste, wenn sie geerntet ist, und unsere Erbsen und Bohnen, und auch keine Saat für das kommende Jahr, wenn wir in Rutherford nichts bekommen. Nick Carter – Ihr werdet ihn nicht mehr kennen, Sir, ist schon lange tot –, der hat gesagt, vielleicht haben die ja auch die Teufelsplage, und sie hat gesagt, ja, vielleicht. Wir haben nur unsere Gerste, und wenn jemand noch Erbsen und Bohnen hat, soll er sie noch säen, hat sie gesagt, vielleicht gibt's noch eine Ernte vor dem Winter. Lieber jetzt ein bißchen hungern und dafür im nächsten Jahr noch am Leben sein, hat sie gesagt. Die meisten hatten wohl noch ein paar Erbsen und Bohnen, und sie haben alle ihre ganzen Vorräte abliefern müssen, Mehl, Korn, Erbsen, Bohnen, und wenn einer was versteckt hätte, dann wäre er ausgepeitscht worden. Sie hat gesagt, die meisten können am Leben bleiben, wenn wir alle zusammenhalten, aber wenn nicht, hat sie gesagt, dann kommen wir mit Sicherheit um – denn selbst wenn eine Familie im kommenden Jahr genug zu essen findet, wie sollte diese Familie überleben, wenn alle anderen im Dorf tot sind? Die Männer wußten, daß sie recht hatte, und sie hat gesagt, zum Essen haben wir nur die Gerste, und Essen ist wichtiger als Trinken, und zum Trinken hat Gott uns das Wasser gegeben, und deshalb durfte aus der Gerste kein Bier mehr gemacht werden. Verschwendung hat sie das genannt, Verschwendung von gutem Korn, das wir so nötig hatten. Zuerst haben sie alle gemurrt und gejammert, aber sie haben schnell gemerkt, wie recht sie hatte, und am Ende ist jedes Korn Gerste kostbar gewesen, aber was für ein Elend, haben die Männer gesagt, den ganzen Tag hinterm Pflug herlaufen müssen, und ich hab die Krähen verjagt, und der Wind kam aus dem Osten, und wenn wir nach Hause gekommen sind, haben wir kaltes Wasser saufen müssen wie die Pferde, statt einen Krug gutes, wärmendes Bier, um das Herz in der Brust wieder zum Klopfen zu bringen. Nur die alte Mutter... wie hieß sie noch gleich? – unten beim Sumpf, ist längst unter der Erde –, die hatte etwas Gerste in ihrem Holzstoß versteckt und sich heimlich ein Faß Bier davon gebraut. Aber Tom – dein Vater, Tom –, ein Junge in meinem Alter, 'n bißchen älter vielleicht, der hatte sie dabei beobachtet und es mir erzählt, und ich sag zu ihm, du tust einfach so, als wenn du nichts gesehen hast, aber weil die Herrin jedem Petzer einen Honigkuchen versprochen hatte, ist Tom hingelaufen und hat's gepetzt und hat den Kuchen gekriegt, 'n verflucht kleiner Kuchen war's, aber mit Honig und Nüssen drauf, und ich hab ein Stück davon abgekriegt. Ein paar Männer sind runter zum Sumpf und haben die Alte auf frischer Tat ertappt, und bei der großen Eiche ist sie mit einer Rute ausgepeitscht worden. Das Faß haben sie ihr weggenommen, und als das Bier fertig war, haben alle Männer einen Schluck gekriegt, am Sonntag nach der Messe, nur die alte Mutter Beattie nicht – richtig, Beattie, so hat sie geheißen...« Er brach wieder in Kichern aus, und Simon mußte wieder ein bißchen nachhelfen.

»Ja, ja«, fuhr er fort, »das ganze Korn, das ganze Mehl und alle Erbsen und Bohnen, die nicht für die Aussaat gebraucht wurden, hat sie behalten und in Säcken und Fässern verwahrt, auf einem Brett, wo alles schön trocken blieb, und ausgeteilt hat sie es mit einer hölzernen Kelle, die war ziemlich klein, und sie hat die Menschen gezählt und die Tage bis zu dem Tag, an dem wir wieder eine Ernte haben würden. Sie war eine großartige Rechnerin, wunderbar, wie sie das alles im Kopf behalten konnte. Jeden Sonntag nach der Messe sind wir zum Herrenhaus gegangen, die Frauen mit ihren Beuteln und Körben, und sie hat Gerste und Bohnen danach ausgeteilt, wieviel Köpfe eine Familie zählte. Den Männern hat sie nichts gegeben. Bei den Frauen, hat sie gesagt, kann man sich drauf verlassen, daß sie es ihren Familien geben, und die achten auch darauf, daß es möglichst lange reicht. Kann mich erinnern, daß meine Mutter nur wenig bekommen hat, und als unsere Sukey in dem Winter gestorben ist, war es noch weniger, aber jeder hat gesehen, daß es gerecht zugegangen ist. Und für sich hat sie nicht mehr genommen, als sie uns gegeben hat, obwohl ihr Bauch in dem Herbst immer dicker geworden ist. Das Herrenhaus hat im Sommer fünf Kühe gehabt, jede mit einem Kalb, und weil es im Frühling ordentlich geregnet hatte, war die Heuernte gut. Die Milch war gut, und sie hat jeden Tag in der Milchkammer nach dem Rechten gesehen, und sie haben mehr Käse aus der Milch gemacht als jemals zuvor. Die Molke hat sie den schwangeren Frauen gegeben, auch sich selber, damit es kräftige Kinder werden, hat sie gesagt, und auf alles hat sie ein Auge gehabt. Wenn sie nicht gewesen wäre, ich glaube, das ganze Dorf wäre verhungert. Ihr Jungen – ihr habt alles, was ihr braucht. Ihr müßt nicht – ihr müßt nicht...«

Wieder mußte Simon die Gedanken seines Vaters von den heutigen jungen Leuten zurück in die Vergangenheit lenken.

»Ist ein harter Winter gewesen damals, Nebel und Eis, nicht viel Schnee, aber der Frost hat kein Ende nehmen wollen. Wir hatten unsere Feuer, und wir hatten Käse, hin und wieder auch ein Huhn, aber was ist schon dran an einem Huhn, das keine Körner kriegt. Es gab kein Bier, um uns zu wärmen, und von den Alten sind viele gestorben, mehr als gewöhnlich. Der Boden war so fest gefroren, daß man keine Gräber ausheben konnte, deshalb haben die Männer die Toten einen über den anderen in ein einziges großes Grab gelegt, und dann ein Brett drüber und einen Stein drauf, um die Füchse abzuhalten, bis der nächste Tote gebracht wurde. Alles andere als ein christliches Begräbnis, aber der Alte Heilige hat für jeden ein Gebet gesprochen, und wir haben gedacht, es geht schon in Ordnung so.

Im Frühjahr sind wir ganz schön ausgehungert gewesen. Die Herrin hat ihr Kind gekriegt, einen prächtigen kleinen Knaben, und das hat uns allen ein bißchen Mut gemacht. Weiß nicht, woher die Mütter noch Milch für die Säuglinge hatten. Schrecklich dünn ist sie gewesen. Kann mich gut erinnern, wie sie uns das kleine Häuflein Bohnen ausgeteilt hat, muß am ersten Frühlingstag gewesen sein, warm und sonnig war's, die Bienen sind durch den Obstgarten geschwirrt, und da hab ich ihre mageren Arme gesehen, wo sie doch sonst eher mollig war, ein kräftiges Mädchen, wie gesagt, aber nicht in dem Frühjahr. Die Bälger im Dorf haben nur noch herumgesessen und ihre Mütter um Brot angebettelt, und die Mütter haben sie angeguckt und zu weinen angefangen. Natürlich sind viele gestorben. Nur die kräftigsten haben's überlebt.«

»Warum seid ihr nicht nach Rutherford gegangen und habt euch von dort Korn geholt?« fragte eine junge Männerstimme aus dem Dunkeln.

»Rutherford?« wiederholte der alte Mann verächtlich. »Ja glaubst du denn, das haben wir nicht versucht? Drei oder vier Männer sind losgezogen, mit Pferden und Lastkörben, aber die Männer in Rutherford haben sie mit Knüppeln davongejagt, weil sie dort auch die Teufelsplage hatten, nicht ein einziges Korn Weizen hatten sie für uns übrig. Das war eine grausame Nachricht. Ganz niedergeschlagen sind sie heimgekehrt und haben uns die Neuigkeit erzählt, und als es dann Sommer wurde, waren wir alle so schwach – ich hab Männer am Anger entlanggehen sehen, junge Männer, die mußten sich am Gartenzaun festhalten, damit sie nicht umkippen, und alle paar Schritte sind sie stehengeblieben und haben die Köpfe hängen lassen. Ich weiß nicht, wie sie es geschafft haben, im August die Gerste einzubringen – und dann noch das Dreschen. Es war eine gute Ernte, aber den fehlenden Weizen hat die Gerste nicht ersetzen können. Die Zuteilungen waren wieder genauso knapp im nächsten Jahr, wo doch Gerste eh nur so ein kümmerliches Brot gibt. In dem Jahr hat's oben im Wald mehr Wild als sonst gegeben, und wir haben wie immer unseren Hirschen zum Michaelifest gekriegt, und kurz vorm Nikolaustag hat die Herrin zu den Männern gesagt, sie sollen in den Wald gehen und noch einen Hirschen jagen, weil wir doch jeden Brocken Nahrung brauchen. Als der Alte

Heilige die Hunde bellen hörte, ist er angelaufen gekommen.« Die hohe Stimme des alten Müllers überschlug sich beinahe: »Nein, nein, hat er gebrüllt, das ist eine Sünde. Das Gesetz sagt, einen Hirschen an Sankt Michaelis und einen zum Dreikönigsfest und an keinem anderen Tag. Und da sagt sie, warum hat Gott uns wohl dieses große Rudel zum Herrenhausacker geschickt, wenn nicht als Zeichen seiner Sorge um uns? Wir haben schließlich genug gebetet in unserer Not. Aber er hat weitergezetert, daß es nicht recht ist, und was eine Frau schon über das Recht wissen kann, und sie hat zu ihm gesagt, nun, Pater, hat sie gesagt, da müßt Ihr gut achtgeben, daß Euch kein Stück Hirschbraten über die Lippen kommt, und dann hat sie den Männern zugenickt. Die Hunde zerrten schon an den Leinen, ganz wild auf Beute, und noch vor der Mittagsstunde hatten sie uns einen Hirschen erlegt, und bei frostigem Wetter haben sie ihn aus der Decke geschlagen und zerteilt, und dann ist er gebraten worden, und für das ganze Dorf hat es ein Festessen gegeben, als wär's wieder Michaelitag gewesen. Der Alte Heilige ist auch gekommen, hab ihn selber bedient, o ja, und kräftig zugelangt hat er, das kann ich euch sagen, und ich bin immer zu ihm hin und hab gesagt, nehmt doch noch ein Stück, Pater, und hab ihm ein saftiges Stück vor die Nase gehalten, und mein Freund Tom ist mit einer großen Schüssel und einer Kelle gekommen und hat gesagt, mögt Ihr nicht noch einen Schlag köstlichen Bratensaft, Pater? Und als er das alles verdrückt hatte, da hat Tom zu ihm gesagt, jetzt müßt Ihr wohl in der Hölle schmoren, was, Pater? Weil es doch eine Sünde ist. Und der ganze Saal hat schallend gelacht. Das Fleisch hatte ihnen die Kraft dazu wiedergegeben. Wir haben gegessen und getrunken, auch wenn's nur Wasser war, und fröhlich und zufrieden sind wir gewesen, und dem Alten Heiligen war's ein bißchen peinlich, aber ordentlich reingeschaufelt hat er trotzdem, und die Herrin hat die Leber in Scheiben geschnitten und den Frauen bringen lassen, die gerade entbunden hatten und nicht auf das Fest kommen konnten. So hatten wir alle ein schönes Festessen, und keinem ist Böses deshalb widerfahren. Das gute Fell ist gegerbt worden, und sie hat es gleich neben dem Bett da drüben auf-

spannen lassen«, er deutete in das Dunkel hinter Sir Hugh, »um die
Kälte draußen zu halten.«

»Es hängt immer noch dort«, rief Magda.

Der alte Müller steckte mit den Gedanken so tief in der Vergangenheit, daß dieser Ruf aus der Gegenwart ihn verwirrte.

»Ja, ja«, murmelte er unwirsch, »eine feine Frau ist sie gewesen,
Eure Frau Mutter, Sir, und… nein, Eure Großmutter ist sie gewesen, Sir, Eure Großmutter. Wie die Zeit vergeht…« Der Alte
verstummte. Er war müde und erschöpft. Simon faßte ihn beim
Arm und drückte ihn sanft zurück in seinen Stuhl.

»Er hat uns noch gar nicht erzählt, woher sie den Samen hatten,
den Weizen, mein ich, für die Aussaat im nächsten Jahr«, kam eine
andere Stimme aus dem Dunkel.

Die Kerzen in den hölzernen Klötzen waren heruntergebrannt,
ein paar von ihnen flackerten bereits ein letztes Mal auf, und es
wurde dunkler im Herrenhaus. Widerwillig suchten die Dorfleute
ihre Mäntel zusammen. Auf ein Zeichen von Simon brachte Roger
den Schubkarren und schob ihn möglichst nah an den Stuhl seines
Großvaters, damit sie den Alten hineinheben konnten. Sie wickelten ihn fest in seinen Umhang, zogen ihm die Kapuze aus Schaffell
über die Ohren und stopften den fetttriefenden Bart hinein. Er
wollte nur noch nach Hause, hatte kaum noch einen Blick für Marion, als der Schubkarren gewendet wurde und Roger ihn durch die
Tür und hinaus in die eisige Nacht schob. Marion sah ihm nach und
fragte sich, ob sie ihn wohl noch einmal lebend zu sehen bekommen würde.

Tom hatte ein paar kleine Scheite auf das Feuer gelegt, die jetzt
aufloderten und das Herrenhaus heller beleuchteten als die Kerzen,
und im orangeroten Schein des Feuers verabschiedete man sich.
Marion nahm die tief schlafende Alice auf den Arm, Peter wickelte
sie beide fest in den Mantel, rief nach Peterkin, und die Familie
machte sich auf den Heimweg.

An der Brücke holten sie Molly ein, die einen Topf mit gesottener Leber und einen Beutel mit Honigbroten nach Hause trug. Es
war neblig, der Mond schimmerte schwach durch den Dunst, und

in diesem trüben Licht waren Brücke und Weg nur undeutlich zu erkennen. Zwei Gestalten, es mußten Lisa und Martin sein, hatten die Brücke bereits überquert und gingen den Weg über die Dorfweide entlang.

Molly setzte vorsichtig einen Fuß auf die glänzenden Planken. »Spiegelglatt«, sagte sie. »Ihr müßt euch am Geländer festhalten.«

Peterkin betrat als nächster die Brücke.

»U-uuh, schön glitschig«, rief er und versuchte zu schlittern.

»Hör auf mit dem Unsinn«, schimpfte Peter. »Halt dich am Geländer fest und mach's uns nicht noch schwerer. Schön langsam, Marion. Warte, ich helf dir die Stufen runter.«

Es herrschte immer noch strenger Frost, das Gras knirschte unter ihren Füßen, das Eis auf den Hufabdrücken der Kühe klirrte, wenn es zerbrach. Beim Gehen fror Marions feuchter Rock immer steifer und knisterte leise bei jedem Schritt. Sie wünschten Molly an ihrer Pforte eine gute Nacht und riefen einen Gruß hinüber zu Lisa und Martin, die schon an ihrer Hüttentür angekommen waren. Ob die Plowrights schon heimgekehrt waren, wußte man nicht. In ihrem Haus war alles still.

Es war stockdunkel in der Hütte. Marion stieß die obere Türhälfte auf, und im schwachen Widerschein des Mondlichts erkannte sie die vertrauten Umrisse des Baumstamms, des Wandbretts, der Wiege und der Feuerstelle.

»Komm, Junge, erst gehen wir pinkeln«, sagte Peter, und Marion hörte es prasseln, bevor sie ihr in die Hütte folgten.

Sie legte Alice, feucht wie sie war, in die Wiege und deckte sie mit einem Schaffell zu. Das Stroh raschelte, als Peterkin sich seinen Platz in der Ecke suchte. Sie zog den harten, steifgefrorenen Rock aus und hängte ihn an einen Nagel über der Feuerstelle. Dort glimmte noch etwas Glut.

Peter zog die Stiefel aus und krabbelte ins Stroh, und Marion, in ihrem lose gestrickten Unterkleid, mit vor Kälte zitternden Knien, breitete ihren Mantel über das Federbett, bevor sie zu ihm kroch. Sie wunderte sich jedesmal darüber, wie warm er war, wenn sie sich an ihn schmiegte, selbst in einer solchen Nacht. Er legte seine rauhe warme Hand auf ihr ungewohnt nacktes Bein und ließ sie unter das Unterkleid gleiten.

Ach nein, nicht jetzt, dachte sie. Es ist zu kalt, und wir sind zu müde – aber seine Hand bewegte sich neugierig weiter. Ihr fiel ein Spruch der Frauen im Dorf ein: »Wenn du zu oft nein sagst, nimmt er sich die nächstbeste – und das könnte deine Tochter sein.« Nun, dachte sie, hier gibt es keine ausgewachsene Tochter, nicht mehr – aber sie wußte um die Weisheit dieses Spruchs.

»Marry«, flüsterte er ihr ins Ohr, seine Hand glitt nach unten, um ihre Schenkel zu öffnen, und ganz ungebeten lief ihr ein begehrlicher Schauder über den Rücken.

So ist mein lieber Nolly gemacht worden, dachte sie; ihr fiel ein, daß sie den ganzen Tag noch nicht an Nolly gedacht hatte, und um Nollys willen zog sie Peter zu sich heran.

Als er fertig war, folgte seinem letzten Grunzen fast übergangslos ein zitterndes Schnarchen. Schwer und ruhig lag er da. Sie hatte Lust auf mehr, aber sie wollte ihn nicht wieder aufwecken. Ihre Zehen, die gegen Peterkins Rücken stießen, schmerzten vor Kälte. Plötzlich hatte sie einen süßen Geschmack im Mund. Sie leckte sich über die Lippen – ein klebriger Tropfen Honig in Peters Bart lag an ihrem Mund.

Wie bekomme ich bloß meine Füße warm, dachte sie und rieb sie vorsichtig gegeneinander. Sie schlief noch lange nicht ein.

Januar

E s war spät im Januar, alles Leben schien zu ruhen. Es blieb nichts zu tun als durchzuhalten. Anders kannte Marion den Januar nicht.

Die Festlichkeiten des Mittwinters waren vorüber, bis zur Beichte vor der Fastenzeit gab es keinen Festschmaus mehr, auf den man sich freuen konnte. Überleben – jeder dachte nur daran, wie er am besten überlebte: bescheidene Mahlzeiten und an die nächste Woche denken, ein sparsames Feuer unterhalten und an den nächsten Monat denken, die Tiere nähren und an das nächste Jahr denken, sich fest in seinen Mantel wickeln und durchhalten, durchhalten, durchhalten. Der Januar war ein harter, hoffnungsloser Monat, der einfach kein Ende nehmen wollte.

Es war oft so dunkel in der Hütte, daß Tag und Nacht miteinander verschmolzen und niemand so recht wußte, ob gerade der Morgen graute oder schon Mittag war. In Marions Kopf vermischten sich die kleinen Ereignisse des einen Tages mit denen eines anderen. Oft fühlte sie sich wie betäubt, und sie merkte gar nicht richtig, daß sie Stunden auf dem Baumstamm verbrachte, die schmerzenden Füße auf die Steine der Feuerstelle gesetzt, und dumpf vor sich hinbrütete. Vergangene Ereignisse gingen ihr durch den Kopf, aber sie konnte sie in keinen zeitlichen Zusammenhang bringen und versuchte es auch gar nicht. Ein Gefühl ist das, als wäre einem der Verstand eingefroren, dachte sie in einem der wenigen lichten Momente. Manchmal erhob sie sich in der Absicht, zur Wasserstelle zu gehen, um dann festzustellen, daß sie längst dort gewesen war, denn der Eimer stand bis zum Rand gefüllt unter dem Vordach. Oder sie holte einen Armvoll kleiner Scheite vom Holzstoß, dabei lag bereits ein ganzer Stapel zum Austrocknen neben der Feuerstelle. Sie wußte, daß sie zu wenig aß, aber sie war zu träge, um sich darum zu kümmern. Sie wußte, daß sie nachts wenig schlief, dafür verbrachten sie alle viele Stunden des sogenannten Tages unter den Bettdecken und dösten vor sich hin. Alice, die sonst so lebhaft war, spürte die Trägheit ihrer Mutter und schien sie ihr nachmachen zu wollen – aber vielleicht war auch sie in diesem Zustand eines halben Winterschlafs, den sie alle nur »den Winter überstehen« nannten.

Kurz nach Weihnachten war der Frost abgeklungen, und es hatte geschneit. Marion, die sich im Herrenhaus Wolle zum Spinnen geholt hatte, war auf ihrem Weg nach Hause. Zuvor hatte sie noch einen Blick in Peters Werkstatt geworfen. Er war dabei, stachlige Schwarzdornzweige auf eine Egge zu flechten, die bis zum Frühjahr fertig sein mußte, und seine Arme waren übersät mit blutigen Kratzern. Seinen Ärger ließ er an dem armen Paulo aus, der verzweifelt versuchte, die widerspenstigen Zweige mit seinen Händen voller Frostbeulen an die richtige Stelle zu drücken.

»Es sieht nach Schnee aus«, sagte sie. »Tom meint, daß es jeden Augenblick losgehen kann.«

»Schon möglich.« Peter war mit den Gedanken bei der Arbeit.

»Und wenn's richtig anfängt, bleibst du dann im Herrenhaus?«

»Ach, so schlimm wird's nicht werden. Ich bin daheim, bevor es dunkel ist. Du mußt fester drücken, Paulo.«

Sie hatte sich auf den Weg gemacht, aber an der Brücke blieb sie stehen und warf einen Blick in den Himmel: Er war von einem durchgehenden leuchtenden Hellgrau, hing sehr tief und schien beinahe zu zittern unter der Last unverschütteter Schneeflocken. Die Luft war still und von eisiger Feuchtigkeit, und Marion befand sich noch mitten auf der Dorfweide, als die ersten großen Flocken heruntergetrudelt kamen. Sie lief zu Molly, holte Alice und war zu Hause, bevor der Schnee liegenblieb. Dann rief sie die Hühner zusammen und opferte ein paar Körner, um sie in ihre Nester auf dem Wandbrett zu locken. Die Stiege stellte sie drinnen auf, damit sie hinunter an den Wassertrog der Ziege und wieder hinauf in ihre Nester konnten. Als sie versuchte, die Falltür über dem Rauchabzug im Dach zu schließen, waren die ledernen Angeln steif gefroren, und die Klappe ließ sich weder richtig öffnen noch schließen. Sie kümmerte sich um das Feuer und um das Essen, und als sie zwischendurch einen Blick nach draußen warf, war der Garten hinter einem Vorhang aus wirbelnden Schneeflocken verschwunden, und der Boden um das Haus herum hatte sich in eine sanfte, weiße Hügellandschaft verwandelt. Dann kam Peterkin nach Hause. Er war für Rollo unterwegs gewesen, und Martin hatte ihn auf dem Anger bei einer Schneeballschlacht mit Kit Nickson erwischt, ihn beim Schlafittchen gepackt und über die Dorfweide nach Hause begleitet. Peterkin trat in die Hütte, den Mantel und die Kapuze bedeckt mit Schnee, der schon fast festgefroren war. Sein einer Stiefel, der richtige, war nicht wasserdicht, und der andere, ein notdürftig gebastelter Schutz für den verkrüppelten Fuß, war voller Schnee. Der Junge war ganz blaß, und ihm klapperten die Zähne. Marion zog ihm die eisverkrusteten Kleider aus und wickelte ihn in eine Decke; er ließ sich ganz nah am Feuer nieder, lehnte sich gegen den Baumstamm und atmete mit langen, zitternden Atemzügen, die wie ein Schluchzen klangen. Ihr fiel auf, wie mager seine Beine waren, ganz schmal über den kantigen Bubenknien. Wie gefährdet so ein Kinderleben war! Trotz ihrer Besorgnis schalt sie ihn einen dummen Jungen, weil er sich auf eine Schneeballschlacht eingelassen hatte, statt gleich nach Hause zu kommen, und er antwortete ihr, er habe nicht gewußt, daß Schnee so kalt sein kann.

Peter kam an diesem Abend nicht nach Hause. Marion hatte schon befürchtet, daß er es nicht schaffen würde. Es war Wind aufgekommen, und der unaufhörlich fallende Schnee hatte sich vor den Hüttenwänden, der Esche und dem Gartenzaun aufgetürmt.

Am nächsten Morgen blickte sie hinaus in eine Zauberwelt. Der Garten war unter einer sanft gewellten, weißen Decke verschwunden, aus der hier und da noch ein geknickter Distelstrunk hervorstand. Die Stämme der Bäume oben im Wald waren gegen Westen mit einer Kruste aus Schnee überzogen. Die Eiben spreizten unter der weißen Last die Äste, und jeder kleine Zweig im Unterholz trug eine schmale, senkrechte Wand aus Schnee. Der Wind hatte sich gelegt, der Himmel war von unbewegtem Grau. Es herrschte völlige Stille. Marion spürte Alices Hände auf ihrem Rock, beugte sich herunter und nahm die Kleine auf den Arm, damit sie zur oberen Türhälfte hinausblicken konnte. Alice war fassungslos.

»Oh«, sagte sie nur. »Oh – oh!« Als Marion sie absetzte, bemerkte sie, daß der schneebedeckte Boden ein seltsam kaltes Licht auf die Deckenbalken der Hütte warf.

Später hatte sie den Eimer genommen und war hinunter zur Wasserstelle gegangen, weil mit Frost zu rechnen war, der das Gelände noch unwegsamer machen und den Bach in eine Eisfläche verwandeln würde. Der Bach war noch nicht zugefroren, aber er war verschmälert von dicken Schneebänken, die sich über dem schwarzen Wasser wölbten wie Kuppeln, getragen von Büscheln toten Grases und über das Wasser gebeugten Schilfhalmen. Marion hatte sich an der Weide abgestützt und den Eimer an seinem Strick wieder heraufgezogen. Der steile Pfad war sehr rutschig gewesen, der Eimer hatte bedenklich geschwankt und war nur noch halb voll Wasser, als sie an der Tür ankam. Sie schaufelte etwas Schnee hinein, aber es bedurfte einer riesigen Menge, um ihn bis zum Rand zu füllen. Ihre Hände und Füße schmerzten vor Kälte. Sie legte noch zwei Scheite ins Feuer und ließ sich erschöpft auf dem Baumstamm nieder.

Die Familie überwinterte. Stunde um Stunde saßen sie schweigend vor ihrem kleinen Feuer, teils von der Kälte, teils von der verqualmten Luft in eine Art Dämmerzustand versetzt. Manchmal taute ein wenig Schnee in den Spalten um die Dachluke herum, und die Tropfen fielen zischend auf die glimmenden Scheite. Sie aßen warmen Gerstenschleim aus kleinen Schüsseln, hin und wieder etwas Käse. Nur widerwillig und wenn es sich gar nicht mehr vermeiden ließ, gingen sie zum Misthaufen. Tibtab hatte sein Lager auf dem Wandbrett verlassen, war über die Trennwand in den Stall gesprungen, und jetzt hörten sie ihn zwischen den Beinen der Ziege im Stroh scharren.

Marion litt unter dauernden Fußschmerzen. Auf dem eisigen Heimweg vom Weihnachtsschmaus hatte sich unter einer Ferse eine Frostbeule gebildet und war seitdem nicht abgeheilt; jeder Schritt drückte auf die offene Wunde. Inzwischen hatte sie auch auf den meisten ihrer Zehen Frostbeulen entdeckt, rote, glänzende Blasen, die juckten und schmerzten, und wenn sie daran rieb, sprang die Haut auf. Ihre Schaffellstiefel waren völlig durchweicht; der eine hatte einen Riß über dem Spann, der andere eine aufgeplatzte Sohle. Selbst auf dem Ständer neben dem Feuer würde es Tage dauern, sie zu trocknen, und dann wären sie so hart und steif, daß es schmerzhafter wäre, sie zu tragen, als barfuß zu gehen. Abgesehen davon, daß sie sich draußen im Handumdrehen wieder mit Nässe vollsaugen würden.

Nach dem fünften Tag schien der Schnee ein wenig zusammengeschmolzen zu sein. Im Garten kamen immer mehr Stengel und Grasbüschel zum Vorschein. Ein kleiner Windstoß hatte den Efeu an der Esche einmal kräftig durchgerüttelt, und nach einem kurzen Eisregen waren die Blätter wieder grün gewesen. Gegen Mittag kam die Sonne heraus, der Schnee auf dem Dach fing an zu tauen, den ganzen Nachmittag über tropfte Schmelzwasser von der Dachtraufe, und auf einem schmalen Streifen darunter kamen weiße, rötliche und braune, sauber gewaschene Kieselsteine zum Vorschein. Am nächsten Morgen waren aus den Tropfen lange, geriffelte Eiszapfen geworden, ein Rand aus silbernen Dolchen um die ganze Dachtraufe herum. Peterkin war begeistert, brach sie ab und lutschte sie. Auch Alice wollte einen Eiszapfen – und schaffte es, sich klatschnaß damit zu machen.

Bis auf das Tropfen tagsüber blieb es sehr still, nur manchmal zwitscherte eine Amsel. An diesem Nachmittag verspürte Marion auf dem Rückweg vom lästigen Gang zum Misthaufen einen Windhauch auf ihrem Gesicht, und als sie zum Himmel blickte, bewegten sich die Wipfel der Bäume langsam hin und her, und die Wolken, die sich von Westen her das Tal heraufschoben, waren von unruhigem Grau. Die Luft war kalt und schneidend, aber es fror nicht.

Als Marion, die die ganze Nacht über dem unablässigen Tropfen, dem gelegentlichen Rauschen des vom Dach rutschenden Schnees und dem dumpfen Aufprall auf dem Boden gelauscht hatte, am Morgen zur Tür hinausblickte, sah sie, daß große Flächen des Gartens vom Schnee befreit waren, und in dem holprigen Boden vorm Haus stand das Wasser in den dunklen Löchern, die sie beim Gang zum Misthaufen mit ihren Füßen getreten hatten.

Und das Tauwetter hielt an. Mittags war das Hüttendach frei von Schnee, und im Garten war wieder die blanke Erde zu sehen mit vereinzelten, schmutzigweißen Flecken. Marion hatte trotz der Schmerzen die Stiefel angezogen und war hinüber zu Lisa und Martin gegangen. Die beiden hatten es auf ähnliche Weise wie sie überstanden, und Lisa gab ihr etwas Gänseschmalz, damit sie sich die Zehen einreiben konnte. Sie ging am Garten der Plowrights entlang, und als sie Rauch aus der Dachluke aufsteigen sah, ging sie weiter zu Molly.

Mollys Augen waren nicht nur vom Herdfeuer gerötet. Weinend erzählte sie Marion, wie die alte Marge, ihre Tante, am ersten Abend des dichten Schneefalls zur Wasserstelle hinuntergegangen und dort gestürzt war, sich den Knöchel gebrochen oder verstaucht und dabei das Bewußtsein verloren hatte. Wie lange sie im Schnee gelegen hatte, wußte niemand, auch Agnes nicht, die in der Hütte vor sich hin dämmerte ohne jedes Gefühl für das Vergehen von Zeit. Molly hatte schließlich Marges Schreie gehört.

»Und da lag sie«, sagte Molly, »mehr tot als lebendig, mit verdrehtem Fuß, der Knochen stand heraus, und es war Blut auf dem Schnee. Ich habe sie bei den Schultern gepackt und sie den Weg hinaufgezogen, durch tiefen Schnee, und sie hat gebrüllt vor Schmerzen. Da war es schon fast dunkel. Ich hab nach deinem Peter Ausschau gehalten, um ihm Bescheid zu sagen, aber er ist nicht vorbeigekommen. Und da hab ich sie hineingeschleppt, und wir haben ihr den Fuß verbunden, und Mutter hat ihr was Warmes zu trinken gemacht, aber ihr ist nicht warm geworden, sie lag einfach nur da, ganz schwach und still, und als ich im Morgengrauen nach ihr gesehen habe, war sie tot. War ja kein Wunder, in ihrem Alter. An dem Morgen hat der Schnee sich fast bis zum Dach aufgetürmt, wir haben die Tür nicht aufbekommen, also mußten wir sie an der Wand auf den Boden legen. Jetzt, wo der Schnee weg ist, will ich ins Dorf und Pater John Bescheid sagen. Meinst du, der Weg über die Dorfweide ist frei?« Die Traurigkeit verzerrte Molly das müde Gesicht.

Erleichtert dachte Marion daran, daß Sir Hugh wie jeden Winter veranlaßt hatte, daß mehrere Gräber ausgehoben wurden, bevor der Boden hart gefroren war. Marion war nicht erschüttert; man mußte damit rechnen, daß alte Leute bei dieser Kälte starben, und eigentlich empfand sie auch keine Trauer.

Molly mußte bis zum Dorf durchgekommen sein, denn am selben Abend noch waren Männer mit einer Hürde gekommen und hatten Marges Leichnam zum Friedhof geschafft. Pater John hatte bei dem feuchtkalten Wetter die Andacht so kurz wie möglich gehalten, mit heiserer Stimme und tropfender Nase. Molly hatte Marion in allen Einzelheiten darüber berichtet.

Inzwischen war Peter nach Hause gekommen, schlecht gelaunt, weil der Zeitplan seiner Arbeiten durcheinandergeraten war, aber er hatte eine Menge großer Holzscheite mit hereingebracht. Die Dachluke hatte er mit einem Stock aufgestoßen; man konnte sie nun wieder aufstellen oder zuklappen lassen. Zwischen den verrußten Sparren konnte Marion erkennen, daß bei Peters Maßnahme eine der ledernen Angeln gerissen war; es war ihm im trüben Licht der Hütte nicht aufgefallen, und sie wollte ihn lieber nicht darauf aufmerksam machen. Im Augenblick ging es ja so. Er war voller Mitgefühl wegen der Frostbeulen, rieb ihr vorsichtig die Füße mit Gänseschmalz ein und wickelte sie in alte Lumpen, doch selbst die sanfteste Berührung verursachte ihr Höllenqualen. Ihr war es ein Rätsel, weshalb er nie Frostbeulen bekam, wo er doch soviel öfter draußen in der Kälte war. Und auch Peterkin hatte keine, nicht einmal an seinem verkrüppelten Fuß.

Nicht nur, daß sie bei jedem Schritt den Schmerz in den Füßen ertragen mußte, sie fühlte sich oft auch sehr schwach. Sie wußte, daß sie nicht genug zu essen bekam. Diese zittrige Mattigkeit, die mit

einer Trübung der Sehkraft einherging, hatte sie in den Hunger-
monaten schon öfter erlebt. Damit das nicht überhandnahm, hatte
sie immer etwas Honig aus dem Topf gekratzt, den Betsy ihr geschickt hatte, aber jetzt war auch der letzte Rest aufgebraucht, und
es bestand wenig Aussicht auf einen Ausflug zur Mühle. Täglich
überprüfte sie die Vorräte an Getreide, Erbsen und Käse und versuchte abzuschätzen, wann mit Nachschub zu rechnen war. Dann
sah sie Peter an und ihre beiden arglosen Kinder und aß selber noch
weniger. So war es im Winter immer gewesen.

In den endlosen Tagen seit dem Beginn des Tauwetters war kein
frischer Schnee mehr gefallen, aber die Reste, die sich entlang des
Zauns und in den Gräben auf der Dorfweide gehalten hatten, waren
tagsüber nur an der Oberfläche geschmolzen und während der
Nächte wieder zu krustigen Netzwerken aus Eis gefroren. Jeden Tag
stapfte und schlitterte Peter zu seiner Werkstatt im Dorf und
schleppte sich vor Dunkelheit wieder nach Hause, die Lappen, die
er sich um Füße und Waden gewickelt hatte, bis zu den Knien voll-
gesogen mit Wasser, die Säume des Kittels und des Mantels schwer
vom halbgeschmolzenen Schnee. An das Trocknen der Kleider war
nicht einmal zu denken.

Er war mit einem stämmigen Pfosten aus Eschenholz nach Hause
gekommen, das eine Ende angespitzt und verkohlt, um es bestandi-
ger gegen Feuchtigkeit zu machen, hatte ihn unter dem Vordach an
die Wand gelehnt und Marion erklärt, er wolle die Tür der Plowrights damit ausbessern.

»Jack hat mich schon vor einer Weile darum gebeten, kurz vor
dem Dreikönigstag. Ihr Türpfosten ist vermodert, sagt er, und das
Windbrett hängt ganz schief – er befürchtet, es könnte den Kindern
auf den Kopf fallen. Und er hat recht, unten bröckelt schon alles.
Wahrscheinlich pinkeln die Bälger seit Jahren dagegen – und die
Köter auch. Sonntag nach der Messe setze ich den neuen ein. Er
muß mir dabei helfen.«

Marion hatte nichts dagegen. Sie fand es beunruhigend, etwas
für die Plowrights zu tun, aber gleichzeitig beschwichtigte es ihr
Gewissen. Beunruhigend war die Angst, jede Nähe zu diesen Leu-

ten könnte sie selber krank machen, denn sie glaubte, daß Seuchen durch Armut ausgelöst würden, aber es beschwichtigte das schlechte Gewissen, wenn überhaupt etwas für diese Leute getan wurde. Andrerseits ließ sich das Gewissen auch mit dem Gedanken besänftigen, daß sie sich alle Annehmlichkeiten hart erarbeiten mußte und diese pflichtvergessene Sarah an ihrem Unglück selber schuld war.

Am nächsten Sonntag war Peter durch das schneeverkrustete Gras zu den Plowrights gestapft, den Pfosten über der Schulter, den Spaten und einen spitzen eisernen Dorn zog er hinter sich her; in den Gürtel hatte er sich seinen größten Hammer gesteckt. Den ganzen Nachmittag über hatte Marion das Hämmern gehört. Erst nach Stunden war Peter müde heimgekehrt.

»Wir haben's geschafft«, sagte er. »Leider war kein kräftiger Mann mehr in der Nähe. Ich hab den alten Pfosten rausziehen und ein ordentliches Loch für den neuen graben müssen, und während der ganzen Zeit hat Jack das Windbrett und das ganze Gewicht der Balken und des Strohdachs nach oben gestemmt. Ich hab gemacht, so schnell ich konnte, zum Glück war der Boden weich, aber es hat mich doch gewundert, wie lange er durchgehalten hat.«

»Ein Pech, daß Martin mit Lisa in der Mühle war. Hätte nicht Sarah helfen können oder eins der Kinder?«

»Diese Sarah hat auf ihrem Baumstamm gehockt. Sie hat keinerlei Anstalten gemacht zu helfen, und er hat nichts gesagt. Sie wäre auch keine Hilfe gewesen, reicht ihm ja kaum bis zur Schulter.«

»Und die Kinder?«

»Ich werd nicht schlau aus den Bälgern. Man weiß ja nicht mal, ob sie Junge oder Mädchen sind. Die werden wohl nie erwachsen. Da war...«

»Hast du gesehen, wie viele es waren?« fragte Marion. Sie dachte an das Gerücht, es könnte eins weniger geworden sein.

»Nein, es war ziemlich düster da drinnen, obwohl die Tür offenstand. Auf dem Boden lag ein Haufen Decken, aus dem haben ein paar magere Beine hervorgeschaut, und einmal hat unter einer Ecke ein kleines Gesicht mit großen Augen hervorgelugt. Die sind in einem erbärmlichen Zustand, das ist mal sicher. Diese Sarah rührt keinen Finger, und reden kann man mit ihr auch nicht, weil man von dem Genuschel kein Wort versteht, und Jack ist 'n alter Griesgram, auch wenn er hart arbeitet. Wenigstens haben wir den Pfosten drin, und das Windbrett sitzt wieder fest, und ich hab ihm ein Bündel Weidenruten geschenkt, die kann er um den Pfosten binden und mit der Wand verflechten. Damit die Wand wieder fest an dem neuen Pfosten sitzt. Aber wahrscheinlich verheizen sie die Ruten und scheren sich einen Dreck um die Wand. Man kann ihnen ja nicht alles abnehmen. Außerdem stinkt's da drinnen wie die Pest.«

Nachdem Marion sich das letzten Sonntag angehört hatte, war ihr Mitgefühl für die Plowrights geschwunden und hatte sich auf Peter gerichtet. Er hatte sich für sie verausgabt, unter großer Mühe ein Loch in die nasse, wurzlige Erde gegraben, um einen neuen Pfosten einzusetzen, und sie hatten ihm als Dank dafür nicht einmal etwas angeboten. Sie wußte, daß sie nichts erübrigen konnten, aber es war üblich in der Dorfgemeinschaft, daß man irgendeine Art von Gegenleistung anbot. Marion glaubte nicht, daß die viele Hilfe, die den Plowrights zuteil wurde, ihr Leben auch nur einen Deut sicherer gemacht hatte – und dann war da noch das Geheimnis des verschwundenen Kindes. Vielleicht war es ja gar kein Geheimnis, vielleicht hatten sich alle verzählt, und es hatte dieses Kind nie gegeben, aber allein der Gedanke war Marion unbehaglich. Und selbst wenn so ein kleines, kümmerliches Leben durch die gewissenlose Gleichgültigkeit der Plowrights ausgelöscht worden wäre, warum sollte ihr, die mit ansehen mußte, wie zwei ihrer Kinder, ihrer fürsorglich umhegten Kinder gestorben waren, in welch kurzer Zeitspanne drei ihrer hilflosen Neugeborenen dahingerafft worden waren – warum sollte ihr das Verschwinden eines namenlosen kleinen Plowright wirklich zu Herzen gehen?

Heute war wieder Sonntag, und noch während sie zusammengerollt im Bett lag, faßte sie den Entschluß, sich auch an diesem Sonntag den Weg über die morastige Dorfweide nicht zuzumuten. Peter mußte allein in die Messe gehen. Dafür würde jeder Verständnis haben. Bei der Gelegenheit fiel ihr ein, wie vor vielen Jahren die Männer aus Rutherford mit Krügen und Säcken voller Salz ins Dorf gekommen waren; die Nacht hatten sie damals im Herrenhaus verbracht, und am nächsten Tag wunderten sie sich, daß in der Kirche keine Messe gelesen wurde.

»Bei uns findet die Messe am Sonntagvormittag statt«, hatte Sir Hugh – damals ein frisch vermählter Ehemann – zu ihnen gesagt.

»Aber heute ist Sonntag«, behaupteten die Männer aus Rutherford.

»Nein, heute ist Samstag«, erwiderte Sir Hugh, und Pater John kam herbei, um es zu bestätigen.

»Schön«, sagten die Männer aus Rutherford, »aber überall sonst auf der Welt ist heute Sonntag. Ihr müßt euch irgendwann einmal verzählt haben.« Die Nachricht machte die Runde, die Arbeit auf den Äckern wurde eingestellt, Pater John hielt am Abend die Messe, und der nächste Tag war ein Montag, ganz gleich, wie die Leute darüber dachten. Dieser Zwischenfall hatte Mißtrauen und Zweifel an den Wahrheiten des Pater John in die Herzen der Dorfbewohner gesät, und einige behaupteten gar, es sei ein absichtlicher Irrtum gewesen, um ihnen einen zusätzlichen Arbeitstag abverlangen zu können.

»Seht ihr«, triumphierte Milly, »ich wußte doch, daß heute nicht wirklich Samstag ist. Hab ich nicht immer gesagt, daß wir vor der Schafschur zwei Donnerstage hatten?«

»So etwas hat sie nie gesagt, Sir«, hatte Tom damals Sir Hugh ins Ohr geflüstert.

Heute war jedenfalls Sonntag, da waren sich alle einig. In der Kirche würde die Messe gelesen werden wie immer, aber niemand mutete den Alten und Gebrechlichen aus Rockwell oder der Mühle oder dem Weiler hinter der Dorfweide die Teilnahme zu. Am späten Vormittag kam Peter von der Messe zurück. Er brachte Lisa und Martin mit, die den Weg nicht gescheut hatten. Peter steckte sich seinen Maßstab wieder hinters Ohr (zur Messe legte er ihn ab, weil er zu sehr nach Arbeit aussah) und ging zusammen mit Martin hinüber zu Martins Hütte, um dort ein neues Wandbrett anzubringen. Lisa kam herein, sie und Marion setzten sich vor die

Feuerstelle und stellten die Füße auf die warmen Steine, obwohl Marion wußte, daß es ihren Frostbeulen nicht guttat. Es war schön, ein bißchen Gesellschaft zu haben.

»Ich hab Mutter und Vater bei der Messe gesehen«, sagte Lisa. »Die Jungen und die Mädchen sind zu Hause geblieben und haben sich um Großvater gekümmert.«

Marion fragte, wie es dem Alten ging.

»Er wirkt unverändert. Während der viele Schnee lag, haben sie ihn in ein Federbett gewickelt und in seinen Stuhl gesetzt – und er hat sich nicht einmal erkältet. Er redet von Dingen, die lange vergangen sind, und an das Weihnachtsfest kann er sich nicht mehr erinnern – dabei ist es kaum fünf Wochen her. Aber wenn einer von uns davon anfängt, erzählt er wieder von der Hungersnot. Schon erstaunlich, daß es ihm so gutgeht. Die arme alte Marge dagegen, die ist wohl an einer Erkältung gestorben. Es ist schon eigenartig, daß Agnes sie nicht eher vermißt hat. Im Dorf erzählen sie, daß es Hal sehr schlechtgeht. Sie glauben nicht, daß er es noch lange macht, und M'Dame hat Hilda erlaubt, zu ihm zu gehen. Sie war nicht in der Messe, also wird sie wohl bei ihrem Vater gewesen sein. M'Dame war in der Messe. Bei ihr muß es bald soweit sein. Auf dem Weg zur Kirche haben Sir Hugh und Rollo sie gestützt, jeder auf einer Seite; sie hatten wohl Angst, sie könnte auf dem matschigen Schnee ausrutschen – ach, dabei fällt mir ein...« Lisa schlug den Umhang zurück, steckte die Hand in den Lederbeutel, den sie um den Hals trug, und zog eine kleine, spitze Schere heraus.

»Wir haben sie auf einem Balken in unserer Hütte gefunden«, sagte sie. »Ich nehme an, Dick hat sie dort vor den Kindern versteckt. Er war ja groß genug und konnte jederzeit dran. Hilda muß sie beim Auszug vergessen haben, aber vielleicht hat sie auch gar nicht gewußt, daß sie dort lag.«

»Oder sie hat sich nach Dicks Tod so elend gefühlt, daß ihr die Schere gleichgültig war«, fügte Marion hinzu.

»Ja, schon möglich. Jedenfalls hat Martin den Rost abgeschmirgelt und sie mit seinem besten Wetzstein geschärft. Ich wollte sie Hilda mitbringen, aber sie war nicht in der Messe, und Joan oder

Milly wollte ich sie nicht geben – da weiß man nie, was damit geschieht. Ich glaube, mit dieser spitzen Schere hat er die jungen Böcke kastriert. Du könntest dir die Fußnägel damit schneiden, und ich bringe sie Hilda, wenn ich das nächste Mal ins Herrenhaus gehe. Was machen deine Füße?«

Marion schlüpfte aus den losen Lappen, die sie sich zum Schutz um die Füße gewickelt hatte; dick geschwollene, rote Zehen kamen zum Vorschein, einige mit offenen Stellen.

»Sie verheilen langsam«, sagte sie, »aber ich hab noch schreckliche Schmerzen. Vielleicht wird es mit geschnittenen Nägeln besser, aber es tut schon so weh, wenn Peter sie in die Lappen wickelt. Ich weiß nicht, ob ich es aushalte, mir die Nägel zu schneiden.«

»Laß mich versuchen, Tante«, sagte Lisa, kniete nieder und schnitt ihr ganz sanft und ohne sich um Marions Schmerzenslaute zu kümmern alle Fußnägel so kurz wie möglich. Alice kam herbeigetappst und sah mit andächtigem Interesse zu. Marion mußte zugeben, daß es den Füßen guttat, also nahm Lisa sich auch noch ihre Hände vor und stutzte ihr die aufgerissenen, schartigen Fingernägel. Peterkin rollte aus dem Stroh, auf dem er müßig gelegen hatte, und Lisa und Marion beschäftigten sich eine Weile mit seinen Füßen, ganz besonders mit dem verkrüppelten, an dem ein Zehennagel in die Sohle zu wachsen drohte. Peterkin rief »Ooh« und »Aua« und stöhnte schrecklich, aber hinterher konnte auch er besser gehen.

»Alice auch«, sagte Alice, ließ sich auf ihren Hintern plumpsen und streckte die kurzen, schmutzigen Beinchen von sich. Marion nahm sie auf den Schoß, und Lisa knipste die winzigen Nägel an Zehen und Fingern ab, die kaum härter waren als die Haut eines Apfelgehäuses.

Alice war, wie üblich, die Kapuze in den Nacken gerutscht und hatte das helle, dünne Haar freigegeben, das ihr in übelriechenden, mit Haferschleim und Milch verklebten Strähnen ins Gesicht fiel.

»Schneid ihr die Haare ab, Lisa«, sagte Marion. »Sie hängen ihr immer in die Augen. Über der Stirn mußt du sie ganz kurz schneiden. Ihre Augen werden nicht besser, wenn sie immer durch die Haare gucken muß.« Marion hielt Alice den Kopf fest, und Lisa schnipste ihr rund um das kleine Ferkelgesicht ein paar Zoll von den Haaren ab.

»Alice Haare«, murmelte sie beeindruckt, als Marion die Strähnen zusammenfegte und ins Feuer warf, »alle verbrannt.«

»Ich muß jetzt nach Hause, Tante«, sagte Lisa, erhob sich und steckte die kleine Schere wieder in den Beutel. »Wenn es weiter so taut, gehe ich in ein paar Tagen zur Mühle, und dann kann ich Mutter sagen, daß es euch allen gutgeht.«

»Wenn Peter mit dem Wandbrett fertig ist«, sagte Marion, »dann schneid ihm doch auch die Zehennägel, falls du ihn überreden kannst. Wer weiß, wann dazu wieder Gelegenheit ist, und letzte Nacht im Bett hat er Peterkin ein paar schlimme Kratzer beigebracht.«

Beim Hinausgehen ließ Lisa die obere Türhälfte offenstehen, und ein fahles Sonnenlicht schien herein.

Die kleine Abwechslung hatte Marions Lebensgeister geweckt, und ihr Wohlbehagen übertrug sich auf die Kinder. Sie fegte den Boden um die Feuerstelle herum, die übliche Vorsichtsmaßnahme, und gleich sah die Hütte sauberer und ordentlicher aus. Dann legte sie noch einen kleinen Scheit auf das Feuer, und im Schein der Flamme und des schwachen Sonnenlichts von draußen nahm sie die Spindel und den Korb mit gekämmter Wolle zur Hand. Ihre Finger waren geschwollen und steif, deshalb drehte sie die Spindel recht ruckartig, der Faden geriet ungleichmäßig, und die Hände taten ihr weh. Aber das Spinnen war willkommener Anlaß, auf dem Baumstamm Platz zu nehmen und die frisch verbundenen Füße nah an die warmen Steine, aber nicht darauf zu setzen. Peterkin hatte den Besen aus Schwanzfedern zur Hand genommen, ein kleines Stück Boden noch einmal frisch ausgefegt, und jetzt zeichnete er mit einem Stöckchen ein Bild auf die staubige Fläche. Alice sah ihm aufmerksam dabei zu.

»Was is' das?« fragte sie.

»Unsere Hütte«, antwortete Peterkin, ganz auf das Bild konzentriert, »und das ist die Esche, die sich über das Dach beugt.«

»Wo's die Tür?«

»Hab ich noch nicht gemalt.«

»Rauch aufs Dach tun«, verlangte Alice. Marion fiel auf, wie viele neue Worte Alice wußte, obwohl niemand sie ihr beigebracht hatte. Peterkin kritzelte etwas Rauch in seine Zeichnung.

»Mehr«, sagte Alice, »mehr Rauch, überall Rauch.«

»Kein Platz, da ist schon die Esche.«

Alice nahm ein Stöckchen und malte mit ähnlichem Geschick ein rechteckiges Haus, aus dem eine mächtige Rauchwolke hervorqualmte.

»Alice malt gern Rauch«, sagte sie und malte weiter. Peterkin war ein wenig eifersüchtig auf ihr Talent und sagte: »Mal doch mal die Esche mit dem Efeu drauf.« Alice kratzte die Esche in den Boden, mit einem Knick über dem Dach, weil der Platz durch die Feuerstelle beschränkt war. Und dann malte sie noch einen Kreis mit strahlenförmigen Linien über das Haus.

»Was ist das?« wollte Peterkin wissen.

»Sonne«, sagte Alice und malte noch mehr Strahlen.

»Das sieht ja aus wie Löwenzahn«, erwiderte Peterkin, der sich darüber ärgerte, daß er die Sonne vergessen hatte.

»Löwenzahn ist wie die Sonne«, sagte Alice und war so begeistert von ihrem Einfall, daß sie vor Lachen vornüberkippte und dabei Peterkins Zeichnung zerstörte. Er beklagte sich, es kam zum Streit, und noch während Marion schlichtete, kam Peter nach Hause.

»Hast du ihnen ein Wandbrett gemacht?« fragte sie ihn und kehrte zu ihrer Arbeit zurück.

»Ja – ein schönes langes. Die Hütte ist solide gebaut, wir konnten es über eine Länge von sechs Stützpfeilern anbringen. Lisa hat viele Krüge und Töpfe. Deine Schwester scheint sie gut eingedeckt zu haben. Was gibt's zu essen? Ich habe einen Mordshunger.«

Marion legte die Spindel wieder beiseite und schaffte Brot und Käse herbei. Von beidem schnitt er sich dicke Scheiben herunter. Ängstlich sah sie ihre Vorräte schwinden.

Ein wenig gesättigter sah er seine Kinder an und sagte: »Was ist denn mit den Haaren der Kleinen passiert? Komm mal her, Alice.«

»Alice Haare alle verbrannt«, erklärte sie ihm.

»Wie meinst du das?« fragte er und streichelte ihr über den Kopf.
»Das ist abgeschnitten, nicht verbrannt.«

»Alice Haare verbrannt«, wiederholte sie und deutete auf die
Feuerstelle. Marion erzählte ihm von der kleinen Schere und dem
Schneiden der Zehen- und Fingernägel.

»Aber sie ist doch ein Mädchen«, empörte sich Peter. »Einem
Mädchen schneidet man doch nicht die Haare ab – das sieht ja al-
bern aus. Sie müssen unter einer Haube auf den Rücken hängen.
Wenn sie mal älter ist, jedenfalls.«

»Sie hingen ihr in die Augen«, sagte Marion, »und zum Zusam-
menbinden waren sie nicht lang genug. Und außerdem klebten
überall Essensreste drin. Die wachsen schon wieder nach.«

»Ich mag meine Kleine nicht mit kurzem Haar«, knurrte er. »Das
ist nichts für Mädchen. Setz die Kapuze auf, Kind, bis sie wieder länger sind – und daß du mir keinen Haferschleim mehr reinschmierst,
verstanden?« Er gab ihr einen Klaps auf den Hintern und schnitt
sich noch dickere Scheiben von Brot und Käse ab.

»Das Brot muß noch für morgen reichen«, sagte Marion.

Schuldbewußt hob er den Blick. »Ich sterbe vor Hunger«, sagte
er, nahm sich aber nur eine der dicken Scheiben, die er sich abgeschnitten hatte. Sie wußte, daß er so viel aß, weil er sich über Alices
Haare ärgerte. Peterkin kam her, sah die abgeschnittenen Scheiben
und fragte: »Kann ich eine haben?«

»Meinetwegen«, seufzte Marion und gab jedem Kind eine
Scheibe Brot mit etwas Käse drauf. Selber aß sie nichts. Sie nahm
die Spindel wieder zur Hand.

Plötzlich faßte sich Peter ans Ohr und fragte: »Wo ist mein Maßstab?«

»Auf dem Wandbrett vielleicht?« fragte Marion. »Heute ist Sonntag.«

»Nein, als ich zu Martin rübergegangen bin, um sein Wandbrett
zu machen, hab ich ihn dabeigehabt.« Alle suchten in der dunklen
Hütte nach dem Maßstab, aber er fand sich weder auf dem Wandbrett, noch steckte er hinter Peters Ohr. Der Stab war ein so vertrauter Anblick, daß Marion ihn jetzt gar nicht richtig vor sich sah.

Er gehörte schon fast zu Peters Körper, weil er immer hinter seinem rechten Ohr steckte, vom krausen Bart und den lockigen Haaren an seinem Platz gehalten. Er war aus heller Stechpalme geschnitzt, etwa sechs Zoll lang, gerade und glatt mit vier Kanten, nicht mehr ganz eckig aufgrund des langen Gebrauchs, aber auch nicht so rund, daß er wegrollen konnte. Auf allen vier Seiten waren in regelmäßigen, aber unterschiedlichen Abständen kurze Striche eingekerbt, jeder Strich war mit Ruß und Schmutz unterlegt und deutlich sichtbar auf dem helleren Holz, das glatt wie Seide war, weil er es sich seit vielen Jahren ein dutzendmal täglich in das fettige Haar schob. Er, und vielleicht nur er allein, wußte, was die Maßeinheiten zu bedeuten hatten. Es waren kleine, feine Maßeinheiten. Für die größeren Maße nahm er den Strick, der seinen Kittel zusammenhielt und in den er sich in unterschiedlichen Abständen Knoten gemacht hatte.

Die obere Türhälfte stand bereits offen; Peter öffnete auch die untere, damit noch etwas mehr vom winterlichen Dämmerlicht hereinfiel, aber die Suche blieb vergeblich.

»Lauf mal rüber zu Martin, vielleicht hab ich ihn dort liegenlassen«, sagte er zu Peterkin, und Marion, die draußen unter dem Vordach stand, blickte Peterkin nach, wie er mit seinem Hinkefuß um die Hausecke hoppelte.

Tagsüber hatte es getaut, und nur noch ein paar verkrustete Schneereste waren am Apfelbaum und entlang des Zauns liegengeblieben. Das letzte Licht des Nachmittags – ein blaßgelber Schimmer hinter grauen Wolken – schien auf die Buchen im Wald hinter dem Garten und brachte die gelben Flechten auf ihren glatten Stämmen zum Leuchten. Der Waldboden war dunkelbraun vom nassen Herbstlaub, an manchen Stellen zogen sich bläulichgrüne Felder frischen Efeus darüber; das niedrige Unterholz oberhalb des Grabens war durchsetzt mit den dunkelbraunen Nestern der Waldrebe, deren grauer Flaum längst vom Wind verweht war. In der Tiefe des Grabens hatten sich Reste schmutzigen Schnees gehalten. Die Luft war kalt, und Marion zitterte, als sie ihr in die feuchten Kleider kroch, aber sie blieb stehen, von einem schmerzenden Fuß auf den anderen tretend, um das blasse, schwächer werdende Licht über dieser vertrauten Szenerie zu betrachten, die ihr so erstaunlich viel bedeutete.

Peterkin kam um die Ecke gehinkt. Er hielt Peters Maßstab in die Höhe.

»Lisa hat ihn gefunden«, verkündete er triumphierend, »auf dem neuen Wandbrett, als sie ihre Töpfe und Sachen eingeräumt hat.«

Sie gingen zusammen hinein, schlossen die untere Türhälfte; Peter sagte nur: »Aha, da ist er ja«, und steckte sich den Maßstab wieder hinters Ohr. Marion nahm die Spindel zur Hand. Sie fragte sich, ob sie im ganzen wohl schon zwei Ellen Garn gesponnen hatte an diesem Tag. Peter ließ sich neben ihr auf dem Baumstamm nieder.

»Müde?« fragte sie.

Er murmelte zustimmend.

»Du hast nie Ruhe, so wie die Männer, die auf dem Acker arbeiten. Die haben wenigstens die Jahreszeiten.«

»Ich weiß. An manchen Tagen müssen sie nichts weiter tun, als dem Korn dabei zusehen, wie es wächst – oder eben nicht wächst.« Ein kleines Lächeln verlor sich in seinem Bart.

»Auch letzten Sonntag hast du den ganzen Tag gearbeitet«, sagte sie mit Besorgnis in der Stimme.

Irgendwie fiel es ihr leichter, sich an Peters Arbeiten zu erinnern als an ihre eigenen eintönigen, formlosen Tage.

»Ja, so geht's im Leben. Es läßt sich nicht alles aufschieben. Rollo liegt mir ständig wegen diesem und jenem in den Ohren, und irgendwann muß ich es machen oder wenigstens so tun – der scheint zu glauben, sobald er mir einen Auftrag gibt, ist er auch schon erledigt. Und andere Leute brauchen auch Sachen, Simon braucht neue Schaufeln für sein Mühlrad – ja, tut mir leid, ich hab wieder nicht nach dem Honig gefragt. Und die Plowrights mußten dringend einen neuen Türpfosten haben. Ich möchte wetten, daß sie meine Weidenruten nicht eingeflochten haben.« Er seufzte und rieb sich den Bart. Sie hatte ganz vergessen, daß er letzten Sonntag bei den Plowrights war. Er redete weiter: »Für die Plowrights könnte man Tag und Nacht arbeiten, aber ich glaube nicht, daß es an ihrem Leben irgend etwas ändern würde. Saubande – alle miteinander. Diese Sarah tut nichts anderes, als sich jedes Jahr ein Kind machen zu lassen – und wenn es auf der Welt ist, läßt sie es verkommen.«

Marion meinte, daß Sarah so oft schwanger wurde, sei ja wohl Jacks Schuld.

»Ja, vermutlich«, erwiderte Peter mürrisch. »Vermutlich kann er sich nicht beherrschen.«

Februar

achdem Ende Januar endlich die letzten Schneereste weggetaut waren, hatte es zu regnen angefangen. Es regnete und regnete, häufig, heftig, viele Tage lang. Manchmal hingen Wolken und Nebel einen halben Tag lang unbewegt über den Baumkronen, bis gegen Abend wieder Wind aufkam und neue Regenwolken das Tal herauftrieb.

Wie schon während des Schnees im Januar blieb Marion nicht viel anderes zu tun, als das Dasein so gut wie möglich zu bestreiten, im Haus zu bleiben, ein kleines Feuer am Brennen zu halten, die Vorräte zu strecken, nach Möglichkeit etwas Wolle zu spinnen, die Tiere zu füttern und durchzuhalten, durchzuhalten, durchzuhalten. Das Durchhalten zermürbte sie alle. Die noch bei Kräften waren, wurden streitlustig, die meisten jedoch, vor allem die Frauen, waren zu teilnahmslos, um in Zorn zu geraten.

Die feuchte Luft durchdrang alles, nichts in der Hütte war mehr trocken. Die schweren, wollenen Kleider sogen die Nässe auf und hielten sie fest. Die Federbetten lasteten nachts schwer und kalt auf ihnen, die Stiefel wollten nicht wieder trocken werden. Marion hatte Schwierigkeiten mit dem Feuer, weil ständig Wasser durch die Dachluke tropfte. Seit Peter sie beim großen Schnee zugeknallt hatte und eine der Angeln gerissen war, schloß sie nicht mehr richtig, der Wind wehte den Regen herein, das Wasser tropfte auf die Scheite, löschte die Glut oder näßte das Holz so sehr, daß es nicht richtig brennen wollte. Sie hatte hinausgehen und den halben Holzstoß umwerfen müssen, um weit unten und nah an der Hüttenwand an trockene Scheite zu gelangen, die sie dann hineingetragen und in einer Ecke aufgestapelt hatte, in der Hoffnung, daß sie dort nicht naß wurden. Dabei war sie auf ein Stück altes Weidengeflecht aus dem Gartenzaun gestoßen, brüchig und knochentrocken, ein gutes Anmachholz, wenn auch von kurzer Brenndauer. Dann mußte sie noch einmal nach draußen, um den Holzstoß wieder aufzurichten.

Zum Glück mußte sie nicht täglich zur Wasserstelle hinuntergehen. Wenn man den Eimer abends vor die Tür stellte, war er morgens nicht selten zu drei Vierteln mit weichem, geschmacklosem Wasser gefüllt. Das Getreide im großen, tönernen Topf auf dem Wandbrett, den sie immer für wasserdicht gehalten hatte (vielleicht, weil er gegen den anderen Feind, die Mäuse, sicher war), war feucht geworden. Der Topf war nur innen glasiert, die Glasur hatte Risse bekommen, der poröse Ton hatte Feuchtigkeit aufgesogen, und das Korn war unten am Boden verschimmelt. Sie gab es den Hühnern, nachdem die Familie sich über den Geschmack des Brots beschwert hatte. Insgeheim mußte Marion zugeben, daß das Brot scheußlich schmeckte, aber es schmeckte auch deshalb scheußlich, weil das spärliche Feuer nicht genügend Hitze abgab.

Alle häuslichen Schwierigkeiten schienen miteinander in Zusammenhang zu stehen, die eine verstärkte die andere. Obwohl alle ihre Frostbeulen abgeheilt waren, fühlte Marion sich nicht wohl; aber weil das Wohlfühlen in ihrem Leben die Ausnahme war, nahm sie das nicht so ernst. Ihre Übelkeit erklärte sie sich damit, daß sie den Rest der Speckseite gegessen hatte, die den ganzen Winter über im Rauch hing und im Laufe der Wochen immer kleiner geworden war, wenn jemand sich eine Scheibe heruntergeschnitten hatte. Die letzten paar Scheiben hatten eindeutig ranzig geschmeckt. Zweifellos hatte auch der schmelzende Schnee, der durch die undichte Dachluke getropft war, dazu beigetragen, den Speck zu verderben. In einer kurzen Regenpause hatte sie darüber mit Molly gesprochen; sie und ihre Mutter hatten von den letzten Scheiben ihrer Speckseite Bauchschmerzen bekommen.

»In letzter Zeit regt sich Mutter über alles auf«, erzählte sie Marion. »Marge fehlt ihr. Jetzt hat sie niemanden mehr, mit dem sie den ganzen Tag streiten kann. Ein Leben lang haben sie gestritten, meistens über Nichtigkeiten. Ich konnte das ständige Gezänk nicht mehr hören, das kann ich dir sagen, und jetzt jammert sie mir die Ohren voll. Der Speck ist ziemlich ranzig gewesen, auch wenn es nicht mehr viel war. Den letzten Rest hab ich in einen Bohneneintopf geschnitten. Hat nicht besonders gut geschmeckt, aber was sollten wir machen, wir mußten ihn ja essen. Wir haben beide Bauchschmerzen und Durchfall bekommen, und ihr ist die ganze Nacht schlecht gewesen. Den Rest hab ich wegkippen müssen – schade um die Bohnen. Man sollte die Sachen essen, solange sie noch gut sind. Alles kann man nicht aufbewahren.« Dem konnte Marion nur zustimmen, und sie glaubte nun, den Grund für ihre Übelkeit zu kennen.

Aber so war das eben, der Speck war aufgegessen, und jetzt würden sie monatelang kein Fleisch mehr bekommen. Ein paar Narren schlachteten um diese Jahreszeit ein oder zwei Hennen, aber damit brachten sie sich um die Eier und die Kükenschar, die im Frühjahr geschlüpft wäre.

Peter mußte schwer arbeiten, und wenn er abends nach Hause kam, sprach er kaum ein Wort, so erschöpft und durchgefroren war er. Sein Umhang, schwer genug schon im trockenen Zustand, war so durchnäßt, daß Marion ihn kaum heben konnte. Einer der Ochsenkarren des Herrenhauses bekam neue Seitenwände; Peter mußte dicke Bretter aus einem Ulmenstamm sägen und sie in das Gerüst des Karrens einpassen. Das hieß, daß er ständig zwischen Werkstatt und Wagenschuppen hin und her gehen mußte, durch schlammige, stinkende Wasserpfützen. So war es jedes Jahr im Februar.

An diesem Tag Ende Februar war Marion früh erwacht, kein Schimmer von Tageslicht war über der Tür zu sehen. Als sie gestern abend ins Bett gingen, war der Wind durch die Esche gefegt und hatte am Efeu gerüttelt, Regen war auf das Dach geprasselt und durch die undichte Luke getropft, aber jetzt war alles still – kein Wind, kein tropfendes Wasser, und wenn es noch regnete, dann mußte das ein sanfter Nieselregen sein, der lautlos im Strohdach versickerte.

Ihre Schultern waren steif und schmerzten. Sie bewegte sich auf dem feuchten Stroh unter der schweren Decke ein wenig hin und her, aber es wurde nicht besser. Auch die Übelkeit war noch da. Immerhin bin ich nicht so schlimm dran wie M'Dame, dachte sie. Gestern abend war Peter nach Hause gekommen und hatte berichtet, daß bei Dame Margaret die Wehen eingesetzt hatten. Mam Fletcher die Dutzenden von Kindern auf die Welt geholfen hatte, wachte bei ihr. Niemand im Dorf hegte nach den schweren Wehen große Hoffnung auf eine glückliche und leichte Niederkunft. Nach Magda, ihrem ersten Kind, hatte sie viele armselige kleine Würmchen auf die Welt gebracht, keiner wußte mehr, wie viele, und alle waren sie tot geboren oder bald nach der Geburt gestorben. Beim Gedanken daran tastete Marions rechte Hand nach Alice, berührte ihre Stupsnase, aber die Kleine schlief ebenso fest wie Peter, der langsam und gleichmäßig atmete.

Ein seltsam fernes Quaken drang in die Stille; fast im selben Augenblick spürte Marion einen Ruck an den Füßen, und Peterkin regte sich. Sie lag still und lauschte. Das Stroh raschelte, als er sich aufsetzte und aus dem Bett stieg. Einen Augenblick lang blieb es ruhig, wahrscheinlich suchte er nach seinem Kittel oder band sich den Gürtel um, dann hörte sie ihn mit verstohlenen Bewegungen die untere Türhälfte öffnen. Sie schlug ein Auge auf und sah schwaches Dämmerlicht, als er ins Freie schlüpfte und die Tür ganz leise hinter sich schloß. Sie mußte lächeln und streckte die Füße, bis sie an die warme Stelle im Stroh kam, die er gerade verlassen hatte. So blieb sie eine ganze Weile liegen – sie hatte die Schultern hochgezogen, und manchmal überlief sie ein heftiges Zittern – und wartete auf den Morgen. Das entfernte Quaken dauerte an. Was mochte da draußen los sein? Alice fing leise an zu wimmern; Marion richtete sich auf und hob sie in das große Bett. Alice schmiegte ihren wunderbar warmen Körper fest an Marions Bauch und drückte ihr die eiskalte Nase gegen die schmerzende Schulter. Beide schlummerten wieder ein.

Ein lauteres, aufgeregteres Quaken ertönte und wurde wieder schwächer, aber der Lärm hatte Marion vollends geweckt. Sie stand auf, ließ Alice neben dem ruhig atmenden Peter weiterschlafen, band sich den Gürtel um die Hüften, wickelte die fast schon warmen Füße in feuchte Stofflappen, setzte ihre Haube auf und verschnürte sie fest unterm Kinn, und nachdem sie sich das offene Haar daruntergeschoben hatte, war sie fertig für den Tag. Sie stieß beide Türhälften auf und machte sich in dem trüben Licht des Morgens am Feuer zu schaffen. Es erforderte viel Geduld und behutsamen Umgang mit dem Blasebalg, die kleinen, nur halbwegs trockenen Zweige zum Brennen zu bringen, um dann ein paar Stücke des alten Weidengeflechts auf die Flammen zu legen. Peter erwachte unter lautem Gestöhne.

»Was machst du denn hier, Allikin?« murmelte er und streichelte ihr das Gesicht. »Wo ist die Mama, mein Schatz?«

Alice setzte sich auf und zeigte auf Marion: »Mama Feuer machen«, sagte sie.

In diesem Augenblick trat Peterkin durch die offene Tür.

»Sieh mal, Mama«, sagte er und hielt zwei tote Enten in die Höhe.

»Oh …«, rief sie erfreut aus.

»Da draußen steht alles unter Wasser«, berichtete er. »Das Ende von Lisas und Martins Garten und von unserem Garten und der Graben, alles überschwemmt – auch das ganze Gras beim Bach unten, und die Bäume gucken oben raus. Das müßt ihr euch ansehen.«

Peter erhob sich vom Bett, und als sie Peterkin nach draußen folgten, sahen sie, daß er bis zur Hüfte hinauf triefnaß war.

»Nimm die Enten mit«, sagte Marion. »Wenn du sie hier liegenläßt, macht Tibtab sich über sie her.«

Sie gingen um die Hütte herum an Lisas und Martins Gartenzaun entlang. Hier wurde das Gelände etwas abschüssig, und zu ihrem Erstaunen sahen sie, daß das ganze sumpfige Gebiet zwischen dem Bachbett und dem Graben sich in einen einzigen großen See verwandelt hatte.

»Hier war alles voll mit wilden Enten«, rief Peterkin, tanzte herum, um sich warm zu halten, aber wohl auch vor Aufregung, und schwenkte dabei die toten Enten an ihren Hälsen hin und her. »Zu Hunderten sind sie hier rumgeschwommen – jedenfalls eine ganze Menge. Mit vier Steinen hab ich drei von ihnen erwischt, eine nach der anderen. Dicht an dicht sind sie geschwommen, man konnte sie gar nicht verfehlen. Einer von den Plowrights ist auch noch gekommen...«

»Hat er auch eine getroffen?« wollte Peter wissen.

»Nee, er hat 'n paar Steine geworfen, aber alle daneben. Inzwischen waren schon viele weggeflogen, aber ich... ich...«, Peterkin warf einen verstohlenen Seitenblick auf Marion, »ich habe dem Plowright-Jungen die Ente gegeben, und wir haben die beiden Erpel. Ich hab reinsteigen müssen, um sie rauszuholen, als alle anderen weggeflogen waren. Es ist dort nicht sehr tief, es gucken sogar ein paar Schilfhalme raus.«

»Das ist schon in Ordnung«, sagte Marion zu Peterkins Erleichterung, »auch wenn sie die Ente sicher verkommen lassen. Fließt das Wasser?«

Peter ging bis zum Rand und stocherte mit einem Stock herum. »Sieht nicht so aus. Wahrscheinlich hat es im Tal einen Baum umgeweht, der blockiert den Abfluß, und wenn sich Blätter und anderes Zeug davor stauen, wird ein richtiger Damm draus. Wer weiß, ob Mollys Schweinestall nicht auch überflutet ist.«

»Das Ufer ist dort ziemlich steil«, meinte Marion. »Könnte sein, daß er verschont geblieben ist. Außerdem sind nur ein paar Hennen drin.« Alle drei kletterten sie die Böschung hinauf und liefen durch das hohe Gras zu Mollys Schweinestall. Molly, die ihre Stimmen gehört hatte, war herausgekommen und stieß einen Schrei aus, als sie die Wasserfläche am Ende ihres Gartens sah. Wie Marion erklärt hatte, stand der jetzt von Hühnern bewohnte Schweineverschlag auf dem hohen Ufer, und das Wasser reichte nicht ganz an ihn heran.

»Steigt es noch?« fragte Molly besorgt. Peter warf seinen Stock hinein. Er landete in der Nähe der Erle am gegenüberliegenden Ufer.

»Seht nur«, sagte er. Der Stock trieb langsam bachabwärts.

»Könnte aber auch ein Strudel in der Strömung sein«, meinte Marion. Sie warf ein Grasbüschel hinein. Es landete nicht weit von ihren Füßen und trieb langsam den Bach hinab.

»Es scheint abzulaufen«, sagte Peter. »Wenn's nicht wieder regnet, könnten wir Glück haben. Geh mal bei der Wasserstelle nachsehen, Peterkin.«

Er lief davon. Molly hatte die Enten in seiner Hand gesehen und sagte: »Schön, wenn man einen Jungen hat, der mit Steinen umgehen kann – auch wenn an so einer Ente nicht viel dran ist.«

»Wie es wohl bei der Mühle aussieht?« sagte Marion. »Sicher haben sie das Schütz die ganze Nacht offen gehabt, und das Wasser ist nach unten gedonnert. Wie beim Hochwasser damals, als ich noch klein war.«

Peterkin kam aufgeregt angelaufen. »Die Wasserstelle ist überschwemmt. Die Weide steht halb im Wasser, aber es sieht aus, als fließt es wieder ab. An den Ästen hängen überall nasse Grasbüschel – so 'n Stück überm Wasser ungefähr.« Mit der gesunden und der verkrüppelten Hand zeigte er einen Abstand von etwa einem Fuß.

»Wir können nichts tun«, sagte Peter und winkte Martin zu, der mit verschlafenem Blick zu ihnen trat. »Wir können von Glück sagen, daß wir heute nacht nicht aus den Betten gespült worden sind. Komm mit, Marion, wer weiß, was Alice inzwischen alles angestellt hat.«

Als sie in die Hütte zurückkamen, saß Alice aufrecht auf dem Bett; Peters Maßstab schwebte in ungewissem Gleichgewicht zwischen ihrem winzigen Ohr und dem kurzgeschnittenen Haar.

»Bin der Papa«, sagte sie zu ihm. Er lachte, nahm ihr den Maßstab ab und steckte ihn sich selbst hinters Ohr.

Marion kümmerte sich wieder um das Feuer, eine Arbeit, die man besser nicht aufschob, und sah dann nach den beiden Stockerpeln, die Peterkin auf den Baumstamm gelegt hatte. Es waren keine großen Vögel. Sie mußte Molly recht geben, es war nicht viel dran an so einer Stockente; trotzdem freute sie sich schon sehr auf das viele wunderbare Entenschmalz und das frische Fleisch, das sie mit Bohnen zusammen kochen wollte, Bohnen, die das Fett aufsogen und dann äußerst sättigend waren. Und am nächsten Tag würde sie von der dicken, weichen Fettschicht des kalten Eintopfs etwas abkratzen und auf Brotscheiben schmieren. Was für ein gutes, nahrhaftes, wärmendes Essen. Während sie sich die bevorstehenden reichhaltigen Mahlzeiten ausmalte, streichelte sie voller Bewunderung für diese überirdische Farbe den smaragdgrün schillernden Kopf des einen Erpels. Die beiden Köpfe band sie zusammen und hängte die Tiere draußen unter dem Vordach auf. Um das Rupfen und Ausnehmen wollte sie sich später kümmern. Sie wurde von einer plötzlichen Übelkeit überrascht, trotz aller Vorfreude auf den Verzehr der Enten, und mußte schnell zum Misthaufen laufen, um sich zu übergeben.

Immer noch dieser verfluchte Speck, dachte sie. Ich werde ihn nicht los, genau wie Molly und ihre Mutter.

Peterkin war die Freude seiner Mutter über die Jagdbeute nicht entgangen. Ein rätselhafter Stolz erfüllte ihn. Er beschloß, ins Dorf zu gehen, um sich vor seinen Freunden ein bißchen mit den erlegten Enten zu brüsten. Bisher hatte er mit seinem lahmen Fuß und der verkrüppelten Hand noch keine Gelegenheit für derlei Prahlereien gehabt.

Das Hochwasser war keine unmittelbare Bedrohung, und da man ohnehin nichts dagegen tun konnte, mußte Marion, nachdem sich die Aufregung darüber und über die beiden Erpel gelegt hatte, wieder ihren alltäglichen Pflichten nachgehen. Peter ging ins Dorf, der Weg über die Dorfweide stand an keiner Stelle tiefer als sechs Zoll unter Wasser. Eine Menge Arbeit wartete auf ihn. Der Maßstab steckte sicher hinter seinem Ohr.

Der Vorrat an Mehl ging zur Neige, und Marion sah wenig Aussicht, zur Mühle zu gehen, wo Simon einen halben Sack ihres Korns frisch gemahlen hatte, und das Mehl trocken wieder nach Hause zu bekommen. Sie mußte abwarten, wie das Wetter wurde; aber am Vormittag kamen noch immer dunkelgraue, zerrissene Wolken langsam das Tal heraufgesegelt. Nein, sie konnte den Weg zur Mühle noch nicht wagen. Zu oft schon waren ganze Säcke voll guten Mehls verdorben worden, weil ein Regenschauer auf den Schubkarren geprasselt war.

Sie ging zur Feuerstelle und drehte einen der flachen Steine um, auf dem sonst ein Topf stand oder die Brötchen gebacken wurden.

Auf der Rückseite war eine flache Mulde herausgeschabt worden. Unter dem Bett zog sie einen Stein von zylindrischer Form hervor, der hart wie ein Feuerstein war. Sie füllte die Mulde mit einer Handvoll Weizen, kniete sich davor und drückte und stieß und drehte den zylindrischen Stein über die Körner. Es war die uralte Methode, das Korn in der Handmühle zu mahlen; Sir Hugh hatte es verboten, weil das Mahlen zu Hause den Müller in der Wassermühle um seine rechtmäßige und bezahlte Arbeit brachte. Man mußte es heimlich tun. Marion war eine Müllerstochter und hatte gemischte Gefühle beim Gebrauch der Handmühle, aber man mußte schließlich essen, das Essen kam vor dem Gesetz. Wenn Rollo mal wieder besonders kleinlich war, so erzählte man sich, dann ging er von Hütte zu Hütte und versuchte, die Frauen auf frischer Tat mit der Handmühle zu ertappen. Marion wußte, wie sie ihre verstecken mußte: Den Stein drehte sie um und stellte einen Topf oben drauf, dann rollte sie den Stößel, der fern der Handmühle nicht viel anders aussah als jeder beliebige Wetzstein, unter das Bett. Es war harte Arbeit, das Korn mit der Hand zu mahlen. Man mußte fest zustoßen, und nach einer Weile taten einem die Knie weh. Keine Frau tat das aus reinem Vergnügen, aber manchmal, wenn gemahlenes Mehl knapp wurde und die Kinder Hunger hatten, ging es eben nicht anders. In den meisten Hütten gab es so eine heimliche Handmühle, und alle wußten es. Selbst Rollo drückte manchmal ein Auge zu, vor allem dann, wenn eine Trockenperiode die Mühle lahmgelegt hatte.

Vor kurzem hatte Marion die Rockwellsche Variante der Handmühle kennengelernt, nämlich Lisas kreisförmige Mühle, einen flachen, runden Stein, der auf einen anderen Stein gesetzt wurde. Martin hatte sie von seiner Mutter aus Rockwell mitgebracht, und Marion hatte zugesehen, wie Lisa sie benutzte. Sie legte das Korn in den unteren, tellerförmigen Stein, hob den schweren, kaum kleineren oberen Stein etwas an, um einen Stock senkrecht in ein Loch an seinem unteren Rand zu schieben, an dem sie ihn herumdrehen konnte. Lisa meinte, auf diese Weise ließen sich größere Mengen Korn mahlen, aber leichter wurde es dadurch nicht – jedenfalls fand

Marion das, nachdem sie es selber ausprobiert hatte. »Du erzählst Vater doch nichts davon, Tante?« hatte Lisa gesagt, aber sie hatte dabei gelacht.

Mit welcher Mühle man auch mahlte, Marion hatte festgestellt, daß die groben Schalen und Spelzen, die übrigblieben, ein ausgezeichnetes Hühnerfutter hergaben, und ließ man zu viele davon im Mehl, sorgte das Brot später für Ungemach im Darm. Nachdem sie so fein gemahlen hatte, wie es ihr möglich war, mußte sie das Mehl nur noch durch ein Stück Sackleinen sieben und die grobkörnigen Reste den Hühnern hinwerfen. Hennen sollten um diese Jahreszeit besonders gut ernährt werden, denn bald würden sie zu legen anfangen und brütig werden, und es war kein Geheimnis, daß wohlgenährte Hennen viel mehr und auch fruchtbarere Eier legten als die unterernährten, mageren mit ihrem dünnen Gegacker.

Das Korn war gemahlen, die Hühner gefüttert, jetzt mußte sie der Ziege noch etwas Heu vom Wandbrett ziehen, den Wassertrog auffüllen und ihr ein bißchen frisches Stroh auf das Lager werfen. Marion fühlte der Ziege die Flanken ab. Sie wollte wissen, ob sie trächtig war. Bis jetzt gab es noch keine Anzeichen, obwohl Marion sie noch vor Weihnachten auf den langen und mühseligen Spaziergang über die Felder nach Rockwell mitgenommen und sie dort zum Bock in den Pferch gesperrt hatte. Der Bock hatte Marion einen geringschätzigen Blick zugeworfen, bevor er sich ihrer Ziege zuwandte. Marion war zu Nancy in die Hütte gegangen, und dort war sie wohl eingeschlafen, denn Nancy hatte sie später geweckt und zu ihr gesagt, der Ziegenbock sei sicher längst fertig und sie sollte jetzt lieber nach Hause gehen. Also hatte sie ihrer Ziege den Strick wieder um den Hals gelegt und war mit ihr losgezogen, hatte sich auf wackligen Beinen auf den beschwerlichen Heimweg gemacht und konnte nicht einmal sicher sein, daß der Bock ihre Ziege tatsächlich gedeckt hatte.

Das letzte Regenwasser hatte sie den Hühnern und der Ziege gegeben, also nahm sie den leeren Eimer und ging hinunter zur Wasserstelle. Das überschwemmte Dreieck unterhalb von Martins Hütte war kleiner geworden, und als sie an den Bach kam, war die

Plattform unter dem Weidenstumpf wieder frei von Wasser. Der Boden quatschte bei jedem Schritt; das Wasser hatte einen Rand von Grasbüscheln, Zweigen und Blättern am Ufer hinterlassen, an dem man genau sehen konnte, wie hoch es während der Nacht gestanden hatte. Es war nicht einfach, den Eimer zu füllen, denn die Strömung war stark geworden. Das Wasser war schlammig. Sie vermutete, daß der Damm, der es in der Nacht irgendwo aufgestaut hatte, inzwischen gebrochen war; jetzt konnte es wieder ungehindert durch das Tal rauschen, bis hinunter ins geheimnisvolle Rutherford und immer weiter hinein in die große, unbekannte Welt.

Die Wolkendecke war aufgerissen, und Marion staunte über das tiefe Blau des Himmels, über den in großer Höhe und weit entfernt noch ein paar dünne, blasse Wolken zogen. Es wehte ein sanfter, beinahe milder Wind. Die Erlen auf dem gegenüberliegenden Ufer waren übersät von harten, leuchtendgrünen Kätzchen, dazwischen dunkle Quasten wie kleine Tannenzapfen, und als Marion den Bach entlangblickte, sah sie den frischen, hellen Schleier über den Weiden, und an den senkrechten Schößlingen der Palmweiden sprossen bereits winzige, silberne Knospen.

»Vielleicht wird es endlich Frühling«, dachte Marion, doch wie oft schon hatte sie erlebt, daß ein zu früher Frühling unter eisigen Winden und Schneestürmen verkümmert war.

Sie schleppte den schweren Eimer die Böschung hinauf und begegnete Agnes, die bis an ihre Gartenpforte gehumpelt war.

»Das Wasser ist zurückgegangen«, sagte Marion. »Sag das Molly. Man kommt wieder bis zum Zugseil, aber der Boden ist morastig.«

»Bei uns hat's durchs Dach geregnet«, sagte Agnes. »Das Stroh auf dem Bett ist klatschnaß. Will gar nicht wieder warm werden...« Sie hätte endlos weiter gejammert, aber Marion blieb nicht stehen, um sich das anzuhören. Zu oft hatte sie sich solche Klagen von Marge und Agnes anhören müssen, stundenlang, jahraus, jahrein.

Zu Hause schimpfte sie mit Peterkin, weil das Feuer weit heruntergebrannt warx und er sich nicht darum gekümmert hatte. Er redete sich darauf heraus, daß sie ihm oft genug verboten hatte, das Feuer anzurühren.

»Sicher, als du noch so klein warst wie Alice, aber du mußt langsam lernen, dich um solche Dinge zu kümmern. Alt genug bist du. Geh raus und hol ein paar frische Scheite, trockene, wenn's geht.«

Kinder waren rätselhafte Wesen. Da dachte man, sie würden endlich vernünftig, aber dann benahmen sie sich wieder wie Kleinkinder, und manchmal verhielt sich ein kleines Kind so verantwortungsbewußt, wie man es nie für möglich gehalten hätte. Sie waren vernünftig und dann wieder kindisch, ganz so wie der Frühling – an einem Tag war er da, am nächsten war wieder Winter.

Während ihr diese Gedanken durch den Kopf gingen, buk sie ein paar kleine, flache Wecken; sie verrührte das grob gesiebte Mehl mit Wasser, klopfte die Teigbälle mit der Handfläche flach und wartete, bis sie auf den heißen Steinen gar geworden waren. Eine kärgliche Nahrung, dieser ungesäuerte Teig, aber vom ranzigen Fett der Speckseite, das sie womöglich unter das Mehl gerührt hätte, war nichts mehr da. Sie mußte den Teig zu möglichst flachen Fladen klopfen, damit er nicht außen verbrannte und innen schwer und feucht blieb. Ordentliches, richtig gutes Brot, mit Bierhefe zubereitet, konnte man nur in einem richtigen Ofen backen; ein mit saurer Milch verrührter Teig, auf den Steinen der Feuerstelle unter ihrem gesprungenen Krug gebacken, war auch nicht schlecht, aber an einem kalten Februartag wie heute gab es eben nur diese harten, salzlosen Fladen zu essen. Sie dachte an die beiden Enten und die köstliche Mahlzeit, die sie versprachen.

Sie aßen gerade ein paar von den flachen Wecken, als Lisa vor der Tür auftauchte.

»Ich war im Dorf«, sagte sie. »M'Dame hat ihr Kind zur Welt gebracht, und es ist tot wie all die anderen.«

»Erbarm dich, Gott!« rief Marion aus, auch wenn sie nicht wußte, wessen Gott sich erbarmen sollte. »Schon wieder eins. Tot geboren?«

»Sie wissen es nicht. Sie haben schon vor der Geburt nach Pater John geschickt, sagt Joan, damit er es gleich taufen konnte, und das hat er getan, wohl zur Sicherheit, aber keiner weiß so genau, ob es da noch am Leben war.« Lisa kam herein und setzte sich neben Marion auf den Baumstamm.

»Wie geht es M'Dame?« fragte Marion.

»Joan sagt, sie hat nur dagelegen und nicht aufgehört zu weinen. Sieht ihr gar nicht ähnlich, wo sie doch immer so ein versteinertes Gesicht macht, aber nach stundenlangen Wehen war wohl alle Tapferkeit verbraucht. Wieder so eine furchtbare Enttäuschung.« Alice betrachtete Lisa aufmerksam, bis Lisa sie auf den Schoß nahm.

»Woran mag das liegen«, sagte Marion, »daß alle Kinder ihr wegsterben oder schon tot geboren werden? Es muß das neunte oder zehnte gewesen sein seit Magdas Geburt. Magda ist immer ein gesundes Kind gewesen – und trotzdem sind alle anderen…« Kummervolle Gedanken ließen sie verstummen.

»Joan sagt, das Kind war von so einem komischen Grau, gar nicht rot wie ein richtiges Neugeborenes. Und alle anderen hatten auch diese eigenartige graue Farbe. Joan meint, daß sie alle nicht richtig geatmet haben, und deshalb sind sie gleich gestorben.«

»War es ein Junge oder ein Mädchen?«

»Es muß wohl ein Junge gewesen sein, Pater John hat ihn auf den Namen Edmund getauft, nach Sir Hughs Vater, wie die anderen toten Jungen auch.«

»Nur gut, daß die Gräber schon ausgehoben waren«, meinte Marion, »auch wenn so ein Wurm nicht viel Platz braucht. Sir Hugh ist sicher traurig – wieder ein Junge gestorben, wieder eine Hoffnung dahin. Jetzt hat er keine große Aussicht mehr auf einen Stammhalter von M'Dame.«

»Joan sagt, er hat kein Wort herausgebracht. Einfach nur dagesessen ist er, an einem der Tische, den Kopf in die Hände gestützt. Das Gesicht so abgehärmt, als wäre alles Leben daraus gewichen, sagt Joan, und sie selber hat auch nicht viel besser ausgesehen. Sie hat schließlich einen Neffen verloren, wenn man so will. Man fragt sich, was sie verbrochen haben, daß sie so bestraft werden. Sie sind doch keine schlechten Menschen – und diese vielen toten Kinder.«

»Auch gute Menschen haben grausame Schicksale«, sagte Marion und kam sich ihrer hübschen Nichte gegenüber schrecklich alt und erfahren vor.

Lisa stand auf und wärmte sich den Rücken am Feuer. »Und was wird aus uns allen, wenn Sir Hugh stirbt, ohne einen Erben zu hinterlassen?«

»Vielleicht holen sie einen Fremden von jenseits des *Weald* und verheiraten ihn mit Magda.« Marion erwähnte diese Möglichkeit, um Lisa mit ihrer Kenntnis der Welt zu beeindrucken. »Jemanden, der sich mit dem Leben in unserem Dorf nicht auskennt, einen nachgeborenen Sohn aus einem anderen Herrenhaus. Schließlich kann keiner von hier Magda heiraten, es müßte ein Fremder sein...« Wieder verstummte Marion.

»Der Fremde wäre dann unser Herr«, spann Lisa den Gedanken weiter, »und damit wäre hier niemand glücklich. Rollo ist doch auch noch da...«

»Aber wie lange? Er ist höchstens drei Jahre jünger als Sir Hugh.« Sie schwiegen eine Weile, und ihre Gedanken waren auf eine ungewisse Zukunft gerichtet.

»Rollo ist streng, aber gerecht«, mußte Marion zugestehen. »Was für eine schreckliche Vorstellung, irgendeinen untauglichen, verschwenderischen Menschen im Herrenhaus zu haben, der uns herumkommandieren darf, nur weil er Magdas Ehemann ist.«

Schweigend dachten beide Frauen nach über die Macht des Herrenhauses, ihren sicheren Hort in Zeiten der Not, ihre Zuflucht in Sorgen und Gefahr, den Gebieter über ihr aller Leben, die Spindel, auf der die Fäden all ihrer unterschiedlichen Tätigkeiten zusammenliefen. Keine von beiden konnte sich ein Leben ohne die ordnende Hand des Herrenhauses vorstellen. Mochten sie auch murren, wie Bauern zu allen Zeiten gemurrt hatten, über die Zwangsabgaben an Hennen, Ziegen, Gänsen, Kälbern, über die vielen Tage, an denen sie ihre Arbeitskraft, die sie für ihr eigenes Land dringend gebraucht hätten, zur Verfügung stellen mußten, so konnte sich doch niemand ernsthaft wünschen, daß es das Herrenhaus und seine Familie nicht mehr gab. Schrankenlose Freiheit barg zu viele unbekannte Schrecken.

Lisa drehte sich wieder zum Feuer um, und Marion betrachtete sie mit Wohlgefallen und Bewunderung. Sie war noch viel hübscher als ihre Mutter, aber sie sah genauso gesund aus, strahlte dieselbe körperliche und seelische Gelassenheit aus wie Betsy. »Frohes Herz macht leichten Fuß«, wiederholte Marion leise für sich ein altes Sprichwort aus dem Dorf.

Lisa beugte sich herunter, um Alice einen Kuß zu geben, und als sie sich wieder aufrichtete, sagte sie: »Puuh, Alice, du stinkst vielleicht!«

»Wahrscheinlich ihre Kleider«, sagte Marion ungerührt. »Nachts ist sie meistens trocken, aber sie will nicht mehr gefüttert werden, und ständig fällt ihr was auf die Kleider, oder sie schüttet sich mit Milch voll. Schreckliche Verschwendung. Ich sollte sie vielleicht mal waschen, wenn's wieder wärmer ist, und ihre Kleider auch.«

Nachdem Lisa gegangen war, schleppte der Tag sich dahin. Das Feuer brannte besser, und gegen Mittag waren die meisten der flachen Wecken aufgegessen. Marion wetzte das Messer am Rand der Handmühle und legte sie, mit der Mulde nach unten, zurück an ihren Platz in der Feuerstelle, dann nahm sie die beiden Enten aus. Die Köpfe und die Füße warf sie zusammen mit den Eingeweiden auf den verwilderten Hügel und schickte Tibtab gleich hinterher, auch wenn der Kater nicht gerne bei Regen hinausging. Dann hängte sie die Enten wieder unter dem Vordach auf und rupfte sie, wobei sie sich die Federn sorgsam in die Taschen ihres Kleids stopfte. Tibtab saß neben ihr, den Kopf auf die Seite gelegt, und kaute andächtig auf einem der grüngefiederten Köpfe herum; sie konnte es nicht ertragen, daß alle grünen Federn verschwendet wurden, also hob sie den anderen Entenkopf auf und zupfte vorsichtig zwei oder drei heraus, die besonders prächtig leuchteten. Um eine Nadel damit zu kennzeichnen, dachte sie. Nicht so auffällig wie eine blaue Eichelhäherfeder, aber doch sehr schön bunt.

Sie stellte den Eisentopf auf die Feuerstelle, nachdem sie ihn besonders gründlich mit trockenem Gras ausgescheuert hatte, weil der ranzige Speck darin gekocht worden war, füllte ihn zur Hälfte mit

Wasser, warf die beiden Enten hinein und gab noch ein paar Bohnen und zwei große Zwiebeln dazu. Peterkin hatte ihr dabei zugesehen und fragte: »Können wir die Enten nicht heute abend schon essen?« Marion erklärte ihm, daß sie die Nacht über und auch morgen noch ein paar Stunden kochen müßten, und daß es heute abend nur die beiden Entenlebern geben würde, in Scheiben geschnitten, gewürzt und über den glühenden Scheiten geröstet. Peterkin gab sich gleich zufrieden, als sie ihm die beiden großen Stücke zeigte, die sie unter dem gesprungenen Krug vor Tibtab in Sicherheit gebracht hatte.

Als die Abenddämmerung sich über die Dorfweide legte, kam Peter nach Hause, müde wie gewöhnlich und mit derselben traurigen Geschichte von Dame Margarets Kind.

»Du weißt also schon Bescheid«, sagte er. »Das ist alles sehr traurig, und sie sagen, daß es ein strammer Junge war – nur diese eigenartige Farbe, und nicht einmal ein Wimmern haben sie ihm entlocken können. Sir Hugh will ihn morgen beerdigen lassen. Was gibt's zu essen?«

Und so setzten sie sich alle auf den Baumstamm – Alice stand zwischen Peters Beinen –, spießten die Leberscheiben auf spitze Eibenspäne, hielten sie über das Feuer und ließen die zischenden Stücke auf die flachen Wecken fallen.

»Deins ist noch nicht durch, Peterkin, du mußt es dichter ans Feuer halten«, sagte Marion.

»Dann verbrenn ich mir die Finger. Außerdem mag ich's lieber saftig.« Sie war zu müde, um mit ihm zu streiten.

Später, als sie vor dem Zubettgehen die glühenden Scheite auf einen Haufen schob und mit Asche bedeckte, war Peterkin noch einmal zu ihr gekommen. »Mama, machst du die Enten auch ganz bestimmt morgen?« hatte er sie ganz leise gefragt.

»Sie sind schon im Topf, zusammen mit den Zwiebeln. Riechst du es denn nicht? Über Nacht müssen sie im Topf bleiben.«

»Freust du dich auch wirklich, daß ich die Enten erlegt habe, Mama?« Sie war ein wenig überrascht und gab ihm ausnahmsweise mal einen Kuß.

»Ja«, sagte sie mit Entschiedenheit, »jage du nur so viele Enten, wie du kriegen kannst, und Tauben, die haben gutes Fleisch, auch wenn sie kleiner sind, und meinetwegen auch Krähen; die kann man zwar nicht essen, aber je mehr von ihnen du umbringst, desto besser wird das Korn. Und jetzt ab ins Bett mit dir.«

Als sie selber ins Bett kroch, fühlte sie sich nicht wohl. Die Kleider waren feucht und schwer, und die Decke auch. Trotz der Kälte war Peter fast augenblicklich eingeschlafen. Die Erschöpfung war ihm anzusehen gewesen, und seine Hände hatten gezittert, als er den Leberspieß über das Feuer hielt. Sie wußte, daß das nicht von der Kälte kam, sondern weil er stundenlang unter größter Anstrengung Ulmenbretter gesägt hatte. Alice hatte zwar dagegen protestiert, in die Wiege gelegt zu werden – sie wurde langsam zu groß dafür –, aber auch sie war schnell eingeschlafen.

Nur Marion konnte nicht schlafen. Der Tod von Dame Margarets Kind wollte ihr nicht aus dem Kopf gehen, auch wenn sie noch so an Totgeburten gewöhnt war. Sie war müde und mutlos, ganz anders als noch am Morgen, als Peterkin die Enten gebracht und sie sich die reichhaltige Mahlzeit vorgestellt hatte. Jetzt erschien ihr alles mühsam. Vielleicht bedeutete dieser Stimmungswandel, daß sie zu bluten anfangen würde. Und mit einem Mal wurde ihr klar, daß die letzte Blutung schon lange zurücklag, sie wußte nicht einmal mehr genau, wie lange. Das ging vielen Frauen so, wenn im Frühjahr die Nahrung knapp wurde, denn es waren immer die Frauen, die als erste und am längsten auf das Essen verzichten mußten. Sie hatte oft Hunger gehabt, seit die Festmahle der Weihnachtszeit vorbei waren, und deshalb waren die Blutungen ausgeblieben. Sie erinnerte sich einer Zeit, die Jahre zurücklag, nach der Geburt ihrer Margery war das gewesen, da waren zwei Mißernten aufeinander gefolgt, das ganze Dorf hatte Hunger leiden müssen, und während dieser Zeit war bei den meisten Frauen die Blutung ausgeblieben.

Und plötzlich, leise wie ein Pfeil, traf sie die Erkenntnis, daß sie schwanger war. Die Übelkeit der letzten Tage war nicht durch ranzigen Speck verursacht, sondern durch die Frucht in ihrem Leib.

Schließlich hatten Peter und die beiden Kinder auch von dem Speck gegessen, und es hatte ihnen nichts ausgemacht.

Ihre Gedanken kreisten um die Vorstellung, scheuten davor zurück. Noch ein Kind – nun, warum eigentlich nicht? Sie war noch nicht so alt. Es würde etwa zur Erntezeit auf die Welt kommen, der schwersten und arbeitsreichsten Zeit für sie alle. Aber dann im Herbst, wenn sie das Kind stillte, falls alles gutging, das war die Zeit der größten Fülle. Doch schnell gewann Mutlosigkeit wieder die Oberhand über freudige Erwartung, Mutlosigkeit angesichts der Monate vermehrter Anstrengungen, die nötig wären, wenn sie alles für ihre Familie tun wollte, was getan werden mußte, Mutlosigkeit angesichts der Aussicht auf weitere Jahre des Aufpassens, Säugens, Abwischens, Besänftigens, Schaukelns, Fütterns, Anziehens – Jahre der Sorge, die sich vor ihren Augen endlos hinzogen, bis weit hinein in eine ungewisse Zukunft. Sie seufzte leise.

Dann wandelte sich auch die Mutlosigkeit, und zwar in Angst diesmal: Angst vor langwierigen, schlimmen Wehen, Angst davor, ein paar Tage nach der Geburt, wie so viele Mütter, Fieber zu bekommen und im Wochenbett zu sterben. Mußte ihr Kind dann auch sterben? Wahrscheinlich, es sei denn, im Dorf fand sich eine Frau, die eine Totgeburt hatte und ausreichend Milch, um als Amme einzuspringen. Aber was würde aus Alice werden, der armen kleinen Alice, noch keine drei Jahre alt und ein so vielversprechendes Kind? Peter war ein liebevoller Vater, aber wie sollte ein Mann ein kleines Mädchen großziehen?

Alice schniefte leise und war wieder ruhig. Peterkin bewegte die Beine, dann lag er wieder still. Peters geräuschvolle Atemzüge behielten ihren ruhigen Rhythmus bei. Keiner ahnte etwas von ihrer Sorge. Sie war vollkommen allein damit. Sie würde mit Peter über das neue Kind erst reden, wenn sie größere Gewißheit hatte. Bis dahin wollte sie es für sich behalten, wie so viele Dinge.

Ihre Gedanken kreisten nur noch um die Aussicht auf ein weiteres Kind, und trotz aller düsteren Vorahnungen – sie konnte sich der Billigung des ganzen Dorfes gewiß sein, und diese rückhaltlose Billigung der Menschen, denen sie angehörte, war ihre einzige Kraft, der einzige Beistand, den sie gegen ihre Ängste ins Feld führen konnte. Sie stellte sich kurz die Zukunft ihres neuen Kindes vor, falls es überlebte und groß wurde: wie es die Eschen rauschen hörte, den blauen Teppich aus Glockenblumen auf dem Waldboden sah – Monat für Monat, Jahr für Jahr. Ein anderes Leben konnte sie sich nicht vorstellen.

Sie mußte sich nicht dazu zwingen, ein solches Schicksal anzunehmen. Es kam ihr gar nicht in den Sinn, daß sie selber mitentscheiden, einen Einfluß auf das haben könnte, was mit ihr geschah.

In diesem stummen Einverständnis mit der gewohnten Ohnmacht schlief sie ein.